Para mi S...
Creo que va...
detalles de nuestra historia
y lengua - cultura muy
interesantes.

ENFOQUE ANALÍTICO DE LA OBRA NARRATIVA DE

GABRIEL GARCÍA MÁRQUEZ

APROXIMACIÓN A LA IDEOLOGÍA DE SUS TEXTOS

— ◆ —

Edila Paz Goldberg

Paz
gan. 11, 2020

En memoria de mis padres:

José Eduardo y Ana Julia.

A mi hermano Norberto.

Índice General

INTRODUCCIÓN

Debido al interés universal hacia los libros del Nobel colombiano, es muchísimo lo que se ha escrito de García Márquez, podríamos decir que los temas que ha generado el autor colombiano son ilimitados. Por eso llego a la conclusión que esta tesis, se la debo precisamente a esa fascinación que desde mi adolescencia me inclinó a leer su obra y a entenderla, descubriendo sus parajes, formas lingüísticas y por supuesto, el placer de largos ratos de lectura. La experiencia personal es única, pues el autor invita a un nexo con el lector, y lo hace a través de sus cuentos y tertulias, de un libro abierto realista de acontecimientos diarios que denuncian lo bueno y lo malo y lo que representa su cultura latinoamericana.

Esta investigación tiene su base en la tesis doctoral dirigida por el Dr. D. Adolf Piquer Vidal, y que fue juzgada en la Universidad de Salamanca. Trabajo realizado desde Austin, Texas, siendo la distancia en cierto modo un obstáculo territorial difícil de superar, pero en su totalidad ha sido una experiencia intensa que ha llevado bastante tiempo, aunque ineludible si se quiere realizar un estudio de cierto rigor y dignidad filológica.

Mi sincero agradecimiento y gratitud especialmente para el Dr. Adolf Piquer Vidal, por su dedicación profesional y por la inevitable huella analítica que despertó mi curiosidad en todo el proceso a desarrollar. No puedo olvidar el sello magnánimo e ilustración que en conjunto el magisterio del cuerpo de profesores que participaron en mi año docente, sin el cual, a distancia interoceánica hubiese sido una meta imposible de alcanzar. Mi gratitud hacia todos ellos será permanente. Hago énfasis obviamente, sobre el muy positivo efecto que recibí del Dr. Juan Felipe García Santos, con su visión universal desde *Cursos Internacionales.* Él fue la motivación inicial y definitiva, su trabajo y perspectiva para educarnos, es la conexión que hace que los estudiantes de otros mundos podamos beneficiarnos de esta expansión lingüística, que desde España hacia el otro mundo hispanoamericano, se extiende y llega hasta Canadá y los Estados Unidos de Norteamérica.

Obviamente, el ineludible compromiso analítico existió en verdad, por mi curiosidad y deleite hacia la monumental obra literaria y periodística del autor. Su regalo maestro, universal y poético, para sus lectores y humildes fieles admiradoras como yo, es una gratificación incomparable e incalculable. Para el autor, mi profunda admiración, mi gratitud por su enorme legado intelectual. Procurándole a él, a Gabriel García Márquez su puesto en la merecida "eternidad" intelectual, para orgullo de futuras generaciones colombianas.

Además, mis agradecimientos a la extensa e inestimable colección de los libros del autor colombiano y de la lengua española, con que cuenta: *The Nettie Lee Benson Latin American Collection Library*, at the *University of Texas*, in Austin, siendo la base relevante y esencial del *Institute of Latin American Studies*. Valiosa y completísima colección en la lengua española, sin la cual me hubiese sido imposible llevar a cabo esta investigación.

I

Propuestas del análisis de la obra periodística/literaria.

E l propósito al analizar la obra literaria de García Márquez es, sin duda, el estudio en su contenido conceptual, a través de rasgos semánticos. Como también hacer patente la belleza poética, humanística, regional y universal de la obra. Cuando el autor nos permite entrar en ese universo narrativo, en realidad nos adentra en una realidad profundamente hispanoamericana. García Márquez es quizás el autor que transmite cierta conciencia y conocimiento de la realidad iberoamericana; es decir, crea una forma-estilo para trascender a los demonios históricos, culturales de sus personajes.

Los materiales críticos han incidido con profusión en aspectos formales de la producción del autor. Sin embargo, los estudios que ligan el contexto colombiano a la obra de nuestro autor no han acabado de profundizar en la complejidad de la realidad colombiana. Carmenza Kline, en uno de sus estudios sobre el autor, ha puesto el dedo en la llaga:

> Pero son muchos los artículos y aproximaciones que parecen olvidar el entorno en el cual surge una obra como ésa. En algunos casos se trata de desconocimiento, como ocurre—al menos en una oportunidad—con el mismo Vargas Llosa en su prolífico ensayo, pues las preocupaciones literarias, las tesis de carácter formal que se aplican al análisis de la obra lo conducen, en repetidas ocasiones, a afirmar, por ejemplo, que la enumeración—vertiginosa y desbordante—de personajes, antes que mantener una ligazón necesaria con el entorno real, genera en el lector un ritmo encantatorio que le permite al escritor introducir elementos ficticios y, así, mudar la realidad objetiva en realidad imaginaria. (Kline, 2003: 34).

Planteamos establecer un puente de unión entre la expresión de los textos del autor y la realidad que propicia la aparición de ellos. En cuestiones de la lengua, la obra del autor colombiano analiza y critica las ideologías sociales, políticas o religiosas que comparten diferentes grupos.

En otras palabras, se dan las disposiciones para observar la proyección del contexto social e histórico en el discurso, que nos hace buscar una metodología adecuada para descubrir las relaciones entre el contexto y el texto, sobre todo a partir de la carga semántica de sus expresiones.

Es evidente que una constante en la obra periodística y literaria de García Márquez es la violencia. Toda explicación se basa en las siguientes premisas: el análisis de la violencia de conjunto es sostenible a la luz de la realidad histórica colombiana existente desde los últimos quinientos años. En otros términos, el autor establece un nexo lingüístico entre la realidad, y su propio sentido de ella. Así, basándose en una visión de la realidad alterada por el sueño y por lo autónomo nativo, construye una ficción que se ampara bajo el techo de lo conocido como "realismo mágico" hispanoamericano.

El propósito, por lo tanto, de este trabajo es desarrollar un estudio basándonos en los vínculos que detectemos entre el contexto y la obra literaria de nuestro autor. Para empezar necesitaremos de una metodología que ponga los fundamentos de las relaciones entre texto y contexto. A partir de ahí llegaremos a establecer los vínculos de análisis entre la expresión lingüística y la realidad a la que se refiere. Tras ello, evidentemente, se esconde un proceso de ficcionalización donde el hecho literario se convierte en una representación o metaforización de lo que rodea al autor.

La obra literaria de Gabriel García Márquez pasea por el mundo extravagante de Macondo; el autor enfoca y analiza los conceptos del poder, la historia, e ideologías políticas, cuyo epicentro narrativo se localiza en la forma de vida de una nación. El tiempo en esa aldea lejana se apodera de la eternidad, dando rienda suelta al amor, las pasiones, la soledad y la muerte. A través de la literatura de sucesos y anécdotas familiares más o menos notables, nos cuenta sus propios recuerdos de paseos por lugares inimaginables, desconocidos hasta entonces, de su tierra natal; la muerte es su obsesión y la herramienta eficaz, creando rasgos de irrealidad de personajes sobrenaturales que fluyen en ficciones, en cuentos de memorias, saberes y dichos.

García Márquez, alguien quien representa a través de sus libros la historia de su vida, su gente y su cultura, refleja el mundo violento del contexto en que se produce su obra. Con una literatura que es portadora de hechos históricos y un sinnúmero de significados dentro de la cultura, porque en resumen, la literatura como arte, es la identificación y el tono de conciencia que el escritor quiere expresar acerca de la realidad que desea exponer y divulgar mediante poderosas imágenes. De esta forma, García Márquez logra cambiar las imágenes/metáforas para conseguir un efecto mayor entre sus lectores. La imagen, la idea, la metáfora, la frase, la palabra, el verbo, el sustantivo, el adjetivo, cada uno de ellos es eficaz en el contexto.

Lo importante que se abstrae de su obra literaria es el carácter del tono en el contexto y la forma, el resumen o compendio de su extensa obra, que contiene abreviada y resumida la materia tratada en ella y que expone (casi siempre) lo más imprescindible o preciso. A través de la metáfora y de la imaginación, el autor logra transmitir una idea del contexto violento en el que le tocó vivir. García Márquez se aparta voluntariamente de muchas de las ligaduras linguísticas existentes para embellecer y llegar a otra forma más profunda, pero eficaz.

En el carácter más estructural, el autor utiliza la metáfora (fuera de lo usual y corriente) y le da uso artístico literario en su obra. En cuanto a su obra periodística, le da un uso informativo y comunicativo muy eficaz y convincente. Por consiguiente, García Márquez se identifica con su propio proceso literario, y utiliza los elementos lingüísticos semánticos que le convienen. El resultado no es exactamente un léxico común de la realidad, pero sí es obvio, su lenguaje poético.

En la relación entre lo poético y la realidad se establece una distancia que queremos analizar como proceso creativo. La principal razón de ello, es que creemos en la posibilidad de establecer los nexos de ficcionalización que llevan a García Márquez a construir un mundo imaginario en función del mundo real efectivo que conoce.

A propósito, podemos aludir a la idea de configuración de mundos posibles que Karl Popper había establecido, refiriéndose a una tercera esfera de creación imaginaria, al mundo del sueño—a nuestro entender situable en el mismo plano que el de la creación literaria—para trazar las líneas por las que se mueve ese proceso que va de lo conocido a lo soñado, cómo se construye un universo ficcional en función del terrenal, del efectivo, contrastado día a día por una realidad que permite, mediante transformación, llegar a la virtualidad de la literatura.

La definición de lo virtual, en los tiempos que corren, nos acerca aún más a la necesidad de buscar los anclajes con lo real. No podemos desdeñar los conocimientos históricos y biográficos que concurren a una creación literaria, igual que no podemos desaprovechar las "pistas" textuales que nos llevan más allá de lo escrito por el autor. Lo referencial del texto es una de las bases sobre las que nos queremos apoyar para llegar a una serie de conclusiones valorativas sobre la magna obra que ahora nos ocupa.

La metodología también orienta a una crítica textual de la obra en sus relaciones con el entorno. El uso de la palabra es una consecuencia de la voluntad de asignar determinados significados al discurso. Leyendo y analizando esta obra literaria del escritor colombiano, y teniendo en cuenta que:

> ...los especialistas en lingüística cognitiva adoptan un enfoque más empírico hacia el significado y dicen que no se trata tanto de que el discurso "tenga" un sentido intrínseco, sino que el sentido es algo que los usuarios del lenguaje *asignan* al discurso. (van Dijk, 1997:3).

La idea es, pues, ver hasta qué punto García Márquez, como usuario de una variante concreta del español, asigna valores a su utilización del lenguaje y cómo estos valores tienen un sentido ideológico, un arraigo político, histórico y cultural.

Su obra en prosa, en verso, sus novelas, cuentos, teatro, prensa y cine han generado crítica extensa, que sirve de guión para muchos centros de estudio sobre el contexto social y literario en que se mueve García Márquez; el análisis de sus obras es el epicentro de esta investigación y por consiguiente el aspecto lingüístico y humanístico de su obra.

En las puertas del siglo XXI, hemos venido observando la valoración del análisis del discurso en su vertiente social. Es decir, las metodologías analítico-discursivas que hasta ese punto habían desarrollado sus investigaciones estaban constreñidas por cierto grado de inmanentismo; es decir, se limitaban a lindar el universo lingüístico, separado de sus ámbitos de uso. Los métodos formales han servido, durante casi cien años, para entender las estructuras narrativas, la repetición de esquemas y la articulación del lenguaje con voluntad artística. Otras líneas de estudio literario, sin embargo, han preferido decantarse hacia la observación del hecho artístico como producto del contexto. Tanto unas como las otras, partiendo de una concepción distinta de la metodología de análisis de la literatura, acaban por buscar una explicación al significado de la expresión. Así, pues, entendemos que la expresión (lingüística) se encuentra en la raíz del comentario de la obra literaria. Bien es cierto que, como apuntábamos

Queda claro que el autor pertenece a un entramado social y sus opciones temáticas y estilísticas responden a una elección. En ese sentido podemos incluir al autor entre los hombres capacitados para fabricar una realidad (la creación literaria) sobre los fundamentos de la realidad social que le circunda. Como Wodak, y Meyer, (2003:77) en *Método del análisis crítico del discurso* escriben:

> ...la realidad es significativa y existe en la forma en que existe únicamente en la medida en que la gente, que se halla en todos los casos vinculada o «entretejida» con los discursos (socio históricos), y que está constituida por ellos, le haya asignado y siga asignándole un significado.

Además, en *Ideología y Discurso*, Van Dijk escribe sobre el tema:

> Resumiendo, en la medida en que las personas actúan como miembros de grupos sociales, manifiestan ideologías concretas en las acciones y las interpretaciones. (Van Dijk: 2003:43).

Periclitado, pues, el momento de los estudios de corte (inherente) inmanentista, la escuela francesa de análisis del discurso disponía de algunos mecanismos—aunque no de una metodología estable—para estudiar la obra literaria en función de su aparición en el tiempo y en el espacio. Citados anteriormente, la clave de nuestro método la vino a dar el enfoque establecido por van Dijk, (1997) y una serie de lingüistas: Wodak, y Meyer, (2003) Fairclough, (2003) que entendían cómo era de importante vincular la aparición de determinadas expresiones con el grupo social que las genera. La importancia del análisis de la ideología del discurso, sobre todo aplicada al plano político y mediático, nos abrió las puertas a una propuesta, si se quiere, un poco más atrevida pero, creemos, válida en la misma medida.

Partimos, por lo tanto, de una intención: aplicar un método de estudio de orígenes lingüísticos a un corpus literario. De todos modos, eso no supone ninguna novedad para la ya larga tradición de aplicación de teorías sobre el lenguaje natural como sistema comunicativo que derivan en una de las parcelas más elaboradas de la comunicación: la literatura.

En definitiva, no pretendemos nada que no se manifestara ya en el siglo III con los gramáticos alejandrinos, que continuó la filología de corte decimonónico y que con los críticos marxistas de la primera mitad del siglo XX se fortaleció en el terreno de la prospección ideológica. Ahora bien, todo ello estaba lastrado por una búsqueda constante de las contradicciones de clase—caso de Luckács—o un deseo de profundización sociológica—Goldman—que no buscaría los nexos lingüísticos que queremos ver entre la expresión y el contexto. Otros, como Althusser, generaron expectativas desde el psicoanálisis en relación con la fenomenología social y, por ende, de la literatura.

El análisis del discurso, sin embargo, nos acerca a unas propuestas de partida que se localizan en la "enunciación" del autor (Maingueneau, 1986:23) y en todos los aspectos que condicionan las circunstancias de esa enunciación. En ese punto los estudios culturales e históricos sobre el contexto nos pueden ayudar a entender en qué medida la enunciación de nuestro autor viene condicionada. Para ello hay que tener en cuenta, como hemos dicho, factores de orden social e histórico.

Estos, sin embargo, no son los únicos. Las aportaciones desde ámbitos exclusivamente literarios también se dejan notar. En este sentido nociones como "intertextualidad" y "polifonía" nos deberían abrir las puertas a determinadas concreciones a propósito de la expresión escrita por nuestro autor. No podemos olvidar que las aportaciones de Bajtín son esenciales para llegar a entender qué resonancias sociales y literarias se encuentran en la obra de García Márquez. A ello cabe sumar la posibilidad de anotar influencias de textos previos, en el sentido dado por Julia Kristeva al término, para fijar un tipo concreto de alusiones o influencias que nos lleven al terreno de lo escrito sobre lo escrito. Eso quiere decir para ver hasta qué punto García Márquez asume discursos literarios previos como forma de expresión.

En ese punto, adelantamos algunas intuiciones ya expuestas en estudios sobre el autor: la influencia de Faulkner o Heminway y el "realismo mágico" como forma de expresión tienen mucho que ver con el contexto americano y las lecturas del autor.

Pero, siguiendo con la línea de propósitos metodológicos que hemos querido establecer, nos tenemos que acercar al concepto de "paratopía" (Maingueneau, 1986: 27 y sgts.) para determinar de una manera clara nuestros propósitos. Si hemos dicho que el autor se inscribe en la corriente del "realismo mágico" hispanoamericano, con ello no lo hemos relacionado estrechamente con una fórmula de evasión literaria y alejamiento de la realidad circundante. La paratopía en el caso de García Márquez se establece entre la creación de un universo aparentemente autónomo y mágico (Macondo) y los vínculos de su discurso con una realidad social e histórica muy concreta. Es decir, el escritor colombiano se aleja del contexto fabricando un universo autónomo pero se inscribe en ese contexto aparentemente desdibujado como es la Colombia que le tocó vivir y que refirió en sus escritos.

Descrito por la documentación historiográfica que oportunamente iremos introduciendo, el mundo político colombiano pone los mimbres oportunos para que García Márquez aporte buena parte de su formación como escritor en la época más dura de la reciente historia nacional, fundamentalmente en el episodio conocido como La Violencia.

Así, su formación como periodista se ha de entender de una manera claramente determinante para la aportación literaria futura. No es gratuito, además, que su obra se encauce dentro de una ideología crítica con la realidad que lo circundó y que, sobre todo, a través del descubrimiento del socialismo en la época de la cortina de hierro o (telón de acero), lo acercó a posturas antiimperialistas por la reacción a lo que ocurría en su país.

Por otro lado, el hecho de inscribirlo estéticamente—desde la perspectiva histórico-literaria—dentro de los narradores del llamado "boom" hispanoamericano, nos lleva a la necesidad de marcar algunas distancias con respecto a otros miembros de este movimiento literario (léase Borges) que no coincidían precisamente en los contenidos ideológicos.

El enfrentamiento de tipo político entre dos sectores de los narradores y poetas iberoamericanos del momento conlleva, en otro orden de cosas, una difícil convivencia de los escritores bajo líneas estéticas que pudieran tener algo en común. Ahora bien, cabe marcar las distancias entre el sentido que dan los autores a sus obras. Más aún, tanto García Márquez como Vargas Llosa—por buscar opuestos ideológicos aparentes—estiman el contexto con voluntad ineludible de retrato social. Por el contrario, el caso de Borges es el paradigma de una voluntad de inmanencia en lo estético-libresco.

Llegamos, por lo tanto, a la idea de que necesitamos de un aparato teórico que ponga los mimbres adecuados para el estudio de lo que se llamó "paratopía", que acerque esas dos facetas aparentemente contradictorias de la voluntad estética universalizadora frente al localismo textual simbolizado por Macondo. En el fondo, de esta dualidad paradójica nace la explicación del éxito de nuestro autor. Teniendo en cuenta su procedencia y el lugar al que llega con su obra, podemos trazar los caminos que los unen.

En ese punto se manifiesta esencial el estudio de los textos, para así llegar—mediante el conocimiento histórico y social—al establecimiento de relaciones entre las dos polaridades que hemos determinado.

La hipótesis que presentamos, por lo tanto, se fundamenta en la necesidad de vislumbrar nexos entre las expresiones aparecidas en la obra de García Márquez y los grupos sociales que las generan; mejor dicho, a los que se les puede atribuir. Un interés particular nos merece aquel tipo de manifestaciones que están referidas a la violencia, sobre todo porque integran aspectos contextuales inherentes a la realidad histórica colombiana. Como lo señala van Dijk,

> Los objetivos específicos de la crítica retórica contemporánea han sido dominados y expuestos de diversos modos; sin embargo, por lo menos dos de las principales escuelas de pensamiento parecen operar simultáneamente. Según una de estas escuelas, la crítica retórica apunta a incrementar la apreciación de la importancia histórica de los textos retóricos (especialmente, de los discursos públicos). (Teun A. van Dijk, 2003:237).

En ese sentido, las aportaciones que nuestro estudio pueda hacer a la obra del escritor colombiano quieren ser una lectura ideológica desde los textos. Desde la inmensa obra del escritor nos desplazaremos hacia su razón de ser en la historia y hacia su progresión cronológica. Frederic Jameson (1989) insistió en la necesidad de observar los textos literarios en clave política. Para ello hizo un seguimiento de las alternativas que el discurso marxista ha ido ofreciendo con el paso de los años. Paralelamente podemos ver que la trayectoria de García Márquez tiene algo que ver con la progresión del pensamiento marxista en occidente. Ya lo intuimos en sus primeros escritos sobre lo que va encontrando más allá de la cortina de Hierro, o del (telón de acero).

Por otro lado, esa evolución cronológica también nos pone en disposición de apreciar el cambio estético que se opera en momentos cruciales de la escritura del autor de Aracataca. Quiere ello decir que se observan diferencias en sus escritos según la época de producción. Así, la vinclación al "realismo mágico" se diluye después del Nobel. Desde *El otoño del patriarca*, por ejemplo, nos encontramos con una mayor aportación intertextual, mientras que en algunas de las novelas de ambientación histórica resulta fundamental la documentación y la apreciación crítica de momentos cruciales para Colombia. No por eso deja de tocar universales de la literatura que atañen a las características del ser humano: amor, muerte, religión, són una buena muestra.

No cabe duda de que, en el momento de encarar un estudio, necesitamos definir y parcelar el corpus a nuestra disposición. Con ello, nos remitimos a algunas de las aportaciones críticas que nos ayudan a entender la producción del autor según una serie de etapas.

Según María Ángeles Vázquez y Ana Anabitarte, *la cronología se ha divido en tres etapas:*

http://cervantes.es/actcult/garcia_marquez/cronologia/

1927-1967   *1968-1982*   *1983-2008*

En ese orden se iniciará el análisis literario de la obra de García Márquez, y como bien lo describen las autoras de la cronología:

> El período comprendido entre 1927 y 1967 se inicia con la matanza de las bananeras y abarca los años de formación y la consolidación de su carrera periodística. Se cierra con la publicación de *Cien años de soledad.*

http://cervantes.es/actcult/garcia_marquez/cronologia/

Entendemos que es fundamental la consideración del período de formación periodística, porque en él se observa el nacimiento de un escritor que constata la realidad de su entorno social, así mismo, de la actualidad política vivida en esos momentos. La proyección del discurso periodístico en la narrativa de esta primera etapa se perfila como uno de los puntos de interés a nuestros ojos, puesto que necesitamos ver en qué sentido el discurso de la crónica periodística contribuye a conformar y agilizar el discurso del escritor de novelas.

> Los años entre 1968 y 1982 son aquellos en que asistimos al éxito vertiginoso a raíz de la publicación de una de las novelas más leídas en la lengua española, hasta la obtención del máximo galardón de las letras, el Premio Nobel.

http://cervantes.es/actcult/garcia_marquez/cronologia/

Se trata de la época de consolidación de la imagen de nuestro autor como uno de los máximos representantes de las letras hispanas. La producción a la estela de *Cien años de soledad* condiciona la recepción del escritor. La crítica, siempre tendiente a fijarse más en unas obras que otras, ha centrado buena parte de sus análisis en la primera etapa reseñada. Seguramente se percibe, se siente más importante *Cien años de soledad* frente a otras obras posteriores.

Lo que es ineludible es que, a pesar de todo, la novela condiciona la óptica de la crítica a posteriori. Se explica la evolución del escritor siempre teniendo en cuenta esta particularidad.

Desde 1983 hasta hoy son los años en que el autor empieza a trabajar intensamente en el cine, escribiendo guiones, y despertando controversias con sus novelas, como la ocurrida a raíz de la publicación de *El general en su laberinto*. Asimismo inicia en esta etapa la publicación de sus memorias y lleva a cabo numerosos proyectos relacionados con el periodismo y el cine. http://cervantes.es/actcult/garcia_marquez/cronologia/

TRES ETAPAS: (1927-1967)   (1968-1982)   (1983-2008)

Estas tres etapas, establecidas a partir de hechos específicos que condicionan la producción, también nos son de utilidad para ver hasta qué punto puede ir variando el discurso del novelista en su trayectoria. De manera evidente, el ambiente violento de las matanzas en la Colombia que vio nacer al escritor puede condicionar la familiarización con una serie de acontecimientos que, al tiempo, intentó plasmar de manera efectiva y patética en el lenguaje usado.

El paso por el periodismo y la voluntad de cronista no hizo sino acrecentar una voluntad testimonial que buscó en el lenguaje las fórmulas de reflejo más fiel y, al tiempo, más efectivas, para comunicar determinadas sensaciones. Todo ello implica una estrecha relación entre el contexto y la formación de García Márquez, escritor al socaire de la violencia propiciada por la historia. Consecuencia de esto es, como apuntamos, la intención de reflejarla en su discurso de una manera efectiva y contundente. Puestos ante esta situación, hemos de manifestar nuestra intención investigadora en la línea apuntada y, para ello, buscamos un método que nos disponga las herramientas necesarias a la hora de establecer los nexos entre el corpus y las hipótesis que vamos a plantear.

Para ello buscamos los mecanismos filológicos e históricos que nos proporcionen la metodología pertinente.

Contexto Social e histórico

PREÁMBULO DE LA REALIDAD HISTÓRICA. *LA GUERRA DE LOS MIL DÍAS.*

Para una adecuada captación del orden histórico en la obra literaria de García Márquez es necesario contextualizar el tema de acuerdo a la estructura del estado colombiano. Del paralelismo literario del autor y la historia puramente dicha, resulta apenas lógico entender su contenido histórico. Saliendo del campo literario de García Márquez, y entrando a la realidad histórica, nos encontramos en Colombia, con la idea política de centralización del poder, y de la hegemonía conservadora de la clase burguesa emergente: durante el período de los años de 1880, una profunda tendencia hacia un compromiso existió entre los grupos de oposición. Rafael Núñez simbolizó este movimiento. Núñez contrajo matrimonio con una dama de política conservadora y eso lo hizo cambiarse del bando liberal al bando conservador de derecha, esto ocurre cuando los liberales radicales perdieron la guerra civil de 1844-1845. Los rescoldos de aquel incendio perviven en la sociedad colombiana de los cien años siguientes y ello, obviamente, se manifiesta en el sentido histórico que se da en buena parte a la obra de García Márquez. Las disputas de los liberales con el poder conservador son un motivo literario de trasfondo histórico que no podemos perder de vista.

Otro ejemplo de la contradicción e inconsistencia fue la centralización del poder por los conservadores y la legalización de la alianza del estado y la iglesia. Aquí la iglesia fue usada como símbolo de orden para defender las leyes. Si nos fijamos, buena parte de los personajes religiosos de la obra de García Márquez alcanzan un estatus de poder en la localidad. Más adelante daremos ejemplos de sobra que ilustren lo dicho; sirva de anticipo la leyenda popular que atribuía al cura del pueblo natal de nuestro autor la virtud de levitar. Ese hecho paranormal, convertido en milagro o leyenda por la voz popular, se suma a la idea de la magia que convierte al cura de Macondo en un personaje parapetado con el poder que le otorga su prodigio.

Esta alianza iglesia-poder político fue un intento para retroceder a la orden señorial; sin embargo, no fue aceptada esta incongruencia y se hizo imposible debido a que nuevos valores políticos-económicos fueron introducidos. Los conservadores políticamente abogaban por una democracia representativa del nacionalismo. Económicamente, fomentaban el comercio internacional, como también las innovaciones tecnológicas, y la mecanización de la agricultura.

En 1886, Rafael Núñez, el presidente de Colombia, apoyó al partido conservador de derecha, terminó con el sistema federal, y lo reemplazó con un gobierno centralista, dando origen a la República de Colombia que existe hasta hoy. Este partido conservador retuvo el poder desde 1886 hasta 1930 a pesar de las violentas y sangrientas guerras civiles que ocurrieron en 1895 y 1899-1902, ó *Guerra de Los Mil Días*. Estas guerras sangrientas fueron la causa de la casi-destrucción del partido liberal y consecuentemente arruinaron económicamente a la nación. Núñez, pensador político de finales del siglo XIX,

> ...no es solo un gran admirador, sino un discípulo del espíritu británico en quien ya no se encuentran sino muy pocas huellas de la tradición española. Jaramillo Uribe, (1974:67) prosigue: vivió largos años en la Gran Bretaña y allí se formó política y filosóficamente. Ya es evidente a finales del siglo XIX, que el presidente Núñez incorpora en su programa ideas no españolas, sino ideas del pensamiento político-económico de la Gran Bretaña. Según Jaramillo Uribe, Para un hombre así educado, la esencia del estilo español de vida resultaba ser un obstáculo para el progreso de la civilización política y para el avance técnico e industrial de la nación. (Ibid.).

Al final del siglo XIX, una clase alta burguesa y una nueva clase media rural emergieron en el Departamento de Antioquia, como consecuencia de los nuevos cambios. Para entender mejor el origen de estos dos grupos, es importante analizar el sistema de la ocupación de tierras y el desarrollo de los latifundios y minifundios. Los latifundios se desarrollaron en el territorio colombiano por las siguientes razones:

> —Después de las guerras de la Independencia, el gobierno adjudicó las tierras a los Caudillos (líderes de las guerras) como pago por los servicios militares rendidos a la nación.

—Los baldíos (las tierras de la nación) fueron comprados por los legisladores liberales y conservadores, tomando ventaja de su posición política.

—Los ejidos (las tierras comunales) fueron usurpados de los indios por los terratenientes, quienes tenían acceso a las posiciones de los cabildos, dándoles derecho a encerrar para su apropiación las tierras.

—Los resguardos de indios (las tierras inhabitables) fueron terminados por la Ley de 1850. El gobierno nacionalizó las tierras de la iglesia.

Cambios inevitables de la época

Éste era el siglo durante el cual la República de Colombia pasó por un cambio social, político, económico, e intelectual. Dichos cambios fueron originados por factores exteriores e interiores dentro del territorio colombiano. Las colonias fueron influenciadas por los cambios del mundo occidental a través de la modernización europea. Las ideas políticas-sociales asociadas con el Siglo de la Ilustración, tuvieron una profunda influencia en la aristocracia criolla, ciudadanos quienes tenían acceso a los escritos de Rousseau, (El Contrato Social), Voltaire, y Montesquieu. Otros eventos de afuera, también influyeron en la clase social criolla: las revoluciones Americana y la francesa (1776 y 1789) respectivamente.

Internamente, aunque la estructura social colombiana permanecía lo mismo, en el siglo XIX, se intensificaron las tensiones entre peninsulares y criollos, mestizos, y los indios. Los peninsulares y los criollos, quienes habían monopolizado las posiciones sociales más prestigiosas, discriminaban en contra de los mestizos, los indios y los negros. Los peninsulares miraban con desprecio a los criollos, a pesar de que ellos eran los dueños de las tierras. Para los peninsulares significaba que a los Criollos se les había permitido amasar grandes fortunas, operar y controlar grandes latifundios, y mantener los demás grupos de gente en América más o menos satisfechos.

Las reformas introducidas también conllevaron a la gran inconformidad dentro de la élite criolla, aumentándose así las tensiones entre las colonias y la corona española, originando la pérdida del soporte hacia la monarquía española. Así se produjo el nacimiento de nuevas ideas revolucionarias en el continente americano. Simón Bolívar, la figura más prominente de la lucha hacia la independencia de las naciones latino-americanas, en la soledad de sus últimos días, en la ciudad de Santa Marta (1830), le dictaba en su lecho de enfermo,

> a José Laurencio Silva una serie de notas un poco descosidas que no expresan tanto sus deseos como sus desengaños: La América es ingobernable, el que sirve una revolución ara en el mar, este país caerá sin remedio en manos de la multitud desenfrenada para después pasar a tiranuelos casi imperceptibles de todos los colores y razas, y muchos otros pensamientos lúgubres que ya circulaban dispersos en cartas a distintos amigos. (García Márquez, 1989:257).

He aquí un ejemplo de la utilización del discurso histórico por parte de nuestro autor. El análisis histórico en el que se fundamenta la aportación de García Márquez tiene mucho que ver con la inquietud del escritor por buscar los orígenes de los males que acaecen en su país a partir de las raíces históricas.

Como método de análisis, el estudio de la historia, más desde la aplicación de la dialéctica de origen marxista, suscita uno de los debates más interesantes que se han dado en la América Central y Sudamérica durante el siglo XX.

Para los que hemos estudiado el pensamiento político del Libertador, no es ninguna sorpresa estas reveladoras palabras de Bolívar en su lecho de muerte. Palabras proféticas que aplicamos a la ingobernabilidad existente en Colombia hasta el presente siglo XXI.

Tenemos, por lo tanto, una de las causas del conflicto colombiano explicadas, en palabras de Bolívar, por nuestro escritor. Desde el momento en que entendemos la historia como el preámbulo a la realidad contextual de lo escrito por García Márquez, necesitamos saber en qué sentido la Historia se convierte en parte integrante de sus historias[1].

En la raíz de la historia, por lo tanto, se encuentra lo más profundo del tronco que conforma la parte visible de la narrativa del autor: la violencia con la que la nación convivió desde hace dos siglos.

---

[1] Sirva la diferencia marcada por los términos *History* e *Story* para entender el valor semántico de nuestras afirmaciones.

LA VIOLENCIA EN EL SIGLO XIX

Durante el siglo XIX no hubo una auténtica guerra social-revolucionaria en Colombia, debido a que las masas no estaban organizadas para cambiar las instituciones políticas, económicas y sociales existentes desde el período de la colonia. Más aún, no existió el poder de centralización e integración de los mercados nacionales; la alianza del estado y la iglesia tampoco fue abolida, y una verdadera reforma agraria tampoco fue introducida, sencillamente porque no se debatió en público. Por otro lado, el poder de centralización no fue obtenido por las vías democráticas, sino a través de la despótica y autoritaria Constitución de 1886.

García Márquez en Hispanoamérica aplica el concepto donde los usuarios del lenguaje participan del discurso no solo como personas individuales, sino también como miembros de diversos grupos, instituciones o culturas. En ello vemos los vínculos establecidos por el autor con sus personajes, la intención es hacerlos hablar como lo harían los hombres y mujeres del XIX colombiano. «El discurso como práctica social de los integrantes de un grupo [. . .] Tanto el discurso hablado como el escrito son formas de práctica social en un contexto sociocultural»: (van Dijk, 1997:59)

Retrospectivamente, es necesario recontar los eventos nacionales colombianos, sobre los cuales el escritor es muy consciente del pasado y sus ramificaciones de lo que sucedió. De hecho, la presencia de su abuelo en los datos autobiográficos nos lleva a una intuición: la historia oral como vía de acceso al mundo, y al conocimiento histórico. Así, el viejo coronel, es uno de los puntos en los que se fija la mirada del joven Gabriel. *La Guerra de los Mil Días* es, pues, un elemento vivo en la narrativa oral que llega hasta el autor. Vemos que hay muchos puntos en común entre las narraciones de nuestro autor y la historia colombiana.

Por esta época, se llegó a un acuerdo entre liberales y conservadores para manejar un gobierno autoritario con cortes eclesiásticas. Fue durante este período que el partido liberal se dividió en dos bandos: los que pedían elecciones generales con el propósito de mantener las elecciones como medio de obtener poder parlamentario, y los que defendían las fuerzas armadas revolucionarias, puesto que las masas no tenían acceso a las elecciones.

Los orígenes de la violencia en Colombia durante el siglo XIX están divididos en tres categorías: 1º. División Política: (*Federalistas vs.*

Centralistas), 2º. Económica: (*Libre-cambistas vs. Proteccionistas*) y 3º. Social *(Religiosa vs. No religiosa)*. Sin embargo, la excusa de legitimidad constitucional, religiosa, y de centralización fue una máscara camuflada para obtener el poder y acceso político de los ya establecidos dueños de las tierras y del comercio tanto de liberales como de conservadores. Lo único nuevo fue la lucha de estas dos facciones para mantener control del estado y la maquinaria burocrática para perpetuarse como los únicos en el poder, y para legislar las leyes que les permitirían hacer sus negocios más prósperos.

Durante el siglo XIX, después de las guerras de la Independencia, muchas han sido las guerras civiles que han contribuido a la "constante violencia en Colombia", violencia de la que somos testigos hoy también en los primeros años del siglo XXI. La guerra civil de 1854 fue un conflicto económico entre los libre-cambistas y los grupos proteccionistas, La guerra civil de 1859-1862 fue de carácter religioso, sin embargo la razón subsiguiente fue económica. La guerra civil de 1876-1877 fue influenciada por motivos religiosos, cuya lucha principal fue el control de la educación. La guerra civil de 1885 fue un conflicto entre los liberales radicales tratando de sacar de la presidencia a Rafael Núñez, pero esta revuelta falló.

La guerra de los mil días de 1899-1902 fue la lucha en la que el fragmentado partido liberal armado trató de tumbar la hegemonía conservadora, la cual estuvo en el poder hasta 1930, cuando el liberal Olaya Herrera ganó las elecciones, teniendo gran participación de los socialistas emergentes en la arena política.

Gabriel García Márquez, en su novela: *Vivir para Contarla,* (2002:459), dice: «porque ya desde entonces los colombianos nos matábamos los unos a los otros por cualquier motivo, y a veces los inventábamos para matarnos». Ningún escritor colombiano ha narrado con tanto acierto histórico sobre la violencia en Colombia, como el Premio Nobel colombiano. Después de todas las investigaciones socio-económicas, políticas, históricas, religiosas, la violencia prevalece, existió y existe a lo largo de los siglos y los siglos, violencia que es descrita y forma parte intrínseca en los libros del escritor colombiano.

Buena parte viene documentada a través del testimonio oral del abuelo del escritor que, desde su participación directa en los acontecimientos bélicos de aquel momento, mantuvo vivo el recuerdo y sirvió a la inspiración del joven Gabriel para la redacción de sus primeras obras literarias.

La memoria de D. Nicolás Márquez, el abuelo, ancorada en *La Guerra de los Mil Días* y en las tensiones entre conservadores y liberales nutre una importante parte de la primera etapa de producción del autor, sobre todo aquella que concierne a lo histórico y a la reflexión sobre la consecución del poder y su ejercicio, tema que, como veremos en las diversas entrevistas concedidas por el autor, ha sido un recurso obsesivo en su literatura.

A partir de aquí, tenemos ya uno de los puntales que nos afianzan en el estudio ideológico de la obra del escritor colombiano. De una parte las razones históricas—tanto coetáneas como anteriores—que lo empelen a la escritura, y de otra la necesidad de reflexionar sobre ellas atendiendo a la idea del ejercicio del poder. Esta idea culminará, a nuestro entender, con un proceso de revisión histórica y literaria de gran calado, sobre todo en lo que afecta a la redacción y a la intertextualización en *El otoño del patriarca*. Ello no quiere decir que el resto de la obra no se vea afectado por estos principios temáticos, pero en la obra citada vemos una conjunción cenital de lo literario y de lo histórico. Lo histórico, como hemos apuntado, tiene mucho que ver con la historia de Colombia, como aquí defendemos.

EL PENSAMIENTO INTELECTUAL; SU INFLUENCIA

Por otro lado debemos considerar el pensamiento intelectual, político-religioso y económico colombiano, con Jaime Jaramillo Uribe, escritor historiador colombiano del siglo XX, en su obra: *El Pensamiento Colombiano en el siglo XIX* en el Prefacio, dice:

> En el presente volumen no me he propuesto hacer una historia erudita de lo que se escribió en Colombia durante el siglo pasado sobre la orientación de la cultura, sobre el Estado o sobre filosofía sino intentar un ensayo de comprensión del pensamiento de algunas figuras que, por la magnitud y calidad de su obra, tuvieron en su tiempo considerable influjo sobre la opinión de sus conciudadanos y en alguna medida han continuado teniéndolo (Jaramillo Uribe, 1974: X, XI).

El tema del liberalismo colombiano con respecto al Estado, discutido anteriormente y visto desde el punto de vista de diferentes pensadores intelectuales, forma parte esencial para el análisis del pensamiento de los escritores que hasta nuestros días tienen un impacto en las cuestiones del Estado y la sociedad existentes en Colombia. En la Primera Parte, el autor hace «La evaluación de la Herencia Española y el Problema de la Orientación Espiritual de la Nación», continua en el Capítulo I *La Decadencia Española,* Jaramillo Uribe analiza:

> El rumbo que tomó la historia española, tras el momento estelar de los primeros Monarcas de la casa de Austria, en quienes culmina la formación del imperio hispánico. (Jaramillo Uribe, 1974:3).

> Creó en los colombianos el pensamiento y el espíritu de la independencia y la creación y formación y construcción de la nueva República, y la toma de conciencia de la propia situación histórica y la reflexión sobre el destino de la nacionalidad. Por consiguiente, nos explica la experiencia única y el fenómeno sorprendente, de una nación, que iniciaba su descenso en el plano del poder político universal en el momento que conquistaba y fundaba un gran imperio colonial, no podía menos que llamar la atención de las mentes más lúcidas de la metrópoli y de sus colonias (Jaramillo Uribe, 1974: 3).

A través de la evaluación de los pensadores colombianos que no desecharon, desde los primeros días de la independencia, lo que significaba la riqueza económica como poder político se creó la crítica, y siempre fue el primer campo de reevaluación histórica y de condicionamiento cultural.

Importantísimo para el análisis de esta investigación es el hecho que todavía es muy actual en el pensamiento intelectual colombiano, los asuntos históricos-económicos que se relacionan directamente con España. Nos hace pensar que es inevitable la dependencia que existió y que existe en relación con la historia pasada y que inevitablemente marca el destino del futuro de Colombia. Por eso, me valgo del aporte invaluable de Jaramillo Uribe quien continúa:

> El descubrimiento de América y la lucha por el Imperio que inesperadamente le donaba la historia, afirmando su carácter caballeresco y heroico y terminaron por frustrar definitivamente la formación en Castilla del tipo que ha

constituido la economía moderna del capitalismo, y con ello la posibilidad de que España asimilase el espíritu de las nuevas formas de vida, sobre todo el moderno ethos del trabajo. Su propia anquilosis fue el tributo que España pagó a la civilización cristiana occidental, tributo lleno de grandeza, pero que significó su exclusión como gran potencia de la historia universal ulterior. (Jaramillo Uribe, 1974: 11).

Como observación, se puede concluir que la confusión de ideas que siempre ha predominado en el ambiente político-económico colombiano se deriva de:

Primero, de la comparación con la política económica de la Gran Bretaña implantada desde el período de la independencia en Estados Unidos, política que fue acogida por esta nación desde el principio, sin la competencia de ningún otro sistema viable, actitud que no ha existido en Colombia.

Segundo, la mentalidad española de fácil enriquecimiento por el abastecimiento de torrentes del oro, plata y esmeraldas del "Nuevo Reino de Granada", experiencia que como factor histórico sucedió desde la Colonia.

Tercero, el aventurero español mantuvo la idea de enriquecimiento a corto plazo, sin dejar huella permanente en la Colonia de la Nueva Granada, queriendo decir que, lo que más le importaba era regresar a España para mostrar el producto de su conquista.

Cuarto, la resistencia de España a entrar en el sistema de la economía moderna:

...en conexión con la peculiar actitud ante el trabajo que se fue formando el español en el curso de su existencia social desde el momento mismo en que España apareció en el escenario histórico, siguiendo el pensamiento de Jaramillo Uribe: Si en España hubiera sido más pródiga la guerra y más económica la paz, se hubiera levantado con el dominio universal, pero con el descuido que engendra la grandeza ha dejado a las demás naciones las riquezas que la hubieran hecho invencible. (Jaramillo Uribe, 1974: 10).

Quinto, la imposibilidad para asimilar las nuevas culturas y formas de vida existentes.

En cuanto al punto anterior, es necesario recordar que antes de la expulsión de judíos de la Península Ibérica en (1492), el judío había residido en "Sefarad" más de mil quinientos años, y los musulmanes más de setecientos años, después de la era cristiana. La cultura musulmana continuó con su presencia soterrada hasta la expulsión de los moriscos. Estos grupos sociales, por un lado los judíos que suplieron en las labores económicas bancarias, financieras y del comercio, sin olvidar en el campo de la medicina y las letras. Por el otro lado, la cultura de los moros en las labores agrícolas y artesanales de una arquitectura incomparable, dejaron su profunda huella cultural, la cual disfrutamos hasta el presente. Estas dos culturas fueron consideradas inferiores por su religión y su forma de vida, pero la historia y la posteridad han discutido mucho sobre el impacto que tuvo para la economía española el número de elementos productivos que salieron de la península Ibérica al promulgarse por los reyes españoles la expulsión de estas dos culturas. Curiosamente su presencia en la obra de García Márquez va a tener cierta importancia. La aparición de elementos judíos y árabes como culturas ajenas a la hispana se incorpora al universo de nuestro escritor poniendo en juego el contraste—al tiempo que cierto grado de simbiosis—que comportan en la cultura hispana. Tanto para bien como para mal, desde las aportaciones culturales, comerciales, científicas del mundo judío y musulmán, o de la estigmatización a causa de las diferencias, estos dos elementos se marcan de manera clara y puntual en obras como *Cien años de soledad* y *Crónica de una muerte anunciada.* Es decir, de nuevo hay una serie de elementos históricos ligados a lo hispano y a lo colombiano que se hacen patentes en la obra de nuestro escritor.

Para España, sin todavía haber podido asimilar la histórica reconquista, le corresponde adentrarse a la heroica tarea del descubrimiento de América, encontrándose con culturas indígenas completamente diferentes de su religiosa cultura evangelizante. Y puso a su disposición una nueva clase paria: las poblaciones indígenas americanas, clase que siguió creando riquezas para el pueblo señorial y dándole a la actividad económica un carácter innoble (Jaramillo Uribe, 1974: 11)

Continuando con el legado de los intelectuales colombianos del siglo XIX, se puede afirmar que los libros y ensayos desarrollados son inigualables por su análisis y crítica del pensamiento histórico, económico, religioso, filosófico y social de las colonias. Únicamente este tema sería motivo de un análisis largo y dispendioso de un estudio comparativo. Evolucionó sí, un espíritu nuevo, bastante influenciado por la modernidad europea, donde surgieron experiencias e ideas liberales con un fuerte rasgo hacia el positivismo, e industrialismo. Y bajo este preámbulo de las vehementes experiencias anteriores, surgen los escritos de José María Samper (1828-1888), influenciado por el positivismo europeo, escribe el *Ensayo sobre las revoluciones políticas y la condición social de las repúblicas colombianas* (no existe la fecha exacta de su publicación), en este ensayo Samper dice:

> Si España, el noble país de nuestros progenitores hubiera conquistado su libertad en 1812, se habría elevado al rango de gran potencia europea, y la práctica de las constituciones libres le habrían inspirado un sentimiento de inteligente benevolencia, aceptando desde temprano nuestra emancipación como un hecho irrevocable y fecundo, del cual podía sacar un partido inmenso (s.f. página 3).

Se percibe entre los intelectuales del siglo XIX, una melancolía de lo que hubiese podido ser, pero que desafortunadamente no fue posible. Dos tiempos el pasado colonial y el presente de la república que se complementan y se muestran tan sutiles . . . Obviamente, el ensayo de Samper lo tenemos que sentir, no es la pura lógica científica de la historia. Samper escribe en el siglo antepasado y nos obliga a reflexionar, pero lo más interesante es que nos lleva a no creer en fantasías, sino en experiencias que están muy cerca de nosotros, las cuales comprendemos, según vamos aprendiendo. Y digo esto porque en el siglo XX, el escritor Jaime Jaramillo Uribe evalúa el "Ensayo" y concluye:

> Es evidente que si bien Samper acertaba en el diagnóstico de muchas fallas de las sociedades fundadas por España en el Continente, su análisis de conjunto es insostenible a la luz de la realidad histórica y de un riguroso criterio científico. (Jaramillo Uribe, 1974: 49).

Dentro de todos estos conceptos, José María Samper en su ensayo hace referencias a la experiencia anglosajona de los Estados Unidos y escribe:

Es porque allí está la raza anglosajona, única que entiende la democracia, por virtud de sus tradiciones y hábitos de individualismo y obediencia a la ley. (s.f. página 3).

Samper prosigue: Los Estados Unidos han prosperado a virtud del protestantismo, y las repúblicas españolas son incapaces de progreso y libertad porque sus pueblos son católicos (s.f. página 3).

Por consiguiente José María Samper analiza y critica, pero volviendo al análisis y contraste entre las dos experiencias americanas: la anglosajona y la hispano-colombiana, Samper en su ensayo enfatiza la experiencia de las dos diferentes culturas, y continúa:

En lo político, la dominación exclusiva de los españoles, ocupando todos los empleos públicos, y sin radicarse en Colombia. La centralización absoluta y rigurosa. La severidad más persistente en la política de comprensión y fiscalización. La clausura o reducción de las colonias El sistema de ventas y privilegios, solo a un número muy reducido de personas. En lo social e intelectual, la educación pública descuidada. La esclavitud como elemento constitutivo del trabajo. El movimiento de la riqueza estancada. En lo económico y fiscal: El monopolio bajo todas las formas posibles. (s.f. Páginas: 131 a 134).

Y con esta recapitulación de eventos diseminados por Samper en el siglo XIX, nos adentramos en el siglo posterior y nos encontramos que las críticas sostenidas encuentran un eco que se repite en el siglo siguiente.

EL INDÍGENA; EL RACISMO EVIDENTE DEL PRESIDENTE ELEGIDO EN COLOMBIA

Simultáneamente, cuando el autor ambienta *El Coronel no tiene quien le escriba*, éstas son las corrientes conservadoras colombianas contemporáneas de la época y siguiendo el orden cronológico de los sucesos históricos que han provocado la prolongada violencia en Colombia. En 1950 Laureano Gómez, un conservador y ferviente católico, fue elegido presidente de Colombia. El racismo evidente de Laureano Gómez es contado adecuadamente por Pablo Jaramillo Estrada en su Tesis doctoral: *Tradición, Novedad y Trasgresión en la Cultura de*

Envigado, Laureano Gómez dará su versión más estridente en 1929: (Jaramillo 2003:2.3 19) Y el presidente Laureano Gómez prosigue:

El colombiano, por mestizo, no constituye un elemento utilizable para la unidad política y económica de América Latina: conserva demasiado los defectos indígenas: es falso, servil, abandonado y repugna todo esfuerzo y trabajo. Sólo en cruces sucesivos de estos mestizos primarios con europeos se manifiesta la fuerza de caracteres adquirida por el blanco. Jaramillo Estrada continua apuntando la retórica racista ultra conservadora de Laureano Gómez:

El elemento negro constituye una tara: en los países donde él ha desaparecido, como en la Argentina, Chile y Uruguay, se ha podido establecer una organización económica y política con sólidas bases de estabilidad.

Éste es el pensamiento político del presidente de Colombia. Sobre él se construye una perspectiva de observación en que lo negroide, desde la óptica de nuestro autor, marca ciertos contrastes con lo criollo. Por ejemplo, en *El rastro de tu sangre en la nieve* (1976), incluido en *Doce cuentos peregrinos*, se plantea una paradoja evidente en el pensamiento y en el comportamiento social de la muchacha de origen aristocrático cuando el narrador nos deja entrever que su relación con los negros se había desarrollado en el plano de lo sexual. Es decir, nos topamos con un individuo socialmente situado en lo más alto de la pirámide, descrita por su blancura y por su delicadeza, a la que se podía oponer lo negro y más bajo en el escalafón social.

La insinuación del narrador nos lleva, evidentemente, a la sonrisa cuando practicamos la inferencia oportuna. Intuimos que el racismo y el comportamiento distante respecto a la raza y la clase social se ve contravenido en el terreno más primario e instintivo. García Márquez capta, por lo tanto, esa distancia social y ese racismo patente en la sociedad colombiana para subvertirlo con la ironía sobre el comportamiento sexual de una señorita soltera de la más alta clase social del país.

Aquí, García Márquez nos lleva a un mundo dentro de otro mundo.

Con la idea de la "paratopía", discutida anteriormente, este ejemplo de nuestro escritor se acerca a esas facetas contradictorias de la voluntad estética frente al localismo contextual del Macondo histórico colombiano:

> Cuando el pirata Francis Drake asaltó a Riohacha, en el siglo XVI, la bisabuela de Ursula Iguarán se asustó tanto con el toque de rebato y el estampido de los cañones, que perdió el control de los nervios y se sentó en un fogón encendido. No podía sentarse sino de medio lado acomodada en cojines, y algo extraño debió de quedarle en el modo de caminar [...] Renunció a toda clase de hábitos sociales obsesionada por la idea de que su cuerpo despedía un olor a chamusquina. [...] sin atreverse a dormir, porque soñaba que los ingleses con sus perros feroces de asalto se metían por la ventana del dormitorio y la sometían a vergonzosos tormentos con hierros al rojo vivo. (García Márquez, 1967, Pág. 22)

Es así como aprovecho un intermedio, para combinar el mundo de ficción con el de la realidad existente que nos cuenta la historia colombiana. Éste es el siglo XVI en su mundo real. *La Herencia Colonial* — (Siglo XV al siglo XVII), posterior al descubrimiento del Nuevo Mundo (1492). Este período puede dividirse en tres categorías: la económica, la social, y la política-religiosa. La estructura económica desde 1492 hasta (1700-1788) fue un sistema mercantilista, de monopolio, impuestos, y paternalismo. La ocupación de la tierra fue distribuida en comunas llamadas *resguardos de indios,*[2] a los que inicialmente los españoles o peninsulares no tenían acceso. La agricultura fue primero organizada en *repartimientos,*[3] transformados más tarde en *encomiendas,*[4] en otras

---

[2] Seguridad por escrito se hace en las comunas de "Resguardos de Indios" de las deudas o contratos. En la colonia vino a ser la guardia de un paraje, litorial o frontera. (Diccionario de la lengua Española, Decimo- novena edición.)

[3] "Repartimientos" es la contribución o carga con que se grava a cada uno de los que por obligación, o por necesidad, la aceptan o consienten. (Diccionario de la Lengua Española, XIX ed.).

[4] "Encomiendas" es la dignidad dotada de renta competente, que en órdenes militares durante la colonia se daba a algunos caballeros. Es el lugar, territorio y rentas de esta dignidad. (Diccionario de la Lengua Española, XIX ed.)

---

palabras un sistema parecido al feudal europeo. Sistema que trajo consecuencias devastadoras para la «Estructura social y aculturación», y que según Germán Colmenares describe: «La conquista española y el sistema de encomienda implantado en seguida tuvieron como efecto la desintegración de las sociedades indígenas americanas». (Colmenares, 1997: 29).

Por otro lado, la línea de los Borbones, que reemplazó a los Habsburg, introdujo cambios radicales: Creó las *intendencias* [5] para establecer y aumentar un control más eficiente, no únicamente en el comercio, sino también el control de las colonias en general. La economía orientada a la exportación desde Latinoamérica hacia la península Ibérica, fue la principal herencia de este período colonial, el resultado de más de 200 años de explotación de las minas, y desde luego, las colonias dependían del oro, plata y otros metales como intercambio mercantil con el extranjero.

La hacienda, una unidad de producción con un núcleo social patriarcal; fue un sistema que sobrevivió como herencia Colonial en México hasta 1910, e inclusive más tarde en otras naciones latinoamericanas. Las importaciones y exportaciones fueron manejadas en los puertos por un grupo reducido de comerciantes relacionados por el parentesco de sangre con sus colegas en Sevilla o Cádiz en España. De este mercantilismo preindustrial y precapitalista, el historiador colombiano Jaime Jaramillo Uribe nos dice:

> En definitiva, es la cultura en su totalidad la que decide sobre el grado de discriminación, la distancia racial, el conflicto y la mixibilidad, y son justamente las características de "paternalismo", "personalismo", "familismo", "amiguismo", "compadrazgo", propias de la cultura española, las que dan a ésta una ventaja en orden a reducir los conflictos raciales. (Jaramillo Uribe: 1977:234).

Se ha enfatizado dos economías del colonialismo: la economía orientada a la exportación de los productos extraídos de la explotación de minas, y la política de la ocupación de las tierras, dichas políticas fueron las causas que dieron origen a la continua violencia en Colombia. Como lo observa Germán Colmenares:

---

[5] "Intendencias" o Distrito a que se extiende la juridicción del intendente. (Diccionario de la Lengua Española, XIX ed.).

El choque de dos culturas tuvo que producir desajustes violentos en aquella que, por su grado de evolución, estaba condenada a doblegarse frente a la cultura invasora (Colmenares, 1997:29).

También se suma la estructura social estratificada por el color y la fisonomía; preferencia absoluta a la élite blanca. García Márquez nos cuenta como él recuerda sobre los peninsulares y criollos, familiares de Ursula Iguarán y su esposo José Arcadio Buendía, pertenecían a la raza blanca o (casi blanca); la gran masa subordinada incluía los indios (indígenas o nativos), los negros, los mestizos, los mulatos, y los sambos. Germán Colmenares añade:

Tampoco el mestizaje significó una forma de preservación. Al contrario, este fenómeno creó nuevas tensiones en el seno de la dualidad social establecida a raíz de la conquista. El mestizo no fue un elemento de transición entre las dos «repúblicas» sino que sirvió a menudo como instrumento directo de dominación. (Colmenares, 1997:30)

También García Márquez narra en el presente sobre un pasado colonial que existió:

José Arcadio Buendía ignoraba por completo la geografía de la región. Sabia que hacia el oriente estaba la sierra impenetrable, y al otro lado de la sierra la antigua ciudad de Riohacha, donde en épocas pasadas—según le había contado el primer Aureliano Buendía, su abuelo—Sir Francis Drake se daba al deporte de cazar caimanes a cañonazos, que luego hacia remendar y rellenar de paja para llevárselos a la reina Isabel. (García Márquez, 1967:14)

Jaramillo Uribe, sigue escribiendo sobre la mezcla existente en el territorio colombiano:

En el nuevo Reino de Granada, en la actual Colombia, se hizo un esfuerzo máximo para evitar la convivencia, los matrimonios, y la presencia de los mestizos en las comunidades indígenas, Jaramillo continúa describiendo la dificultad del fiscal de la Real Audiencia Moreno y Escandón y el Oidor de la Audiencia Verdugo y Oquendo, se han «vuelto tenues» y ya es muy difícil saber quién es indio, quién es mestizo, y quién es blanco. (Jaramillo Uribe, 1994:108).

El Instituto Colombiano Caro y Cuervo, Biblioteca Colombiana XLI, publica la autobiografía de Juan Rodríguez Freile, de Santa Fe de Bogotá, (1997), según el otro manuscrito de Yerbabuena, y con la edición, Introducción y notas de Mario Germán Romero.

El Carnero, crónicas del autor, escribe sobre el sistema económico existentes en la Nueva Granada: Fue fama en esta ciudad [Santa Fe de Bogotá], que llevaba el presidente [marqués de Sofraga] de este Reino, más de doscientos mil pesos de buen oro, sin lo que había enviado a Castilla durante su gobierno, y sin la plata labrada y joyas de gran valor: lo cierto es que yo no conté la moneda, ni vi las joyas, lo que vi fue, que queriendo el marqués confirmar (*el señor arzobispo*) a sus hijos, el señor arzobispo don Fray Cristóbal de Torres, dijo misa en las casas reales y éste día vi tres salas aderezadas que se pasaba por ellas a la sala donde se decía misa, y en esta y en las otras tres, vide aparadores de plata labrada de grande valor según allí se decía. Si era toda del marqués o no, por entonces no lo supe, ni se más de lo que ahora se dice (Cap. 20º- XXVII). Ya por aquel entonces, las crónicas de Rodríguez Freile nos aclaran la estructura social, política y económica de la época de la Colonia.

POSICIONES SOCIALES HEREDADAS.

García Márquez, en su entrevista con Rita Guibert, *Siete voces* (1974), nos aclara su pragmático sentido de la soledad: «Viene de esa falta de solidaridad, la soledad de cada uno tirando por su cuenta». http://www.ucm.es/info/especulo/nemero33/mariados.html. Estas palabras en un contexto literario, vienen a llegar a ser una analogía a la economía latinoamericana existente desde los siglos de los siglos: *cada uno tirando por su cuenta*, sin tener en cuenta el otro prójimo.

Existiendo en la colonia este intercambio mercantil entre España y las colonias de la Nueva Granada, nos damos cuenta que, según observa Germán Colmenares: «no debe olvidarse en ningún momento que la conquista era una aventura militar tanto como una empresa comercial».

(Colmenares, 1997:3). Y sumándose además, el gran fallo social, económico, y político que se produjo por la falta de inclusión y de participación económica que ha debido extenderse hacia las culturas nativas ya existentes en las colonias, y de aquí se explica: lo que a mediados de este siglo XX, Robert Wright, escritor norteamericano de temas científicos con su libro: *Non-Zero the Logic of Human Destiny, (1957)* describe correctamente caracterizando el crecimiento económico como "*non-zero sum aggregation of activities*". Según el cual, si la riqueza de una persona o una nación, región o comunidad es fija (zero-sum), el crecimiento económico no existe, y la oportunidad también económica pasa a consistir en una mera lucha para obtener una "parte" de la fijada existente. "tightly-held assets", agarrándose las mayorías de las masas a los herméticos bienes o activos de unos pocos. Luego, si la visión económica consiste en crear servicios, bienes y otros productos de tal manera que, son más que suficientes de los existidos anteriormente, el crecimiento económico aumenta y se expande la "parte" de las oportunidades (non-zero sumess), y se estabiliza además el desarrollo económico para todos. En otras palabras: se logra el beneficio y goce económico del que mantiene el poder, pero se extiende simultáneamente y propor-cionalmente al común denominador de las masas. Holísticamente hablando, creo que, la falta de no compartir el beneficio económico (solidaridad, como lo llama el autor), fue y es hoy la fuente inicial y principal de la llamada "violencia" descrita a lo largo de la obra literaria de García Márquez, existente desde los últimos 500 años de la historia colombiana.

Como resultado de las políticas económicas del colonialismo, los nativos o indígenas fueron gradualmente transformados en campesinos con el propósito concreto de manipulación económica (zero-sum), del cual no han logrado salir, y del control social y religioso. Una vez que la población nativa fue controlada, sus valores y su cultura indígena fueron reemplazados. Por ejemplo, la idea del pensamiento hacia el futuro, fue sustituida por la idea de sumisión: y la idea de la familia y valores naturales fueron reemplazados por el animismo o creencia que los espíritus animan a todas las cosas, creencia profesada explícita o implícitamente por pueblos de escasa cultura. En otras palabras, para los nuevos grupos de clase alta, la sumisión de los indígenas fue una parte de la forma de vida en la orden señorial-feudal. Los conflictos sociales, los cuales han generado la violencia en Colombia y en Latinoamérica tuvieron sus raíces históricas en la división de las castas sociales, la economía encaminada a beneficiar únicamente a unos pocos blancos de la élite y al racismo existente desde el período de la Colonia, y dentro de esta herencia, la falta de visión económica, que se expande y extiende para beneficio de todos. Y si la teoría del norteamericano Robert Wright se analiza numéricamente, nos encontramos con cifras de bastante consideración.

Jaime Jaramillo Uribe, pensador intelectual colombiano durante las últimas décadas, siglo XX, nos dice:

> Al finalizar el siglo XVIII, según el historiador español Mario Hernández Sánchez Barba, la América Hispánica tenía una población de 15'258.483 habitantes, que según los grupos étnicos se distribuían así: blancos, 20%; indígenas, 46%; mestizos, 26%; negros, 8%; en cuanto al alto porcentaje del grupo indígena, están afectadas por los casos de algunos países como México, Perú, Bolivia y Guatemala. (Jaramillo Uribe, Jaime, 1994:108).

Desafortunadamente, este sistema económico, revelado tan adecuadamente en *El Carnero*, por Rodríguez Freile hace más de 400 años, no favoreció a los indígenas, mestizos, o negros de la Nueva Granada, pero tampoco España pudo obtener beneficio económico permanente en la Península Ibérica, hoy vemos que gracias a la explotación de minas de oro, plata y esmeraldas en la Colonia de la Nueva Granada, España tuvo su momentáneo "boom económico e intelectual", pero después de la bonanza producida por la labor de esclavitud y servidumbre de la Colonia, la *Madre Patria* no pudo sostener una expansión económica (zero-sum) dentro de la misma España, ni para beneficio de la monarquía, ni para el beneficio de sus súbditos.

Dos siglos posteriores a la Colonia, el escritor y profesor universitario colombiano Jaime Jaramillo Uribe escribe:

> Saavedra Fajardo en su tiempo, y en la época moderna varios historiadores de la economía, atribuyen al flujo del oro americano la crisis agrícola de España, y no solo la crisis agrícola sino la crisis económica general, lo mismo que el atraso de la industria y la consiguiente debilidad que exhibió la economía española. Porque las riquezas del Nuevo Mundo, por una parte, crearon la mentalidad aventurera—tan enemiga de la mentalidad industrial—y llenaron la imaginación del peninsular

con la leyenda de El Dorado y la adquisición fácil de la riqueza; por otro lado, produjeron inflación creciente en una economía que recibía oro y plata a torrentes, pero cuya de bienes de consumo permanecía estática. (Eartl J, Hamilton, 1948:.30 y 55).

Experiencia que se repite a finales del siglo XX, no en España, pero en la República de Colombia, con la adquisición fácil de la riqueza producida por el narcotráfico, que se inicia con el llamado "cartel de Medellín".

SISTEMA POLÍTICO-RELIGIOSO

Ninguno de los elementos culturales transferidos de España a Hispanoamérica fue de mayor importancia que el sistema político-religioso. La Corona Española fue defensora del Catolicismo, un colonialismo interpretado por los reyes españoles como confirmación de una divina bendición. Por esa razón, tomaron la ventaja de la interpretación de combinar la espada con la cruz y ese fue el emblema de la conquista de América. De aquí nació el sistema político-religioso el cual transformó a Ibero-América. El Papa Alejandro VI tituló a los Reyes de Castilla como *Patriarcas de los Indios* el año 1493. Isabel y Fernando, los reyes de España firmemente convencidos que debido a su voluntad hacia la Fe Católica, podían salvar el alma de los indios, y bajo esta creencia, la doctrina de la iglesia Católica fue expandida de un selecto número de discípulos a las masas en general, y la religión Católica llegó a ser una organización social. Gómez Restrepo (1953), escribe sobre la Literatura Colombiana, y describe la coexistencia durante la Colonia entre el ejército y la iglesia:

> Yace la ciudad de Tunja—escribió en el siglo antepasado don Francisco Domínguez Urrego Labeitia, teniente coronel del ejército español y sobrino político de la Madre del Castillo,—en el Nuevo Reino de Granada en 4 grados de latitud septentrional, casi al Norte de Santa Fé de Bogotá, 22 leguas de ella. Fundóla Gonzalo Suárez de Rondón en 6 de agosto de 1539, en el mismo sitio donde tenía su corte el famoso cacique que le dio su nombre. (Gómez Restrepo, 1953:54).

Durante la evangelización y durante el proceso de transculturación, la Corona Española introdujo *el repartimiento*, el cual más tarde se denominó *la encomienda*, y también fomentó la creación de la hacienda de ganado vacuno. *La hacienda* llegó a ser no únicamente la usurpación de las tierras, pero también un instrumento para la instrucción religiosa y para la colección de impuestos. Aunque los encomenderos estaban obligados a cuidar de los indios y de tratarlos bien, ellos convirtieron la encomienda en un instrumento de dominación económica que permitía la confiscación ilegal de las tierras de los indígenas. Continúa Gómez Restrepo:

> en el año 1541 le despachó el Rey título de la ciudad y armas que son de Castilla y León, abrazando los cuatro escudos un águila de dos cabezas, coronadas de oro, con el toisón pendiente de las alas, y una granada en un triángulo debajo de los cuarteles. Poblarónla los principales conquistadores, llegó a tener setenta y dos encomenderos de indios, con cuyas crecidas rentas se mantenían otras tantas familias nobles. (Gómez Restrepo, 1953:54).

En resumen, con la introducción de la encomienda un sistema social, político, religioso, y económico fue establecido dando así origen a una rígida y eficiente estructura, no democrática, reforzada para beneficio de un sistema de castas. Según Jaramillo Uribe, sus escritos nos muestran la situación social existente:

> ...la promulgación de la famosa cédula real de 1731, llamada de «gracias al sacar». Consistía ella en el pago de una suma, que pudo fluctuar según los casos y circunstancias entre 100 y varios miles de pesos, se podrían salvar las prohibiciones que pasaban sobre los no *limpios* de sangre o que, como muy pintoresca y gráficamente decía la legislación, tenían «sangre de la tierra». (Jaramillo Uribe, 1994:109).

Y aquí nuevamente nos encontramos con la «limpieza de sangre», tan estudiada desde la histórica *Reconquista en España*. Podríamos incluir aquí, la doble función de la iglesia, documentada en los archivos del Santo Oficio, de la ciudad de Cartagena, que representa la religión/militante:

> El obispo tendió con toda intención su mano de soldado, y el marqués besó el anillo, Su Señoría Ilustrísima, El obispo aspiró el vapor con los ojos cerrados, y cuando emergió del

éxtasis era otro: dueño absoluto de su autoridad. (García Márquez, 1994:78-79)

Esta institución religiosa/militante, del Santo Oficio, es el epicentro de la narración histórica/religiosa militante en la obra de García Márquez: *Del amor y otros demonios,* (1994).

Dos instituciones políticas tipificaron el período de la Colonia: *La casa de contratación y el Consejo de Indias,* localizados en España y los *Cabildos o Corregimientos,* ubicados en las Colonias. El Cabildo formado por concejales, un alcalde, un alguacil, varios jueces, y un tesorero, fue la más importante institución durante la colonia. Únicamente los "terratenientes", en otras palabras son el mismo terrateniente, general, *La mamá grande,* etc., descritos con agudeza genial en *El otoño del patriarca* por el escritor colombiano.

El Cabildo no fue una institución democrática debido a la exclusión de la mayoría de la gente. El cabildo y su poder eran locales y fomentaba la fragmentación, la cual perduró en Latinoamérica durante la colonia y hasta después de las guerras de la Independencia. Las funciones del Cabildo incluían la colección de impuestos, el mantenimiento del orden público, y de los trabajos públicos. *Del amor y otros demonios* es una de las obras que mayormente incide en el contraste religioso. Se mezclan las costumbres religiosas, la importancia del Santo Oficio y las desavenencias entre órdenes, muchas veces al socaire de las disputas económicas y políticas, para ofrecer un marco incomparable en lo histórico a propósito de una ficción.

Adentrándonos aún más en el problema social existente, es necesario visualizar el panorama y bajo las explicaciones de Jaramillo Uribe, se clarifica cual fue la real posición de España en relación a la Nueva Granada:

> Ante esta confusa y conflictiva situación las autoridades españolas tuvieron una actitud vacilante y contradictoria. Trataron de favorecer a los indígenas que pedían protección ante las exacciones a que eran sometidos por los blancos y mestizos, sobre todo en las zonas rurales. Quisieron tranquilizar a los criollos, que ya se perfilaban como el más serio peligro para la dominación española (Jaramillo Uribe, 1994:109).

Obviamente, los acontecimientos futuros eran ya predecibles, los cuales se muestran en las numerosas guerras y la guerra de la independencia a principios del siglo XIX, bien narradas en *Cien años de soledad, Del amor y otros demonios,* pero ubicadas también desde el principio de la carrera periodística del escritor García Márquez.

MODELOS LITERARIOS LLEGADOS AL NUEVO REINO DE GRANADA

De los modelos literarios llegados a la Nueva Granada, El Fraile Luis de Granada, generalmente se cita como el más notable de los predicadores españoles. (Gómez Restrepo, 1953: 8). Obras doctrinales escritas en un estilo que se distingue por el tono apasionado. En el siglo XVI, otro predicador, el padre Alonso Cabrera, cuyos sermones, antes olvidados, han sido juzgados con no pequeño encomio por la crítica (Gómez Restrepo, 1953:8), haciendo la colección de sus sermones un rico texto de la lengua, de elevado pensamiento del genio castellano. En todo caso, Gómez Restrepo continúa, y describe el mensaje padre Cabrera:

> ...claro, de fuerza vital y enérgica, y en un estilo realista. [...] Así como después, del Fraile Luis de Granada vino Góngora, de igual manera, después del padre Cabrera llegó el padre Feliz Hortensio de Paravicino. (Gómez Restrepo, 1953: 9).

Como se ha comentado anteriormente, la religión Católica pasó a ser una organización social, y la influencia literaria también llegaba a las colonias a través de un clero moralizante, y de esta manera, fue marcando el destino político-religioso. «Y en el orden político en España, en el trono que había ocupado el grave Felipe II, se sentó el galanteador y quimérico Felipe IV». (Gómez Restrepo, 1953: 9). Como el pensamiento político-religioso y la expresión corren parejas, a esta ridiculez de ideas correspondía la extravagancia del estilo. Estilo dogmatizador implantado por el clero en las colonias.

Es imposible descender más en el camino de la confusión de ideas existentes en el período de la colonia, sin ignorar la adquisición de una nueva lengua para los indígenas, pues para el clero de la colonia lo único importante fue la expansión de la oratoria sagrada, que es entre nosotros, tan antigua como la colonia. Mientras en las colonias, lingüísticamente convidaba al mal entendimiento,

> ...en España el ilustre académico Juan Eugenio Hartzenbusch, constatando al discurso de recepción de don Antonio Ferrer del Río, dice sobre el mismo tema: Extrañeza

notable hubo de causar a Felipe V el primer sermón a que asistió en España, suponiendo que lo entendiese, (Gómez Restrepo, 1953: 11). El subrayado es nuestro.

Se ha mencionado anteriormente que la influencia literaria llegada a la Nueva Granada fue en su gran mayoría religiosa. Se enfatiza que la escritora «Madre Castillo» realza y figura entre las más destacadas poetisas colombianas, nacida en Tunja, al Norte de Santa Fe de Bogotá. Escribe:

El alma poética y ardiente de la Madre Castillo se complace en ensalzar el poder del amor, que es fuerte como la muerte, y describir los efectos que produce en las almas que somete a su imperio: Condición del amor verdadero es anhelar siempre a la presencia y unión del amado, como las cosas a su centro, que fuera de él están violentas y no pueden tener reposo. (Gómez Restrepo, 1953:74-75).

Prosigue la lista de escritores poetas, Sor Francisca Josefa del Castillo y Guevara, la caridad es a manera de óleo suavísimo que embalsama la vida de la Madre Castillo. (Gómez Restrepo, 1953:86). Es un misticismo poético importado de la Península Ibérica, buen ejemplo de la literatura colombiana en el período de la Colonia, que obviamente no llega a valores literarios al original español, pero que indudablemente se tiene que considerar como parte importante de la literatura colonial de la Nueva Granada, la actual República de Colombia.

Y entre los cronistas sobre asuntos coloniales, Gómez Restrepo destaca sobre ellos el ya mencionado Juan Rodríguez Freile, en su Capítulo VI, llamándolo:

«Un Cronista Picaresco», y admite: Como el arte español esta formado por fuertes contrastes, no es raro que después de las suaves elaciones místicas de la Madre del Castillo venga a ocupar su puesto, el más picaresco de nuestros escritores coloniales, el conocido y admirado don Juan Rodríguez Freile. (Gómez Restrepo, 1953:155).

Dos funciones que prevalecen en la educación formal para nosotros los colombianos, es sin duda la importancia del buen uso y aprendizaje de la lengua española y el conocimiento de la historia, de ahí se deduce la importancia de la Academia Colombiana de la Lengua y además La Academia Colombiana de la Historia. Ambas enseñanzas bien discutidas por nuestro autor en *Vivir para contarla (2003)*, luego en relación con la lengua e historia el autor nos cuenta y recuerda sus encuentros lingüísticos e históricos en el Liceo de Zipaquirá.

Mario Germán Romero, página XLVIII, escribe de las crónicas, historias, cuentos picarescos, ficciones novelescas de Rodríguez Freile, "En el capítulo 6° Bis "El Carnero" cuenta Rodríguez Freile el boato y despilfarro de que hizo gala Jiménez de Quesada en España. Al respecto, en el curioso libro *Florero de anécdotas y noticias diversas* que recopiló un fraile dominico residente en Sevilla a mediados del siglo XVI, Madrid, Memorial Histórico Español, Colección de Documentos, y opúsculos y antigüedades que publica la Real Academia de la Historia, tomo XLVII, 1948, páginas. 159-160, se lee:

183—El Licenciado Gonzalo Ximénez [de Quesada: caudal y esmeraldas de descubridor], f° 21.

El Licenciado Gonzalo Ximénez, hijo del Licenciado Ximénez de Granada, passó a las Indias y fué a descubrir el nuebo Reino de Granada; puso por su nombre a la primera ciudad que se pobló Santa Fé.

Uvo de aquel descubrimiento trezientos mil ducados, según escribe Francíco López de Gomara en la Primera parte de la Historia de las Indias, f° 41; puesto que él mismo me dixo a mí en la ciudad de Sevilla aber traydo muchos menos, y que lo más que truxo fueron esmeraldas, muchas de ellas muy finas, y entre ellas uvo esmeralda que vendió en Francia en veinte y seis mil ducados.

Juan Rodríguez Freile, el *cronista picaresco*, denota en sus crónicas (*El carnero*) una crítica social ya evidente en el siglo XVI, en la Nueva Granada, obligándonos a entender las entretejidas alusiones a las diferencias de clases y poder político religioso de la institución de la colonia en el territorio de Santafé de Bogotá. Llegando a ser Rodríguez Freile, la influencia relevante ya por el período colonia; se deduce así que García Márquez, había leído esa crónica social ya existente que se observa desde el período colonial.

Según Juan Rodríguez Freile, en sus crónicas tituladas "El Carnero", nos cuenta:

Al principio del año de 1543 [1553] entró en este Nuevo Reino el señor obispo don fraile Juan de los Barrios del Orden de San Francisco, el cual trajo consigo a mis padres, que a estas partes de Indias no pasen sino personas españolas, cristianos viejos y que viniesen con sus mujeres; duró esta cédula mucho tiempo, ahora pasan todos, debióse perder. (Instituto Colombiano Caro y Cuervo, Biblioteca colombiana XLI, (Santa Fe de Bogotá, 1997. Cap. 9º. Pág. XX).

Cabe entender que la importancia de estos aspectos históricos ahora referidos en la formación de García Márquez es primordial para entender el enfoque ideológico que van a ir adquiriendo sus obras. Desde el pensamiento intelectual, pasando por la observación de la política colonialista religiosa y racista, hasta llegar a las disputas por un modelo económico u otro que llevan a las guerras del XIX, todo ello son puntales básicos para entender la serie de alusiones históricas que se despliegan a través de las páginas del escritor de Aracataca.

Eso no se acaba en este punto, sino que se proyecta también en la observación del mundo contemporáneo. Como veremos, hay algunas cuestiones de plena actualidad que García Márquez aborda en sus escritos. Los reportajes novelados serán una pieza básica para poder seguir la postura del autor en determinados conflictos y hechos que se producen en su entorno. Desde *El relato de un náufrago* que conmocionó la vida colombiana, pasando por la dictadura chilena, hasta llegar a cuestiones internas como el narcoterrorismo, tenemos una muestra evidente de un posicionamiento sobre los hechos que no podemos pasar por alto a la hora de valorar la ideología del escritor.

Uno de los temas que aborda con un interés evidente para nuestros propósitos es el anteriormente aludido tema del narcotráfico.

Historia del narcotráfico.

Últimas tres décadas del siglo XX y comienzos del siglo XXI.

En la secuencia interminable de violencia en el territorio colombiano, la paz se presenta tan evasiva como en la época colonial y postcolonial y hoy con el narcoterrorismo continúa la más grave situación de inseguridad y violencia. Terrorismo, narrado directa e irrefrenable en *Noticia de un secuestro(1996),* el cual se degenera cada día más, siendo el pueblo y la ciudadanía en general los que han sido flagelados por el terrorismo del narcotráfico. Con estas palabras el autor, nos manifiesta su drama personal al escribir su novela:

> Para todos los protagonistas y colaboradores va mi gratitud tierna por haber hecho posible que no quedara en el olvido este drama bestial, que por desgracia es sólo un episodio del holocausto bíblico en que Colombia se consume desde hace más de veinte años. A todos ellos lo dedico, y con ellos a todos los colombianos—inocentes y culpables—con la esperanza de que nunca más nos suceda este libro. (García Márquez, 2005:8).

Analizamos "El narcotráfico, imperio de la ilegalidad: aspectos históricos y geográficos", capítulo 6 de la Tesis Doctoral, presentada para la Universidad de Salamanca, por Pablo Uribe Estrada, en la cual hace una breve reseña histórica del contrabando desde la colonia; entendemos que el narcotráfico es esencialmente contrabando, en el que se comercia con algo que es prohibido o ilegal, y es así como Pablo Uribe describe: "En el siglo XVI, Felipe II Rey de España, gobernaba sobre un imperio donde el sol nunca se ocultaba. Del otro lado del Atlántico, los virreyes de América supuestamente aplicaban las órdenes de la Corona. Estas llegaban, semanas o meses después de haber sido emitidas. Muchas expiraban antes de llegar a su destino o no se podían aplicar a las situaciones locales. En muchos casos, "se acataba pero no se cumplía". Los oficiales debían velar por los intereses de la Colonia Española, a la cual le correspondía la quinta parte del botín total obtenido. Sin embargo, la Conquista era una empresa privada en la que los colonos se las arreglaban para sacarle provecho al asunto y evadir el control de dichos oficiales reales. (Uribe Estrada, 2002:6, 18) Según Germán Colmenares, refiriéndose a la Nueva Granada, la autoridad de estos conquistadores frente a sus jefes debía ser poca, pues no pudieron oponerse a que sacaran con frecuencia todo el oro de la Caja Real para luego repartir el botín a su guisa. (Colmenares, 1997: 368)

Pablo Uribe Estrada nos describe que el contrabando del oro y esmeraldas ha sido efectuado desde la época colonial, postcolonial y que la ruta del contrabando de estas mercancías es muy parecida a la ruta del narcotráfico de la droga. Según Pablo Uribe Estrada, refiriéndose a La ley del contrabando:

> Algunos consideran que el contrabando constituye el hilo conductor, la madeja de la ilicitud, que urdiría la vocación

transgresora de la ley que tanto influjo posee a la hora de analizar el por qué nuestra cultura se ha visto en dificultades insuperables a la hora de construir y poner en acto un sistema legal legítimo y eficaz. (Uribe Estrada, 2002: 6, 18).

Como bien lo recordamos en Colombia, a mediados de los años cincuenta del siglo XX el gobierno estableció como puertos libres las Islas de San Andrés y Providencia, lo que acordó fue el libre impuesto a las mercancías que allí se revendían. Por aquel entonces, era de moda en Colombia ir de vacaciones a las islas y traer de regreso todos los electrodomésticos que se pudieran meter en la maleta o en la caja de cartón original de los televisores, radios estéreos, aspiradoras, licuadoras, cigarrillos, licores extranjeros y textiles europeos etc., etc. Eran vacaciones geniales había de todo: buena comida, clima ideal por encontrarse las islas en el Mar Caribe y excelentes "pasatiempos" para toda clase de gustos, y la maleta repleta de cosas para la casa, especialidad las mercancías exentas de impuestos y mucho más baratas y buenas.

La producción industrial nacional colombiana, como siempre, no ha podido competir con los productos de otras naciones industrializadas, que por aquella época eran los Estados Unidos, Japón y los países europeos. Esta política económica de impuestos desorbitados, que en los productos como carros ó coches, como se dice en España, llegaba hasta un trescientos por ciento de impuestos, indudablemente era un impuesto exagerado que el gobierno fomentaba para beneficiar la producción nacional a punta de aranceles desmedidos, que van directamente al bolsillo de los que gobiernan y ahoga el bolsillo del consumidor. Nuevamente, con estas políticas económicas sin sentido, no gana nadie, sino unos pocos, resultando (zero-sum) para todos los consumidores.

Luego, refiriéndose Uribe Estrada a las medidas económicas implantadas por el gobierno de Lleras Restrepo como presidente y economista nos dice:

> ...el negocio creció y adquirió cierta legitimidad por una razón obvia: los compradores preferían comprar bienes exentos de impuestos, y por ende más baratos. Estos mismos grupos utilizaron el peso político que tenían para que se permitiera la creación en el territorio colombiano de cadenas de almacenes llamados "Sanandresitos"; actualmente estos almacenes que "tradicionalmente" no han vendido sino productos de

contrabando, provenientes en buena parte del dinero de la droga ("lavanderías") intentan ser intervenidos por la DIAN, (Departamento de Impuestos y Aduanas Nacionales) para obligarlos a acogerse al régimen de la legalidad fiscal. (Uribe Estrada, 2002: 6-18).

En estas razones de tipo histórico se encuentra el engendro de una de las historias de García Márquez en su *Relato de un náufrago*. Nos podemos explicar el naufragio del barco a partir de la carga ilegal de productos electrodomésticos. Es decir, indirectamente reaparecen los condicionantes de tipo histórico—coetáneos a los hechos narrados—que nos ayudan a razonar la importancia social de alguna de las aportaciones de García Márquez. Sin esos condicionantes históricos no podemos seguir el proceso de ocultamiento de las causas del naufragio ni mucho menos las razones por las que se encumbró a un náufrago como si fuese un héroe nacional. Tras ese hecho aparece la labor de desenmascaramiento que hizo García Márquez y la situación en la que quedó el autor frente al gobierno colombiano. Es decir, su obra condicionó su exilio y, por ende, su acercamiento a una Europa que le interesó en tan alto grado como para desarrollar una serie de escritos que van más allá de lo que los escritores colombianos de aquellos años podían haber esperado. En ese sentido fue transcendental su acercamiento a los países del Este europeo, aquellos que pertenecían al llamado "Telón de Acero" (Cortina de hierro).

Más allá de ese tipo de condiciones que imponía la situación arancelaria, nos tenemos que fijar en un tipo de economía asfixiante para las condiciones de los ciudadanos colombianos, cosa que García Márquez tuvo en cuenta en sus escritos, sobre todo en la reproducción de las situaciones extremas, caso de la dependencia del Coronel, de las formas de subsistencia de los macondinos, de la importancia del monocultivo del banano en *La hojarasca* o en *Cien años de soledad*, etc.

ECONOMÍAS A CORTO PLAZO Y SUS CONSECUENCIAS

Si analizamos las economías a corto plazo, con consecuencias y desequilibrios ya tratados anteriormente, puesto que estas economías son basadas en bonanzas efímeras que enriquecen a unos pocos y generan miseria para la gran mayoría, resultando el (zero-sum) discutido en la "Estructura Socio-económica" del capítulo I, nos encontramos que este sistema económico que favorece a unas pocas personas, se vuelve fijo, no dando oportunidad económica para la mayoría, y este mismo fenómeno económico, prevalece para unos poquísimos en el periodo de los últimos treinta años, debido a la ilicitud que rige en este comercio ilegal del narcotráfico.

Esta economía basada a corto plazo de "riquezas para pocos y miseria para muchos, como el oro a finales del siglo XVIII, el látex en el siglo XIX, y el cultivo de la marihuana, coca y amapola en las tres últimas décadas de este siglo. La época colonial se caracterizó por estar al servicio de la Corona española; los productos que ella necesitaba los sacaba de las colonias". (Uribe Estrada: 2002, 6,19) Las características de estas economías de corto plazo desde la colonia hasta nuestros días son las mismas: 1) Riqueza para unos pocos, y pobreza para la mayoría, 2) Productos basados en la explotación de minas, como son el oro, las esmeraldas, 3) Productos agrícolas para el consumo nacional e internacional como son el café, caucho, látex y en las últimas tres décadas de este siglo XX, la coca, la marihuana, y la heroína. 4) La economía colombiana no ha podido superar la producción de agricultura, o minería y siempre ha tenido que someterse a la dependencia de los países económicamente industrializados del primer mundo. 5) Esta dependencia económica se hace más evidente ahora a comienzos del siglo XXI, más aún todavía con la globalización comercial, industrial y de las comunicaciones instantáneas con la cual las noticias llegan simultáneas al globo terráqueo. 6) Si lo aceptan los colombianos, o lo resienten es otra historia, pero esa dependencia existió, existe hoy y existirá en el futuro. 7) A nivel político nacional, la estructura del Estado colombiano casi siempre permanece en un exagerado status de ingobernalidad.

DESEQUILIBRIO ECONÓMICO

Históricamente la mayoría de los narcotraficantes provienen de emigrantes desarrapados de otras regiones o ciudades, que emigran a otras zonas huyendo de otras violencias, y finalmente se involucran en el negocio del narcotráfico para llenar los bolsillos rápidamente en la tan anhelada riqueza fácil a corto plazo. Según Pablo Uribe Estrada:

> Patética situación del desequilibrio económico entre los diferentes sectores de la población colombiana. Envigado queda adscrito en estos relatos a una función transitoria, que sirvió de asentamiento propio durante un buen tiempo a las actividades

del narcotráfico. La violencia crónica-con profundas raíces históricas-, la falta de consenso en las clases en el poder, la "debilidad del Estado" han generado un proceso de deslegitimación del régimen, (nación sin ley constitucional) en donde grandes sectores de la población no reconocen al Estado y a las estructuras locales y regionales de poder como legítimas y dignas de ser respetadas. Esta situación se manifiesta en una ruptura creciente entre lo legal y lo ilegal. (Uribe Estrada, 2002:6-7).

Necesariamente tenemos que recordar que la iniciación de lo que se ha llamado:

...el "Cartel de Medellín" fue iniciado, organizado, comercializado, controlado y establecido a fuerza del narcoterrorismo por Pablo Escobar, ciudadano vecino de Envigado, ciudad cercana de Medellín en el Departamento de Antioquia. Y como el mismo Pablo Uribe lo presenta la "violencia común" presenta condiciones favorables para el desarrollo y consolidación de las mafias y de todo tipo de acciones ilegales, que en amplios sectores de la población tienden a aceptarse y a verse como normales. (Uribe Estrada, 2002: 6-8).

LOS ANTECEDENTES RELIGIOSOS

La religiosidad de los "paisas" (apelativo para los habitantes oriundos del Departamento de Antioquia) es bien conocida entre los colombianos, lo paradójico es que,

El narcotráfico no influyó mucho en la religión. Ellos se hicieron devotos de la Virgen del Carmen, a quien rindieron culto para pedirle favores. Celebraban con voladores en señal de que "coronaron" el "viajecito". El día 16 de julio es la celebración de la Virgen del Carmen. Normalmente son más religiosos los viejos y más apáticos los jóvenes. Ya se conoce la paradójica situación del sicario que se encomienda a la Virgen de Sabaneta para su éxito en su "trabajo". (Uribe Estrada, 2002:5-5).

Un fenómeno curioso es el desplazamiento de la ideología religiosa hacia las ideologías marxistas-leninistas, las nuevas guerrillas colombinas encabezadas por los curas, caso del padre Camilo Torres,

...quien al tomar el camino de las montañas para unirse a las tropas del ELN (Ejército de Liberación Nacional) lanzó un sermón de fuerte efecto popular en el que prometía no volver a celebrar una misa hasta que en Colombia no hubiese un solo niño en la calle, un solo hombre sin empleo digno, una sola mujer en condiciones de educar como corresponde a sus hijos. Decía que Dios le hacía señales desde el rostro del necesitado y que en estas condiciones, la postura pasiva de la iglesia no iba con sus principios. Y se fue al monte, donde cayó muerto a los primeros disparos que cruzaron con el ejército regular de Colombia. (Uribe Estrada, 2002: 5-8).

La religión y su influencia han marcado no únicamente a los antioqueños paisas en sus actividades familiares, sociales, empresariales y comerciales, pero también es cierto que, Colombia es llamada "El País del Sagrado Corazón". El siguiente Artículo fue tomado del Diario el País de Cali, por Jorge Eduardo Acero López SJ) http://us.f131.mail.yahoo.com:

El 22 de Junio de 1902 fue consagrada Colombia al Sagrado Corazón de Jesús, en medio de la guerra de los Mil Días.

El 18 de octubre de 1899 estallaba en Colombia la última guerra civil que duró tres años y que se conoce como la *Guerra de los Mil Días*. La guerra paralizó todas las actividades económicas, sobre todo la explotación de los campos, presentándose una hambrura que no respetó a ninguna clase social y que puso a clamar de hambre a ricos y pobres en todo el territorio nacional.

Nuevamente la *Guerra de los Mil Días*, establece una alianza entre la iglesia y el gobierno para seguir dirigiendo el destino de la nación, alianza que no presenta resultados hasta el día de hoy: Luego "El país del Sagrado Corazón" no salva a los colombianos del hambre y la guerra:

La economía del país se desplomó y el valor de la moneda se tornó irrisorio.

Los fusiles y los cañones, además de segar las vidas humanas, sembraban la destrucción en todo el territorio patrio. Después de tres años la situación del país amenazaba con desembocar en una verdadera catástrofe nacional. El entonces arzobispo de Bogotá, Bernardo Herrera Restrepo, vio que la única solución era acudir al Sagrado Corazón de Jesús.

Se dirigió entonces a la Presidencia de la República y sugirió al vicepresidente encargado, José Manuel Marroquín, la consagración de la República al Sagrado Corazón de Jesús y construir un templo en su honor. El Presidente encargado aceptó la sugerencia y el 22 de junio de 1902 hizo la consagración y puso la primera piedra para el templo.

Los efectos fueron inmediatos. A los cinco meses se firmaba el Tratado del Wisconsin, el 21 de noviembre de 1902, poniendo punto final a la prolongada guerra. Dicha consagración tiene sus antecedentes. El primer documento oficial emanado en honor del Corazón de Cristo se encuentra en el preámbulo de la Constitución de 1886: "En nombre de Dios, fuente suprema de toda autoridad". En el Concordato adicional se lee: Artículo 1º. La religión católica, apostólica, romana es la de la nación; los poderes públicos la protegerán y harán que sea respetada como elemento esencial del orden social. www.eltiempoterra.com (2004).

Luego con este simbólico acto religioso, como vemos claramente desde el comienzo de nuestra era, este sangriento y violento resumen de la historia colombiana, especialmente en las últimas cuatro décadas del siglo XX y comienzos del siglo XXI, la "Ley constitucional" no establecida desde sus orígenes, es la causa primordial para el estatus de guerrillas, carteles, movimientos revolucionarios, permanente en la republica de Colombia. En otras palabras, cada uno de estos grupos, ya sean establecidos por el gobierno colombiano o en contra del régimen, siempre ha existido esa dualidad "amorfa de la LEY" sin control y juicio de lo que es invariable en el sentido de "Ley constitucional".

Tomando esta oración de la Tesis de Uribe Estrada: «Tomad un hecho religioso y toda la tela de araña vendrá después». (Maus, 1971:124). Y agrega más adelante las palabras del filósofo alemán: «Dios no es un espíritu que está más allá de las estrellas, más allá del mundo. Dios está presente y, como espíritu, se halla en el espíritu y en los espíritus». (Hegel, 1970:78) Metáfora espiritual que no se ajusta a la vida religiosa colombiana.

Tampoco la condición ultra-religiosa en Colombia no le ha servido al país para salir de la perenne crisis económica, donde la miseria y el hambre es el "pan nuestro de cada día", según la entrevista de Enrique Santos Calderón con Antonio Caballero en el Diario El Tiempo de Bogotá, Santos Calderón le pregunta a Caballero:

> ¿Cuál cree que ha sido la peor crisis que ha tenido Colombia? Y Antonio Caballero responde: La que estamos viviendo ahora. La crisis social, política y económica. Económicamente estamos incluso peor que en los años 30, en el sentido de que hay todo un empobrecimiento, proletarización de las clases medias, un empobrecimiento hasta la miseria absoluta de las clases bajas y nunca en Colombia tanta proporción había pasado hambre. (www.eltiempo.terra.com. 4/9/2004)

> Para Antonio Gramsci: "una sociedad solo tiene éxito" si la clase fundamental (la masa inmensa de los trabajadores, obreros y campesinos) encuentra en un colectivo de "intelectuales orgánicos" realmente fieles a esa "base" y (gozando de una libertad original y creadora) una política ideológica que obligue a la hegemonía conservadora a transformarse. Este esfuerzo hacia una armonía liberadora entre intelectuales orgánicos y pueblo se realizó, según Gramsci, en la iglesia católica durante el período de la edad media. Pero la crisis producida por la expansión urbana, el Renacimiento y, más tarde, la Reforma, hizo estallar esa bella unidad. (Gramsci, 1979:112).

"INTELECTUALES ORGÁNICOS"

Según afirma Uribe Estrada, A nivel político, el Estado colombiano casi siempre se ha caracterizado por exhibir un grado avanzado de ingobernalidad, carente en muchos sentidos de una base de legitimidad apropiada para hacer de soporte al sistema legal; el cual ha venido creciendo en los últimos años, y por un grado de corrupción que ha alcanzado topes en esta última década. Se ha mostrado incapaz en medio siglo de ser fuerte e imponer su soberanía dentro de sus fronteras, situación que han aprovechado los grupos al margen de la ley como los traficantes de drogas en las dos últimas décadas así como los grupos guerrilleros y paramilitares en los últimos 16 años. (Uribe Estrada, 2002:6-3).

La historia se ha venido repitiendo desde diferentes puntos de vista de los intelectuales colombianos. En 1812, con el "Manifiesto de Cartagena", Simón Bolívar, proféticamente pronosticaba un destino que se ha venido cumpliendo sin tregua sin que se perfile otra alternativa, sino por el contrario cada día se muestran más difíciles las posibles soluciones al endémico estado de crisis social, política, y económica en que se enfrenta la nación. Continuando con,

...el profético Manifiesto de Cartagena, escrito en 1812, decía lo siguiente: Los códigos que consultaban nuestros Magistrados no eran los que podrían enseñarles la ciencia práctica del Gobierno, sino los que han formado ciertos visionarios que, imaginándose repúblicas aéreas, han procurado alcanzar la perfección política, presuponiendo la perfectibilidad del linaje humano. Por manera que tuvimos filósofos por jefes, filantropía por legislación, dialéctica por táctica y sofistas por soldados. (Citado por Uribe Estrada, 2002: 6-3).

El régimen del terror va unido al narcotráfico de drogas, si analizamos que en los años del 70 se extendió el cultivo de la mariguana colombiana, también es cierto que vale analizar el consumo desorbitado de los Estados Unidos. Está bien investigado que este negocio lucrativo fue organizado en gran parte por ciudadanos americanos para satisfacer la gran demanda internacional. En la década de los 80, el negocio se canaliza con la cocaína, también exportada desde Colombia especialmente al mercado americano. Durante este período el presidente Betancurt (1982-1986), los índices de la guerrilla izquierdista aumentaron a niveles escandalosos: "Pasó de 1.300 guerrilleros en el año de 1982, año de su ascenso a la presidencia, a un total de 3.800 subversivos al final de su período en 1986". (Uribe Estrada, 2002: 6-3) Mientras la consigna gubernamental del presidente Betancurt era la famosa "paloma de la paz", los niveles de aumento de los subversivos aumentaban prácticamente en un 200%. Por aquella época ya se ve el paralelismo entre el dinero del narcotráfico y el aumento de la guerrilla colombiana.

Los problemas del significado de la ley colombiana los describe claramente Uribe Estrada de nuevo: Los acontecimientos de la Tierra Firme nos han probado que las instituciones perfectamente representativas no son adecuadas a nuestro carácter, costumbres y luces actuales. (Gonzalez, 1995, 1:-161) Y Los Estados americanos han de menester de los cuidados de gobiernos paternales que curen las llagas y las heridas del despotismo y la guerra. (Gonzalez, 1995, 1:163).

> Uribe Estrada continua en su análisis objetivo: Volviendo al asunto actual en relación con el narcotráfico, apreciamos que el balance económico es pésimo: la crisis económica ha afectado muy seriamente al país y se recordará en el futuro que en 1999 fue el año que se caracterizó por la peor recesión que ha conocido en el transcurso de los últimos cien años. Tanto la banca pública como la privada, mantuvieron en los últimos cuatro años unas tasas de interés entre las más altas del mundo que terminaron asfixiando tanto las empresas como a los consumidores en busca de créditos. Aparte, las crisis políticas han venido agravando las crisis económicas. Para nadie es un misterio que las "potencias industrializadas" del llamado "Primer Mundo", se han venido absteniendo de invertir en el sector productivo, eligiendo únicamente el rentable sector financiero, como es el caso de la banca española. Los capitales van y vienen, sin dejar una base sólida que permita fundar la economía en un fuerte y estable sector productivo. (Uribe Estrada, 2002:6-4).

No es necesario adivinar las consecuencias subsiguientes a estas políticas económicas, y es así como Uribe Estrada continua:

> Este panorama económico afectó lógicamente la sociedad y repercutió esencialmente en sus estratos más bajos; para 1999, la tasa oficial de desempleo alcanzó en las ciudades el 21%, generando más miseria mientras que en los campos, el conflicto cada vez más cruel entre grupos guerrilleros y paramilitares con el fin de acaparar más poder y territorio ha dejado más de un millón quinientos mil desplazados en el país desde 1985, situación que ha venido agravando el problema social de los

centros urbanos medianos y grandes, aumentando los altos niveles de miseria y violencia. Por otra parte, Colombia figura desde hace quince años como el país más violento del mundo con unas cifras escandalosas que han oscilado entre veintiséis mil y treinta mil muertes violentas anualmente. (Uribe Estrada, 2002:6-5).

Descripciones patéticas de Uribe Estrada, intelectual antioqueño, dedicado a la educación superior de la Universidad Privada en la ciudad colombiana de Medellín. Nuevamente, este análisis social, político y económico es el reflejo y representa el componente de la misma historia social colombiana.

Y qué responde Antonio Caballero con respecto a su posición sobre el problema de la guerrilla en Colombia. Digamos que la guerrilla sigue siendo la continuación de la lucha por la tierra de los años 20 y 30. Después eso se confundió con las guerras entre liberales y conservadores, que fue una guerra artificial, política, desencadenada desde arriba, particularmente por los gobiernos conservadores, pero alentada también, por los dirigentes del partido liberal. Luego, cuando hicieron las paces, nuevamente, por arriba, entre liberales y conservadores, hubo un sector de la guerrilla que siguió como autodefensa campesina al frente, en Marquetalia: 'Tirofijo' y cincuenta hombres. Hoy son 'Tirofijo' y ciento cincuenta frentes. (www.eltiempo.com) 4/9/2004.

Enrique Santos, declara:

> Una mezcla de decepción e indignación. Una guerrilla que en los años 60's encarnaba, de alguna manera, ideales políticos y planteamientos sociales, convertida hoy en una maquinaria de dinero y terror, dedicada al secuestro, involucrada con el narcotráfico, matando civiles inocentes a diestra y siniestra... ese envilecimiento sólo puede producir un sentimiento de rechazo. La guerrilla, sin duda, tiene raíces históricas en las condiciones de miseria y marginalidad campesina, pero ha perdido toda perspectiva y credibilidad política. (www.eltiempo.com) 4/9/2004.

Pablo Uribe Estrada plantea la situación grave de la sociedad colombiana:

Por otra parte, ¿Colombia es víctima de una enfermedad irreversible? ¿El tráfico de drogas ha actuado a manera de un cáncer y está produciendo metástasis que hacen la curación imposible? Convendrá analizar si existe un tratamiento que permita sanear este país, si bien hay un abanico de soluciones, éstas son muy difíciles o bien arriesgadas de aplicar. En fin, el tráfico de drogas no es un fenómeno endémico propio de Colombia: tiene dimensiones internacionales y lo mueven muchas fuerzas e intereses ocultos venidos de afuera. Colosales sumas de dinero están en juego y muchos actores, si bien satanizan las drogas y su tráfico, no están interesados en que un negocio estimado en unos quinientos mil millones al año deje de existir. Será preciso determinar cuáles son estas fuerzas ocultas y quiénes son sus actores. (Uribe Estrada, 2002:6-7)

La pregunta subsiguiente para Enrique Santos Calderón y Antonio Caballero: "¿Qué solución, entonces, le daría usted al problema de la droga?

E.S.: Legalizarla. Dentro de un cuidadoso e inteligente proceso de despenalización, diferenciación y educación. Única forma realista de impedir que el tráfico de droga siga siendo la mayor fuente de violencia y corrupción en el mundo.

A.C: Legalizarla. Pero eso naturalmente es una cosa que tiene que hacerse mundialmente y a eso se oponen los gobiernos de los Estados Unidos, porque a ellos les conviene esta guerra inútil y absurda contra el problema de la droga.(www.eltiempo,com) 4/9/2004.

Dato importante, es que el autor desde el comienzo de *Noticia de un secuestro,* enumera cronológicamente y con nombres propios a los protagonistas de su narración, son los mismos nombres que los colombianos conocemos desde el comienzo de este "bestial drama" donde todos los colombianos sufren la experiencia, y aquí se ven los matices dramáticos en los presidentes, la corte suprema de justicia, abogados juristas, gobernadores, alcaldes, empresarios, etc., etc.

Así se refiere Pablo Uribe Estrada recordando la historia de la droga en Colombia: El ex presidente Ernesto Samper, en su discurso de apertura de un Coloquio sobre el problema de las drogas, instalado por la corporación a su cargo en aquella época, la ANIF (Asociación Nacional de Instituciones Financieras) en el año 1979 afirmaba que: "Más de ciento cincuenta mil personas entre productores, pequeños intermediarios y empleados más o menos permanentes, con sus familias, viven hoy de la marihuana y su participación en el lucro final de la actividad. (Samper Ernesto, Marihuana, legalización o represión, Anif, Bogotá, 1979, p24) Nota sobre el Capítulo: Para 1970, treinta mil hectáreas habían sido cultivadas y el 80% de la marihuana consumida en Estados Unidos procedía de Colombia. El tráfico de marihuana había realmente empezado (Uribe Estrada, 2002: 6-20).

ESTADOS UNIDOS EN RELACIÓN CON EL TRÁFICO DE LA DROGA

Estados Unidos está involucrado económicamente, pues es el país consumidor de droga más grande del mundo. El narcotráfico se concentra en este negocio ilícito con todos los puertos marinos y aeropuertos estadounidenses, como comercio internacional lucrativo para los pocos narcotraficantes colombianos, aunque la gran mayoría de los colombianos no se benefician de ninguna manera de este comercio ilegal, pero si sufren diariamente las frustraciones y desgaste emocional de conocer la gravedad en que se encuentra Colombia, como el país más peligroso del continente Iberoamericano.

La marihuana será el próximo negocio, dice el gangster. Pero protesta el otro, la marihuana no es una droga que dé satisfacción como la morfina o heroína, además cuesta demasiado poco para ser un negocio interesante. El primero se ríe: no entiendes. En varios Estados, se van a sancionar las leyes contra la hierba y pronto será puesta del bando contrario del Tío Sam. Entonces subirá el precio y la cosa comenzará a dar dinero. (Lindesmith, 1963:63)

El análisis profundo de Uribe Estrada, revela una idea real del grave problema para Colombia en relación de cómo se ha manejado este negocio ilícito entre los dos países:

La prohibición permite criminalizar la droga y justificar los discursos antidroga. Se observó a principios de los años sesenta, un aumento en el consumo de heroína en los Estados Unidos, seguido del de cocaína a mediados de la misma década. Dichas drogas se empezaban a percibir como sustancias que venían de fuera y podían afectar gravemente la sociedad norteamericana. Desde los años veinte, se asociaban las drogas a una minoría específica; se creía que la cocaína les daba a los negros poderes para protegerse de balas que matarían a otra persona, y les estimulaba para cometer asaltos sexuales. Se pensaba también que el hecho de fumar opio facilitaba el contacto sexual entre los chinos y los americanos, y se creía que la marihuana incitaba a los "chicanos" a la violencia. La heroína estaba asociada a las pandillas de adolescentes. En fin, las drogas eran responsables de muchos crímenes cometidos en los Estados Unidos; entonces era necesario insistir en el peligro que representaban y endurecer los discursos a favor de la prohibición. Se empezaba a calificarla de enemigo público, de peligro para la juventud estadounidense, de epidemia venida de afuera. En los discursos oficiales, la marihuana venía de México y luego de Colombia, la heroína de los países asiáticos, y la cocaína de Guatemala, México y Colombia. Sin embargo, lo que se olvidó mencionar en dichos discursos era que los mismos norteamericanos iban a Colombia para implementar cultivos de marihuana desde 1970; que la misma CIA apoyaba los traficantes de opio y heroína en los países asiáticos, y muchos traficantes estadounidenses participaban en el tráfico de cocaína. (Uribe Estrada, 2002:7-5).

EL CÁRTEL DE MEDELLÍN

Como su nombre lo indica, estaba compuesto de individuos fuera de la ley, provenientes del Departamento de Antioquia, asentados en la capital Medellín. Pablo Escobar Gaviria, el capo más conocido, procedía de uno de los barrios pobres de Envigado. Y según narra Uribe Estrada: era de origen pobre y se lanzó primero en el contrabando de lápidas fúnebres, luego de carros estrellados y robados. (Uribe Estrada, 2002: 7-6).

USA SE INVOLUCRA E INTERVIENE:—*KILLING PABLO—THE HISTORY CHANEL*

Hay que reconocer que este problema del narcotráfico tiene consecuencias internacionales, el país más afectado del tráfico de la droga para la juventud, es Estados Unidos, pero se ha extendido progresivamente a toda Europa y prácticamente a nivel mundial, podríamos decir que es tan grave el problema del narcotráfico para Estados Unidos que ya hace parte de la historia norteamericana como problema sin solución inmediata y el fracaso de la DEA, como institución operativa para combatir el ingreso de la droga a Estados Unidos, llegando a ser mucho más grave, pues México como pais vecino, esta aliado con este tráfico ilegal. La muerte de Pablo Escobar, fue un trabajo dirigido por Colombia, con la ayuda directa de los Estados Unidos.

Mark Bowden, autor de "Killing Pablo", un video para "The History Chanel", reproduce la dramatización para la televisión norteamericana de cómo se consiguió la pesquisa del criminal narcotraficante más temido y sanguinario en la historia de los terroristas colombianos; video traducido por mi enteramente, narra sobre "La muerte de Pablo Escobar", quien fue el líder y comandante de toda la operación de exportación de la droga de Colombia hacia Estados Unidos. Por consiguiente, la búsqueda de Pablo Escobar, fue considerada en la década del 80 y 90, la más peligrosa operación militar de las fuerzas colombianas. El coronel Hugo Martínez único en hacerse cargo del movimiento para poner de alto las fechorías criminales de la organización narcoterrorista más temible por ese tiempo en Colombia y prácticamente en el mundo. El coronel Martínez narra en el video que durante las dos primeras semanas, los carro-bombas de Pablo Escobar, asesinaron a 26 policías y manifiesta que llegó el momento en que se creyó vencido ante la matanza en la guerra contra Pablo Escobar. Según informa Mark Bowden, Gustavo el hermano de Pablo se convirtió en el cerebro del Cartel de Medellín en cuanto a torturas, secuestros y asesinatos. Pero, en la violenta escena del terror es Pablo, el responsable de miles y miles de muertes de gente inocente. Se consideró una guerra entre el gobierno colombiano y el cartel de Pablo Escobar. Para el año 1991, el coronel Martínez ya había advertido al presidente Gaviria (1990-1994) sobre el grave peligro que significaba el poder de Pablo Escobar, según el informante, el radio de las operaciones de Pablo Escobar se extendía desde la ciudad de Medellín y sus alrededores hasta la capital de la República Bogotá. Únicamente, es de cuidadoso análisis, el hecho que el narcoterrorista Escobar hace que el presidente Gaviria cambie la constitución colombiana para evitar la extradición de Escobar hacia Estados Unidos. Esto era lo que más le preocupaba a Pablo Escobar. Lo demás es historia: Escobar construye su propia mansión-cárcel, en las afueras de Medellín, donde él personalmente dirigía sus negocios del narcotráfico, acribillaba a sangre fría a sus estorbos y ejecutaba a quien consideraba enemigo de su organización. La red de empleados contaba con abogados, altos funcionarios bancarios, personales de la política, sicarios, matones contratados para instalar carro-bombas en diferentes sitios de Bogotá y Medellín, mulas, etc., etc. Finalmente el presidente Gaviria se da cuenta del fiasco que significó para la seguridad pública y de la nación hacer acuerdos con el narcoterrorista más temido en Colombia y del mundo. El presidente colombiano pide ayuda al embajador de Estados Unidos en Bogotá, Mr. Busby, y admite que el gobierno colombiano necesita ayuda del gobierno norteamericano para terminar con Escobar. Y es así como "the Delta Force" llega a Colombia para entrenar los militares colombianos y en horas el embajador americano Mr. Busby, recibe los miembros del "Delta Force". La ayuda consistió en asesoría militar para los militares colombianos, a la cabeza con el coronel Hugo Martínez. Esta ayuda contaba con mejor equipo, mejor organización, y con la meta final de dar muerte a Escobar.

En julio de 1992, Pablo Escobar abandona su mansión-cárcel y comienza el terrorismo más sangriento de secuestros, asesinatos, y la ley colombiana, el capo se la tomó por su propia cuenta. Con el lema: se hace lo que yo ordene y pago el precio en dólares, ó la otra alternativa es "plomo" como destino final a los que se atrevan a desobedecer. Los "Pepes" dirigidos por Carlos Castillo, iniciaron la venganza contra Escobar. Y es así como comienza la operación de "Paramilitares", que hasta hoy existe en Colombia. Las tácticas de los "Pepes" son muy parecidas a los narco-terroristas, pero el motivo obsesivo fue terminar con Pablo Escobar. No es de aviso público, pero es considerado comúnmente que la muerte del narcotraficante más temido de su tiempo, se debió a la labor en equipo y ayuda entre el "Delta Force" americana, el coronel Hugo Martínez, coronel de la policía colombiana, y los "Pepes"con Carlos Castillo, líder e iniciador de los "paramilitares", agrupación de políticas de la extrema derecha colombiana.

Oficialmente el gobierno americano, manifestaba públicamente que no tenía nada que ver con los "Pepes". Finalmente, el éxito de la caza de

Pablo Escobar se le dio al coronel de la policía Hugo Martínez y su hijo Hugo Martínez, quien contaba con la ayuda de los "Pepes".

Joe Toft y Javier Peña de la US Drug Enforcement Administration (DEA) admiten la muerte de Pablo Escobar como un triunfo para las instituciones de Colombia, cuando Pablo Escobar muere en un barrio "Los Olivos" de Medellín acribillado por un disparo en el oído que le penetra su cabeza sin poder moverse más en el terror; allí terminan los días del psicópata más violento de la historia de Colombia. (La traducción es mía).

El cartel de Cali operó sus acciones delictivas y comerciales de manera diferente al cartel de Medellín. Sus integrantes de la clase media alta, alcanzaron educación avanzada en universidades de Estados Unidos, como es el caso del hijo de Miguel Rodríguez Orjuela, quien se graduó en Ciencias Políticas de Harvard, en USA. Se dice que el cartel de Cali controlaba el tráfico de drogas de New York, Houston, Chicago y de California. Los Rodríguez se limitaban a financiar candidatos políticos liberales o conservadores y el llamado "caso Samper", quien fue presidente de la República de Colombia, fue muy sonado y publicado, Samper parece haber estado involucrado, recibiendo la ayuda financiera para su campaña electoral, por lo tanto el presidente Samper fue sometido a un largo jucio.

CONCLUSIONES

La larga historia de violencia en Colombia no ha terminado, por el contrario sigue operando en sus diferentes zonas estratégicas y delineando y controlando la producción de los cultivos de la amapola. Por un lado, el terrorismo de los "Paramilitares", con el liderazgo de Carlos Castaño no baja la guardia en su misión de terminar con el terrorismo del fenómeno guerrillero de la FARC (Fuerzas Armadas Revolucionarias Colombianas). Y éstas a su vez, se han convertido en guardianes de los cultivos de la droga.

La penetración incipiente de las ideas de izquierda, el empuje del narcotráfico, la inquietante amenaza de los flujos migratorios por parte de los desplazados por la violencia rural bipartidista base del sicariato, los movimientos milicianos y las bandas delictivas organizadas, más la consuetudinaria ausencia del Estado a la hora de cumplir su función constitucional de salvaguarda de la vida, honra y bienes de los ciudadanos. (Uribe Estrada, 2002: 4).

Difícilmente se puede omitir el trabajo monumental que el autor se impone para la realización de *Noticia de un secuestro,*

> ... es, no sólo la culminación de la técnica periodística y literaria del autor—los capítulos nones tratan del mundo exterior, los pares llevan al encierro, a lo interno—, sino también un ejemplo de la noticia humanizada, con protagonistas de carne y hueso, donde García Márquez abre—como en aquel *Relato de un náufrago*—ese espacio fascinante que la frialdad periodística les niega cotidianamente a las víctimas: el de los recuerdos. www.mundolatino.org/cultura/garciamarquez/ggm5.htm.

II

OBRA PERIODÍSTICA (1927-1967)

LA OBRA PERIODÍSTICA Y LITERARIA (CUENTOS) DE GARCÍA MÁRQUEZ

GARCÍA MÁRQUEZ; EN SU ÉPOCA PERIODÍSTICA

A través de sus variados y complejos reportajes, contiene abreviada y resumida la materia tratada en ellos, y expone únicamente lo más fundamental y preciso. También en forma pragmática, ya sea en su tierra natal: Colombia, o en Venezuela, Argentina, Chile, Cuba, Italia, Francia, o en los países socialistas, etc. la voz narrativa con sus crónicas analiza, alarma, publica, denuncia, aclara, sintetiza, critica, nos mueve, llama, alerta, consolida, dialoga, narra, describe, registra, crea, elabora, y además distrae con gracia, humor e ironía.

Su expresión realista llega al pueblo, sus dirigentes, clero, jueces, educadores, jóvenes, viejos, y finalmente contiene el eco inconfundible Garciamarquiano. Pero, sobretodo, admite el escritor mismo: "tengo la manía profesional de interesarme por la gente." (Gabriel García Márquez: 1957: 142). Esa gente universal, pues esto ya lo escribe en sus crónicas *De Viaje por los países socialistas,* en 1957, forma parte de la labor de observación del periodista.

Con el marco histórico de los acontecimientos llamados el "Bogotanazo", (9 de abril de 1948), García Márquez hace su ingreso al gremio periodístico, los eventos violentos en el resto del país lo trasladan a Barranquilla, ciudad donde el autor había vivido unos años con sus padres y donde había cursado dos años de bachillerato. Por su importancia, Barranquilla es la ciudad principal de la Costa Atlántica colombiana, región de donde el autor es oriundo. La Universidad Nacional de Bogotá estaba clausurada por los disturbios del 9 de abril, y la Universidad del Atlántico en Barraquilla también estaba cerrada. Luego, García Márquez pasa a Cartagena llamada también la "Heroica", una ciudad nueva para el autor, pues hasta entonces no la conocía, y por aquella época la Universidad habría sus aulas, e inmediatamente hace gestiones para su traslado como estudiante de derecho.

De la vida estudiantil tanto en la Universidad Nacional de Bogotá como en la Universidad en Cartagena se conocen datos en los que, para García Márquez,

...son bastantes las fallas de asistencia del estudiante García Márquez. En segundo año hubo nueve fallas en Derecho Internacional Público y seis en Derecho Romano. En tercero, fueron 37 en Derecho Civil, 6 en Seminario de Derecho Civil, 21 en Derecho Español e Indiano. Por perder tres materias de ese tercer año, García Márquez fue reprobado y parece ser que se enteró de su fracaso solamente catorce meses después, en febrero de 1951, al querer matricularse en su cuarto año. (Gabriel García Márquez, 1981:10), (Recopilación de Gilard, J.).

El autor conoce de casualidad a Manuel Zapata Olivella, médico intelectual, esto ocurre en una calle de Cartagena, y éste es quien lo lleva a la sede de *El Universal* donde tenía amigos.

Esa causal y decisiva toma de contacto debe situarse hacia el 18 o 19 de mayo de 1948. En efecto, el día 20, en la sección 'Comentarios' de la primera página editorial (la página 4ª. de *El Universal*, donde saldrían todas las notas firmadas por García Márquez. (García Márquez, *Obra Periodística* Vol.1, 1981:8-9) (Recopilación de Gilard, J.).

De ahora en adelante, García Márquez enfoca su carrera periodística.

Al mismo tiempo cursó segundo y tercer año de Derecho, sin ser un estudiante ejemplar en cuestiones de asiduidad. (García Márquez, 1981:10) Y ayudado por su exigencia estética e ideológica y por una cultura que iba ampliando sistemáticamente, accedió sin demora al nivel de las esencias sin sucumbir al atractivo de lo periférico y particular. (García Márquez, (1981: 46) (Recopilación de Gilard, J.).

Desde su comienzo en el periodismo, lo importante de la crítica de García Márquez, en *El Universal de Cartagena* es que delata la violenta represión existente en todo el país. García Márquez conoce bastante bien la importancia histórica y el poder de sus aportaciones críticas sobre la realidad colombiana, y el autor opta por la necesaria comunicación con su lector, a través de sus frecuentes artículos publicados en *El Universal* de Cartagena.

Por casualidad, es así como el autor entra al periodismo, comienza a escribir una extensa serie de artículos publicados en *El Universal* de Cartagena, durante los años de 1948 y 1949. Ya en mayo de 1948 en ("Punto y Aparte", *El Universal*, Cartagena) publica con respecto a la protesta a la represión del "toque de queda", y es así como el autor escribe claramente:

Los habitantes de la ciudad nos habíamos acostumbrado a la garganta metálica que anunciaba el toque de queda. García Márquez prosigue describiendo los efectos psicológicos:

Diariamente, a las doce, oíamos allá afuera la clarinada cortante que se adelantaba al nuevo día como otro gallo grande, equivocado y absurdo, que había perdido la noción del tiempo. Caía entonces sobre la ciudad amurallada un silencio grande, pesado, inexpresivo. Un largo silencio duro, concreto, que iba metiéndose en cada vértebra, en cada hueso del organismo humano, consumiendo sus células vitales, socavando su levantada anatomía. (García Márquez, 1981:77).

El periodismo de 1948 señala plenamente a García Márquez, en su columna ("Punto y aparte", *El Universal* de Cartagena) que es un periodista de ideología liberal, que critica abiertamente los violentos acontecimientos que suceden en el territorio colombiano y además lo hace con una fuerza poética incomparable, es el juego profundo de la palabra, para realizar esta crítica, donde él comenta la experiencia humana. García Márquez escribe para el periódico con su sello único e intensamente poético. Como lo escribe Josefa Báez Ramos:

Intensidad en la transmisión; esencialidad y selección subjetiva en lo transmitido. Expresionismo en la viveza comunicativa de un arte imitativo por medio de la palabra. (Báez Ramos, 1994:49).

Sin olvidar, que el autor nació en Aracataca, la zona del litoral atlántico caribeño donde el acordeón, la música vallenata, las tertulias de pasadas las doce de la noche son esenciales para la vida costeña colombiana, y es así como él describe su soledad:

Hubiera sido aquel buen silencio elemental de las cosas menores, descomplicado; ese silencio natural y espontáneo, cargado de secretos que se pasea por los balcones anónimos.

Pero éste era diferente. Parecido en algo a ese silencio hondo, imperturbable, que antecede a las grandes catástrofes. (García Márquez, 1981:77).

Tenemos, pues, una primera manifestación del sentido que el autor otorga a algunas de las expresiones habituales. El silencio, su percepción, se asimilan a lo negativo, a la idea de calma tensa que precede a la irrupción de un tumulto o de una tormenta. García Márquez prosigue:

La madrugada—en su sentido poético—es una hora casi legendaria para nuestra generación. Habíamos oído hablar a nuestras abuelas que nos decían no sé qué cosas fantásticas de aquel olvidado pedazo del tiempo. Seis horas construidas con una arquitectura distinta, talladas en la misma sustancia de los cuentos. Se nos hablaba del caliente vaho de los geranios, encendidos bajo el balcón por donde se trepaba el amor hasta el sueño de los muchachos. Nos dijeron que antes, cuando la madrugada era verdad, se escuchaba en el patio el rumor que dejaba el azúcar cuando subía a las naranjas. Y el grillo exacto, invariable, que desafina sus violines para que cupiera en el aire la rosa musical de la serenata. Nada de esto encontramos en el desolado patrimonio de nuestros mayores. Nuestro tiempo lo recibimos desprovisto de esos elementos que hacían de la vida una jornada poética. Se nos entregó un mundo mecánico, artificial, en el que la técnica inaugura una nueva política de la vida. El toque de queda es—en este orden de cosas—el símbolo de una decadencia. (García Márquez, 1981:77-78).

La tonalidad nostálgica del artículo está enfocada hacia la valoración positiva de un pasado en el que el toque de queda no existió. Es decir, clama y reivindica a favor de una situación sin la presencia de ese silencio absoluto elogiando los rumores nocturnos de los grillos y de los sonidos casi imperceptibles que se podrían escuchar en esa sociedad ideal que se perdió. Por el contrario, la modernidad, el mundo mecánico, aporta una sociedad en evolución en la que también el toque de queda resulta obsoleto, algo perteneciente a otros tiempos, una anacronía que acaba con los susurros de libertad en la noche. Ideológicamente vemos poetizada la idea de libertad frente a la opresión. Las imágenes que se ligan a la idea de libertad son las referencias a esos ruidos poco perceptibles en las noches que forman parte del universo ideal que se perdió.

Por lo tanto, destacamos que el autor juega a oponer la idealización de un tiempo de libertad en que se podía oír el canto del grillo, incluso la ascensión del azúcar a las naranjas, frente a otro en que el vacío absoluto y profundo del silencio insinúan la represión: el "silenciamiento" más que el silencio. Con esta sustantivación resalta el componente semántico de "fin de un proceso". Es decir, el silenciamiento significa que alguien ha silenciado algo. Va más allá de la noción básica de ausencia de ruido e introduce el componente de actividad finalizada. Los sonidos, por lo tanto, han sido eliminados por alguien. Queda latente la presencia de ese "alguien" que se encarga de producir el silencio.

Llegamos, pues, a concluir que estamos ante una manifestación evidente de la toma de conciencia por parte del narrador. Se trata de un autor que desea transmitir esa conciencia a sus lectores. Procura, en la línea ensayística del texto, no hacer un alegato directo de carácter político, sino desviar la atención al lector sobre un contexto idealizado, en contraste con el que transmite la situación a la cual se refiere. Queda, por tanto, marcada una estrategia en la que opone elementos positivos de carácter casi idílico a los negativos, que van aparejados a la situación que se vivía.

La recopilación de Jaques Gilard nos dice:

> García Márquez, siente la necesidad de acudir a fechas que sirvan para situar la manera inequívoca la acción de sus relatos y ello incluso cuando esas fechas nada aportan a la interpretación de la historia narrada, por ejemplo en una "Jirafa" como la primera de las dos que llevan el título de *Apuntes* (9 de enero de 1951). La referencia más constante es la de la *guerra de los Mil Días*, y en algunas ocasiones refiriéndose únicamente a la guerra civil que encontramos en los apuntes para una novela de *La casa de los Buendía* o de *La hija del coronel* (13 de junio de 1950), y en "Jirafas" como *Para un primer capítulo*. (García Márquez, 1981:52).

En *La casa de los Buendía (*Apuntes para una novela*)*, el autor escribe:

> Cuando Aureliano Buendía regresó al pueblo, la guerra civil había terminado. Tal vez al nuevo coronel no le quedaba nada del áspero peregrinaje. Le quedaba apenas el título militar y una vaga inconciencia de su desastre. Pero le quedaba también la mitad de la muerte del último Buendía y una ración entera de

hambre. Le quedaba la nostalgia de la domesticidad y el deseo de tener una casa tranquila, apacible, sin guerra, que tuviera un quicio alto para el sol y una hamaca en el patio, entre dos horcones. (García Márquez, *Obra Periodística* Vol.1, 1981:890).

En este embrión de lo que sería *Cien años de soledad* vemos el sentido que da a la guerra el autor. A través del personaje se nos transmite el cansancio y la necesidad de una vida doméstica y relajada del guerrero. La búsqueda del reposo final, al retirarse a su mundo con su familia entra a formar parte de lo pretendido como alternativa a lo vivido. De nuevo el mensaje antibelicista se asoma a través del personaje inventado. Se trata, sin embargo, de un personaje con una proyección histórica determinada. Éste es uno de los elementos que nos ayudan a fijar las vivencias y posiciones históricas de García Márquez. A posteriori, en lo que fue la novela, la imagen del coronel aparecerá hasta cierto punto transformada por la de un hombre sometido al cansancio del batallar interminable, causado por una disconformidad perenne.

De todos modos, esta observación del militar, no es óbice para incluir una forma de análisis que la distancia histórica le permite. Incluso el toque irónico proporcionado por la distancia del tiempo llega a darnos la dimensión temporal que alcanza el autor en sus inicios.

Sobre esta relación con la historia y la contemplación irónica todavía podemos observar más. En *Recado a los ladrones*, García Márquez comenta:

> Yo no sé si los ladrones leen periódicos. Pero de todos modos les agradecería que por esta vez modifiquen sus proyectos. No es justo que el simple y muy normal deseo de comernos unos pasteles, vaya a terminar en una sangrienta guerra civil. (García Márquez, 1981:866).

En Décimo Relato: Teatro Parroquial, el autor escribe:

> ...es la biografía escénica de doña Pancha Montero, una vieja faulkneriana que vivió alrededor del año veinte, que era veterana de la guerra civil y una de cuyas proezas fue haberle hecho dos disparos de fusil al arzobispo. (García Márquez, 1981:601).

En el *Octavo Relato del Viajero Imaginario*, el autor narra:

cuando uno de los coroneles locales—que se ufanaba de haber sido amigo personal del general Uribe durante la *guerra de los Mil días*—se plantó frente a él, en el clásico saludo castrense, y le dijo: mi general Uribe, el pueblo se honra de tenerlo como huésped. (García Márquez, 1981:596).

Lo primordial en las crónicas es el recuento de las historias de numerosas guerras, que bien pueden conectarnos con su conciencia, y la búsqueda de un cambio, a través de su línea crítica liberal. Además, la aportación de este pensamiento crítico sobre las guerras y sobre la actitud de algunos de los contendientes permite, tanto a través de la ironía como a través del retrato esperpéntico de personajes, llegar a abrir las puertas de lo que aquí pretendemos. La documentación histórica que cae en las manos de García Márquez sirve para "recrear" ese ambiente en el que sitúa a sus personajes, traslación a su vez de otros existentes en los anales colombianos.

Por lo tanto, intuimos un García Márquez que va iluminando, desde sus posiciones de periodista y narrador de relatos breves los corredores por donde se iba a trasladar hacia la ficción novelesca de su universo particular. En otra dimensión quedan las posibilidades de estudiar cómo se va forjando su forma externa, algunas de ellas apuntadas en diversos escritos de tipo estilístico (Kline, 2003: 53). Nos interesa, ahora, destacar una serie de hechos contextuales, vinculados al periodismo del autor, que reaparecen en su obra literaria.

De hecho, algunas aportaciones críticas ya han destacado la importancia del periodismo del autor como preámbulo a su creación literaria. Carmenza Kline (2003: 54-77), por ejemplo, nos lo ha señalado en su estudio sobre los orígenes del relato. Desde las preferencias literarias, pasando por la amistad de Clemente Manuel Zavala, Ramón Vinyes y José Félix Fuenmayor, hasta determinados factores biográficos como el exilio en París donde finaliza *El coronel no tiene quien le escriba*, todo ello forma parte de un período de elaboración que subyace en el proceso de escritura creativa y que, con puntualidad, aflora en las páginas periodísticas de este lapso temporal.

Apuntadas estas fundadas intuiciones, pasamos a referir la cronología correspondiente a estos primeros pasos de Gabriel García como periodista. (Veáse Apéndice A, pag. 352)

EL SUMO PONTÍFICE VISTO DE CERCA

García Márquez dedica estas crónicas a su Santidad Pío XII, son notas periodísticas que informan sobre las vacaciones de verano, que su Santidad pasa en Castelgandolfo, y detallan los pormenores de su corto viaje que sale de Roma, y como todos los años, este viaje hacia su palacio de vacaciones, los romanos y los turistas se mueven a lo largo para las manifestaciones de devoción y respeto hacia el Sumo Pontifice. Son datos interesantes, pues nos revelan quien se encarga de la vida cotidiana de su Santidad Pío XII:

El ama de llaves

Otras dos berlinas, iguales a la de Su Santidad, seguían el automóvil pontificio. En una de ellas iba sor Pascualina, la anciana y dinámica administradora de la vida privada de Su Santidad. Es una monja alemana, fuerte de cuerpo y espíritu, que se encarga personalmente de la ropa del Papa, que vigila sus alimentos y sobre él ejerce una inflexible soberanía. Ella, más que nadie y más aún que los médicos de cabecera de Su Santidad, puede decir cómo amaneció el Papa. (García Márquez, 1982:266)

El autor se encarga de hacer comparaciones con sus memorias vividas en El Espinal, ciudad del Departamento del Tolima, Colombia, y decididamente la alusión indirecta del recuerdo de su tierra natal salta en su memoria, y es asi como el autor compara y describe las semejanzas entre Castelgandolfo y El Espinal, Tolima; con cierto humor entre lo sagrado y la épica de la corrida de toros, que se celebra el día de San Pedro en el Espinal colombiano:

Nadie se dio cuenta en Castelgandolfo por qué lado entró el Papa a su palacio de vacaciones. Entró por el Oeste, a un jardín con una avenida bordada de árboles centenarios. La placita del pueblo estaba llena de banderas, como la placita de El Espinal el día de San Pedro. Y exactamente como en El Espinal, antes de que empiece la corrida de toros, en un palco de madera estaban las autoridades, y en el otro palco de madera estaba la banda de músicos. Cuando se supo que Su Santidad estaba en el palacio, la banda—una típica papayera rural—se soltó a tocar a pleno pulmón. Sólo que no tocó un bunde tolimense, sino un himno emocionante: Bianco Padre. (Garcia Márquez: 1982:268).

Como siempre la tragicomedia humana nunca falta en sus observaciones, y se acomoda con sentido sutil, pero que podría ser una crónica roja, para acercanos a la vida diaria y cercana, pero no sagrada de la realidad violenta del mundo:

Mañana, en su primer día de vacaciones, el Papa se asomará a la ventana de su palacio de verano, para contemplar la superficie azul del hermoso lago de Castelgandolfo. Y aunque no se tienen noticias de que Su Santidad se interese por la fecunda y escandalosa crónica roja de los periódicos de Roma, acaso no pueda evitar la visión de los buzos y de las lanchas de la policía. Y acaso sea la única persona que pueda ver—desde una ventana que domina toda la superficie del lago—lo que todos los romanos están desesperados por conocer: la cabeza que, tarde o temprano, los buzos rescatarán de las aguas de Castelgandolfo. (Agosto 1955), (García Márquez: 1982:269).

Nuevamente el reportaje garciamarquiano no solo observa detalles que para el ojo del común denominador pasan inadvertidos y que arropados en su expresionismo informativo denota lo verdaderamente humano de Su Santidad:

"Ecce Homo"

Es un hombre de pequeña estatura, magro, de piel mate, que produce una asombrosa sensación de limpieza.

El poder y la gloria

La ovación cesa precisamente cuando la gente se da cuenta de que el hombre que está subido en el balcón es un ser humano. Toda esa atmósfera de remota e inalcanzable divinidad desaparece por completo en presencia de Pío XII. Parece un sencillo curita de provincia, dirigiéndose a los fieles, concentrados en la plaza pública. (García Márquez: 1982:275-276).

90 DÍAS EN LA "CORTINA DE HIERRO"- (JUNIO A SEPTIEMBRE DE 1957)

Gabriel García Márquez, de junio a septiembre de 1957, realizó un viaje por los países de la entonces llamada "Cortina de Hierro". Estas crónicas fueron publicadas por la Revista *Cromos* de Colombia, y *Momento* de Venezuela. El periodista nos muestra la actualidad detallada como él la percibe, es una clara y abierta descripción de la vida de los países socialistas. La Editorial "La Oveja Negra" de Bogotá, publicó la primera edición de 1.000 ejemplares en junio de 1978. Estas crónicas narran y captan la experiencia humana, y creo que para aquel entonces, para muchos lectores serían tema de discusión y debate por las observaciones, la genialidad y el calor humano muy característico del periodista excepcional.

La "Cortina de hierro" es un palo pintado de rojo y blanco.

1. *Berlín es un disparate.*
2. *Los expropiados se reúnen para contarse sus penas.*
3. *Para una Checa las medias nylon son una joya.*
4. *La gente reacciona en Praga como en cualquier país capitalista.*
5. *Con los ojos abiertos sobre Polonia en ebullición.*
6. *U.R.S.S.: 22.400.000 Kilómetros cuadrados sin un solo aviso de Coca-cola.*
7. *Moscú la aldea más grande del mundo.*
8. *En el Mausoleo de la Plaza Roja, Stalin duerme sin remordimientos.*
9. *El hombre soviético comienza a cansarse de los contrastes.*
10. *Yo visité a Hungría.*

VARIACIÓN; EL CAMBIO LITERARIO DE GARCÍA MÁRQUEZ

La evolución narrativa de García Márquez es evidente desde su época en el periodismo en *El Universal* de Cartagena, como es también el espíritu creativo que lo mueve a escribir continuamente; en realidad escribir ha sido una de las obsesiones dentro de otras: (leer, fumar, y otras más), según él nos cuenta en *Vivir para contarla* (2002), él mismo es muy consciente de sus debilidades, pero afortunadamente su obsesión literaria ha sido para gran beneficio de sus lectores, y sus reportajes críticos han servido para empapar al mundo con noticias reales de la situación política colombiana. Veamos como el mismo autor reconoce muchos años después en su novela *Vivir para contarla,* la secuencia de la evolución literaria contada con sus propias palabras:

En mis notas de «La Jirafa» me mostraba muy sensible a la cultura popular, al contrario de mis cuentos que más bien parecían acertijos kafkianos escritos por alguien que no sabía en que país vivía. Sin embargo, la verdad de mi alma era que el drama de Colombia me llegaba como un eco remoto y sólo me conmovía cuando se desbordaba en ríos de sangre. (García Márquez: 2002:437).

En resumen, la conexión de lo que el autor escribe en sus crónicas periodísticas, cuentos o novelas, son únicamente un elemento de las relaciones que expresan los diferentes tipos de gente. Como lo dice tan acertadamente Francisco Joel Gómez M. (2002:63), en Colombia: «vuelve y juega, una democracia estrangulada».

La extensa obra periodística Volumen 1, llamada *Textos Costeños,* que comienza en Cartagena, después del asesinato del líder liberal y populista Jorge Eliecer Gaitán, el (9 de abril de 1948), fecha también denominada *El Bogotanazo,* y además narrada en detalle en el preámbulo histórico colombiano. Bajo este violento marco histórico, García Márquez inicia su carrera como periodista de *El Universal* de Cartagena, y es preciso anotar que, por esa época decide matricularse también en la Universidad del Atlántico, para continuar al mismo tiempo sus estudios en jurisprudencia.

Es claro que el periodista llega a Cartagena forzado por las violentas circunstancias políticas que atraviesa la nación, pues García Márquez ya había mostrado su genio literario en Bogotá,

...y quedando en su curiosidad intelectual una zona libre, le dio ocupación en el noble ejercicio de las letras. Fue así como, al lado del código, hizo sus incursiones en el mundo de los libros y atenazado por las urgencias de la creación publicó sus primeros cuentos en *El Espectador* de Bogotá. (García Márquez, Prólogo: 1981:9) (Con estos tres primeros cuentos se inicia la cronología creativa del autor).

El apelativo de *Textos Costeños* es importante para el autor, pues siendo él "costeño", queriendo decir que es oriundo de la costa del Caribe colombiana; este regionalismo viene a ser un distintivo que en el futuro, cuando el autor hace parte del periódico *El Espectador* en Bogotá, se denominarán "Textos entre cachacos". De esta manera, los "cachacos" somos los nacidos en el interior del país y concretamente en la ciudad de Bogotá y sus alrededores.

Es muy clara la ideología política del autor, pues *El Universal* de Cartagena, es de credo liberal-progresista, como lo son los otros diarios colombianos de los que García Márquez ha sido periodista-colaborador. El periódico *El Universal,* fue fundado unos días antes de la llegada de García Márquez a Cartagena, más concretamente en Marzo de 1948. Así, se inician el periodista-escritor en el periódico *El Universal* en Cartagena. A continuación se analizarán algunos de los artículos publicados en *El Universal* de Cartagena y en *El Heraldo* de Barranquilla.

LA POSTURA DEL AUTOR

De la lectura de los primeros textos periodísticos podemos ir extrayendo una línea de pensamiento acorde con la editorial de los periódicos. La tendencia liberal progresista se observa en el análisis de sus observaciones sobre la jerarquía eclesiástica y sobre el estalinismo. En la enumeración de títulos de la obra ya se puede intuir cuál es la postura del autor hacia ambos.

A pesar de ciertas similitudes, las dos etapas del periodismo colombiano de García Márquez son fundamentalmente diferentes en lo que al tratamiento del tema de la violencia se refiere. Durante el primer período son muy pocas las ocasiones en que el periodista enfoca claramente la realidad socio-política del país (Benson, John, 1989:66-67).

Esta primera etapa periodística, como dice John Benson (ibid.) se refiere a la situación nacional de una manera velada. Una de las formas de referencia hacia ella viene dada a través de la utilización de lo grotesco kafkiano como velo. Es decir lo grotesco ayuda a disfrazar la referencia a una situación de pánico implícito en la sociedad colombiana. Ello se debe, en buena medida, a la recepción del escritor checo que, como veremos en el epígrafe siguiente, es asumida y explicada por el propio autor. El predominio de la temática literaria en las primeras "Jirafas" (Benson, 1989: 66-67) nos indica, a su vez, la inquietud del periodista que ambiciona ser escritor. Esto, aparejado con una ideología aún en formación, hacen que el tema de la violencia se vea reflejado a partir de las consecuencias constatables en la sociedad, no entre en el análisis político de sus causas, como haría más adelante.

Resulta más que evidente que la presión política y la censura—o autocensura, en su caso—favorecen esta especulación que presentamos. Es decir, no se incluye tanto un análisis de las causas políticas que fuerzan una situación sino un análisis de la situación política en sí, de las consecuencias que sufre la población. Por ello, para Benson pasa casi desapercibido el contenido político. Eso no quiere decir que no exista, precisamente lo contrario.

El miedo que intenta transmitir cada texto, las precauciones que se establecen en sus informaciones, hacen que tras las pretensiones literarias se encuentren pequeñas señales del desasosiego vivido por el escritor. De hecho, como vemos a continuación, la angustiosa situación se refleja en cierto sentido en lo kafkaiano. Lo grotesco de la vida política durante este período lleva también a lo grotesco en lo personal, en lo vivencial, puesto que el autor se ve repentinamente sitiado en su forma de expresión. De esa angustia nace un vínculo con Kafka.

SIMBIOSIS ENTRE PERIODISMO Y LITERATURA.

Kafka en sus cuentos, *"La caricatura de Kafka"*.
Algunos reportajes en los periódicos colombianos.
Como lo escribe Gilard, el autor de la columna ya había publicado sus tres primeros cuentos,

> ...en un país donde la narrativa era aún, por antonomasia, un género nutrido en temática rural, ponían de relieve un rechazo al ruralismo, al costumbrismo, al folklorismo, en la misma medida que planteaban el aniquilamiento de toda relación social muy concreta: no subsistían sino la muerte, la familia y la casa. En estos relatos era evidente la aportación Kafkiana, y en la elección de ese mundo casi desprovisto de circunstancias, e inspirado en ejemplos extranjeros, aparecía— aunque fuera solapadamente—un rechazo a las normas narrativas entonces predominantes en Colombia. (García Márquez, 1981:42-43).

Ya en ("La Jirafa", por Septimus; *El Heraldo* de Barranquilla), Agosto de 1950,

La Caricatura de Kafka, nos describe las penalidades de F... en el proceso de atravesar el puente metálico y evitar al mismo tiempo la presencia del guardia, del que F... escuchó de la andrajosa y maltrecha figura femenina, salida de los miserables suburbios donde el olor a buhardilla y a gente dormida entre basuras y desperdicios empezaba a moverse con el aire del nuevo día. (García Márquez, 1981:415).

Las vacilaciones de cinco días, para ejecutar la travesía del puente; con el lenguaje kafkiano, la misteriosa mujer decide atravesarlo por este lado, para evitar la presencia del guardia "que tiene orden de un superior, el cual tiene orden de un superior inmediato de no dejar pasar por el puente, durante el día, a nadie que no pertenezca a la comuna."(García Márquez, 1981:416).

No cabe duda que la excepcionalidad de la situación militar—posterior al Bogotonazo—sirve para enlazar el motivo literario grotesco con la situación vivida en el contexto. Llega, pues, a realizarse una simbiosis entre algo tan "grotesco" como la literatura kafkiana y el contexto político vivido.

Posteriormente, García Márquez en su novela *Vivir para contarla* (2002), nos cuenta cómo fue su primer encuentro con *La metamorfosis* de Kafka:

> Vega llegó una noche con tres libros que acababa de comprar, y me prestó uno al azar, como lo hacía a menudo para ayudarme a dormir. Pero esa vez logró todo lo contrario: nunca más volví a dormir con la placidez de antes. El libro era *La metamorfosis* de Franz Kafka, en la falsa traducción de Borges publicada por la editorial Losada de Buenos Aires, que definió un camino nuevo para mi vida desde la primera línea, y que hoy es una de las divisas grandes de la literatura universal: «Al despertar Gregorio Samsa una mañana, tras un sueño intranquilo, encontróse en su cama convertido en un monstruoso insecto». Eran libros misteriosos, cuyos desfiladeros no eran sólo distintos sino muchas veces contrarios a todo lo que conocía hasta entonces. (García Márquez: 2002:296)

Para el joven García Márquez, la notoriedad de Kafka hacia las primeras décadas del siglo XX, ha debido ser un buen material, y como siempre Kafka como autor, escribe sobre F. Kafka, dándonos en la columna "La Jirafa" buena idea del estilo de Kafka, y como lo describe Carmen Gándara en la introducción *Blumfeld, Un Solteron* (1915).

Este ser que Kafka pone en el centro de sus historias es siempre, desde luego, él mismo, Franz Kafka, más convertido en un hombre cualquiera. Es el hombre (...) Lo que es para él fundamental no reside en aquello que nos distingue y separa, sino en aquello que nos asemeja y une: lo fundamental es el drama común, el drama de todo. (Franz Kafka, 1983:1).

Kafka valiéndose del ambiente tenso, acaso engrandecido por hipérboles, nos lleva a una literatura de esa narrativa "en el mundo cerrado de la alienación" (Franz Kafka, 1915:1) Desarrolla así un estilo diferente poco común:

Estaba echado sobre el quitinoso caparazón de su espalda, y al levantar un poco la cabeza, vio la figura convexa de su vientre oscuro, surcado por curvadas durezas, cuya prominencia apenas si podía aguantar la colcha, visiblemente a punto de escurrirse hasta el suelo. (Kafka, Franz, 1983: 391).

Es la metáfora del marasmo o degradación del cuerpo y espíritu humanos. García Márquez utiliza el estilo que encuentra muy propicio para el marco social de su propia cultura latinoamericana. En mi opinión, es el epígono que sigue las huellas de otro.

¿A qué se debe esta afirmación? Básicamente, y como hemos apuntado al principio de este epígrafe, a la prolongación que desde lo kafkiano llega a las páginas de nuestro escritor. A lo largo de su obra se respira la presencia de las situaciones absurdas, desencadenadas por futilidades. Pensemos cómo se ve involucrado Aureliano Buendía en la guerra o cómo se establece la relación del pueblo de Macondo con su sacerdote, a partir de hechos que tienen su origen en lo irracional, inexplicable, en una nimiedad que produce consecuencias de gran calado.

Ya hemos apuntado cómo un deseo de comer unos pasteles puede desencadenar una guerra civil o cómo un comentario sobre un gallo un asesinato. En ese sentido, el poco valor de la vida en el contexto colombiano llega a tener ese tono de lo kafkiano que no se prolonga únicamente en el sentido de *La metamorfosis*, sino que llega a un absurdo de la situación propiciado por circunstancias análogas a *El proceso*. En este sentido la influencia de Kafka en García Márquez lo inscribe en el universo de la modernidad literaria al tiempo que marca, como hemos comentado, la pauta de entrada de lo grotesco en su confluencia con lo realista, referido al contexto.

Si bien es cierto que este tipo de preocupaciones literarias llevan a García Márquez a establecer un nexo de soslayo con la violencia y la política, y además un nexo metafórico, también es seguro que el autor muestra su conciencia y necesidad de elaborar una novela colombiana sobre la violencia. El artículo titulado "Dos o tres cosas sobre la novela de la violencia", aparecido en *La calle II* el 9 de octubre de 1959, comenta que este género no ha dado buenos frutos en Colombia.

Deducimos, desde aquí, que se estaba produciendo un proceso de ensamblaje entre las inquietudes literarias—Kafka y los autores que referimos a continuación—y la necesidad de construir una narrativa de temática colombiana en la que se viera reflejada esta situación. Como Carmenza Kline (2003) se ha encargado de señalar, el período de la Violencia genera una serie de novelas sobre él que no van mucho más allá de las referencias de tipo realista e histórico. Ahora bien, un autor que vive directamente el período y no escribe directamente sobre ello, García Márquez, es capaz de transmitir con mayor intensidad las sensaciones que el pueblo tenía durante aquellos momentos.

A nuestro entender es la literatura kafkiana la que contribuye en buena medida a eso. Es decir, a partir de la recepción efectiva de Kafka, García Márquez encuentra un mecanismo narrativo, una fórmula de expresión, que ayuda a entender la angustia personal, la angustia humana de los sitiados o reprimidos por el contexto militarizado de la Colombia del momento. Es decir, sin escribir directamente sobre el período histórico vivido, lo que hace García Márquez es buscar situaciones históricas similares y situar en ellas a unos personajes que viven situaciones que los llevan a la desesperación, la agonía permamente, se ven involucrados en procesos de los cuales desconocen las causas y, en definitiva, condenados a la soledad de ser humano frente a las circunstancias que lo rodean.

Literariamente, por lo tanto, García Márquez saca partido de Kafka en el sentido que asume del checo lo humano-sentimental. De esos valores universales hace uso y los traslada a unos contextos muy colombianos a los que va añadiendo elementos innovadores que ya referiremos.

Por el momento nos interesa destacar, precisamente, que la angustia personal causada por la situación política lleva aparejada la lectura de Kafka. Como él mismo nos cuenta: ya no pudo dormir. Es decir, la inquietud se hospeda en el autor. No explica cuáles son las causas de esta, podríamos interpretarlas simplemente como literarias. Evidentemente, la situación social e histórica resultaba más preocupante que una simple lectura.

POÉTICO POR ANTONOMASIA

Lo que se intuye, es el respeto a la poesía de ese tiempo, y su profunda admiración hacia Pablo Neruda. Jacques Gilard nos dice:

> Más significativa aún, por ser una nota de mentiras, era la que saludaba el nunca realizado paso por Cartagena de una poeta que nunca existió. La fantasía de García Márquez—su verdad—puede desplegarse sin trabas. El inventado Guerra Valdés podría ser el exacto retrato poético de Pablo Neruda, del Neruda de *Canto General,* asombrosamente bien definido *cuando aun no había salido el poemario.* [6]

> Esta brillante intuición nos da la medida de lo que podían ser ya las dimensiones del regionalismo de García Márquez. Hay que reconocerlo: no sólo estaba entonces por aparecer el *Canto General;* más tarde se publicarían también *Hombres de maíz* de Miguel Ángel Asturias y *El reino de este mundo* de Alejo Carpentier. (Gilard: 1981:46-47)

Es obvia la posición de Neruda como poeta, pero también es cierto que él domina magistralmente el género poético, mientras que García Márquez, centra el tema también poético, que se arropa en una narrativa descriptiva, de su expresionismo en prosa, emotivo, militante, fiel hasta llegar a una prosa profundamente poética. Pero al final ambos escritores escriben movidos por la necesidad de un cambio, llegando a la melancolía, a la omnipotencia de la muerte, es la muerte absoluta que existe de por sí, lo llevamos adentro desde que nacemos. Hay variantes

---

[6] Claro está que ya circulaban poemas que formarían parte del libro de Neruda. García Márquez tenia que conocerlos, cuanto más que ya había leído, en sus tiempos de estudiante de secundaria, *Veinte poemas de amor y una canción desesperada.* (Gilard: 1981:46-47).

del género, variantes emocionales, variantes del tiempo, variantes de regiones azotadas por la soledad y la miseria; variantes de la imagen realista, la imagen de la existencia real de la muerte, metafóricamente la muerte es el mundo; nada vive..., representa la vida, pero la vida es muerte... Es el drama humano, diario, es la enajenación del hombre, del hombre vivo y del mundo. Es decir, como lo interpreta de otra manera Amado Alonso:

> La poesía tiene su sintaxis y la prosa la suya. Es decir la poesía huye de ciertos módulos sintácticos que encajan muy bien en la prosa. En parte hay un motivo para ello en el mismo cuerpo sonoro de los giros, unos más livianos, otros más pesados en lo que es somáticamente formal. Alonso continúa: Pero, además, hay otra razón más profunda, que es la diferente actitud del escritor, prósica o poética, ante las propias experiencias psíquicas y su expresión: cómo toma tanto lo que está sintiendo como la actividad de comunicarlo, el cuál es el modo de incorporarse al lector virtual, en suma, de qué índole es la atmósfera psíquica que segrega y en cuya intimidad admite al lector. Lo expresable, la expresión y la comunicación cambian de signo. En la poesía, un contenido emocional de tensión singular quiere ser efundido constructivamente y contagiado sugestivamente; en la prosa, un contenido especialmente intelectual quiere ser desarrollado y transmitido informativamente. En la poesía se cala en la realidad con relámpagos de intuición; en la prosa se discurre o pasea por ella con los pasos del entendimiento. El poeta tiende al frenesí o al éxtasis; el prosista, a las formas de la razón. (Alonso, Amado: 1975, 141-142).

Juan Gustavo Cobo Borda, en *El poeta que siempre fue*, escribe sobre García Márquez:

> Y de ahí proviene, de la poesía misma, la clave definitiva que protegía y encerraba el secreto del último Buendía y su estirpe: «no había ordenado los hechos en el tiempo convencional de los hombres sino que concentró un siglo de episodios cotidianos, de modo que todos coexistieran en un instante (Cobo Borda, Juan Gustavo, 2007:469).

El Aleph ya no es el vasto espacio del universo sino el infinito cosmos del tiempo. Por ello en una nota de prensa de 1981 hablará aun de «el prodigio de la poesía». Su exhaustivo y profundo conocimiento de la realidad colombiana, a través de su trabajo como periodista, no hubiera alcanzado el libérrimo vuelo de su autonomía creativa sin el soplo creador de la poesía a la cual ha sido fiel toda la vida, encarnada en Gracilazo de la Vega, Rubén Darío o Pablo Neruda, citados de modo reiterado en sus libros de ficción o convertido este ultimo en personaje de uno de sus cuentos. (Cobo Borda, Juan Gustavo, 2007:502-503).

García Márquez lleva consigo un fantasma piedracielista. Un poeta que ama los lirios y las rosas, el vuelo de los ángeles y el traslucido lino con que levitan las doncellas, por un cielo siempre azul, entre un coro de campanas. (Cobo Borda, Juan Gustavo, 2007:499).

Un repaso de lo importante que es entre nosotros los colombianos la poesía:

En septiembre de 1939 se editan los 300 ejemplares de una primera plaqueta titulada *Entregas de Piedra y Cielo transparente homenaje al libro de Juan Ramón Jiménez, de 1917-1918*, que llegarán a siete y en la cual Jorge Rojas publica su poema «La ciudad sumergida». A ella seguirían los nombres de Carlos Martín, Arturo Camacho Ramírez, Eduardo Carranza, Tomas Vargas Osorio, Gerardo Valencia y Darío Samper. [...] «Piedra y Cielo» desató una revolución poética en Colombia. (Cobo Borda, Juan Gustavo, 2007:500).

Desde luego, para García Márquez es apenas lógico poetizar al estilo de «Piedra y Cielo», grupo o movimiento poético colombiano fundamental e imprescindible en la formación del joven escritor. Cobo Borda continúa: «Al García Márquez que con el seudónimo de Javier Garcés, y en 1945, no vacilará en redactar sonetos perfectos en la tónica de «Piedra y Cielo», conservados por su profesor de literatura y sus condiscípulos. Y que cantan así»:

Si alguien llama a tu puerta

Si alguien llama a tu puerta, amiga mía,
y algo en tu sangre late y no reposa
y en tu tallo de agua, temblorosa,
la fuente es una liquida armonía.
Si alguien llama a tu puerta y todavía
te sobra tiempo para ser hermosa
y cabe todo abril en una rosa
y por la rosa se desangra el día.
Si alguien llama a tu puerta una mañana
sonora de palomas y campanas
y aún crees en el dolor y en la poesía.
Si aún la vida es verdad y el verso existe.
Si alguien llama a tu puerta y estás triste,
Abre, que es el amor, amiga mía.
(Cobo Borda, Juan Gustavo, 2007:500-501).

LOS POETAS COLOMBIANOS Y SU INFLUENCIA. JORGE ISAACS. ROMÁNTICO.

La Literatura Colombiana del Siglo XIX, tiene influencia en García Márquez, y en contraste con el estilo crítico del autor colombiano, nos presenta a Jorge Isaacs, novelista romántico y poeta colombiano, que nació en el Valle del Cauca (1837). *María,* su obra romántica monumental, ha servido de modelo literario de generación en generación, no únicamente en Colombia sino en los países de habla castellana. En la América hispana, el Romanticismo no enfatiza la zona oscura del mundo literario; idealiza al artista, al escritor y sus emociones. Jorge Isaacs, como poeta hace de sus poemas y de su novela *María* unas obras muy elaboradas, de tema romántico, paisajes ideales, donde no hay problemas inmediatos, se enfatiza la belleza del Valle del Cauca, y lo fatal es algo diferente, más con lo real, que con lo fantástico. Como poeta utiliza un lenguaje muy cuidadoso de ritmos y combinaciones de sonidos.

Un crítico colombiano, Rafael Maya [7], ha podido decir que los románticos colombianos no fueron simples imitadores. Introducción de

[7] Maya, Rafael. *Estampas de ayer y retratos de hoy,* Biblioteca de autores colombianos, ministerio de Educación Nacional, Bogotá, 1958.

Manuel Moreno, 1980: XXII) Los argumentos que expone son los siguientes:

> Es que el romanticismo no vino a descubrir aquí nada, pues ya éramos románticos, aun antes que esa palabra entrase a formar parte del vocabulario literario. Y lo éramos por las naturales tendencias de la raza, de suyo imaginativa y sensible, por la permanente lección de la naturaleza tropical, tan llena de contrastes, y tan apta para despertar, gracias a las soledades ilimites y a las alturas inaccesibles, la emoción de lo eterno.

> Por el sedimento indígena depositado en nuestras almas, con su nativa tristeza, su fatalismo resignado y sus ancestrales resentimientos de raza destronada, por la profunda religiosidad de nuestras sociedades, lo que constituye un abono excelente para que prospere la semilla romántica, y, en fin, por muchas otras causas que seria inoficioso enumerar aquí. (Isaacs, Jorge, Introducción de Manuel Moreno, 1980: XXII).

Lo poético, mágico y romántico que, según la cita, está intrínseco en el indigenismo, resulta de vital importancia para entender no sólo la referencia a Colombia, sino a la composición étnica y cultural de buena parte del continente. En sus referencias a lo real maravilloso, o "realismo mágico" llamado de otro modo, Carpentier en su introducción al *El reino de este mundo* destacó la peculiaridad de ello como punto de contraste respecto a la idea de "realismo mágico europeo".

Tras de ello, evidentemente, cuenta la forma como se había roto la tradición romántica—y la idea de ironía romántica con ella (Piquer/Salvador, 1999)—en Europa. Queremos decir que lo poético romántico sufre, ya a principios del siglo XX, una necesidad de renovación que se basa en la propia recepción de la literatura anterior. El modelo romántico se ve sujeto a una revisión y subversión que, dada la coyuntura cultural circundante (existencia del realismo mágico europeo) se traslada a la renovación literaria sobre las bases de lo romántico y de lo nativo.

El influjo romántico, en cierta medida, va unido a un acercamiento a la disolución de las fronteras de género que se evidencia en la tonalidad lírica de algunos fragmentos de Isaacs. Me identifico con Rafael Maya, por esto me atreví a formar estos versos libres, que nos deleitan con su valor poético de una prosa puramente romántica:

¡No tardes en volver, alma mía!
Ven pronto a interrumpir mi sueño,
bella visionaria,
adorada compañera de mis dolores.
Trae humedecidas tus alas
con el rocío de alas patrias selvas,
que yo enjugaré amoroso tus plumajes;
con las esencias de las flores
desconocidas de sus espesuras,
venga perfumada la tenue gasa de tus ropajes,
y cuando ya aquí sobre mis labios suspires,
despierte yo creyendo haber oído
susurrar las auras de las noches de estío
en los naranjos del huerto de mis amores.
(Isaacs, Jorge, 1966:2).

García Márquez al igual que Jorge Isaacs, domina un género literario altamente poético, que no es un poema, pero es la narrativa literaria descriptiva, con la cual se llega a una prosa prácticamente de versos libres que denotan un poema en verso largo extendido en prosa romática. Es ese el ejemplo, que formo de la novela "Maria" de Jorge Isaacs, concretamente tanto Isaacs como García Márquez escriben en sus novelas un poema en verso libre/ extendido. Luego, lo ampliaremos más adelante en *El otoño del patriarca*. Obra altamente poética de verso largo extendido al máximo. Progresivamente, sucede lo mismo con el poeta colombiano José Eustasio Rivera.

Manuel Gutiérrez Nájera en la primera página de esta misma edición nos dice:

Este es un libro casto, un libro sano, un libro honrado. Cuando tenga una casa, y en la casa una cuna y en la cuna un niño, volveré a deletrear en mi corazón, quiero decir, volveré a leer la historia de Maria. (Isaacs, Jorge, 1966:1).

En la introducción de Manuel Moreno, de esta misma edición, leemos:

Maria es, quizá, la única novela importante no histórica escrita en su época. No histórica, aunque si, en parte, autobiográfica, al modo legítimo que la biografía es transfundida

---

84

en la novela, el que toma de ella los elementos reales para elaborar una ficción, que ya no es biográfica sino novelesca y esto mejor que aquello, porque en la libertad de la novela la vida se expresa más esencialmente, adquiere un estilo más neto. (Zum Felde, Alberto, 1954).

La tradición romántica, como venimos diciendo, forma parte de las bases de la formación literaria de García Márquez, por lo tanto, es receptor de unos escritos de referencia obligatoria dentro del panorama nacional.

EL POETA JOSÉ EUSTASIO RIVERA

Su obra en prosa, al igual que García Márquez, el poeta confronta la sociedad cancerada por la maraña humana, muy al estilo del Macondo mítico. En (1888), en la ciudad de Neiva, Colombia, nace el escritor y poeta José Eustasio Rivera, y a través de su novela *La Vorágine*, publicada a comienzos del siglo XX, y valiéndose de la naturaleza como protagonista esencial del drama de la selva colombiana, nos narra la realidad de la vida social con su novela romántica, confrontando al lector con su estilo poético en prosa, del realismo y la violenta encrucijada entre la vida, el amor y la muerte. *La Vorágine*, escrita como novela puramente poética, y cambiando la narración a coplas libres se identifica una lírica también profundamente poética. En este caso, me tomé la libertad de separar en versos su contenido literario, escrito en puro expresionismo poético en la novela *La Vorágine* para llegar a siete estrofas donde el autor nos presenta alusiones procaces al denunciar, por ejemplo, a través de significaciones atrevidas la vida social e histórica de su tierra natal:

Entre tanto la tierra cumple
al pie del coloso que se derrumba,
el germen que brota; en medio de las miasmas,
el polen que vuela; y por todas partes
el hálito del fermento, los vapores calientes,
de la penumbra, el sopor de la muerte,
el marasmo de la procreación.

La violencia en el lenguaje poético es lo que le da gran fuerza a la obra; descripciones reales de la selva amazónica colombiana y el daño insufrible bien narrado:

> *El comején enferma los árboles*
> *cual galopante sífilis,*
> *mientras va carcomiéndole los tejidos*
> *que solapa la lepra suplicatoria*
> *y pulverizándoles la corteza,*
> *con su pesadumbre hasta derrocarlos, súbitamente,*
> *de ramazones vivas.*
> (Rivera, José Eustasio, 1980:104).

La norma para la vida intelectual colombiana es la gama de grandes escritores, que nos deleitan a través del tiempo con su lengua pura, castiza, alucinante, fantasmagórica, violenta y reveladora de la cultura existente de los últimos 500 años. Ya en el siglo XX, el mexicano Carlos Fuentes, escribe: «podría ser el comentario a un largo siglo de novelas latinoamericanas: se los tragó la montaña, se los tragó la mina, se los tragó el río». (Fuentes, Carlos: 1969:98). Metafóricamente al estilo de Rivera:

¡Se los tragó la selva! ¡Se los tragó la muerte!

Es conveniente acentuar que la aportación de la violencia ya estaba en el léxico utilizado por José Eustasio Rivera, (1888) y que representa metafóricamente la fuerza de la naturaleza como algo destructivo, que desencadena las fuerzas telúricas, lo mismo sucede en algunos de los pasajes de las obras de García Márquez, donde la naturaleza impide o domina el desarrollo humano; a través de un expresionismo cargado con toda sus fuerzas invasoras, y que en *Cien años de soledad*, nos dan una visión amplia de (hormigas, plantas exóticas que invaden y destruyen a Macondo en momentos críticos).

WILLIAM FAULKNER, Y SU LEGADO

La influencia de Faulkner, premio Nobel, en noviembre de 1950, aparece en "La Jirafa", en *El Heraldo* de Barranquilla, García Márquez escribe: «Excepcionalmente se ha concedido el Premio Nobel de Literatura a un autor de innumerables méritos, dentro los cuales, no sería el menos importante el de ser el novelista más grande del mundo actual y uno de los más interesantes de todos los tiempos». García Márquez prosigue: «De todos modos, la designación que acaba de conocerse pondrá de moda al maestro» y en su descripción García Márquez escribe:

...esos personajes apasionantes, tremendos, que el maestro Faulkner ha puesto a vivir dramáticamente en sus novelas. Empezará a citarse la familia Sartoris como el símbolo de un sur adolorido y decadente y a la familia Snopes como el fermento rabioso de un futuro fabricado a golpes, en franca y encarnizada pelea con la naturaleza. (García Márquez, 1981: 494-495).

Las sagas familiares, el mundo local sumido en una situación de violencia, son aspectos temáticos que ineludiblemente retoma García Márquez en su narrativa. Desde *El coronel no tiene quien le escriba*, pasando por *Cien años de soledad* a *Crónica de una muerte anunciada*, todas ellas respiran la violenta experiencia de las sagas y de la naturaleza poco confortable.

Más tarde, el autor tiene la oportunidad de conocer a Faulkner en París, y recuerda: «William Faulkner cayó de improviso en la galería existencialista del Café Flora, en el barrio de Saint Germain de Pres, e hizo, a sangre fría, esta declaración: Yo no soy hombre de letras. Yo soy un granjero a quien le gusta contar historias». García Márquez también aclara: «el más grande novelista del mundo moderno, uno de los más interesantes de todas las épocas, no es un hombre de letras sino un granjero». (García Márquez, 1981: 563).

De esos personajes apasionados, de las familias y sus símbolos de decadencia del sur, García Márquez, forma el esquena del estilo a desarrollar y comienza sus apuntes para una novela, y la influencia está recibida de Faulkner, hacia ese joven periodista y escritor colombiano. Existen semejanzas importantes: Faulkner y García Márquez son escritores que nacen en pueblos muy pequeños, apartados y desconocidos, sus personajes apasionados, reales, interesantes, y las familias vienen a ser el símbolo de la crítica que ambos autores denuncian hacia una sociedad desigual, maltratada y decadente. Comparten un lenguaje directo, sencillo, transparente, es el idioma del hombre, que en medio de su existencia, denuncia y se encuentra con tradiciones que entrañan algo fatal. Faulkner da su opinión: «Lo difícil es la sencillez; pero con la sencillez no hay truco y se descubre en seguida cuando un escritor esta vacío». (García Márquez, 1981:564). En retrospectiva, se sintetiza que son demasiadas las semejanzas, las que culminan con sus respectivos Premios Nobel de literatura. Enriqueta Muñiz en su ponencia presentada en la Universidad Nacional de Colombia, en Santafé de Bogotá (1998) escribe: «Y es que García Márquez planta su formidable garra de narrador en el pecho de una novelística que parecía agonizar en la segunda mitad del siglo XX, y la sacude hasta infundirle nueva vida. Como en el caso de un Cervantes o un Kafka, hay un antes y un después de García Márquez, su estilo que no se parece a ningún otro, le sirve para explorar el territorio subconsciente de América, en lo hondo de sus mitos. Si se le buscan parentescos literarios, su primo más cercano está en el otro extremo del continente: su nombre es William Faulkner».(Muñiz, 1997:213).

«Sin embargo, mientras Faulkner dispone de un funcional y dócil inglés, García Márquez debe vérselas con la excesiva riqueza del idioma español que lleva la carga de una inmensa literatura clásica y es cualquier cosa menos dócil. Entonces el hombre de Aracataca labra un nuevo castellano a la medida de su originalidad. Como Jorge Luis Borges en la Argentina, el escritor colombiano entra a saco en la retórica con sus propias armas expresivas, las pule y les da esplendor, según la forma de la Academia de la lengua». (Muñiz, 1997:213).

Cuando William Faulkner recibe el premio Nobel de Literatura, en la conclusión de su discurso nos reitera una línea de trabajo literario y filosofía de la vida que él conoce de su tierra natal:

> I believe that man will not merely endure: he will prevail. He is immortal, not because he alone among creatures has an inexhaustible voice, but because he has a soul, a spirit capable of compassion and sacrifice and endurance. The poet's, the writer's, duty is to write about these things. It is his privilege to help man endure by lifting his heart, by reminding him of the courage and honor and hope and pride and compassion and pity and sacrifice which has been the glory of the past. The poet's voice needs not merely to be the record of man, it can be one of the props, the pillars to help him endure and prevail. Discurso pronunciado al recibir el Premio Nobel, (Diciembre, 1950; Faulkner, William: 1967:724)

Este recorrido por la influencia faulkneriana nos lleva a un punto de encuentro entre la metodología planteada en el principio de esta tesis y el desarrollo de la hipótesis. Las semejanzas y las diferencias de una situación y otra en el contexto.

Obviamente, el contexto norteamericano, incluso el lingüístico, son diferentes. En ese sentido la relación con lo reproducido en las novelas de García Márquez difiere de los ambientes del norteamericano, más próximos al Sur profundo, al mundo de las plantaciones de algodón, al mundo de los negros vistos con los ojos del explotador blanco.

En el caso de nuestro escritor, si el lenguaje y los matices diferenciales que se le pueden atribuir al español de América ya marcan distancias, por lo que respecta a las ambientaciones es fundamental considerar que la naturaleza salvaje tiene mayor presencia en García Márquez. Eso, al tiempo, marca la autonomía, el aislamiento del espacio referido (Macondo, por lo general) respecto al resto del mundo. En el universo de Faulkner es la distancia de las granjas y los pequeños pueblos alejados del resto de civilización lo que hace de ese espacio un referente cerrado. En los dos casos, sin embargo, prevalece esa idea de aislamiento como isotopía característica del espacio.

Para más detalles, el mundo selvático es el que impide, en alguna ocasión, una comunicación con el resto del universo. El pueblo de García Márquez tiene vías de comunicación que lo hacen remoto a otros lugares: el río o el tren se plantean como la única salida posible. Las sendas de la montaña y la selva se refieren como laberintos difíciles de recorrer. Tanto el río como el ferrocarril son, al tiempo, vía de escape y de llegada, pero no sirven para el traslado de los personajes en la narración. El vínculo de predicación sobre el personaje se establece, en la mayoría de los casos, a partir de las acciones realizadas por él en el espacio narrativo: Macondo.

Esporádicamente aparecen acciones del personaje fuera de este ámbito y, cuando lo hacen, suelen aparecer como noticia referida o relación de hechos alejada de la presencia directa del narrador. Es decir, existe un filtro, como si el narrador sólo estuviese presente en el mundo local y lo externo viniese por noticias de periódico o por relación de hechos de algún personaje llegado al pueblo.

Así, el universo aislado (en soledad) asume un grado de simbolismo interesante desde el punto de vista narrativo, se constituye en la representación microcósmica de lo que sucede en Colombia, el reducto remoto al que llega todo o casi todo lo que concierne a la historia del país. En definitiva, se proyecta la macrohistoria sobre la microhistoria: la medida en que influyen los hechos históricos narrados en los libros sobre las personas que los viven contemporáneamente.

Y aquí tenemos un cierto grado de diferencia con Faulkner. El sentido de la historia pasa quizá más desapercibido en algunas de las narraciones del norteamericano, más interesado en situar a sus personajes en la historia de América que no en la situación de la historia sobre los personajes.

Ese sentido de la historia al que nos venimos refiriendo hace que García Márquez la observe con una voluntad crítica evidente. Más aún, cuando se trata de su referencia a través de la literatura. Así lo podemos ver en su visión de Policarpa.

POLICARPA, "UNA HEROÍNA DE PAPEL"

En Octubre de 1948, la crítica del joven periodista se manifiesta abiertamente en defensa de "La Policarpa Verdadera", del libro *Una heroína de papel,* del autor barranquillero Rafael Marriaga, quien con su buena fe de investigador, su decorosa posición de escritor documentado, continua la pluma crítica al escritor barranquillero: *Una heroína de papel* es, por sobre todo, un libro serio. Y es García Márquez quien nos recuerda de ese mundo en el que vivió "La heroína".

Así, por los desfiladeros de una primitiva organización social, se va asistiendo a la dramática realidad de un mundo torturado, mordido por el hambre y la rebeldía, condenado a la noche perpetua de un régimen retardatario, en el que la única heroína posible es esta tremenda y hombruna Policarpa Salavarrieta que nos muestra Rafael Marriaga. (García Márquez, 1981:125).

Lo real es que, a través de su columna en *El Universal* de Cartagena, ya nos narra:

...una profunda desigual económica que separaba las distintas clases sociales de aquel período histórico. Una mujer de nervio como aquélla, que además tenia una inteligencia poco común, no podía conformarse ante aquella realidad, y tuvo que irse—para vivir su vida sin yugos de ninguna índole—a ganarse el pan de cada día en la única forma decorosa que podría ocurrírsele a una mujer consciente de las arbitrariedades del mal gobierno. (García Márquez, 1981:126).

La inconformidad general existente, ya se extendía hacia heroínas como Policarpa, quien:

> Y a esas alturas, matriculada en la oposición, con un pasado de inconforme y contrabandista, estaba ya abierto el cambio para dormir en los cuarteles, para montar la guardia a la puerta de las conspiraciones, y después—cuando cae en manos de un sargento bien recompensado—para desatarse en improperios contra el mal gobierno que la lleva al cadalso, en "una firme gritería de mercado", haciendo uso del único vocabulario que podía estar al alcance de una revolucionaria caprichosa y violenta, que había amamantado su rebeldía entre soldados y jayanes. (García Márquez, 1981: 126).

Cual diferente la Policarpa Salavarrieta, que hemos aprendido en la Historia Patria colombiana, y la pluma crítica de García Márquez nuevamente nos pone en el correcto texto de Rafael Marriaga:

> Nada era tan falso como esa campesina rebelde, pero de maneras aristocráticas, que despertaba en el cadalso, una proclama impecable, casi poética, más propia de literata oportunista que de una guerrillera agigantada. (García Márquez, 1981: 126).

La historia y la política se dan la mano en la observación de la historia local. La imagen de la mártir de modo aristocrático está explicada a través de los precedentes políticos. Esa es, en esencia, una de las líneas de pensamiento de García Márquez en su etapa como periodista colombiano. Lo político pasa a ser una de las esencias de sus textos, aunque no dejará de serlo en el decurso de su trayectoria literaria. Todavía más digno de destacar, es el contenido histórico en el que se fundamenta el pensamiento político. La dialéctica histórica, en un tiempo en que la ideología marxista de análisis mantenía cierta vigencia, aparece como trasfondo del razonamiento que desplegamos en la búsqueda de una relación causa-efecto entre los conocimientos históricos de García Márquez, sus estudios sobre la historia colombiana y el análisis de las causas de la violencia y la situación coetánea. Policarpa es un eslabón más en la construcción del ideario de García Márquez, en la concepción de la historia y de la literatura nacional del siglo XIX, tan productiva a la hora de recrear un referente histórico que sirve de ambiente de referencia al universo de Macondo.

GARCÍA MÁRQUEZ: PERIODISMO ESENCIALMENTE POLÍTICO

Su contexto más concreto e inmediato con su labor de intelectual, que quiere contribuir a cambios radicales por medio del periodismo y literatura, como también es cierto que, el autor tiene conciencia de que sería una labor a largo plazo. En Colombia, por ese período, el general Rojas Pinilla toma el poder, respaldado por la Junta Militar. Bajo ese contexto, García Márquez pasó al reportaje, y en gran parte de esos textos dominan la política y preocupación por un cambio, arropado con sus reportajes y comentarios, en la redacción de *El Espectador*, en Bogotá. Por supuesto, la trayectoria política se explica desde el estudio del recuerdo del mismo autor.

Veamos pues, cual es la realidad histórica colombiana del momento: «en los incidentes de los días 8 y 9 de junio de 1954 perdieron la vida diez de los estudiantes ametrallados por la tropa durante manifestaciones pacíficas». (*Entre cachacos 1*, García Márquez, 1982:72), luego es obvio que García Márquez se mostrase abiertamente en el bando de oposición de carga en contra de la política militar existente. Este periodo fue esencialmente importante para el escritor colombiano, dedica su conocimiento intelectual/literario formal para escribir *La Hojarasca*, (1955) y denuncia y expone el problema de las multinacionales: (United Fruit Company) en Colombia, específicamente en el Urabá colombiano, en la costa Atlántica. Con esta obra comienza un periodo transcendental en la historia de las letras colombianas.

Si, como apuntó Benson (1989) en su trabajo sobre el periodismo de García Márquez, los años cincuenta están más despolitizados que los de la segunda etapa periodística, ello no quiere decir que estén exentos de un contenido ideológico. Hemos incidido en la importancia que tenía la explicación de las consecuencias de la violencia.

A través de la aplicación de la dialéctica histórica nos encontramos con un García Márquez que, progresivamente, se acerca más hacia el discurso analítico. Ello quiere decir que va abandonando la presentación de las consecuencias para ir buscando las causas de la situación colombiana.

Desde su primera etapa de salida al extranjero hasta su consagración como escritor, en los años setenta, se aprecia ese grado progresivo de acercamiento a lo político. Ya a mediados de los setenta, en plena crisis de conciencia sobre los dos modelos político-económicos de hegemonía mundial, declara:

> Sí, he hecho una pausa literaria para dedicarme al periodismo político. Creo que es la culminación natural de un proceso de cuarenta años; no se puede estar tanto tiempo explorando la realidad de un país, tratando de interpretarlo y de entenderlo, ni se puede padecer tanta nostalgia sin alcanzar un grado de compromiso como éste. (Benson, 1989:73).

Hay, en este punto, el botón de muestra a lo que nos veníamos refiriendo en páginas anteriores. El análisis de la historia, la formación literaria para aplicarla a la recreación de un universo ficcional con trasfondo colombiano en función de esos referentes históricos, desemboca en la adquisición de un compromiso intelectual que acaba por conformar una militancia política explícita después de conseguir sus objetivos literarios. Así, nos decía que gastaba su fama en política y, concretamente, "la pongo al servicio de la revolución latinoamericana" (Benson, ibid.)

La conciencia política de García Márquez evoluciona hasta el punto de su vínculo en el Partido Comunista. Esta opción, muy propia de los intelectuales progresistas de su época, enlaza con una militancia que se plantea la conversión de América Latina y su emancipación de la influencia de los países occidentales representados por Estados Unidos y las empresas multinacionales.

La ideología, por lo tanto, se coloca al lado de los componentes propios de una generación y de unas soluciones políticas que pasan por una relación de admiración y amistad con el pensamiento revolucionario encarnado en el primer castrismo cubano.

GARCÍA MÁRQUEZ, VINCULADO EN EL PARTIDO COMUNISTA.

> *El Espectador* tenía entonces todos los motivos para ser un opositor resuelto de la política oficial, en nombre del credo liberal y en nombre de la democracia. También lo era García Márquez, de manera distinta, aunque colaboró ardientemente en la denuncia del régimen. Ideológicamente, se podría denotar

que: "él estaba vinculado entonces al Partido Comunista, lo cual no impedía que colaborara en un periódico liberal que, al contrario, podía construir una eficiente tribuna para la izquierda clandestina en el momento en que la lucha contra la dictadura borraba en parte las diferencias ideológicas entre los opositores". (García Márquez, Prólogo, Gilard, 1982: 72) Luego, la prensa del periódico *El Espectador*, considerada como prensa burguesa, la hacen redactores de izquierda. (Pág. 72).

Las razones de la transferencia hacia Europa de García Márquez como reportero del periódico son primordialmente por la incomodidad del régimen militar y la no tolerancia hacia la crítica abierta de *El Espectador*, y los hechos violentos que más adelante llegarán al cierre de las instalaciones del periódico en Bogotá. Es así como el joven periodista y escritor se ve desplazado y sin poder regresar a Colombia.

En el medio tiempo, García Márquez militante liberal/socialista, nos entrega en sus reportajes políticos, su aventura en la "Cortina de Hierro".

Luego, más adelante, en *Notas de Prensa 1980-1984*, (1995), García Márquez nos aclara que durante un periodo de diez años le fue negada la visa para entrar a los Estados Unidos, razón por la cual nuestro autor solicitaba una explicación lógica:

Durante más de diez años fueron inútiles todos los esfuerzos para que me concedieran la visa o, al menos, para que alguien me explicara cuál era el motivo de mi inelegibilidad. Un amigo que creyó descifrar un código secreto de la embajada donde trabajaba me dijo el motivo: actos terroristas en Camerún. No me sorprendió, porque estoy acostumbrado a esta clase de disparates, sobre todo teniendo conciencia de que siempre he sido un enemigo del terrorismo y que nunca en mi vida he estado en Camerún. Sin embargo, la razón oficial, que distintos consulados me han repetido muchas veces a lo largo de tantos años, ha sido siempre la misma. Se me atribuye el cargo frívolo de pertenecer, o haber pertenecido, a un partido comunista o a alguna organización afiliada. Podría ser cierto, y no tendría nada de qué arrepentirme; pero el caso es que no lo es. Nunca he pertenecido a ningún partido de ninguna clase. (García Márquez, *O.P.* No. 5, 1995:428)

Noventa días en la "Cortina de Hierro" (Junio a Septiembre de 1957)

El corpus de estudio, en este caso, se trata de un corpus cerrado, al menos en la duración de la experiencia del escritor-periodista (noventa días), sus partes constituyen aquí las bases de comparación. La voluntad de crónica realista despega a García Márquez del léxico poetizado que aparecía en algunos de sus textos de Bogotá. Ahora observamos la presencia de un escritor que describe la situación con una voluntad de no variar para nada los hechos, si no más bien referirlos como una situación próxima a la guerra. Estamos en el contexto de la guerra fría y, por lo tanto, el léxico que aparece en estas crónicas es muy similar al que referiría un corresponsal de guerra.

Cabe, aquí, un nuevo apunte metodológico que nos hace enlazar las partes de nuestro trabajo. En su primera etapa periodística en Colombia había tenido cierta libertad para tratar temas literarios, pero en el momento en que se centró en las consecuencias de la violencia lo tuvo que hacer con ciertos usos metafóricos, incluso alegóricos, para eludir – suponemos—las iras de la represión. Enlaza con la utilización de un léxico indirecto; es decir, usado desde la voluntad consciente de buscar la colaboración lectora en los sesgos semánticos. Ello nos lleva a refrendar la postura que establecen Maingueneau y Charaudeau cuando en su *Diccionario de análisis del discurso* argumentan que:

> La variable de estudio, mientras dura la experiencia, depende de las hipótesis propuestas al comienzo en la constitución del corpus. En efecto, este tiene a su cargo responder a las cuestiones que se plantea el investigador y que intenta aclarar, cuando no resolver, utilizando métodos lexicométricos. (Maingueneau, Dominique: 2005:353).

Es el caso del discurso político, representativo en los textos del escritor colombiano, el corpus nos interesa como tal por la importancia que tiene para ver cuál es el comportamiento y la aportación del escritor en contacto directo con esta situación de guerra latente. Durante el recorrido de García Márquez por los países comunistas, escribe directa y claramente lo que él ve, observa y siente de la experiencia humana de los países socialistas/comunistas. Ha debido ser una gran sorpresa, especialmente para los lectores de países latinoamericanos, el descubrir, a través de esos reportajes, que la historia real es diferente a la retórica comunista que por aquel entonces se escuchaba en Latinoamérica.

Básicamente entendemos que se trata de una referencia al contexto en la que tanto el autor y el lector, en su momento, debían entender esa situación comprometida y delicada por la que pasaba Europa del Este. El sentido que se pueda atribuir a las palabras del escritor, por lo tanto, dependen en gran medida de lo que refiere en *El Sistema discursivo* (1994), Elsa Dehennin (Pág. 46), "resulta de un juego entre lo implícito y lo explícito que nace en circunstancias de discurso particulares, que se realiza en el punto de encuentro de los procesos de producción e interpretación".

Elsa Dehennin continúa: «Yo c(omunicador)/ Yo e(nunciador) y Tú d(estinatario)/ Tú i(ntérprete) para hablar del mundo». (Dehennin / Haverkate: 1994:79) Definitivo impacto ha tenido que producir entre el comunicador y el destinatario, en el ámbito intelectual, al leer los reportajes del joven periodista, que narra abiertamente la experiencia del mundo comunista:

> La cortina de hierro no es una cortina ni es de hierro. Es una barrera de palo pintada de rojo y blanco como los anuncios de las peluquerías. Después de haber permanecido tres meses dentro de ella me doy cuenta de que era una falta de sentido común esperar que la cortina de hierro fuera realmente una cortina de hierro. Pero doce años de propaganda tenaz tienen más fuerza de convicción que todo un sistema filosófico. Veinticuatro horas diarias de literatura periodística termina por derrotar el sentido común hasta el extremo de que uno tome las metáforas al pie de la letra. (García Márquez: 1978:9)

De hecho, la fuerza de la expresión literaria parte desde el pragmatismo que niega o pone en evidencia la existencia de esa "cortina". Su valor metafórico se alza como un elemento de enjuiciamiento metaliterario. En la metadiscursividad radica uno de los ejes de la reflexión del autor. Nos traslada de lo literario a lo real y, en ese sentido, desmantela la virtualidad de la expresión con intención de dar un tinte más realista a lo que nos quiere contar. El concepto "sentido común" se opone a la metaforización y, por lo tanto, derrumba uno de los principios de la literatura en aras de la verosimilitud de lo que pretende contarnos. Nos encontramos, por lo tanto, ante el García Márquez más lejano a su literatura al tiempo que el más cercano a su mundo ideológico de aquellos años.

Eso, sin lugar a dudas, nos ayuda a desenredar la maraña que se establece entre la escritura con finalidades artísticas y lo que subyace en los textos, fruto de una formación ideológica y de una experiencia concreta en el escritor. La alusión a la "propaganda tenaz" ya indica, con el adjetivo, las posturas drásticas tomadas por los regímenes políticos. Con la introducción del comentario el autor parece desmarcarse de ese sentido ideológico y se acerca a posturas más flexibles, más racionales.

Así comienza a afianzar un expresionismo eficaz con detalles sorprendentes y la crítica de la guerra (sinrazón), en la Alemania dividida en (una Oriental y una Occidental), que la parten territorialmente mostrándonos una visión realista:

> Nos previnieron de que lleváramos comida y gasolina suplementaria para no estacionar en los 600 kilómetros que hay de la frontera hasta Berlín, y que en todo caso corríamos el riesgo de ser ametrallados por los rusos. (García Márquez: 1978:11)

De estas tres líneas se desprenden las ideas de penuria y de peligro. Por otro lado, la presencia de los rusos, aludida por la referencia impersonal ("nos previnieron") indica indirectamente la situación de un país que se encontraba, hasta cierto punto, invadido por una potencia extranjera. Se refiere a "los rusos", no a su ejército, quizás haciendo una traslación semántica que implica ya el grado de realidad de la situación. Así como en la Francia ocupada se hablaba de "los alemanes", la expresión no carga las tintas en lo de ideológico que tengan estos soldados. No se les llama "los comunistas", ni el "ejército soviético", ni "los rojos", se refiere a ellos a través de una alusión nacional, nacionalista, diríamos si somos conscientes de que la Unión Soviética y su ejército estaba compuesta por algo más que rusos.

García Márquez compartía el viaje con dos jóvenes también aventureros: «Jacqueline, francesa de origen indochino, diagramadora en una revista de Paris. Un italiano errante, Franco, corresponsal ocasional de revistas milanesas, domiciliado donde lo sorprenda la noche». (García Márquez: 1978:9) Con este triángulo literario—sabemos que los acompañantes no eran tales, sino dos amigos—de ideas, riesgos, y aventuras, el autor nos sigue informando acerca de la estructura social en la Alemania Oriental, donde los eventos se suceden doce años después de terminada la guerra, frente a los tres observadores, que descubren sin duda hechos antes no narrados: "El sol del atardecer se maduraba sobre una tierra sin cultivar, todavía despedazada por las botas y las armas como al día siguiente de la guerra. Esa era la cortina de hierro." (García Márquez: 1978:9).

Nos descubre, precisamente, el efecto devastador de la guerra y de la ausencia de elementos regeneradores de la pobreza ocasionada por el enfrentamiento. La bota que calcina la tierra es la imagen que, metafóricamente, resume lo visto. Precisamente ahí readmite la metáfora generada desde el discurso de Churchill. Aunque no se queda únicamente en el efecto de lo militar, sino que pasa a analizar también ese componente. El periodista continúa escribiendo: «Yo estaba sorprendido de que el gran portón del mundo oriental estuviera guardado por adolescentes inhábiles y medio analfabetos». (García Márquez: 1978:12-13).

Así queda retratada de nuevo la incongruencia de la división del mundo y la fragilidad de lo que aparentemente había de ser un ejército curtido y experto. Por el contrario, la visión de los soldados nos acerca de nuevo a la presencia de alguien que los ha mandado allí. Su inexperiencia y su juventud marcan, por lo tanto, el asombro que pretende trasmitir el autor. Al tiempo contribuye a la desmitificación de lo marcial militar soviético.

García Márquez viene a trasmitir la "relación de hechos" frente a lo que se concibe como una estructura social. Si lo leemos en clave de análisis crítico del discurso, podríamos hacer valer las palabras de Norman Fairclough:

> Social structures are abstract entities. One can think of a social structure (such as an economic structure, a social class or kinship system, or a language) as defining a potencial, a set of posibilities. However, the relationship between what is structurally posible and what actually happens, between structures and events, is a very complex one. (Fairclough: 2003:23). – do you want this in Spanish?

La estructura social que Fairclough define en este siglo XXI, contrasta con los reportajes del periodista colombiano, los que suceden en

1957, a mediados del siglo XX. Veamos pues, la estructura social de la Alemania después de 12 años de propaganda comunista:

Entramos en una pieza cuadrada, con un escritorio junto a una caja fuerte, cuatro sillas en torno a una mesita con folletos de propaganda política, y un aguamanil y una cama contra la pared. En el muro, sobre la cama, un retrato del secretario del partido comunista de Alemania Oriental, recortado de una revista. El director se sentó al escritorio con los pasaportes. Nosotros ocupábamos las sillas. Yo me acordaba de las aldeas de Colombia, de los juzgados rurales donde no se hace nada durante el día pero que de noche sirven para las citas de amor concertadas en el cine.

La crónica continua: Uno tras otro tuvimos que responder a la misma encuesta formulada en alemán por el funcionario más torpe que recuerde en mi vida. (García Márquez: 1978:15).

La ironía se hace presente, el reportero-periodista concluye:

Cuando abandonamos la oficina nos encontrábamos en el límite de la fatiga y la exasperación, pero aún debimos perder media hora más porque el director trataba de explicarme con señas, con pedazos de alemán y de inglés, una frase que al fin logramos entender literalmente: El sol de la libertad brillará en Colombia. (García Márquez: 1978:16).

El periodista contrasta la estructura capitalista de la Alemania Oriental y Occidental, dejándonos al corriente de la realidad insospechada hasta entonces, y escribe:

...la soledad de la autopista era más apreciable por el contraste con la Alemania Occidental donde hay que abrirse paso a través de los automóviles americanos de último modelo. A pocos kilómetros de Heidelberg está el cuartel general del ejército americano con un cementerio de automóviles de más de 3.000 metros a ambos lados de la carretera. (García Márquez: 1978:17).

Tampoco se le escapa al periodista colombiano la propaganda política de la Alemania Oriental:

Allí se encuentran gigantescas caricaturas del presidente Adenauer con cuerpo de pulpo exprimiendo con sus tentáculos al proletariado. Toda la metáfora de la literatura de choque del comunismo resuelto a brocha gorda y con colores llamativos, pero con el presidente Adenauer como representante único y ejecutor absoluto de las atrocidades capitalistas.

La imagen del mandatario alemán como metonimia del capitalismo, su metaforización a través del pulpo que extiende los tentáculos para exprimir al proletariado está observada siguiendo la clave de quien conoce del capitalismo a través de la explotación de las multinacionales norteamericanas en Colombia. Por lo tanto, se ve sorprendido por una nueva cosificación de la idea a partir de un elemento casi grotesco como es la visión demonizada de uno de los artífices de la reconstrucción alemana. La conciencia de la ayuda norteamericana, sin embargo, reaparece cuando explica las características de la Alemania Occidental, aliada con la opulencia que permite prescindir de los coches más viejos y llenar una amplia extensión con sus desechos.

El reportero continúa escribiendo para su lector: «Nunca olvidaré la entrada a ese restaurante. Fue como darme de bruces contra una realidad para la cual yo no estaba preparado. El escritor prosigue: Un centenar de hombres y mujeres de rostros afligidos, desarrapados, comiendo en abundancia papas y carne y huevos fritos entre un sordo rumor humano y en un salón lleno de humo». (García Márquez: 1978:18-19). Para finalmente concluir:

> Hay instantes de la sensibilidad que no se pueden reconstruir y explicar, Aquella gente estaba desayunando con las cosas que constituyen un almuerzo normal en el resto de Europa, y compradas a un precio más bajo. Pero era gente estragada, amargada, que consumía sin ningún entusiasmo. (García Márquez: 1978:20)

Las descripciones realizadas sobre el mundo de la Europa oriental nos reflejan, por una parte, la imaginería del sistema soviético y su forma de atacar al capitalismo a través de un tipo de propaganda visual nada elaborada. Por otro lado, la constatación de la situación de la gente, la vida diaria y la forma de ser de los alemanes orientales, reflejan la idea de un ambiente gris que en tantas ocasiones se nos ha mostrado a posteriori. Se trata, además, de un testimonio de primera mano, con lo que el autor manifiesta la amargura de la población. En ese sentido García Márquez marca las distancias respecto a la forma de vivir en los países de la esfera socialista.

A esta perspectiva, sin embargo, le ofrece el contraste de la ciudad de Berlín, en la que los Estados Unidos inocularon una gran cantidad de dinero durante la posguerra con la finalidad primordial de acrecentar las diferencias entre las dos mitades de la ciudad.

GARCÍA MÁRQUEZ PIENSA QUE: *BERLÍN ES UN DISPARATE*

El mensaje del escritor colombiano, ya por el año 1957, a través del expresionismo vivo y directo comunica, por medio de la palabra concisa, sin rodeos o preludios de ninguna clase, que

> Berlín Occidental no es una ciudad sino un laboratorio. Los Estados Unidos llevan la batuta. No tengo datos de la cantidad de dólares invertidos en la reconstrucción ni la forma en que se han hecho las inversiones. Pero los resultados están a la vista. (García Márquez: 1978:24).

Primordialmente, entendemos también su tendencia y prejuicio hacia la política económica de Estados Unidos de ayuda al mundo europeo occidental:

> ...uno está obligado a pensar que Berlín Occidental es una enorme agencia de propaganda capitalista. Su empuje no corresponde a la realidad económica. En cada detalle se advierte el deliberado propósito de ofrecer una apariencia de prosperidad fabulosa, de desconcertar a la Alemania Oriental que contempla el espectáculo con la boca abierta por el ojo de la cerradura. (García Márquez: 1978:25).

En este mismo reportaje (1957) para la América hispana, García Márquez anuncia y pronostica acertadamente con más o menos 45 años de anticipación hipotéticamente que:

> Se ha calculado que si estalla una guerra Berlín durará 20 minutos. Pero si no estalla, dentro de cincuenta, cien años, cuando uno de los dos sistemas haya prevalecido sobre el otro, las dos Berlines serán una sola ciudad. Una mostruosa feria

comercial hecha con las muestras gratis de los dos sistemas. (García Márquez: 1978:28).

El autor habla anticipadamente e hipotéticamente de hechos históricos ocurridos a finales del siglo XX, o sea el derrumbe del muro de Berlín. Desafortunadamente, para la política socialista-comunista que García Márquez enfatiza a través de su vida literaria, el sistema que prevalece es sin duda el sistema capitalista de la Alemania Occidental y el factor económico ya no es la ayuda de los Estados Unidos sino el proceso de inversión de una Alemania en la otra. Las muestras gratuitas se convirtieron en comercialización de los restos materiales del muro.

Aquí yace escuetamente el discurso político del autor y cómo lo refleja en el texto. Pero también es cierto que lo esencial y la selección subjetiva que García Márquez ha transmitido desde Alemania Oriental y compara acertadamente el panorama de los dos mundos opuestos. Veamos pues, la comparación entre dos ciudades universitarias:

Leipzig es otra cosa. Después de cuatro horas de automóvil a través de una retorcida alameda, entramos a Leipzig por una calle angosta y solitaria, apenas con espacio para los rieles del tranvía. Eran las diez de la noche y empezaba a llover. Las paredes de ladrillos sin ventanas, las bombillas tristes del alumbrado público me recordaban las madrugadas bogotanas en los barrios del sur. (García Márquez: 1978:30-31).

De nuevo, la isotopía de la tristeza y de lo lúgubre predomina en la descripción. Las referencias al tipo de luz y a las construcciones ilustra el ámbito pobre por donde se desarrolla el recorrido.

García Márquez, periodista-autor prosigue:

Después de buscar inútilmente un restaurante abierto—un "Mitropa"—nos decidimos por un hotel. El personal de la administración solo hablaba alemán y ruso. Era el mejor hotel de Leipzig montado sobre los mismos conceptos de decoración de la avenida Stalin. En el mostrador, una exhibición de todos los periódicos comunistas del occidente recibidos por avión. Una orquesta de violines tocaba un valse nostálgico en el bar iluminado con arañas de vidrio pesadas y declamatorias, donde la clientela consumia en silencio champaña sin helar con un aire de distinción lúgubre. Las mujeres otoñales, lívidas de polvo de talco, llevaban sombreros pasados de moda. La música flotaba en un perfume intenso. (García Márquez: 1978:31).

La política que habla de la Alemania Oriental: «Una organización como esa, férrea pero ineficaz, es lo más parecido a la anarquia». (García Márquez: 1978:33). El lenguaje político en el texto: «Nosotros—en blue Jeans y mangas de camisa, todavía sin lavarnos el polvo de la carretera—constituíamos el único indicio de la democracia popular». (García Márquez: 1978:32).

El giro sobre la expresión "democracia popular" conlleva una profunda carga de ironía por el contraste entre el término y aquello que aprecia el autor en su entorno. Se observa, por tanto, un distanciamiento consciente de la expresión y aquello que llamaríamos "ironía por citación" en términos de Graciela Reyes (Reyes, 1984:19). Se trata de una reutilización, de una palabra vuelta a nacer a la que el autor intenta invertir el sentido: la apropiación del término "democracia popular" por parte de los regímenes del Este es, así, puesta en evidencia.

Con esta reutilización irónica nos encontramos en uno de los puntos de interés sobre la ideología de García Márquez: su visión del "otro lado" de la situación política en la Guerra Fría. Es decir, nos revela hasta qué punto no se siente comprometido con un tipo concreto de ejercicio del poder, sino más bien con las ilusiones de una izquierda occidental que, con el tiempo—sobretodo después de la Primavera de Praga y del Mayo Francés—se mostrará definitivamente distanciada del modelo soviético.

Retomaríamos aquí una referencia que hemos introducido anteriormente. Si revisamos las posturas de Althousser sobre el estalinismo (tendríamos que destacar lo coetáneo con la estancia de García Márquez en París), venimos a dar una pista sobre la reformulación del pensamiento marxista en la segunda mitad del siglo XX. No cabe duda de que García Márquez se inscribe en esta corriente de pensamiento desde un punto distinto: desde la experiencia. Es decir, la narración de las experiencias vitales, el contrastar la situación, conlleva también la toma de conciencia a través del pensamiento crítico que ahora se aplica al sistema soviético y ya no exclusivamente al capitalismo basado en la explotación de Latinoamérica.

EL HOMBRE SOVIÉTICO COMIENZA A CANSARSE DE LOS CONTRASTES

Es posible que la suerte por ser (socialista) y escritor colombiano le abriera muchas puertas que estaban completamente cerradas para los periodistas del mundo occidental. La crítica al estalinismo se hace patente cuando valora la existencia del hombre en la URSS:

> No cabe duda de que el esfuerzo nacional exigido por esta enorme aventura del género humano, tuvo que pagarlo una sola generación, primero en jornadas revolucionarias, después en la guerra y por último en la reconstrucción. Es ese uno de los cargos más duros que se hacen contra Stalin, a quien se le considera como un gobernante despiadado, sin sensibilidad humana, que sacrificó una generación entera en la reconstrucción acelerada del socialismo. Para impedir que la propaganda occidental llegara a oídos de sus compatriotas, cerró por dentro las puertas del país, forzó el proceso y logró un salto histórico que tal vez no tenga precedentes. (García Márquez: 1978:173)

Por ese entonces, estas crónicas manifiestan la realidad en Moscú, y el escritor-periodista continúa:

> El férreo aislamiento en que Stalin tuvo a la nación, es la causa más frecuente de que los soviéticos, sin saberlo, hagan el ridículo frente a los occidentales. (García Márquez: 1978: 173)— Un profesor de la Universidad de Moscú, que había estado varias veces en Francia, nos comentaba que en general, los obreros soviéticos estaban convencidos de haber inventado muchas cosas que se encuentran en servicio desde hace muchos años en el occidente. (García Márquez: 1978:175).

Esa manifestación del sentido patriótico, del nacionalismo soviético, nos lleva —en tanto, a los lectores— a inferir una nueva visión distanciada, la sorpresa del autor ante las creencias comunes de los trabajadores del país. Es decir, muestra cómo se ha formado una opinión, una "verdad absoluta" que conlleva una aserción ligada a un grupo social concreto.

Como señala Van Dijk (1998) en *Ideología*, «hay determinadas aserciones que son propias de un grupo que se identifica por unos principios ideológicos». Aquí tenemos una muestra, la facilidad con la que los regímenes totalitarios hacen de sus eslóganes, creencias generalizadas que producen cierta perplejidad en el observador ajeno a ellas. Observamos ciertas concomitancias con otros regímenes totalitarios de fervor nacionalista. Pensemos, por ejemplo, en las creencias sobre el valor de los inventos locales que el franquismo español lanzó durante los años 50 y 60.

Llegados a este punto, nos damos cuenta de que los valores del comunismo asumido por García Márquez se separan del ideario/doctrina estalinista y, en ese sentido, se configuran desde un posicionamiento crítico hacia los contenidos, las políticas y la economía de lo que podríamos considerar el comunismo ortodoxo de los años 50.

En plena "Guerra Fría", cuando aún se consideraban valores de primer orden entre el comunismo occidental los implantados por la Revolución de Octubre, y se creía que Stalin era uno de sus defensores, García Márquez es uno de los escritores que, desde el conocimiento directo, da una imagen desmitificadora del Telón de Acero o, como se tradujo en su momento "Cortina de Hierro".

Sea como fuere, García Márquez se puede considerar uno de los intelectuales avanzados a mostrar la crisis de la ortodoxia soviética. Más tarde lo harían otros: Semprun y un largo etcétera que acabaría en la revisión de los objetivos políticos del llamado "Eurocomunismo" en la Europa Occidental y que abriría definitivamente la crisis de ideología y de colaboración entre la Unión Soviética-PCUS y los países occidentales con sus partidos comunistas, principalmente el francés y el italiano.

La labor periodística, documentalista, de nuestro autor se encuentra con la de creador en la medida que aquello que ha ido exponiendo se nos muestra tras el filtro de unas palabras que denotan las sensaciones vividas. Se trata, ni más ni menos, que de transmitir a través de aquello que no se ha expresado directamente: los sesgos léxicos que apuntábamos. Las asimilaciones de alguna ciudad con determinados barrios del sur de Bogotá, por ejemplo, sirven para dar la idea de pobreza y de tristeza que quiere transmitir sin que en ningún momento el lector—o el censor, en caso de que lo hubiere—puedan decir que se explicita una crítica al sistema.

Es el lector, sin embargo, el colombiano que conoce los barrios del sur de la capital por aquel entonces, quien se dará cuenta de aquello que se transmite más allá de la pura significación de la oración. Con ello se apela a elementos contextuales que, obviamente, escapaban a cualquier lector europeo desconocedor de la realidad colombiana.

Precisamente, durante este período de tiempo, nos encontramos con una producción literaria que nos acerca a un grado de experimentalidad digno de consideración.

PERÍODO EXPERIMENTAL ENTRE EL PERIODISMO, EL CUENTO Y LA NOVELA.

Publica varios cuentos en diferentes diarios del país: (1947).

García Márquez sigue escribiendo como periodista para *El Universal*, de Cartagena, y *El Heraldo* de Barranquilla; la recopilación y prólogo de Jacques Gilard, nos escribe:

> Algún papel tuvieron que desempeñar los dramas políticos que vivía Colombia cuando García Márquez acababa de dar sus primeros pasos de cuentista y los estaba dando también en el periodismo. La explosión nueve abrileña y los crímenes cada vez menos discretos de la violencia partidista revelan la existencia de una Colombia insospechada, una Colombia que nada tenia que ver con la fachada democrática y serena que había presentado el país durante un largo periodo. (García Márquez, 1981:49).

Si por una parte hemos reseñado la importancia de su labor como periodista en su observación del contexto europeo oriental, otra base de datos de primordial importancia es la situación nacional que, como se cita, es de un estallido de violencia más que evidente. Nos encontramos, como Gilard explica: La primera nota aparecida en *El Universal* comprueba un regreso hacia la barbarie, y las dos notas dedicadas al atentado contra Braulio Henao Blanco y a la muerte de éste admiten que el país vuelve a vivir el tiempo de las guerras civiles. (García Márquez, 1981:49) Con este fondo político y violento que vive el país, García Márquez publica sus cuentos en diferentes diarios:

La Tercera resignación (1947)
La otra costilla de la muerte (1948)
Eva está dentro de su gato (1948)
Amargura para tres sonámbulos (1949)
Dialogo del espejo (1949)

Ojos de perro azul (1950)
La mujer que llegaba a las seis (1950)
Nabo, el negro que hizo esperar a los ángeles (1951)
Alguien desordena estas rosas (1952)
La noche de los alcaravanes (1953)
Monólogo de Isabel viendo llover en Macondo (1955)
La siesta del martes (1962)
Un día de estos (1962)
En este pueblo no hay ladrones (1962)
La prodigiosa tarde de Baltasar (1962)
La viuda de Montiel (1962)
Un día después del sábado (1962)
Rosas artificiales (1962)
Los funerales de la Mamá Grande (1962)
Un señor muy viejo con unas alas enormes (1968)
El mar del tiempo perdido (1961)
El ahogado más hermoso del mundo (1968)
Muerte constante más allá del amor (1970)
El último viaje del buque fantasma (1968)
Blacamán el bueno, vendedor de milagros (1968)
La increíble y triste historia de la cádida Eréndira y de su abuela desalmada (1972)

LA TERCERA RESIGNACIÓN, (EL ESPECTADOR: 1947), PUBLICADA EN 1974.

Cincuenta y cinco años después de publicado su primer cuento *La tercera resignación,* el 13 de Septiembre de 1947, García Márquez escribe sus recolecciones y memorias en *Vivir para contarla,* (2002) y él recuerda:

> Nunca imaginé que nueve meses después del grado de bachiller se publicaría mi primer cuento en el suplemento literario «Fin de Semana» de *El Espectador* de Bogotá, el más interesante y severo de la época. Cuarenta y dos días más tarde se publicó el segundo. (*Eva está dentro de su gato*). El autor continua: Fue un proceso tan inesperado que no es fácil contarlo. Me había matriculado a principios de aquel año en la facultad de derecho de la Universidad Nacional de Bogotá, como estaba acordado con mis padres. Vivía en el puro centro

de la ciudad, en una pensión de la calle Florián, ocupada en su mayoría por estudiantes de la costa atlántica. (García Márquez: 2002:293).

Las inseguridades del escritor, exteriorizadas en su enfermiza timidez, pero justificadas, pues prácticamente era un adolescente, también se entendían al comprobar sus críticos que se encontraban ante un «nuevo y notable escritor».

En *La tercera resignación* relata la existencia de un pensamiento filosófico muy parecido al de Unamuno (*Tres novelas ejemplares y un prólogo*, Octava Edición: Espasa – Calpe, S.A.1955), sus agonistas; es decir sus luchadores o personajes en la novela, son reales, de realidad si, y con la realidad más intima, con la que se dan ellos mismos. Es la existencia del pensamiento filosófico de hoy también: «Ahora que hay quien quiere ser y quien quiere no ser», Unamuno continúa: «De uno que no quiere ser difícilmente se saca una criatura poética, de novela; pero de uno que quiere no ser, si. Y el que quiere no ser, no es, ¡claro!, un suicida». (Pág. 14).

El argumento finaliza con el narrador diciendo: «Pero estará ya tan resignado a morir, que acaso muera de resignación». (García Márquez: 1974:16) García Márquez continúa: «El carpintero y el médico se equivocaron en el cálculo e hicieron el ataúd medio metro más grande». El concepto de la idea de querer morir de: «esa extraña «muerte viva». Es ilógica, paradojal, sencillamente contradictoria». (Pág.8) Luego, con la elipsis temporal omite un periodo en el relato: «Y eso lo hacía sospechar ahora que, efectivamente, estaba muerto de verdad. Que hacia dieciocho años que lo estaba». (Pág. 8) En efecto, el médico, el carpintero, el muerto y la madre participan en el rito de la muerte: «Su madre había tenido rigurosos cuidados durante el tiempo que duró la transición de la infancia a la pubertad. Se preocupó por la higiene perfecta del ataúd y de la habitación en general». (Pág. 10).

El narrador cede la palabra al muerto, es decir el agonista del cuento: «Lo habían metido allí, en esa caja que ahora sentía perfectamente blanda, acolchonada, terriblemente cómoda; y el fantasma del miedo le abrió la ventana de realidad: ¡Lo iban a enterrar vivo»! (Pág.14).

Los lectores reales de esta obra están familiarizados con la anacronía; difícilmente se puede ignorar como analepsis o retrospección hacia el pasado: «Era mejor dejarse morir allí: morirse de «muerte», que era su enfermedad». (Pág. 7) Para luego anunciarnos lo que se hará después:

uniendo dos tiempos el pasado y el futuro, llegando a la prolepsis, anticipándonos que se espera en el futuro:

«—Señora, su hijo tiene una enfermedad grave: está muerto». Sin embargo—prosiguió «—, haremos todo lo posible por conservarle la vida más allá de la muerte». (Pág. 7) Se nos presenta una utilización casi metafórica del hecho de la muerte porque se confunde con la vida. Vivir en la muerte, viene a ser el sentido del cuento, al estilo de la obra de Rulfo. Hay un estado de concentración imaginativa entre la no vida, para finalmente, estampar un ritmo de intensidad en la narración que culmina con la inevitable muerte.

Metafóricamente, la dualidad filosófica: La vida es muerte y la muerte es vida. En este sentido nos encontramos con uno de los motivos literarios que persisten a lo largo de la obra narrativa de García Márquez. La disolución de las fronteras de la vida, la presencia de lo fantasmagórico renueva una tradición que, si bien durante el Romanticismo aparece como algo sobrenatural y promotor de terror, durante el siglo XX verá aligerada su carga romántica con la introducción del nuevo concepto del "Realismo mágico"—a través de Mássimo Bontempelli, sobretodo—en Europa. Esa indiferencia a la hora de tratar con lo sobrenatural, por ejemplo, es propia de la literatura del primer tercio de siglo XX.

No nos extraña que unos años después, pasada por el filtro hispanoamericano, reaparezca la relación entre la vida y la muerte libre de sus límites como una situación creada por la literatura sin la mayor alteración psicológica de los personajes. Este valor en alza, basado en la transición de la ironía romántica hacia a ironía surrealista (Behler, 1997) tiene mucho que ver con un universo en el que los valores de verosimilitud se habían roto: el autor podía crear un universo de fantasía que el lector—en un pacto tácito—admitía como un hecho de creación casi divina.

A través de la subversión de este concepto romántico, asistimos a la alteración de esas fronteras entre lo verosímil y lo inverosímil dentro del relato. La capacidad para confundir los universos de ensoñación con los de verosimilitud y ponerlos los dos en el mismo plano de verdad literaria generó una nueva moda narrativa que, como hemos dicho, lleva implícita la noción de "ironía surrealista" según la cual todo aquello que puede producir la mente del autor es posible situarlo en un plano de igualdad con aquellas convenciones de la "realidad literaria". En ese plano podríamos incluir lo kafkiano del relato. La ilusión de realidad se ha visto alterada porque alguno de los personajes—ni el narrador lo ha hecho explícito—no ha sabido delimitar un hecho objetivamente biológico como la muerte.

La fantasmagoría, desde este momento, forma parte de la cotidianidad y pierde su carácter maravilloso. En otro sentido, temáticamente, podemos decir que la muerte hace acto de presencia en lo cotidiano de nuestro autor.

LA OTRA COSTILLA DE LA MUERTE (1948), PUBLICADA EN 1974

En *La otra costilla de la muerte,* el suspense se ritualiza con doble realismo, el gemelo muerto y él que aún vive: «sin saber por qué, despertó sobresaltado» (Pág. 17) y es el comienzo que prepara al lector: «Ciertamente era su sueño absurdo, irracional, pero que no motivaba en modo alguno ese despertar desasosegado». (Pág. 18) García Márquez prosigue:

> La idea del cadáver de su hermano gemelo se le había clavado en todo el centro de su vida. Y ahora, cuando ya lo habían dejado allá, en su parcela de tierra, con los parpados estremecidos de lluvia, ahora tenia miedo de él. (Pág. 21).

Paradoja existente entre los gemelos, y la idea irracional aparente: «que el muerto está más tranquilo en su estado de muerte, mientras que el vivo actúa como muerto». O sea que: «él, el vivo empiece a pudrirse también dentro de su mundo animado». (Pág. 26) Es la soledad y agonía psicológica bien narrada en el binomio vida muerte y muerte en vida. Otro de los tópicos de origen romántico, el doble (gemelo), unido a lo fantasmagórico, sirve de base para dar una vuelta de tuerca a lo decimonónico en pos de esa nueva estética marcada por la tendencia de la ironía surrealista consistente en borrar -desde la autoridad del creador— las fronteras entre lo real tangible (mundo real efectivo) y lo real de la mente (imaginable), dejándolas diluidas de tal manera que un mundo y otro se entrecruzan y el primero se pone en entredicho:

> ¡Tal vez el fenómeno sea inverso: la influencia debía ejercerla él que permanecía con vida, con su energía, con su célula vital! Quizá—en este plano—tanto él como su hermano permanezcan intactos, sosteniendo un equilibrio entre la vida y la muerte para defenderse de la putrefacción. (Pág. 26).

No podemos olvidar los vínculos que este tema nos lleva a buscar. Ya no se trata únicamente de Poe o de Dorian Gray, sino de la introducción de una duda entre lo posible y lo imposible dentro del plano de creación literario. Si en los dos precedentes señalados aquello que entendíamos era que la fantasía del autor permitía crear un mundo maravilloso, ahora nos enfrentamos a una creación en la que el mundo maravilloso literario convive con otro mundo literario en el que lo sobrenatural no se separa de lo aparentemente cotidiano. Es decir, el autor parece no querer sorprender con la introducción de elementos inverosímiles, sino con la cohabitación de estos con la cotidianidad.

Valiéndome del comentario en la Revista, *Biblioteca Luis Ángel Arango*, escrito por Luis H. Aristizabal, www.lablaa.org/blaavirtual/boleti5/bol32/resena15.htm escribe:

> *En cien años...* destaca la «naturalidad», donde se cuentan las cosas más espantosas, las cosas más extraordinarias, con la misma cara de palo que esta tía dijo que quemaran en el patio un huevo de basilisco, que jamás supe lo que era... Su seducción es obvia, en la medida en que transforma el querer ser y la ilusión en realidades. Siguiendo con Luis H. Aristizal, y después de la interminable critica a García Márquez, me identifico cuando dice: que gran parte de los materiales usados por García Márquez, lejos de las interpretaciones gratuitas id psicoanálisis, o de la escuela de los arquetipos, o de «hondas preocupaciones intelectuales», son sólo señales de «puro y calculado efecto sobre el lector». www.lablaa.org

Evidentemente, el juego de efectos se produce si tenemos en cuenta que se trata de un cuento publicado en un contexto social y literario no habituado todavía a que se rompieran las conexiones lógicas (o biológicas, como hemos dicho) entre la vida y la muerte. En el mundo romántico los fantasmas son fantasmas y los vivos son los vivos, por eso los segundos se aterrorizan y se sorprenden. En el mundo contemporáneo de la ironía surrealista muertos y vivos comparten mesa y mantel.

Estos primeros cuentos publicados en *El Espectador,* en Bogotá, (1947-1948), podríamos asegurar que, el autor se deja llevar por un tono y forma melancólicos, profundamente obsesionado por la soledad/muerte.

Sí, ese realismo abstracto, es puro e ilógico para un escritor que por esos días no tiene todavía veinte años. Refleja ya la soledad y timidez precoz del joven escritor. En contraste, como periodista en *El Universal* de Cartagena, García Márquez, (por la misma época), se deja llevar por su vitalidad crítica, fogosa y apasionada, extraordinariamente expresiva e informativa, que comunica lo que sucede en Cartagena, Barranquilla, Bogotá, y por último el mundo; estos reportajes reflejan algunas veces la alegría "costeña", de sabor y color de cómo y por qué lo ve y lo siente. Pero definitivamente, su obra literaria comienza y termina matizada por un tono negativo, oscuro, que narra a través del expresionismo saturado de un realismo deformado por la magia, que pasa a revivir la constante tragedia de la muerte.

Doce cuentos peregrinos

Por qué doce, por qué cuentos y por qué peregrinos (1992)
Buen viaje señor presidente (1979)
La santa (1981)
El avión de la bella durmiente (1982)
Me alquilo para soñar (1980)
«Sólo vine a hablar por teléfono» (1978)
Espantos de agosto (1980)
María dos Prazeres (1979)
Diecisiete ingleses envenenados (1980)
Tramontana (1982)
El verano feliz de la señora Forbes (1976)
La luz es como el agua (1978)
El rastro de tu sangre en la nieve (1976)

POR QUÉ DOCE, POR QUÉ CUENTOS Y POR QUÉ PEREGRINOS

GABRIEL GARCÍA MÁRQUEZ, Cartagena de Indias, abril, 1992

El impactante regalo del autor, con estos *Doce Cuentos Peregrinos* y los otros muchísimos más, es el testimonio de toda una vida dedicada (1947-2008) a su vocación literaria como escritor y periodista. Indiscutiblemente, es un poderoso regalo para su querido lector y amigo; como también es una gran lección para los futuros jóvenes escritores, que en forma paternal y humana, el autor con sencillas palabras, los guía para la ardua tarea: «Ha sido una rara experiencia creativa que merece ser explicada, aunque sea para que los niños que quieren ser escritores cuando sean grandes». (García Márquez: 1992)

Nos trae a la mente las peripecias de soledad existencial tanto en la narración en el cuento como en el autor/narrador como individuo mismo. Para lograr entender su obra necesitamos escuchar las propias palabras del autor en su lucha intelectual/poética por llegar a algo definitivo, diferente y nuevo. Estos cuentos denotan su profunda soledad y su entrañable amistad para con sus amigos, sus sueños reales, circunstanciales, bajo la presencia inexorable de la eterna muerte.

Esta confidencia del escritor en su prólogo de *Doce cuentos peregrinos*, una de las poquísimas revelaciones casi personales, porque se mencionan: sus hijos, su vivencia como extranjero en Barcelona, y en México, su identidad. Su experiencia personal en su propio procedimiento:

> De modo que la escritura de los sesenta y cuatro podía ser una aventura fascinante si lograba escribirlos todos con un mismo trazo, y con una unidad interna de tono y estilo que los hiciera inseparables en la memoria del lector. (García Márquez: 1992).

Importantísimo para el joven escritor: «aventura fascinante», el autor nos comunica su vehemente pasión cuando escribe sus cuentos, novelas, etc. En los cuentos de García Márquez, el lector tiene una participación directa, obligándolo a interpretar y analizar el texto. El concepto de la realidad no se dicta, sino solamente se presenta para la interpretación. En su cuento, el autor usa algunas veces la Ontología que es la rama de la Filosofía sobre la realidad y la existencia.

Por lo que el autor, presenta una literatura difícil, exigiéndole al lector el sentido, significación o interpretación y qué hacer de su obra. El lector viene a ser un cómplice implícito. Todo escritor tiene un sentido de la realidad, la cual va cambiando según evoluciona la literatura en su tiempo...«Yo», centro de conciencia, sino también una capacidad de lo mismo, del «yo». He aquí la profunda lección para el futuro escritor y para el maestro:

> Los DOCE cuentos de este libro fueron escritos en el curso de los últimos dieciocho años. Antes de su forma actual, cinco de ellos fueron notas periodísticas y guiones de cine, y uno fue un serial de televisión. Otro lo conté hace quince años en una entrevista gravada, y el amigo a quien se lo conté lo transcribió y lo publicó, y ahora lo he vuelto a escribir a partir de

esa versión. Ha sido una rara experiencia creativa que merece ser explicada, aunque sea para que los niños que quieren ser escritores cuando sean grandes sepan desde ahora qué insaciable y abrasivo es el vicio de escribir. (García Márquez: 1992:367).

Los sueños, supersticiones, leyendas populares de la zona del litoral atlántico colombiano forman parte intrínseca en su elemento creativo. Desde su comienzo, han sido de muchísima importancia para la creación literaria de García Márquez; también, sus amigos, los más queridos, se sitúan en la parte eje/central de sus emociones, creencias, y juicios; por lo tanto, su obra está cargada de aseveraciones, muestra el impacto entre la regularidad y lo prosaico, la serenidad de la superficie, y la angustia reprimida de ser hombre extranjero en este mundo, no es una libertad gratuita, prácticamente el tema es un lamento angustiado, de soledad profunda, de muerte, y lo fatal, o la sequía espiritual (muerte) sin sus buenos amigos:

La primera idea se me ocurrió a principios de la década de los sesenta, a propósito de un sueño esclarecedor que tuve después de cinco años de vivir en Barcelona. Soñé que asistía a mi propio entierro, a pie, caminando entre un grupo de amigos vestidos de luto solemne, pero con un ánimo de fiesta. Todos parecíamos dichosos de estar juntos. Y yo más que nadie, por aquella grata oportunidad que me daba la muerte para estar con mis amigos de América Latina, los más antiguos, los más queridos, los que no veía desde hacia más tiempo. Al final de la ceremonia, cuando empezaron a irse, yo intenté acompañarlos, pero uno de ellos me hizo ver con una severidad terminante que para mi se había acabado la fiesta. «Eres el único que no puede irse», me dijo. Sólo entonces comprendí que morir es no estar nunca más con los amigos. (García Márquez: 1992:368).

Hay algo interesante en el contenido de estos cuentos, reflejan emociones personales de las cuales el autor casi nunca escribe, ni de su identidad, ni de las cosas que nos pasan a los latinoamericanos en Europa. Algunas veces se torna en lamento, sufrimiento, llanto, muerte, desolación sin esperanza, al final es una vuelta a la realidad concreta, interiorización del dolor con un expresionismo muy Garciamarquiano:

No sé por qué, aquel sueño ejemplar lo interpreté como una toma de conciencia de mi identidad, y pensé que era un buen punto de partida para escribir sobre las cosas extrañas que les suceden a los latinoamericanos en Europa. Fue un hallazgo alentador, pues había terminado poco antes *El otoño del patriarca*, que fue mi trabajo más arduo y azaroso, y no encontraba por donde seguir. (García Márquez: 1992:368).

Es el arduo trabajo intelectual, que según sus propias palabras llega ser una pasión, o mejor dicho una obsesión sin límites de tiempo, espacio, hambre, reposo u otra experiencia cotidiana. Es la intención siempre poética, la descripción sentimental del tiempo, de soledad infinita, es una dimensión donde todo se sumerge, es el infinito misterio de la naturaleza humana, es la eternidad del invisible pasar del tiempo.

No me tomé ni un día de reposo, pero a mitad del tercer cuento que era por cierto el de mis funerales, sentí que estaba cansándome más que si fuera una novela. Lo mismo me ocurrió con el cuarto. Tanto, que no tuve aliento para terminarlos. Ahora sé por qué: el esfuerzo de escribir un cuento corto es tan intenso como empezar una novela. Pues en el primer párrafo de una novela hay que definir todo: estructura, tono, estilo, ritmo, longitud, y a veces hasta el carácter de algún personaje. Lo demás es el placer de escribir, el más intimo y solitario que pueda imaginarse, y si uno se queda corrigiendo el libro por el resto de la vida es porque el mismo rigor que hace falta para empezarlo se impone para terminarlo. El cuento, en cambio, no tiene principio ni fin: fragua o no fragua. Y si no fragua, la experiencia propia y la ajena enseñan que en la mayoría de las veces es más saludable empezarlo de nuevo por otro camino, o tirarlo a la basura. Alguien que no lo recuerdo dijo bien con una frase de consolación: «Un buen escritor se aprecia mejor por lo que rompe que por lo que publica.» Es cierto que no rompí los borradores y las notas, pero hice algo peor: los eché al olvido. (García Márquez: 1992: 369).

La angustia existencial, lo que significa el ir y venir de los recuerdos. No se sabe nada, pero se sospecha, es la intuición más que el saber, es el caos del olvido, experiencias diarias que nos asaltan y maltratan, son las cosas que el hombre ha inventado, que nos hace más frágiles y menos humanos.

Recuerdo haber tenido el cuaderno sobre mi escritorio de México, náufrago en una borrasca de papeles, hasta 1978. Un día, buscando otra cosa, caí en la cuenta de que lo había perdido de vista desde hacía tiempo. No me importó. Pero cuando me convencí de que en realidad no estaba en la mesa sufrí un ataque de pánico. No quedó en la casa un rincón sin registrar a fondo. Removimos los muebles, desmontamos la biblioteca para estar seguros de que no se había caído detrás de los libros, y sometimos al servicio y a los amigos a inquisiciones imperdonables. Ni rastro. La única explicación posible—¿o plausible?—es que en algunos tantos exterminios de papeles que hago con frecuencia se fue el cuaderno para el cajón de la basura.

Mi propia reacción me sorprendió: los temas que había olvidado durante casi cuatro años se me convirtieron en un asunto de honor. Tratando de recuperarlos a cualquier precio, en un trabajo tan arduo como escribirlos, logré reconstruir las notas de treinta. Como el mismo esfuerzo de recordarlos me sirvió de purga, fui eliminando sin corazón los que me parecieron insalvables, y quedaron dieciocho. Esta vez me animaba la determinación de seguir escribiéndolos sin pausa, pero pronto me di cuenta de que les había perdido el entusiasmo. Sin embargo, al contrario de lo que siempre les había aconsejado a los escritores nuevos, no los eche a la basura sino que volví a archivarlos. Por si acaso. (García Márquez: 1992: 369-370)

El escritor comparte con estos cuentos sus inquietudes de experiencias vividas en otros lugares, muy diferentes al Macondo colombiano. Es así que el autor nos permite acercarnos a personajes de culturas que de alguna manera parecen diferentes al argumento violento y al realismo mágico anteriormente estudiado en sus monumentales obras literarias de la década "Del 50 y 60". En otras palabras, la narrativa es casi una comunicación y descripción con intencionalidad de expresionismo detectable en las novelas de su vasta obra literaria.

La narración se cuenta de manera más accidental, pero bien detallada de lugares entre Madrid y Paris, de verdadera observación debido a la posible experiencia periodística de las culturas narradas y presentadas en estos *Doce cuentos peregrinos*. La difusión geográfica sucede en posibles viajes del autor por Europa, según su lugar de residencia donde se ubican la mayoría de los "doce cuentos".

Y el «papel protagónico o rol, equivale a la vieja metáfora del mundo concebido como un inmenso teatro en el que cada uno tiene un papel (rol)». (Maingueneau, 2003:87). Analicemos qué dice el autor cuando se publican estos doce cuentos en 1992, en su Prólogo de los *Doce cuentos peregrinos*:

> Los doce cuentos de este libro fueron escritos en el curso de los últimos dieciocho años. Antes de su forma actual, cinco de ellos fueron notas periodísticas y guiones de cine, y uno fue un serial de televisión. Otro lo conté hace quince años en una entrevista grabada, y el amigo a quien se lo conté lo transcribió y lo publicó, y ahora lo he vuelto a escribir a partir de esa versión. (García Márquez, 1992:367).

Estos *Doce cuentos peregrinos*, como su nombre lo indica, han sido las experiencias a lo largo del peregrinaje de lugares diferentes, esencialmente en Europa, ellos vienen a mostrar estilos diferentes: casi-autobiográficos, la sátira bien distribuida, consiguiendo pinceladas de realismo mágico y humor del Caribe colombiano, de este amor concebido en Cartagena de Indias, pero sellado en el matrimonio de alcurnia, con viaje de bodas hacia Madrid, España. El lector, indudablemente lee y aprecia, aunque le es poco familiar, pues en este caso no se relata la vida de la chusma, sino por el contrario los recién casados hacen parte de muchas generaciones de alta sociedad cartagenera. En el corto relato existe una voz narrativa bien detallada, omnisciente, que denota el propio expresionismo, característico de García Márquez.

El rastro de tu sangre en la nieve (1976), nos presenta a dos protagonistas jóvenes de Cartagena de Indias, en un lugar no lejano de la frontera de los Pirineos, puede ser en España y la frontera con Francia, pues el destino de Billy es manejar su flamante automóvil, regalo de bodas, hasta llegar a Paris, su destino final. Como siempre García Márquez, como escritor, muestra gran facilidad descriptiva para entender el estado emocional y personal de sus personajes. Este es el caso: «Nena

Daconte, era casi una niña, con unos ojos de pájaro feliz y una piel de melaza que todavía irradiaba la resolana del Caribe en el lúgubre anochecer de enero», (Garcia Marquez, 1992:517). Expresionismo y tono muy característico del autor, que describe: «Billy Sánchez de Ávila, su marido, que conducía el coche, era un año menor que ella, y casi tan bello», el autor prosigue: «Al contrario de su esposa, era alto y atlético y tenía las mandíbulas de hierro de los matones tímidos». (Pág. 517)

Lo fatal está a la espera de la muerte en el tono de García Márquez, que desde el comienzo vislumbramos. El relato nos informa que la pareja es recibida en el aeropuerto de Madrid: «La misión diplomática de su país los recibió en el salón oficial. El embajador y su esposa no solo eran amigos desde siempre de la familia de ambos, sino que era el medico que había asistido al nacimiento de Nena Daconte», (Pág. 523)   «Para Billy, quien, tenia una pasión insaciable por los automóviles raros», (Pág. 519) «el coche, un Bentley último modelo, envuelto como regalo de bodas. Debajo de la triste reputación de bruto que él tenia muy bien sustentada por la confluencia de dos apellidos ilustres», (Pág. 522) «además de su fama de bandolero rico, de la pandilla de cadeneros al amparo de las mamasantas del barrio de esclavos de Getsemaní». El autor prosigue: «Para Nena, las rosas rojas, que "al cogerlas se pinchó el dedo con una espina del tallo", (Pág. 524) donde la sortija del diamante antiguo de muchas generaciones anteriores, desde la colonia había pertenecido a la familia», pero desafortunadamente el dedo de la sortija sigue sangrando...

El recorrido de los jóvenes en su luna de miel, consumada en Cartagena de Indias con anterioridad, es evidente, pues Nena esta embarazada desde hace dos meses.

Como siempre que el autor escribe del "amor", la protagonista es la bella ciudad colonial Cartagena de Indias. Luego, Nena no presta atención al dedo que sigue sangrando, y en el viaje, la nieve viene a ser otra protagonista del episodio romántico, pero donde se presiente lo fatal: «Si alguien nos quiere encontrar será muy fácil—dijo con su encanto natural—. Sólo tendrá que seguir el rastro de mi sangre en la nieve». (Pág. 528) Esencialmente el valor de lo gélido se enlaza con el símbolo de la muerte. En este caso la muerte se da en el frío, con la posibilidad de la sangre, ligada a otra lectura simbólica tradicional, la de la herencia. Es decir, lo pseudoaristocrático de la protagonista—incluso la hemofilia insinuada como la causa, ligada legendariamente a una dinastía—nos conduce a una interpretación en la que se presentan diversos factores entrelazados: por una parte ese elemento –herencia, sangre,–lo aristocrático se ha mezclado con el matonismo y el gangsterismo colombiano. Por otra, en su busca de placer, ha dejado correr la sangre (lo irracional) usando de los negros como algo instintivo y estimulante, cosa que contrasta con el aparente romanticismo adolescente, ingenuo, con pinceladas de racismo cartagenero:

> Nena Daconte se entregó a los amores furtivos con la misma devoción frenética que antes malgastaba en el saxofón hasta el punto que su bandolero domesticado terminó por entender lo que ella quiso decirle cuando le dijo que tenia que comportarse como un negro. (Pág. 522).

El viaje hasta Paris, es bien conocido y definido por el narrador, es también la narración por la cual se identifica al autor, con referencias de un estilo periodístico bien documentado, que nos conduce al hospital de Paris, donde la bella Nena se desangra a pesar de los esfuerzos del buen equipo de médicos. Billy es el último en enterarse, y el funeral de Nena sucede en Cartagena sin que Billy, su "amado bruto bandolero", pero rico de buena familia pueda enterarse, pues durante ocho días no puede ver a su amada, por el severo control de visitas a los enfermos del hospital de Paris. Es la muerte de la sangre, la hemofilia de Nena, heredada por su alta alcurnia española.

El verano feliz de la señora Forbes, (1976). El lector se da cuenta de que la señora Forbes está muy lejos de ser y hacer feliz a los dos niños hermanos de ese verano: en la isla de Pantelaria, en el extremo meridional de Sicilia. (Pág.502) Siendo ella su institutriz alemana por este verano. «El día en que encontramos la murena helena colgada en la puerta, la señora Forbes nos habló de los deberes para con la patria». (Pág. 500) García Márquez, comparte un estilo directo: vehículo de la expresión realista de tristeza y amargura, para finalmente a la espera de lo fatal, en este caso la violenta muerte, símbolo y metáfora ineludible en sus doce cuentos. El cuento comienza con gran sorpresa para los niños:

> Por la tarde, de regreso a casa, encontramos una enorme serpiente de mar clavada por el cuello en el marco de la puerta, y era negra y fosforescente y parecía un maleficio de gitanos, con los ojos todavía vivos y los dientes de serrucho en las mandíbulas despernancadas. (Pág. 497).

—Es una murena helena—nos dijo, así llamada porque fue un animal sagrado para los griegos antiguos. (Pág. 498).

La actitud severa y la rigidez de la señora Forbes son auténticas: «de la férrea y lánguida mujer otoñal, que recitaba de memoria una lección de urbanidad. Era igual que la misa del domingo, pero sin el consuelo de la gente cantando». (Pág. 500). Además: «Y con el pelo cortado como el de un hombre bajo el sombrero de fieltro. Olía a orines de mico, «Así huelen todos los europeos, sobre todo en el verano», nos dijo mi padre. «Es el olor de la civilización.»» (Pág. 503-504) Este juego de yuxtaposición entre lo civilizado y lo selvático, lo colombiano, lo primario, retoma algunos de los aspectos señalados en el cuento anterior. El autor parece insistir en la idea de encaje forzoso que ejerce la civilización occidental sobre el comportamiento humano. De hecho, como veremos en buena parte de su obra, lo salvaje, primario, instintivo, está muy ligado a la idea del sexo, de la realización de la experiencia. En este cuento la señora Forbes es el paradigma de la represión sexual.

El narrador, con pinceladas autobiográficas y humorísticas se encarga de enterar al lector sobre la señora Forbes, como reacción al moralismo y a la perfección y al comportamiento y a la etiqueta. Durante las cinco semanas, la experiencia para los niños viene a ser insoportable.

La decisión de contratar una institutriz alemana sólo podría ocurrírsele a mi padre, que era un escritor del Caribe con más ínfulas que talento. Deslumbrado por las cenizas de las glorias de Europa, siempre pareció demasiado ansioso para hacerse perdonar su origen, tanto en los libros como en la vida real, y se había impuesto la fantasía de que no quedara en sus hijos ningún vestigio de su propio pasado. Mi madre siguió siendo siempre tan humilde como lo había sido de maestra errante en la alta Guajira, y nunca se imaginó que su marido pudiera concebir una idea que no fuera providencial. De modo que ninguno de los dos debió preguntarse con el corazón cómo iba a ser nuestra vida con una sargenta de Dortmund, empeñada en inculcarnos a la fuerza los hábitos mas rancios de la sociedad europea, mientras ellos participaban con cuarenta escritores de moda en un crucero cultural de cinco semanas por las islas del mar Egeo. (Pág. 503).

García Márquez consigue con su expresionismo distorsionar los elementos culturales colombianos en los niños, pues la ultraconservadora institutriz alemana viene a ser todo lo contrario de lo que enmarca la cultura caribeña.

Junto a la poderosa imagen, existe la tendencia a la exclusión del mundo sentimental, es la heroica intransigencia del arte. Para finalmente encontrarnos con el grotesco final de la señora Forbes quien: no estaba sobre la cama revuelta (Pág. 511), el tiempo se queda en el espectáculo sangriento y violento del cuerpo desnudo en un charco de sangre (...), y tenia el cuerpo cribado a puñaladas (...) Eran veintisiete heridas de muerte. (...) y asestadas con la furia de un amor sin sosiego (...) y que la señora Forbes las había recibido con la misma pasión, sin gritar siquiera, sin llorar, recitando a Schiller con su hermosa voz de soldado, consciente de que era el precio inexorable de su verano feliz. (Pág. 511).

Muy al estilo poético de García Márquez, imágenes de muerte, aquello pasa tan rápido, indefinido, es la ironía también poética: la tragicomedia humana revuelta de sangre, pasión, muerte violenta, pero sobretodo poética. Esa noche de gran pasión, realizada la señora Forbes, no le importa para su refinada moral, en ese momento es feliz, que me importa... que mi amor no pueda guardarlo, no me importa y si me importa me muero...El tiempo se queda, yo me voy feliz para mirar al más bello, y mi corazón lo busca ensangrentado de pasión. Es tan corto el amor y tan largo el olvido.

El texto, desde el punto de vista ideológico es todo un canto al edonismo. La señora Forbes vive intensamente hasta la muerte todo lo que había reprimido. Es decir, el autor nos muestra el contraste absoluto entre el mundo dominado por la moral calvinista de este personaje y el desenfreno amoroso que sugiere lo ocurrido en la parte oscura del cuento. Es decir, juega con las dos caras del personaje, la diurna, reprimida y represora, frente a la nocturna, apasionada e intensa.

No es este el único pasaje literario de García Márquez en el que se presentan estos contrastes entre el mundo de la moral (religión y educación) en contraste con el mundo de la pasión. *El amor en los tiempos del cólera*, como veremos, profundiza ampliamente en esta noción, claro está que con múltiples matices y desarrollando algunos de los aspectos aquí presentados.

En *La luz es como el agua (1978)*, continua el autor narrando sobre los niños, Totó y Joel de nueve y siete años, da la impresión que son los mismos niños que podrían ser los protagonistas del cuento de la señora Forbes, pero aquí viven en Madrid, concretamente: «en el piso quinto del numero 47 del Paseo de la Castellana». (Pág. 512) No hay altibajos en esta narración de humor infantil, cuando los padres veían en el cine *El último tango en Paris*. El recurso de imaginación de los niños para inundar el quinto piso de luz, y de ahí se deduce la metáfora *La luz es como el agua*. Para estrenar el bote metálico y los remos, como también los equipos de buzos que les había dado el padre por pasar sin mayores problemas el año de escuela primaria. «En la fiesta en el quinto piso, habían encendido todas las luces y todo el cuarto año elemental de la escuela de San Julián el Hospitalario se había ahogado en el quinto piso». (Pág. 515).

Lo más importante del cuento es la película que ese miércoles los padres de los niños habían visto: *El último tango en Paris,* con la actuación monumental e incomparable del carismático Marlon Brando, que es la fusión o derretimiento interesantísimo de su actuación y su propio "yo". Se podría concluir que es el matiz humorístico del objeto, que se sirve de una metáfora diferente pero conceptista, donde la imaginación de los protagonistas niños y del narrador esta llena de un sueño donde la luz, los espejos y el espacio son lagos para remar, bucear y soñar.

SÓLO VINE A HABLAR POR TELÉFONO (1978)

Una de las protagonistas es la bella ciudad de Barcelona, con destino final Zaragoza. El clima de "dictadura" todavía se siente y es real, por el año en que García Márquez escribe este cuento, cuando Maria de la Luz Cervantes, una mexicana, casada con un prestidigitador de salón; pero la joven y aventurera decide manejar sola desde Barcelona a Zaragoza, quedando con una avería el coche alquilado inmovilizado en la carretera, donde el frío y la lluvia primaverales se presentaban cada vez más torrenciales. Sin embargo, un autobús de locas mentales, se detiene para recoger a María y es ahí cuando comienzan todos los martirios y torturas para la mexicana, perdida y sola, por al avería del coche en el desierto de los Monegros. Realmente, lo que Maria necesitaba era «hablar por teléfono con su marido», para informarle «que no llegaría antes de las siete de la noche». (Pág. 435)

El relato de problemas comunes en las carreteras, parece no tener ninguna trascendencia, sin embargo, después de intentar varias veces sin éxito la comunicación telefónica desde el sanatorio de enfermas mentales con su marido Saturno, el mago de salón: «Algo sucedió entonces en la mente de Maria que le hizo entender por qué las mujeres del autobús se movían como en el fondo de un acuario. En realidad estaban apaciguadas con sedantes, y aquel palacio en sombras, con gruesos muros de cantería y escaleras heladas, era en realidad un hospital de enfermas mentales». (Pág. 438) Lugar tétrico, donde María como reclusa "no demente" seguía las torturas inclementes de la sargenta, y los médicos que pronosticaban la demencia fácilmente: «Al fin de cuentas, decían los médicos, así empezaban todas, y tarde o temprano terminaban por integrarse a la comunidad». (Pág. 446)

En el caso de Maria, mexicana transplantada a Barcelona, nos define sus varias relaciones amorosas demasiado desordenas con sus experiencias pasadas a corto plazo, y el relato de cómo llegó al hospital de las dementes españolas, encierra todo un desequilibrio emocional, bien elaborado por el narrador, quien como se dijo anteriormente amplía y entiende a la perfección el estado emocional de sus personajes. En estos cuentos, por lo general describen las vicisitudes de los suramericanos llegados a España, Italia o Europa, con su condición de desamparo, que casi siempre es el sentimiento que los acompaña, sin olvidar su soledad y abandono de su real persona o identidad.

Cada individuo se ocupa permanentemente por definir su identidad, para ser reconocido como miembro legitimo de la sociedad.

Para comprender los comportamientos de los actores sociales y sus representaciones del mundo, hay que considerarlos dentro de las situaciones en las que participan, tomar en cuenta los proyectos que tienen en la construcción del universo cotidiano. (Maingueneau, 2003:49-50)

El desamparo, soledad, frustración son sinónimos diarios a las torturas psíquicas y físicas para la loca por accidente debido a la mala suerte de las averías del coche en la carretera. El autor se encarga a través del discurso en su relato, para lanzar una critica directa a las instituciones u hospitales que llegan a enloquecer a una paciente que no es clínicamente demente, sino que curiosamente es llevada por el destino a su tortura cotidiana como reclusa en el hospital de enfermas mentales. En este cuento peregrino, el tema y concepto esencial es la intransigencia autoritaria, en este caso en las instituciones de salud. También hay que considerar la importancia que durante estos años tuvo el movimiento de la antipsiquiatría. Tenemos muestras coetáneas suficientes para certificarlo, incluso una película memorable como *Alguien voló sobre el nido del cuco*, que afronta este problema.

Intolerancia tratada también, en *El rastro de tu sangre en la nieve*, pero en este caso en un hospital de París. Y como siempre las victimas más vulnerables son los extranjeros latinoamericanos, ó «la idea de que los participantes intervienen en una especie de dramaturgia, que la vida cotidiana es una perpetua puesta en escena, estructurada a fuerza de relaciones de fuerza inestables». (Maingueneau, Dominique, 2003: 50). En otras palabras, es el drama dentro de la dramaturgia o teatro literario, llevada al texto magistralmente por el autor, dueño de una imaginación sin límites.

Maria dos Prazeres (1979), con su título sugestivo, la idea se dramatiza y se desarrolla en Barcelona, y la entendemos desde el comienzo. «Maria dos Prazeres, que había recibido a tantos hombres a cualquiera hora, (...) Acababa de cumplir setenta y seis años y estaba convencida de que iba a morir antes de Navidad, (...) Hablaba un catalán perfecto con una pureza un poco arcaica, aunque todavía se le notaba la música de su portugués olvidado». (Pág. 458-459).

La obsesión del autor con la muerte, símbolo y herramienta eficaz, se confabulan para dialogar con el vendedor de entierros: «Aunque era nuevo en el oficio, él lo conocía bastante bien para no esperar aquella recepción festiva a las ocho de la mañana, y menos de una anciana sin misericordia que a primera vista le pareció una loca fugitiva de las Américas». (Pág. 459) El autor describe las experiencias pasadas de Maria dos Prazeres de su tierra natal en Manaus, Brasil: «Una mañana, siendo muy niña, el Amazonas desbordado amaneció convertido en una ciénaga nauseabunda, y ella había visto los ataúdes rotos flotando en el patio de su casa con pedazos de trapos y cabellos de muertos en las grietas». (Pág. 460), luego, aquí en Barcelona, con «aquel recuerdo era la causa de que hubiera elegido el cerro de Montjuich para descansar en paz, quiero un lugar donde nunca lleguen las aguas» (Pág. 460). «–Lo que quiero decir –dijo– es que busco un lugar donde esté acostada bajo tierra, sin riesgos de inundaciones y si es posible a la sombra de los árboles en verano, y donde no me vayan a sacar después de cierto tiempo para tirarme a la basura» (Pág. 461). El autor aprovecha en estos cuentos de relatos peregrinos, imágenes que dramatizan la idea de la muerte próxima, antes de Navidad, que viene a ser una impresión disímil a la realidad y viveza de Maria dos

Prazeres. Pues el vendedor de entierros, observando el cuidado y belleza de su casa, y quien no adivina cual es la profesión de Maria. La ironía que se convierte en humor directo, cuestiona:

¿Qué hace usted?
Maria dos Prazeres le contestó muerta de risa:
–Soy puta, dijo. ¿O es que ya no se me nota?
El vendedor enrojeció.
Lo siento.
–Más debía sentirlo yo–

El autor nos lleva a entender significados más profundos a través de diálogos que casi pasan inadvertidos, pues la soledad, es evidente para Maria dos Prazeres, brasilera, residente en Barcelona, quien piensa en su muerte, sola y con la única compañía de su perro *Noi;* protagonista muy importante porque era entrenado por María para llorar su muerte: «Al cabo de muchas tentativas frustradas, María dos Prazeres consiguió que Noi distinguiera su tumba en la extensa colina de tumbas iguales. Luego se empeñó en enseñarlo a llorar sobre la sepultura vacía para que siguiera haciéndolo por costumbre después de su muerte». (Pág. 465)

La intensificación dramática, causa efecto en el lector, entre el poderoso humor, matizado de ironía, el expresionismo simbólico entre la soledad, la vida y la muerte, es también el paralelismo y comparativo de dos formas de vida:

> Ella le había contado al conde que su madre la vendió a los catorce años en el puerto de Manaos, y que el primer oficial de un barco turco la disfrutó sin piedad durante la travesía del Atlántico, y luego la dejo abandonada sin dinero, sin idioma y sin nombre, en la ciénaga de luces del Paralelo. Ambos eran conscientes de tener tan pocas cosas en común que nunca se sentían más solos que cuando estaban juntos, (...) Necesitaron de una conmoción nacional para darse cuenta, ambos al mismo tiempo, de cuánto se habían odiado, y con cuánta ternura, durante tantos años. (Pág. 469)

Dos tiempos, dos culturas: el conde de Carmona escuchaba,

el dueto de amor de la Bohème, cantado por Licia Albanese y Beniamino Gigli cuando le llegó una ráfaga casual de las noticias de radio que María dos Prazeres escuchaba en la cocina. Se acercó en puntillas y también él escuchó. El general Francisco Franco, dictador eterno de España, había asumido la responsabilidad de decidir el destino final de tres separatistas vascos que acababan de ser condenados a muerte. El conde exhaló un suspiro de alivio.

–Entonces los fusilaran sin remedio –dijo–, porque el caudillo es un hombre justo.

–Pues ruégale a Dios que no –dijo–, porque con uno solo que fusilen yo te echaré veneno en la sopa.

El conde se asustó.

– ¿Y eso por qué?

–Porque yo también soy una puta justa.

El conde de Carmona no volvió jamás. (Pág. 469-470)

El narrador no pasa inadvertido el papel de Franco, crítica al dictador, quien se cree casi un dios, y quien es el que dirige el destino de la patria. Critica al conde, y se identifica con Maria y el lector adivina el matiz de discurso político, pero humorístico, con la metáfora final: «En una fracción de segundo volvió a examinar por completo el sueño premonitorio que le había cambiado la vida durante tres años, y comprendió el error de su interpretación. –Dios mío –se dijo asombrada– . ¡De modo que no era la muerte»! (Pág. 474) La vida de Maria dos Praceres seguía, la noche ha abierto sus paraguas nuevamente, y los pájaros de la lluvia picotean los trigos de los charcos... en las calles de Barcelona...

BUEN VIAJE, SEÑOR PRESIDENTE (1979)

Sabemos que el señor presidente solo y viudo: «Había vuelto a Ginebra después de dos guerras mundiales, en busca de una respuesta terminante para un dolor que los médicos de la Martinica no lograban identificar». (Pág. 376)

El señor presidente, refugiado voluntariamente en Ginebra, completamente solo y abandonado de sus triunfos políticos de su isla tropical, quien reconoce «con dignidad su exilio», luego, viene Homero Rey, el chofer de la ambulancia del hospital donde el señor presidente está tratándose una enfermedad incierta, y por ultimo, el tercer ángulo del triangulo lo forma la práctica esposa de Homero: Lázara también, ella es del Caribe. Son diálogos que nos hacen sentir la soledad cotidiana en detalle, pues nos muestran la pobreza, característica de estos tres personajes encontrados por el destino en una Ginebra completamente distinta de su Caribe ancestral: ardiente, de colorido inimitable, sabor de "arroz con camarones" y olor a cangrejos podridos, y a "tajadas fritas de plátanos maduros." Pero sobretodo, describen meticulosamente el concepto de ser extranjero en un país de diferente lengua, comida, sistema político económico, y las nostalgias inexorables del invierno cruel, para estos tres caribes no acostumbrados a las inclemencias del frío que se siente y que entra hasta la médula de los huesos.

La pobreza física y de espíritu de Homero y su esposa se entiende, son ellos refugiados pobres que se albergan en Ginebra, pero que buscan cada día a su manera su porvenir limitado por falta de educación y oportunidad para superar sus destinos: Homero como chofer y Lázara como cocinera de señoras ricas. La situación de pobreza del señor presidente no se entiende, pues como siempre en la historia latinoamericana, los ex presidentes han podido sacar provecho económico y están llenos de joyas y dinero que les permiten celebrar su vejez sin problemas; parece que este presidente no acumuló riquezas de dinero por el parangón a sus buenos principios. Analogía semejante a la pobreza de García Márquez, cuando esta escribiendo en México (alrededor de 1967) en su encierro obsesivo de dieciocho meses y se dedica día y noche a escribir *Cien años de soledad.* Pobreza bien documentada y las joyas de Mercedes su esposa quien trata de venderlas para el sustento de la familia. En este cuento peregrino escrito en el año de 1979, el paralelo de las joyas, en este caso las joyas que todavía conserva el señor presidente, cuando Lázara entra a la joyería en Ginebra para avaluarlas:

El joyero la miró entonces a los ojos. «Lo siento mucho–le dijo–.

Pero el único valor de estas cosas es lo que pese el oro.» Cogió la diadema con la punta de los dedos y la hizo brillar bajo la luz deslumbrante.

–Salvo ésta–dijo–Es muy antigua, egipcia tal vez y seria invaluable si no fuera por el mal estado de los diamantes.

En cambio, las piedras de las otras alhajas, las amatistas, las esmeraldas, los rubíes, los ópalos, sin excepción eran falsas. (Pág. 399).

Es el recuerdo del narrador de su propia experiencia, simbólica, emocional, pero real. Es la experiencia humana del "yo", y el símil parecido entre el yo narrador y el otro yo único, pero porque no, con un matiz biográfico.

Su alma de escritor, siempre bajo la efectiva critica periodista, no descansa durante estos viajes. Son cuentos que denotan una profunda soledad, una voz que identifica su amor por la humanidad, la vida, y otras circunstancias, pero con resultado final, el sentimiento de fracaso y pobreza de sus personajes, pero también altamente arropados en su única y original forma poética en sus expresivos relatos de la naturaleza, el hombre y sus ocupaciones diarias. García Márquez es el genio literario capaz de expresar su profunda pasión por la humanidad valiéndose de su carga intelectual e imaginación literaria.

Notas de Prensa (4)
Por la libre. Obra Periodística 4 (1974-1995)
Notas periodísticas esencialmente políticas a lo largo de toda América latina.

1. *Chile, el golpe y los gringos:* Publicado originalmente en dos partes: «Chile, el golpe y los gringos», en *Alternativa,* nº. I, Bogotá, marzo de 1974, y «Pilotos gringos bombardearon La Moneda», en *Alternativa,* nº. 2, Bogotá, septiembre de 1994". (García Márquez, 1999:7). Incluye esta nota periodística:

—*La última cueca feliz de Salvador Allende.*
—*La CIA y el paro patronal.*
—*El ejército más sanguinario del mundo.*
—*La verdadera muerte de un presidente.*

1 *Entrevista con Philip Agee "*Publicado en *Excelsior,* México, el 19 de diciembre de 1974."

2 *El combate en que murió Miguel Enríquez, "Relato a Gabriel García Márquez por Carmen Castillo).* Publicado en Alternativa, nº. 28, Bogotá, abril de 1975."

3 *Portugal, territorio libre de Europa.* Publicado originalmente en tres partes: «Portugal, territorio libre de Europa», en *Alternativa,* nº. 40, Bogotá-julio de 1975; «¿Pero qué carajo piensa el pueblo», en

Alternativa, n°.41, Bogotá, julio de 1975, y «El socialismo al alcance de los militares», "n°. 42, Bogotá, julio de 1975. Incluye esta nota periodística:

— *Las paredes hablan a gritos*
— *También la pornografía es respetable*
— *El lado oculto de la pachanga*
— *Cuántos caminos conducen al socialismo*
— *Pero ¿Qué carajo piensa el pueblo?*
— *¿Hasta cuándo durarán los pleitos de familia?*
— *La revolución nace sola en el campo*
— *«El que no se dinamiza se queda»*
— *El socialismo al alcance de los militares*
— *Sin compromisos con los bloques mundiales*
— *El ejemplo de los guerrilleros*
— *Un vasto complot transnacional.*

4   *Cuba de cabo a rabo,* Publicado originalmente en tres partes: «La mala noche del bloqueo», en *Alternativa,* n°.51, Bogotá, agosto de 1975; «La necesidad hace parir gemelos», en *Alternativa,* n°. 52, Bogotá, agosto de 1975, y «Si no me creen, vayan a verlo», en *Alternativa,* n°.53, Bogotá, septiembre de 1975. Esta nota periodística incluye:

— *La mala noche del bloqueo*
— *Un socialismo que se toca con las manos*
— *El bloqueo fue una feroz tentativa de genocidio*
— *Los peores recuerdos del bloqueo: chícharos y merluza*
— *La importancia política de la minifalda*
— *La necesidad hace parir gemelos*
— *Hasta las estampillas usadas se convierten en divisas*
— *«Sabemos cuántos enfermos murieron por culpa del bloqueo»*
— *El manicomio de la Habana no tiene rejas ni puertas*
— *La campaña de alfabetización más grande de la historia*
— *Cinco años más para conquistar el lujo*
— *Si no me creen, vengan a verlo*
— *Un reportero grande: Fidel Castro*
— *Que libros no se pueden publicar en Cuba*
— *La prensa socialista será alegre y original*
— *El poder popular es un hecho: vayan a verlo*

DISCURSO POLITICO DIRIGIDO A ENGRANDECER A SU AMIGO FIDEL

Con estas notas periodísticas, a través del *Discurso Político,* publicadas en la revista *Alternativa,* en Bogotá, en agosto de 1975, es muy obvio que el escritor García Márquez es un verdadero admirador y está completamente convencido del sistema comunista-socialista que Fidel Castro creó e implantó en Cuba. La pluma del escritor colombiano tiene una consigna real: hacerle la más positiva y elocuente manifestación pública al pueblo cubano y a su amigo personal, el comandante general Fidel Castro. Son documentos periodísticos que informan, aclaran, convencen, y sobretodo, que manifiestan su identificación total hacia el sistema castrista, que García Márquez publica a los cuatro vientos.

Y por qué no decirlo, esta propaganda sin límites, ha sido una ayuda grandiosa e invaluable para la política de Fidel Castro. Lo que siempre ha causado inconformidad y desconcierto dentro del público en general, es la falta de la peculiar crítica con la que el escritor colombiano siempre ha denunciado "otros sistemas", pero que está completamente ausente cuando se trata de Fidel Castro.

«*Sí, la resistencia chilena existe*». (Entrevista con Jaime Hazmurri. Publicado en *Alternativa,* n°. 50, Bogotá, el 8 de septiembre de 1975). Forman parte de la publicación las siguientes notas, aparecidas en la revista *Alternativa,* en Bogotá:

— *Hay una prensa clandestina que circula más que los periódicos oficiales*

— *Hasta treinta años de prisión con tortura previa por repartir hojas de volantes o pintar paredes*

— *Aunque usted no lo crea, en Santiago hemos reunido en un acto a más de cinco mil obreros*

— *La Junta Militar no se caerá sola: hay que tumbarla. Pero ¿cuándo?*

— *Hay dos tendencias antagónicas dentro de la Junta Militar, ¿Cuál prevalecerá?*

— *La guerra contra el Perú es otro recurso extremo de la Junta Militar*

En este punto hay que relacionarlo, evidentemente, con la visión que García Márquez tiene del pinochetismo chileno y de la rigidez de la represión de la dictadura contra el pueblo chileno.

5   *«Somos un ejército integrado a la vida cotidiana»* (Entrevista con Alberto Camps). Publicado en Alternativa, nº. 65-66, Bogotá, diciembre de 1975-enero de 1976.

6   *«Monteros: Guerreros y Políticos»* (Entrevista con Mario Eduardo Firmennich). Entrevista en *Alternativa*, nº. 65-66, Bogotá, diciembre de 1975-enero de 1976. Dentro de esta entrevista a Firmennich, García Márquez escribe las siguientes notas:

— *La ejecución de Aramburu*
— *Una lucha que humaniza*
— *Los hijos son nuestra retaguardia*

7   *No se me ocurre ningún título.* Publicado en la Revista de *Casa de las Américas,* nº. 100, La Habana, enero de 1977.

8   *Operación Carlota—Cuba en Angola.* Publicado originalmente en tres partes: «Cómo penetró Cuba en África», en *El Espectador,* Bogotá el 9 de enero de 1977; «Una epopeya de temeridad», en *El Espectador,* Bogotá, el 10 de enero de 1977, y «Del desastre a la victoria», en *El Espectador,* Bogotá, el 11 de enero de 1977.

Si bien es cierto que el autor se definió como un incondicional del castrismo, vemos cómo muestra sus reservas sobre la guerra de Angola y la intervención de los cubanos en el proceso postcolonial africano. El concepto de "temeridad" desgrana la evidencia de la implicación revolucionaria en un proceso lejano geográficamente en un territorio muy ajeno a lo cubano.

También son publicadas dentro de esta nota, los siguientes artículos:

— *Primeros contactos*
— *Las fuerzas enemigas*
— *El primer contingente*
— *Internacionalismo cubano*
— *Regreso del Che*
— *Posición de Estados Unidos*
— *Comienza la operación*
— *Vuelos arriesgados*
— *Cómo fue el reclutamiento*
— *El albur de perder*
— *Labor de médicos*
— *Una guerra grande*
— *Las malas noticias*

— *La dirección de Fidel*
— *Reconocimiento oficial*
— *Desbandada racista*
— *La evacuación cubana*
— *Espíritu de victoria*

9   *El general Torrijos sí tiene quien le escriba.* Publicado en *Alternativa*, n°. 117, Bogotá, mayo de 1977. Se trata de un escrito sobre el dictador latinoamericano y de las fuerzas que le apoyaban.

10   *Angola, un año después. Una nación en la escuela primaria.* Publicado en *The Washington Post,* Washington, el 30 de mayo de 1977. Se adjuntan las siguientes notas en el mismo *The Washington Post:*

— *Una desbandada de escándalo*
— *La oportunidad de los rinocerontes*
— *Médicos: «De dos en dos»*
— *No más errores homéricos*
— *Agostinho Neto: dulzura de acero.*

11   *Rodolfo Walsh, El escritor que se le adelantó a la CIA.* Publicado en *Alternativa*, n°. 124, Bogotá, julio-agosto de 1977.

12   *Torrijos, cruce de mula y tigre.* Publicado en *Alternativa*, n°. 126, Bogotá, agosto de 1977. Incluye las siguientes notas:

— *Su principal defecto: la naturalidad*
— *Sólo los campesinos lo ponen contra la pared*
— *El problema de llamarse Torrijos*

13   *Los meses de las tinieblas. El Che en el Congo.* Publicado en *Alternativa*, n°. 134, Bogotá, octubre de 1977. Incluye las siguientes notas, publicadas en *Alternativa:*

— *El largo viaje*
— *El número dos.*

14   *«Revolución se escribe sin mayúsculas»* (Entrevista con Regis Debray). Publicado en *Alternativa*, n°. 146 y 147, Bogotá el 26 de diciembre de 1977 y el 20 de enero de 1978.

15   *El Golpe sandinista. Crónica del asalto a la «casa de los chanchos».* Publicado en *Alternativa*, n°. 178, Bogotá, septiembre de 1978. Adjunto las siguientes notas:

— *Cero, uno y dos*
— *Sin melena ni barbas*

- — _¡Viene el jefe!_
- — _Todo el mundo a tierra_
- — _Entran los obispos_
- — _El desplante de Somoza_
- — _Cuarenta y cinco horas sin dormir_
- — _Despedida y júbilo._

16 _Los cubanos frente al bloqueo._ Publicado en _Alternativa,_ n°. 190, Bogotá, noviembre-diciembre de 1978.

17 _Vietnam por dentro._ Publicado originalmente en tres partes: «Vietnam por dentro», en _Alternativa,_ n°. 242, Bogotá, diciembre de 1979; «El delirante saldo de la guerra», en _Alternativa,_ n°. 243, Bogotá, diciembre de 1979, y «La guerra que se perdió», en _Alternativa,_ n°. 244-245, Bogotá, diciembre de 1979-enero de 1980.

18 _Bateman:_ Misterio sin final. Publicado en _Semana,_ n°. 70, Bogotá, 6-12 de septiembre de 1983.

19 _De mis memorias visita al Papa._ Publicado en _Revista Diners,_ n°. 200, Bogotá, noviembre de 1986.

20 _De mis memorias: Guillermo Cano._ Publicado en _El Espectador,_ Bogotá, el 22 de marzo de 1987.

21 _¿Qué es lo que pasa en Colombia?_ Publicado en _El País,_ Madrid, el 5 de noviembre de 1989.

22 _¿Cuáles son las prioridades de la humanidad para las próximas décadas?_ Publicada en respuesta a la encuesta «What should human kind aim to accomplish in the coming decades», en _Time Magazine, Special Sigue Millenium,_ Los Angeles, el 15 de octubre de 1992.

23 _Apuntes para un debate nuevo sobre las drogas._ Ponencia enviada (antes de la muerte de Escobar) al ciclo «La Procuración de Justicia: problemas, retos y perspectivas», organizado en México. Publicado en _Cambio 16,_ Bogotá, el 13 de diciembre de 1993.

24 _Por un país al alcance de los niños._ Publicado por la Comisión de Ciencias, Educación y Desarrollo convocada por el gobierno colombiano, Bogotá, 1994.

25 _El amargo abril de Felipe._ Publicado en _Le Nouvel Observateur,_ n°. 1.567, París, 17-23 de noviembre de 1994.

LO QUE SIGNIFICA LA IDEOLOGÍA POLÍTICA.

Gabriel García Márquez en su _Obra periodística 4,_ desde 1974 hasta 1995, interpreta y aclara abiertamente lo que significa su ideología política militante y las implicaciones para los diferentes países involucrados en su constante lucha para mantener su propia identidad política/económica y su libertad contra cualquier atropello a la dignidad de los pueblos. He aquí su comienzo, dedicando extensamente al derrocamiento del presidente socialista chileno en 1973, cuando el autor publica en marzo del 74, en la revista *Alternativa,* n.° 1, en Bogotá, *Chile, El golpe y los gringos,* y es así como volvemos a recordar el bárbaro atropello de que fue victima Chile como nación del cono sur Latinoamericano. Y es el asesinato de Salvador Allende, por entonces presidente socialista del país chileno, que conmueve al mundo entero sin que nadie se oponga a las atrocidades de que fueron victimas el presidente y pueblo chileno en general. Sus reportajes claros/militantes, objetivos nos informan en directo:

> A finales de 1969, tres generales del Pentágono cenaron con cuatro militares chilenos en una casa de los suburbios de Washington. El anfitrión era el entonces coronel Gerardo López Angulo, agregado aéreo de la misión militar de Chile en los Estados Unidos y los invitados chilenos eran sus colegas de las otras armas. La cena era en honor del director de la Escuela de Aviación de Chile, general Carlos Toro Mazote, quien había llegado el día anterior para una visita de estudio. (García Márquez, 1999:7)

El periodista nos relata cómo se comenzó a preparar en Washington la caída y asesinato de Allende. Es el periodismo de García Márquez que informa, sintetiza, aclara los hechos reales, sin añadir "realismo mágico" o "literatura de visión épica", es honestamente una declaración y el documento contundente, en detalle de los hechos escritos en la revista *Alternativa,* en Bogotá, siendo el primer lugar donde se publican la mayoría de estos artículos periodísticos.

> A los postres, uno de los generales del Pentágono preguntó qué haría el ejercito de Chile si el candidato de la izquierda, Salvador Allende, ganaba las elecciones. El general Mazote contestó:

> —Nos tomaremos el palacio de La Moneda en media hora, aunque tengamos que incendiarlo.

> Uno de los invitados era el general Ernesto Baeza, actual director de la Seguridad Nacional de Chile, que fue quien

dirigió el asalto al palacio presidencial en el golpe reciente, quien dio orden de incendiarlo. (García Márquez, 1999: 7)

Como vemos, (y esto es importante considerarlo hoy, después de casi cuarenta años de pasados los hechos violentos en Chile), bajo la aprobación de los generales y junta militar, sucedieron los lamentables hechos dirigidos por los militares y generales chilenos, realmente no fue únicamente la idea de Estados Unidos, también se contó con la directa aprobación y colaboración y además fueron ellos quienes decidieron sobre lo que sucedería en Chile. Luego existe la primordial e irrevocable responsabilidad de los mismos generales chilenos sobre el golpe militar. Fundamental para entender más los hechos del golpe militar chileno es que estas maniobras se cumplen en conjunto de unidades norteamericanas y chilenas:

> El proceso estaba elaborado desde antes, y no sólo como consecuencia de las presiones de la Internacional Telegraph & Telephone (ITT), sino por razones mucho más profundas de política mundial. El organismo que lo puso en marcha fue la Defense Intelligence Agency del Pentágono, pero la encargada de la ejecución fue la Naval Intelligence Agency que centralizó y procesó los datos de las otras agencias, inclusive la CIA, bajo la dirección política superior del Consejo Nacional de Seguridad. (García Márquez, 1999:8)

Obviamente, no se puede olvidar que estos hechos de asesinato y homicidio, incendio y atropello bestial estaban controlados por el presidente norteamericano y sus secretarios:

> Estas maniobras se llevaban a cabo en septiembre, el mismo mes de las elecciones, y resultaba natural que hubiera en tierra y cielo chilenos toda clase de aparatos de guerra y de hombres adiestrados en las artes y las ciencias de la muerte. Por aquella época, Henry Kissinger dijo en privado a un grupo de chilenos: «no me interesa ni sé nada del sur del mundo, desde los Pirineos hacia abajo». El plan estaba terminado hasta el último detalle, y es imposible pensar que Kissinger no estuviera al corriente de eso, y que no lo estuviera el propio presidente Nixon. (García Márquez, 1999: 9)

Lo importante de estas crónicas, es que no nos tenemos que remontar a la historia narrada en los libros chilenos, García Márquez viene a ser el medio de información objetiva e inmediata, sin omisión de nombres importantes relacionados con este periodo histórico chileno que conocemos muy bien, pues sucedió en aquella época (1974), no tenemos que recurrir a más documentos. Este compendio informativo es realista, está bien documentado y manifiesta lo ocurrido valiéndose de un tono pragmático informativo, sin desaprovechar el valioso expresionismo humano hacia mundo chileno y su gente. Es el clásico periodismo del autor:

> Son la gente más simpática del continente, les gusta estar vivos y saben estarlo lo mejor posible, y hasta un poco más, pero tienen una peligrosa tendencia al escepticismo y a la especulación intelectual. «Ningún chileno cree que mañana es martes», me dijo alguna vez otro chileno, y tampoco él lo creía. Sin embargo aun con esa incredulidad de fondo, o tal vez gracias a ella, los chilenos han conseguido un grado de civilización natural, una madurez política y un nivel de cultura que son sus mejores excepciones.

> De tres premios Nobel de literatura que ha obtenido América Latina, dos fueron chilenos. Uno de ellos, Pablo Neruda, era el poeta más grande de este siglo. (García Márquez, 1999: 10)

La tendencia liberal socialista del autor es evidente, no oculta su ideología política, que critica la dominación de Estados Unidos en el continente Latinoamericano, y las consecuencias de un espionaje norteamericano por medio de "una investigación subrepticia mediante cuestionarios muy precisos, sometidos a todos los niveles sociales", (Pág. 10) maniobra norteamericana que se llamó: «Operación Camelot»:

> La Democracia Cristiana era una gran formación Inter.-clasista, con una base popular autentica en el proletariado de la industria moderna, en la pequeña y mediana propiedad campesina, y en la burguesía y la clase media de las ciudades. La Unidad Popular expresaba al proletariado obrero menos favorecidos, al proletariado agrícola, a la clase media de las ciudades. (Pág. 13)

La Democracia Cristiana, aliada con el Partido Nacional de extrema derecha, controlaba el congreso. La Unidad Popular controlaba el poder ejecutivo. La polarización de esas dos fuerzas iba a ser, de hecho, la polarización del país. Curiosamente, el católico Eduardo Frei, que no cree en el marxismo, fue quien aprovechó mejor la lucha de clases, quien la estimuló y la exacerbó, con el propósito de sacar de quicio al gobierno y precipitar al país por la pendiente de la desmoralización y el desastre económico. (García Márquez, 1999: 12-13)

El periodismo de García Márquez nos muestra un perfil elocuente, vital, actual, y a su vez dinámico, y contundente de lo que acababa de suceder en nuestro vecino país chileno. De ahí que, de su periodismo pragmático, real y humano, el autor puede cambiar, dándole una vuelta a su tono periodístico informático, (echando abajo todas las dudas que el lector pudiese tener), llevándonos al mismo tiempo al tono literario con su prosa poética igualmente exagerada, locuaz, extrema, decisiva e histórica que se ciñe a un expresionismo castizo propio colombiano, en *El otoño del patriarca (1975)*. Como siempre la violencia en su obra periodística y literaria nos denota el ambiente sanguinario del ejército chileno:

El ejercito más sanguinario del mundo

Un golpe militar, dentro de las condiciones chilenas, no podía ser incruento. Allende lo sabía. «No se juega con fuego – le había dicho a una periodista italiana Rossanna Rossanda–. Si alguien cree que en Chile un golpe militar será como en otros países de América, con un simple de cambio de guardia en La Moneda, se equivoca de plano. Aquí, si el ejercito se sale de la legalidad, habrá un baño de sangre. Será Indonesia.» (García Márquez, 1999: 17)

DIRECTA COLABORACIÓN EN ASUNTOS POLÍTICOS LATINOAMERICANOS.

Teniendo en cuenta la enorme y poderosa capacidad convincente de que goza García Márquez en los medios intelectuales y su directa colaboración en todos los asuntos políticos del continente Latinoamericano, y además disponiendo de la confianza de dirigentes del gobierno, presidentes, jueces, el Papa, el clero, embajadores, servicios de inteligencia, comandantes como Fidel, periodistas, intelectuales, escritores, hasta los capos de carteles y narcotraficantes, jefes de Fuerza Armadas Revolucionarias, personal del servicio secreto, etc. García Márquez ha llegado a ser la conexión seria y lógica para mediaciones importantes de comunicación entre el escritor y todos los demás que creen en su arranque por cambiar los enredos políticos que afectan a Latinoamérica. Podría decirse que nadie en el continente hispanoamericano sostiene la inmensa responsabilidad y poder informativo necesario en el campo literario, periodístico, e intelectual como el escritor y Nobel colombiano.

Su obra periodistica viene a ser una enciclopedia sobre los asuntos históricos políticos que han afectado al continente americano, incluyendo los Estados Unidos, y que se extiende hasta Europa, Vietnam, Angola, El Congo, el Medio Oriente, etc. etc. Pero lo importantísimo en el recuento o balance de su obra intelectual es su constante preocupación por el ser humano, como también su fervorosa pasión para que se llegue a un cambio. Como siempre Colombia y su gente es el epicentro de su pensamiento social; analicemos lo que el escritor dice:

> Tal vez lo más sorprendente de los colombianos es su asombrosa capacidad de acostumbrarse a todo, lo bueno y lo malo, con un poder de recuperación que raya en lo sobrenatural. Algunos, tal vez más sabios, ni siquiera parecen conscientes de vivir en uno de los países más peligrosos del mundo. Es comprensible: en medio del pavor, la vida sigue, y tal vez sea más preciosa cuando hay que sobrevivir a diario. El mismo domingo del entierro de Luis Carlos Galán, cuya muerte conmocionó de veras a la nación, las muchedumbres enloquecidas de júbilo se echaron a la calle para celebrar la victoria de la selección nacional de fútbol sobre el equipo del Ecuador. (García Márquez, 1999:299)

El apunte irónico de esta nota de opinión nos muestra la función alienadora que ejerce determinado tipo de espectáculo convenientemente administrada. El autor juega con los contrastes que ofrecen dos manifestaciones populares tan dispares, esta paradoja aparente resulta doble cuando se describe el conformismo o lo cotidiano de los hechos violentos. Ese sentido de lo histórico-violento que predomina en el análisis de nuestro autor se muestra a menudo en su estudio de la historia de

América latina y sirve para formar buena parte de un imaginario individual que se conecta al colectivo a través de la descripción de estos hechos que, como venimos viendo, no son únicamente inherentes a la realidad colombiana, sino que pertenecen a un marco geográfico más amplio. Los apuntes sobre los dictadores –Trujillo sería uno de los casos, el otro Pinochet–nos sirven para ver hacia dónde apunta la responsabilidad sobre estos hechos políticos. García Márquez pone en evidencia el papel jugado por los Estados Unidos, sobre todo la CIA, en la responsabilidad de las dictaduras que durante los setenta se hicieron patentes en el cono sur. Visto a distancia, cuando la documentación y las informaciones sobre la llamada "Operación Cóndor" han trascendido, nos damos cuenta de que las denuncias del autor no iban mal encaminadas.

Durante el periodo de la década del 70, García Márquez centraliza sus reportajes hacia Chile, pues por ese periodo Chile atraviesa por una etapa muy aguda y violenta. García Márquez, publica "El combate en que murió Miguel Enríquez", en *Alternativa* en Bogotá, con fecha abril de 1975, el autor arropado en los hechos violentos e históricos nos narra cual es la vida de Miguel Enríquez, su esposa e hijo, y cómo fue masacrado por el régimen de extrema derecha de la dictadura de Pinochet.

Este es un periodismo que muestra la cara real del pueblo chileno: "el combate en que mataron a Miguel fue el sábado 5 de octubre de 1974" (García Márquez, 1999: 32), y cinco meses después, se publica este atroz atropello en *Alternativa* de Bogotá. Para nosotros los colombianos y el mundo en general ha sido importantísima la labor intelectual y periodística del autor colombiano, desde 1947 (más de sesenta años) en que nos hemos beneficiado y siempre hemos contado con la información inmediata, sin rodeos, proclama realista/histórica, de todo lo que se relaciona con el destino latinoamericano y en general del mundo.

Son reportajes poderosos que nos llevan a «Portugal, territorio libre de Europa», publicado en *Alternativa,* no. 40, Bogotá, junio-julio de 1975; « ¿Pero qué carajo piensa el pueblo», en *Alternativa* No. 41, Bogotá, julio de 1975, y «El socialismo al alcance de los militares», en *Alternativa*, no. 42, Bogotá julio de 1975. (García Márquez, 1999: 37)

El autor continúa y escribe sobre lo que sucede en el mundo, durante aquella década del 70, y por supuesto, con su ideología liberal socialista, que resulta, en sus crónicas, más que propaganda hacia Cuba y su pueblo, además una demostración de su ideología y política favorable desde entonces hacia su amigo Fidel Castro.

En su articulo titulado: "Cuba de cabo a rabo", publicado originalmente en tres partes: «La mala noche del bloqueo», en *Alternativa*, n°. 51, Bogotá, agosto de 1975; «La necesidad hace parir gemelos», en *Alternativa*, n°. 52, Bogotá, agosto de 1975, y «Si no me creen, vayan a verlo», en *Alternativa*, n°. 53. Bogotá, septiembre de 1975. (García Márquez, 1999: 61) Veamos como se identifica el autor con la experiencia cubana:

> Esta realidad deslumbrante no la conozco a fondo porque me la contaron, sino porque acabo de recorrer a Cuba de cabo a rabo, en un viaje extenso e intenso en el que nada de interés se me quedó por escudriñar. [...] Tuve como compañeros constantes mi hijo de dieciséis años, Rodrigo, que hizo dos mil fotos hasta de los lugares menos pensados de la isla; (García Márquez, 1999: 62)

El autor aclara abiertamente su propia investigación de la experiencia cubana y narra:

> La esencia de ese prodigio, pienso yo, radica en que al cubano de hoy le interesa más el grado de su participación personal en la Revolución, que los beneficios personales que puedan derivar de ella. (García Márquez, 1999: 63)

Esta última observación del autor, resulta hoy muy actual. Creo que sería imposible acogerse al movimiento cubano de hoy, sin esa esencia o prodigio, como lo llama García Márquez.

Termina la década del setenta, y comienza el autor sus crónicas del ochenta: "Vietnam por Dentro", en *Alternativa*, n°. 242, Bogotá, diciembre de 1979, donde el autor hace un recuento, publicado originalmente en tres partes, para verificar los estragos después de cuatro años de terminada la guerra contra Estados Unidos. De ahí que el autor nos informa directamente desde Vietnam:

> Lo que más me impresionó desde el primer instante fue que los estragos de la guerra contra los Estados Unidos, que había terminado cuatro años antes, continúan intactos. Los vietnamitas no habían tenido tiempo ni siquiera de barrer la casa. Los aeropuertos civiles estaban llenos de escombros de aviones de combate y helicópteros artillados, de los que usaban los yanquis para arrasar las aldeas inermes, y toda clase de

chatarra de maquinas de muerte abandonadas en la estampida final. Desde las carreteras desiertas se veían las cenizas de los pueblos borrados del mapa por el NAPALM, las tierras de nadie de las antiguas selvas esterilizadas por los desfoliadores químicos los cráteres de las bombas por todas partes. (Pág. 244)

Se ha calculado que los Estados Unidos arrojaron sobre Vietnam una cantidad de bombas varios miles de veces mayor que la totalidad de las bombas arrojadas en la segunda guerra mundial: catorce millones de toneladas. Fue el castigo de fuego más feroz padecido jamás por país alguno en la historia de la humanidad. (García Márquez, 1999: 254)

DE MIS MEMORIAS: VISITA AL PAPA.

Son las noticias importantes sobre las guerras sin razón que afectan al mundo, dirigidas por Estados Unidos, pero que se ubican particularmente en Latinoamérica, cuando en su articulo: *De mis memorias: visita al Papa,* publicado en la *R*evista *Diners,* n°. 200, Bogotá, noviembre de 1986 (García Márquez, 1999:277), el autor nos informa sobre la explicita razón para pedir audiencia especial al *Papa Juan Pablo I, el sonriente Albino Luciani elegido apenas treinta y cuatro días antes, había muerto en su cama la noche anterior.* (García Márquez, 1999: 277)

El autor nos cuenta que: «La muerte de Juan Pablo I estuvo a punto de estropear el encuentro», (García Márquez, 1999: 277) luego la verdadera entrevista sucedió con el Papa Juan Pablo II, para tratar « una gestión relacionada con los desaparecidos en la Argentina» (García Márquez, 1999: 277), ya anteriormente García Márquez le había dedicado un documental completo sobre los problemas políticos de Argentina y los miles de desaparecidos, que parece es la repetición de la historia Iberoamericana, el autor denuncia los hechos en todos los países afectados: Chile, Argentina, Nicaragua, etc., etc.

En su crónica, «Somos un ejercito integrado a la vida cotidiana» (entrevista con Alberto Camps), publicada en Bogotá en *Alternativa,* n°. 65-66, en diciembre de 1975 –enero de 1976. (García Márquez, 1999: 97) el autor enfoca la historia de los Montoneros, movimiento revolucionario de la Argentina, llamado *Ejército de Liberación Nacional (ELN),* constituido en la Argentina como núcleo de apoyo a la acción del *Che Guevara* en Bolivia. Asesinado éste, los integrantes del ELN pasaron a formar parte de las Fuerzas Armadas Revolucionarias (FAR), la cual en 1973, se fusionó con los Montoneros. (García Márquez, 1999: 97)

García Márquez, nos da pistas y recopila todo el proceso revolucionario que ha existido en Hispanoamérica, por más de medio siglo. Es el mismo movimiento revolucionario que ha existido en Colombia bajo el nombre de (FARC), ubicando la última letra para identificarse con Colombia.

¿Qué es lo que pasa en Colombia? Publicado en *El País,* Madrid, el 5 de noviembre de 1989. (García Márquez, 1999:289) Con nombres propios de presidente colombianos, el autor informa sobre los hechos de ocurridos en Colombia:

> La primera tentativa de diálogo que transcendió al público fue en mayo de 1984, cuando Pablo Escobar Gaviria, jefe del cartel de Medellín, hizo contacto con Alfonso López Michelsen en un hotel de Panamá, para que le transmitiera una propuesta formal al presidente Belisario Betancur, en nombre de todos los grupos colombianos de traficantes de droga. Prometían retirarse del negocio, desmantelar sus bases de procesamiento y comercialización de la cocaína, repatriar sus capitales inmensos e invertirlos en la industria y el comercio nacionales con todas las de la ley, y aun compartir con el Estado la dura carga de la deuda exterior. A cambio de todo eso no aspiraban siquiera a una amnistía. (García Márquez, 1999: 289)

Es la base periodística, histórica/violenta, que el autor analiza en 1989, para luego narrarla en detalle, arropado en su tono literario en su novela *Noticia de un secuestro* (1996), sobre los hechos violentos en la historia del narcotráfico y terrorismo que hasta hoy se combate en Colombia. Como vemos nuevamente, es el proceso con tono periodístico que culmina en un proceso de género literario.

OBRA PERIODÍSTICA 5. —NOTAS DE PRENSA (1961-1984)

Un hombre ha muerto de muerte natural

Esta nota de prensa, publicada originalmente el 9 de julio de 1961, y es García Márquez, escritor quien escribe sobre la muerte no accidental del escritor Ernest Hemingway:

En realidad, Hemingway sólo fue un testigo ávido, más que de la naturaleza humana, de la acción individual—Sin embargo, en el universo de Hemingway la victoria no estaba destinada al más fuerte, sino al más sabio, con una sabiduría aprendida de la experiencia. En ese sentido era un idealista.—El tiempo demostrará también que Hemingway, como escritor menor, se comerá a muchos escritores grandes, por su conocimiento de los motivos de los hombres y los secretos de su oficio. (García Márquez, Mondadori I, 1999:14)

García Márquez en su nota periodística, sigue escribiendo:

La trascendencia de Hemingway está sustentada precisamente en la oculta sabiduría que sostiene a flote una obra objetiva, de estructura directa y simple, y a veces escueta inclusive en su dramatismo. Hemingway sólo contó lo visto por sus propios ojos, lo gozado y padecido por su experiencia, que era al fin y al cabo lo único en que podía creer. (Pág. 14-15)

La admiración que García Márquez profesa sobre el escritor norteamericano se explicita en esta y otras notas. Su capacidad para la narración directa es lo que más ha destacado siempre de Hemingway. Continúa la lista de notas periodisticas del escritor colombiano:

Desventuras de un escritor de libros

Volviendo por ese entonces en 1966, García Márquez habia barruntado, las dificultades que le esperaban como escritor de pura cepa, ya por entonces tenía la convicción de la independencia de pensamiento y expresión, por encima del peligro, pues esta nota, denuncia la situación de los escritores de la Unión Soviética:

El reciente caso de dos pésimos escritores soviéticos que han sido condenados a trabajos forzados en Siberia, no por escribir mal sino por estar en desacuerdo con el patrocinador, demuestra hasta qué punto puede ser peligroso el oficio de escribir bajo un régimen sin la suficiente madurez para admitir la verdad eterna de que los escritores somos unos facinerosos a quienes los corsés doctrinarios, y hasta las disposiciones legales nos aprietan más que los zapatos. (García Márquez, 1999:17)

Observamos de nuevo el sentido de la ironía aplicado a la visión de la Unión Soviética y cómo resuelve esa especie de conflicto identitario entre sus ideas de izquierdas y la realidad de detrás del telón de acero. En la nota vemos que se introducen un "nos" inclusivo del locutor en la colectividad de escritores. Es decir, hasta cierto punto, se sitúa en una posición solidaria con los escritores represaliados, a pesar de su dudosa calidad como tales. También la consideración de él como escritor "facineroso" marca una distancia considerable entre su opinión y la del régimen soviético, a quien cabe imputarle este tipo de expresión sobre los escritores.

Es, por lo tanto, otro caso de ironía por citación que aclara la postura tomada por el escritor. La inferencia que se produce al leer el artículo es que el sistema soviético considera "facinerosos" a los escritores y, por lo tanto, los reprime. Si García Márquez se coloca abiertamente en contra de esta posición, es lógico pensar que su postura frente a la determinación de la represalia sea bastante contraria.

La consideración del rango intelectual de García Márquez viene dada, en este sentido, por su perspectiva crítica hacia los regímenes orientales. Como ya habíamos apuntado con anterioridad, esta postura de los intelectuales de izquierdas se hace patente sobre todo en la segunda mitad del siglo XX. Por ello podemos relacionar el pensamiento del escritor con una postura colectiva. Ello nos lleva a una consideración grupal, ideológica, en los términos acuñados por Van Dijk.

Es más, en tanto que escritor, su posición se considera influyente sobre otros grupos sociales ya que, sobre todo antes de la era de la televisión, las propuestas de la intelectualidad calaban hondo en determinados sectores sociales. A ello se debe, sin duda, la meditación sobre el oficio de escribir.

La influencia ejercida por la prensa en el siglo XIX y en la primera mitad del XX había conformado una idea de intelectual que, a través de este medio de divulgación de las ideas, permitía que el pensamiento del escritor llegase a un amplio sector social. Hoy en día, con la presencia masiva de medios como la radio y, sobre todo, la televisión nos encontramos con un cambio drástico del que quizás haya sido uno de los últimos divulgadores de ideología a través de la prensa.

Escribir libros es un oficio suicida.

La importancia que concede García Márquez al oficio de escribir está tomada, como venimos diciendo, de una consideración decimonónica del escritor como alguien que influye con sus ideas en la sociedad. Esta visión del intelectual hace que se fije en algunos de sus modelos literarios. Es el caso más evidente la admiración hacia Hemingway.

Otro tema sugestivo de la nota documenta lo peliagudo del oficio de escritor, indudablemente educa a los escritores jóvenes, que creen y mantienen su consagración y tributo en su arduo trabajo:

> Escribir libros es un oficio suicida. Ninguno exige tanto tiempo, tanto trabajo, tanta consagración en relación con sus beneficios inmediatos. No creo que sean muchos los lectores que al terminar la lectura de un libro, se pregunten cuántas horas de angustias y de calamidades domésticas le han costado al autor esas doscientas páginas y cuánto ha recibido por su trabajo. (Pág. 16)

Obviamente, las experiencias y las calamidades con el tiempo cambian, pero por ese tiempo, el escritor colombiano tenía que haber pasado por muchísimos malos ratos del vicio de cigarrillos, de pobreza y delirio y obstinación intelectual. Es evidente que el autor, conecta el suicidio del escritor Hemingway con el "oficio suicida". Ello desencadena toda una reflexión sobre el suicidio (muerte no natural) y sobre la labor del intelectual. Se abre así un período de reflexión sobre este hecho en una serie de artículos.

3. *Mis dos razones contra esta revista*
4. *Tonto útil, para servirle a usted*
5. *Los idus de marzo de la oligarquía*
6. *«Por qué no le creo nada, señor Turbay».* 1980
7. *El fantasma del Premio Nobel (1).*
8. *El fantasma del Premio Nobel (y 2).*

EL PREMIO NOBEL DE LITERATURA.

Para los escritores del mundo, el Premio Nobel de Literatura es el galardón más apetecido y respetado, que los inquieta a todos y parece que a Jorge Luis Borges, escritor argentino,

...que es uno de los más grandes y también uno de los candidatos más asiduos, protestó alguna vez en una entrevista de prensa por los dos meses de ansiedad a que lo sometían los augures. Es inevitable: Borges es el escritor de más altos méritos artísticos en lengua castellana, y no pueden pretender que lo excluyan, sólo por piedad, de los pronósticos anuales. (García Márquez: 1995:15)

Gratificación y homenaje bien merecido para el escritor argentino.

Autor de vastísima cultura y cultivador de todos los géneros literarios, ha creado el suyo propio, a medio camino entre el cuento y el ensayo, y presenta un estilo depurado, preciso e inconfundible, plasmado sobre todo en *Ficciones (1944) y El Aleph (1949)* (Díez H. Begoña: 1986:12)

García Márquez nos hace una reseña profunda de los diferentes autores quienes han logrado el magnánimo reconocimiento, pero lo interesante, es la forma y tono de gran acato y respeto hacia otros escritores que como él rodean *El fantasma del Premio Nobel.* El autor nos comunica:

Que Borges era ya elegido en mayo de 1976, pero no lo fue en la votación final de noviembre. En realidad, el premiado de aquel año fue el magnífico y deprimente Saul Bellow, elegido de prisa y a última hora, (García Marquez: 1995:16)

Luego parece que para Borges era demasiado importante lograr el reconocimiento, pero lamentablemente no fue posible.

1. *Seamos machos: hablemos del miedo del avión.*
2. *El alquimista en su cubil.*
3. *Del malo conocido al peor por conocer.*
4. *La comisión de Babel.*
5. *Telepatia sin hilos.*
6. *El nuevo oficio más viejo del mundo.*
7. *El cuento de los generales que se creyeron su propio cuento.*
8. *Sí: la nostalgia sigue siendo igual que antes.*
9. *Estas navidades siniestras.*
10. *Cuento de horror para la Nochevieja.*

1981

11. Caribe mágico.

12. Hay que salvar a El Salvador.

Hay que salvar a El Salvador.

Nuevamente la ideología política/militante nos comunica claramente y nos conmueve con la violencia del continente iberoamericano, terror que revienta de sur a norte, sin una perspectiva de que cambie el "espectáculo bárbaro" que es acertadamente como el autor lo clasifica. En enero de 1981, el autor ya nos narraba en directo a través de sus páginas de *Notas de Prensa:*

> Era una muchedumbre de hombres, mujeres y niños masacrados por la fuerza pública en el atrio de una iglesia. Muchos estaban muertos, otros agonizaban como gusanos en una ciénaga de sangre y los últimos vivos se dispersaban espantados bajo el fuego implacable de la metralla. (García Márquez: 1995:63)

Dinamismo e imágenes violentas del expresionismo propio de García Márquez que nuevamente nos da las imágenes de sangre muy visuales, que difícilmente se olvidan, especialmente para los ciudanos de El Salvador, pequeño país centroamericano que se desangra bajo un montaje político injusto y dramático, que retumba en nuestros sentidos y se adivina que algo profundamente erroneo germina en la sociedad, en general, es la norma dentro de nuestro continente hispanoamericano. Observemos la comparación muy visual/cinematografica de la "carnicería en Odesa", que nuestro actor narra con sus propias palabras:

> Parecía una imitación barata de la carnicería de Odesa en *El acorazonado Potemkín,* La película memorable de Serguéi Eisenstein. Sólo que más feroz y sin ninguna consideración artística. Mi amigo, que se horroriza con el cine de horror, le reprochó a su mujer que estuviera viendo semejante película. Pero ella le contestó impasible: «No es una película, sino las noticias de El Salvador.» Esto ocurrió a principios del año pasado. Desde entonces, hasta diciembre que acaba de pasar, diez mil personas murieron en aquella masacre continua. (García Márquez: 1995:63)

Esta constatación de la realidad, el documento escrito al que García Márquez recurre en inunmerables ocasiones, es una de las armas más poderosas con las que cuenta su idea de escritor comprometido con la sociedad. A través del periodismo nos relata hechos históricos que a menudo afloran en sus novelas. Pensemos en las concomitancias que se pueden establecer entre la matanza de las bananeras de Macondo y este episodio real. Son el fruto de una realidad vivida en la que la ficcionalización de un hecho histórico—la matanza de Macondo—ha sido superada por el mundo real efectivo.

El autor ha tenido la oportunidad (desde muy niño), de visualizar la violencia de conjunto que se inicia en Macondo y que llega a todo el continente, así mismo, inmediatamente lo escribe en sus Notas de Prensa. La información valiosa es para beneficio directo del su lector, que siente la tragedia no descrita antes, en directo, y es así como el escritor García Márquez en sus páginas realistas lo ha hecho por más de sesenta años.

Ello le sirve también para marcar la similitud en muchos países descritos por el autor, a través de su periodismo político/militante, con ideología liberal/humanista, veamos como sigue el drama histórico para El Salvador:

> Pero la aritmética social de El Salvador es más simple: En verdad, esta guerra civil, que es ya la más sangrienta de América Latina en toda su historia, tiene sólo dos bandos: la aristocracia feudal, de un lado, y el resto de la nación, del lado contrario. El 90% de la población del país -cuya densidad demográfica es una de las más altas del mundo- son indios y mestizos. Sólo el 10% son blancos, pero también son ellos quienes controlan desde siempre y con puño de hierro la totalidad del poder económico y político: La proporción de las víctimas es igual: el 90% de los muertos del terrible año bisiesto que acaba de pasar eran del bando de los pobres. (García Márquez: 1995:63).

También sus reportajes de aquel entonces, como siempre involucran directamente a Estados Unidos en su desvastadora "ayuda" militar, para combatir el comunismo de los pobres, de los países latinoamericanos, ampliamente narrado anteriormente sobre Chile, Argentina, etc. El "poder de la palabra" narrada por García Márquez es la oportuna excusa que Estados Unidos aprovecha para negarle la visa al autor colombiano. Con detalle histórico/periodista el autor nos describe la historia violenta y la guerra civil de El Salvador. Nuevamente como ya ho había hecho personalmente al recibir el Premio Nobel, García Márquez, la dictadura del general Maximiliano Hernadez Martínez...

> El poder feudal, por su parte, cuenta con el apoyo de Estados Unidos y con unas fuerzas armadas muy bien armadas. Cuenta con bandas de asesinos a sueldo que hacen el trabajo sucio que el gobierno no se atreve a hacer para que no se les vea la cara verdadera. Cuentan, en fin, con una fracción de la Democracia Cristiana que se olvidó de Cristo y parece dispuesta a no dejar ningún cristiano vivo. A esta fracción pertenece el actual presidente de la República, Napoleón Duarte, que no fue elegido por nadie, sino nombrado por los militares en un momento de apuro para tener una pantalla civil. (García Márquez: 1995:64-65)

Nos cuenta en pocas líneas la historia de la Democracia Cristiana, que en Chile, Venezuela, El Salvador, etc., había sentado precedentes en las décadas del sesenta/setenta en un buen número de países del continente, y es así que leemos sus noticias en directo:

> No es casual esta actitud de la Democracia Cristiana. Al contrario, forma parte de una estrategia global, cuyo paladín en America Latina es el nuevo presidente de Venezuela, Luis Herrera Camins, y cuya finalidad inmediata es torcer los avances democráticos en el Caribe y América Central, con el pretexto de contrarestar la influencia cubana. (García Márquez: 1995:65)

Con la referencia a este grupo ideológico el autor sugiere las connivencias con la represión a través de expresiones como "torcer los avances democráticos". Es decir, marca una relación indirecta entre los grupos arropados bajo el paraguas denominado "Democracia Cristiana", los Estados Unidos y la persecución de las ideas socialistas en el continente. Los valores semánticos de la noción "democracia" y "torcer" apuntan a una evidente noción del sentido de la democracia que para el autor se ve cercenada por la irrupción del elemento externo (imperialista) camuflado en una denominación democrática.

21. 25.000 millones de kilómetros cuadrados sin una flor.
22. La poesía, al alcance de los niños,

149

NOTA DE ADIÓS AL OLOR DE LA GUAYABA.

Esta "nota de adiós al olor de la guayaba", se interpreta incompresible y paradójicamente en el sentido real de lo que es la política en la República de Colombia. Por un lado, sucede durante el período de un presidente liberal. Por el otro lado, dadas las circunstancias, se podría decir que en la historia colombiana, no quiere decir que el hecho de ser liberal, sea lógica e inteligente la visión de nuestro señor presidente:

> El señor presidente de la República de Colombia inició su discurso del lunes pasado con las siguientes palabras: «No abrigo, como seguramente ustedes tampoco, ninguna duda acerca de que a lo largo del accidentado recorrido republicano de nuestro país, jamás la subversión se había comprometido con tanta saña y persistencia en el criminal propósito de hacerse con el control del aparato del Estado, como lo ha venido intentando durante la administración que presido.»

> Al parecer, los plumíferos del señor presidente están necesitando repasar de buena fe la historia de Colombia. Si algo bueno tiene este país es que siempre ha tenido fuerzas capaces de alzarse contra la injusticia y la desigualdad, y ninguna de esas fuerzas lo ha hecho con tanta persistencia como el propio Partido Liberal del señor presidente de la República. (García Márquez: 1995:103)

La cita del discurso presidencial sirve para poner en evidencia una terminología usada mecánicamente dentro del discurso de la reacción iberoamericana: "subversión" y "criminal" son expresiones usadas a menudo a la hora de referirse al oponente político. Este ejercicio terminológico acostumbrado por políticos del continente, especialmente repetido por chilenos, argentinos, uruguayos en la época de mayor persecución, sirve a García Márquez para construir una sátira sobre las implicaciones ideológicas del discurso del poder. Así, el uso de expresiones como "plumíferos" nos lleva a un tono de cierto desdén por los escritores de discursos políticos que se empecinan en repetir el mismo argumentario y los mismos términos para referirse a las ideologías que se les oponen.

En esta nota nuevamente el autor le recuerda al señor presidente la historia del siglo XIX, y las numerosas guerras civiles, ya narradas en detalle y discutida ampliamente en el (Preámbulo histórico colombiano), sin embargo, el autor no desaprovecha la oportunidad para comunicar su ideología, que como siempre ha sido la misma:

> Esta exageración de la retórica presidencial no tendría mayor importancia, por supuesto, si no fuera porque muchas de las determinaciones oficiales de los últimos días parecen pecar de la misma ligereza, entre ellas -también por supuesto- la precipitada ruptura de relaciones con Cuba, sin más fundamento público que la declaración de un prisionero supuesto, cuya identidad no se conoce a ciencia cierta, y cuyas acusaciones sincopadas y elusivas no convencieron a nadie.
> (García Márquez: 1995:103)

No es únicamente la irracional ruptura de relaciones con Cuba, a lo que esta nota se refiere, más que todo es la metáfora política, que aclara la razón de nuestro autor de abandonar su tierra natal, Colombia, bajo la protección siempre cordial y amistosa de la embajada mexicana, país donde nuestro autor se ha refugiado por muchos años; posiblemente García Márquez encuentra paradójicamente más respeto y solidaridad y respaldo en México que en su propio país, veamos como lo aclara abiertamente:

> Después de veinticinco años, tenía el propósito firme y grato de vivir en mi país. Pero en este ambiente de improvisación y equivocaciones, recibí una información muy seria de que había una orden de detención contra mí, emanada de la justicia militar. No tengo nada que ocultar ni me he servido jamás de un arma distinta de la máquina de escribir, pero conozco la manera como han procedido en otros casos

semejantes las autoridades militares, inclusive con alguien tan eminente como el poeta Luis Vidales, y me pareció que era una falta de respeto conmigo mismo facilitar esa diligencia. (García Márquez: 1995:105)

Esta nota que salió a la luz periodística el *[3/4/81]* un año antes de que García Márquez recibiera el Nobel de Literatura, ha debido ser y fue una vergüenza para Colombia y su presidente liberal, pero esas son las paradojas y frustraciones de "cargas inmerecidas" a que siempre nos han sometido los gobernantes participantes de la política liberal o conservadora, pues para el caso no hay diferencias.

Y así termina la nota:

Así las cosas, con el dolor de mi alma, me he visto precisado a seguir apancentado, quien sabe por cuanto tiempo más, mi persistente y dolorosa nostalgia del olor de la guayaba. (García Márquez: 1995:107)

El siguiente artículo, publicado cuatro días después, García Márquez, se ve obligado a comentar en "Punto final a un incidente ingrato", la política ilógica (sin sentido) de nuestro presidente liberal que atropella los derechos humanos de los ciudadanos incluyendo los derechos de nuestro autor.

32. *Punto final a un incidente ingrato*

...los dos argumentos únicos con que el gobierno ha querido explicar mi intempestiva salida de Colombia la semana pasada. Distintos funcionarios, en todos los tonos y en todas las formas, han coincidido en dos cargos concretos. El primero es que me fui de Colombia para darle una mayor resonancia publicitaria a mi próximo libro. El segundo es que lo hice en apoyo a una campaña internacional para desprestigiar al país. (García Márquez: 1995:107)

Toda esta comedia política de nuestro presidente retumba en nuestros oídos bajo una retórica poco convencible e inteligente, pues por ese entonces García Márquez no necesitaba de ninguna propaganda publicitaria, después de la rotunda y positiva acogida de su novela *Cien años de soledad* (1967), que para entonces, se vendía como "pan caliente en la puerta de una escuela de niños", y estaba ya traducida a muchisimos idiomas, haciendo por supuesto, que el autor fuera reconocido por su magna obra "universal".

Segundo la paranoia del gobierno que, disfraza su brutalidad bajo el temor a la clásica "conspiración internacional". Sin tener en cuenta, que por entonces (1981) la malísima reputación internacional de que gozaba Colombia, debido a la violencia y sangrienta década del ochenta y noventa, del narco-terrorismo (discutido anteriormente en el Preámbulo Histórico colombiano), luego los argumentos del presidente liberal tienen tan poca substancia política, que el autor manifiesta:

> ...tiene el mérito de ser una creación personal del presidente de la República, aturdido por la imagen cada vez más deplorable de su gobierno en el exterior. Lo malo es que me lo haya atribuido a mí, pues tengo la buena suerte de disponer de dos argumentos para sacarlo de su error. (García Márquez: 1995:109)

Pero, además, de mostrarnos la verdadera cara del presidente colombiano, el autor ataca abiertamente a *El Tiempo,* periódico "liberal" bogotano:

> No puedo terminar sin hacer una precisión de honestidad. Desde hace muchos años, *El Tiempo* ha hecho constantes esfuerzos por dividir mi personalidad: de un lado, el escritor que ellos no vacilan en calificar de genial, y del otro lado, el comunista feroz que está dispuesto a destruír a su patria. Cometen un error de principio: soy un hombre indivisible, y mi posición política obedece a la misma ideología con que escribo mis libros. Sin embargo, *El Tiempo* me ha consagrado con todos los elogios como escritor, inclusive exagerados, y al mismo tiempo me ha hecho víctima de todas las diatribas, aun las más infames, como animal político. (García Márquez: 1995:112)

33. Mitterrand, el otro: el escritor.
34. La última y mala noticia sobre Haroldo Conti.
35. ¿Quién cree a Janet Cooke?
36. Maria de mi corazón.

MARIA DE MI CORAZÓN.

En estas Notas de Prensa, legendarias por su valor único político/militante, informativo, instantáneo y periodistico, que demuestra nuevamente la capacidad inagotable del nuestro autor como escritor y periodista. Oficio, éste último, que él personalmente declara que nunca ha dejado.

Esta nota es la adaptación para uno de los *Doce cuentos peregrinos,* o sea que durante este período, el autor empieza a trabajar en el cine intensamente y además estuvo escribiendo varios guiones. Es el episodio ya narrado anteriormente en género del cuento: *No: yo sólo vine a hablar por teléfono (1978).*

Este "episodio de la vida real" de esta muchacha mexicana transplantada a Barcelona, fue contado personalmente por el autor al director de cine mexicano Jaime Humberto Hermosillo, y él prosiguió a escribir el guión que culminó con el título definitivo de "María de mi corazón". Era el mejor título que le sentaba a la historia, no sólo por su naturaleza, sino también por su estilo." (García Márquez: 1995:126) Los actores mexicanos, fueron protagonizados por María Rojo y Héctor Bonilla, quienes fueron los dos actores que "podían encarnarlos mejor". García Márquez tiene una participación directa al escribir algunos dialogos:

> Esto nos permitió además contar con la colaboración de ambos para escribir ciertos diálogos, e inclusive dejamos algunos apenas esbozados para que ellos lo improvisaran con su propio lenguaje durante la filmación. (García Márquez: 1995:126)

Parece que el género del cuento es uno de los que tiene más calado en la memoria del autor, primero porque entre la diversa gama de los cuentos magníficos, escritos por García Márquez, se podría escribir una disertación muy extensa y monumental, tratando únicamente y exclusivamente el cuento Garciamarquiano. Segundo, el tema central primordialmente humanístico, es real, conciso, y especialmente, como el mismo escritor lo manifiesta, son "episodios de la vida real", por lo tanto su lenguaje, su historia, su lectura viene a ser universal.

Es el cuento de la vida diaria, que bajo el ojo vigilante del autor a quien no se escapa nada ni nadie, absorbe y observa todo en detalle, y nos muestra la visión e imaginación sin límites, que en algunas oportunidades, como él personalmente lo ha dicho: me faltan palabras en el diccionario para expresar lo que se ve y se siente, especialmente cuando se trata de su cultura del ambiente en Latinoamérica.

37. *Como ánimas en pena.*

Como ánimas en pena.

Comienza la narración con una introducción trágica, que parece mejor para una adaptación cinematográfica, pues es muy visual y se complementa, porque esta involucrado, por aquel entonces, con uno de los célebres escritores norteamericanos. Es pues, un preámbulo posible de la subsiguiente tragedia de suicidio del propio escritor:

> ...la historia del viejo jardinero que se suicidó en Finca Vigía, la hermosa casa entre grandes árboles, en un suburbio de la Habana, donde pasaba la mayor parte de su tiempo el escritor Ernest Hemingway. Desde entonces la seguí oyendo muchas veces en numerosas versiones. Según la más corriente, el jardinero tomó la determinación extrema después de que el escritor decidió licenciarlo, porque se empeñaba en podar los árboles contra su voluntad. (Garcia Márquez: 1995:130)

El sentimentalismo y soledad del jardinero, quien se suicida, quizás por la añoranza del jardín de grandes árboles, que había cuidado con esmero y cariño desde antes que el escritor Hemingway comprara la casa; entonces, si fue verdadero el suicidio, o posiblemente su muerte –sucedió por otra causa diferente– no se sabe, pero definitivamente, todas las secuelas de la narración podrían ser para una película policial. Por otro lado, como lectores, también podemos imaginar e interpretar, esa es la metaforización a que estamos acostumbrados los lectores, después de leer la vasta y magna obra del escritor colombiano. Después de cuatro días, por la descomposición natural y biológica del nuestro jardinero, ahogado en el "pozo artificial que abastecía de agua potable a Hemingway y a su esposa de entonces, la bella Martha Gelhorn." (Pág. 103) En conclusión García Márquez termina su versión irónica y adaptada para los lectores y así obligándolos a seguir pensado:

> En todo caso, la última versión desmiente la más antigua,
> que era también la más literaria, y según la cual los esposos
> Hemingway habían tomado el agua del ahogado durante tres

días. Dicen que el escritor había dicho: «la única diferencia que notamos era que el agua se había vuelto más dulce.» (Pág. 103)

37. *La conduerma de las palabras.*
38. *Mitterraans, el otro: el presidente.*
39. *Vidas de perros.*
40. *Fantasía y creación artística.*
41. *En Chile como en Chicago.*
42. *Algo más sobre literatura y realidad.*
43. *Mr. Enders atraviesa el espejo.*
44. *¿Una entrevista? No, gracias.*
45. *Edén Pastora.*
46. *Mi Hemingway personal.*
47. *Breve nota de adiós al olor de la guayaba de Feliza Bursztyn.*
48. *Torrijos.*
49. *Fantasmas de carreteras.*
50. *El cuento del cuento.*
51. *El cuento del cuento (Conclusión).*

La realidad de *El cuento del cuento,* la escribe el autor en estas dos Notas de Prensa (26/8/81), y volvemos a encontrarnos con la estructura, tono, estilo y final que García Márquez concibe para sus cuentos y novelas y cómo todo ésto lo desarrolla muchos años después de comentarla y recontarla a muchos de sus buenos amigos, y así nos aclara a los lectores que el cuento que cuento pertenece a la "vida real". Aquí, el autor nos deja saber las peripecias a que él llega para buscar el final más adecuado a su famosa novela: *Crónica de una muerte anunciada:*

Poco antes de morir, Álvaro Cepeda Samudio me dio la solución final de la *Crónica de una muerte anunciada.* [...] «Tengo una vaina que le interesa, me dijo de pronto: Bayardo San Román volvió a buscar a Angelica Vicario.»

Tal como él lo esperaba, me quedé petrificado. «Están viviendo juntos en Manaure», prosiguió, «viejos y jodidos, pero felices». No tuvo que decirme más para que yo comprendiera que había llegado al final de una larga búsqueda. (García Márquez: 1995:188)

Estos pormenores revelan el intenso trabajo y estudio que el autor dedica a sus obras, creación de una imaginación de bastante tiempo de memorias y consagración a la disciplina de escritor. Asi él prosigue:

> Lo que esas frases querian decir era que un hombre que había repudiado a su esposa la noche misma de la boda había vuelto a vivir cion ella al cabo de veintitrés años. Como consecuencia del repudio, un grande y muy querido amigo de mi juventud, señalado como el autor del agravio que nunca se probó, había muerto a cuchilladas en presencia de todo el pueblo por los hermanos de la joven repudiada. Se llamaba Santiago Nasar y era alegre y gallardo, y un miembro prominente de la comunidad árabe del lugar. Esto ocurrió poco antes de que yo supiera qué iba a ser en la vida, y sentí tanta urgencia de contarlo, que tal vez fue el acontecimiento que definió para siempre mi vocación de escritor. (Pág. 188)

Veamos la lista de buenos amigos a quienes les cuenta el cuento de su imaginación y pasión, que luego viene a ser una novela que los lectores dedicamos horas de lectura, sin poder dejar la *Crónica de una muerte anunciada* sin hasta llegar hasta el final, que le costó al autor tanto tiempo para sellar su visión de épica al estilo de Macondo mítico, pero tan real y contundente a la hora de acercarnos a la vida como última realidad, "porque a medida que trataba de escudriñar la memoria de los otros, me iba encontrando con los misterios de mi propia vida" (Pág. 190) :

> A quienes primero se lo conté fue a Germán Vargas y Alfonso Fuenmayor, unos cinco años después, en el burdel de Alcaravanes de la negra Eufemia.Para entonces ya había resuelto ser escritor, y mi padre me había dicho: «comerás papel.» Durante años soné que rompía resmas enteras y me las comía en pelotitas, [...] Fue don Ramón Vinyes quien me dio la fórmula de oro: «cuéntala mucho», me dijo. «Es la única manera de descubrir lo que la historia tiene por dentro.»

> Por supuesto, seguí el consejo. [...] Mercedes, que la recordaba a pedazos desde muy niña, la volvió a armar por completo de tanto oírla, y terminó por contarla mejor. Luis Alcoriza se la hizo grabar en su casa de México, en una época en que todo el mundo era jóven. A Ruy Guerra se la conté

durante seis horas en un pueblo remoto de Monzambique, [...]
A Carmen Balcells, mi agente literario, se la conté muchas veces
durtante muchos años en trenes y aviones, en Barcelona y en el
mundo entero, y siempre lloró como la primera vez, pero nunca
pude saber si lloraba porque la emocionaba o porque yo no la
escribía. Al único amigo cercano a quien no se la conté nunca
fue a Álvaro Mutis, por una razón práctica: él ha sido siempre el
primer lector de mis originales, y me cuido mucho de que los
lea sin ninguna idea preconcebida. (Pág. 189-190)

52. La desgracia de ser escritor joven.
53. 300 intelectuales juntos.
54. La larga vida feliz de Margarito Duarte.
55. Los Idus de marzo.
56. ¿Quién le teme a López Michelsen?
57. Allá por aquellos tiempos de la Coca-cola.
58. Bogotá 1947.

Esta Nota de prensa *La Bogotá en 1947*, un año antes del
"Bogotanazo" (9 de abril de 1948), es el compedio que el autor narra
claramente sobre su vida de estudiante en la "ciudad remota y lúgubre,
donde estaba cayendo una llovizna inclemente desde principios del siglo
XVI." (García Márquez: 1995:218). Esta melancólica visión de Bogotá se
expande en sus memorias: *Vivir para contarla (2002)*. Por supuesto, el
autor no olvida su cuota de imaginación hiperbólica, que se mezcla
dulcilmente con su realidad fascinante de imágenes sobrenaturales, pero
que se han contado en alguna parte del otro mundo literario:

Según el diccionario de la Real Academia Española, un
fauno es «un semidiós de los campos y las selvas». Cada vez que
releo esa definición desdichada lamento que su autor no hubiera
estado allí aquella noche en que un fauno de carne y hueso
subió en el tranvía. Iba vestido de moda de la época, como un
señor canciller que regresaba de un funeral, pero lo delataban
sus cuernos de becerro y sus barbas de chivo, y las pezuñas muy
bien cuidadas por debajo del pantalón de fantansía. (García
Márquez, 2002: 219)

Notemos la idea que el autor tiene sobre esa realidad fascinante al contárselas a sus queridos amigos y confidentes de los sueños reales de escritor, y así él mismo, nos revela el concepto entre la plasticidad y la realidad en sus cuentos literarios:

Los únicos amigos a quienes yo les contaba estas cosas eran Álvaro Mutis, porque le parecían fascinantes aunque no las creyera, y Gonzalo Mallarino, porque sabía que eran verdad aunque no eran ciertas. En alguna ocasión, los tres habíamos visto en el atrio de la iglesia de San Francisco a una mujer que vendía unas tortugas de juguete cuyas cabezas se movían con una naturalidad asombrosa. Cuando Gonzalo Mallarino le preguntó a la vendedora si esas tortugas eran de plástico o si estaban vivas, y ella le contestó:

—Son de plástico, pero están vivas. (García Márquez: 1995:220)

59. *48 Horas en Cancún.*
60. *Geoges Brassens.*
61. *Un diccionario de la vida real.*
62. *Nicaragua entre dos sopas.*
63. *Los dolores del poder.*
64. *«Cómo sufrimos las flores».*
65. *La peste.*
66. *Recuerdos de periodista.*
67. *El campo, ese horrible lugar donde los pollos se pasean crudos.*
68. *Polonia: verdades que duelen.*

1982
69. *La realidad manipulada.*
70. *España: la nostalgia de la nostalgia.*

Las nostalgias del escritor colombiano, que no le suceden únicamente a él, sino también a sus allegados colegas y parientes y además a los colombianos cuando nos encontramos lejos o en nuestra amada "Madre Patria, España", son las nostalgias del autor en Barcelona, que él recuerda desde niño (a los seis años), cuando oía cantar a su abuela "las canciones que parecían tristes". (Pág. 265), en este caso son memorias del autor en Barcelona cuando,

> ...fui con una pandilla de amigos a ver el espectáculo vivo de Sara Montiel, pero ya no por escuchar otra vez las canciones de la abuela, sino cautivado por la nostalgia de aquellos tiempos de México. (Pag. 265) [...] "Y lo que entonces padecí no fue la nostalgia de siempre, sino un sentimiento más hondo y desgarrador: la nostaangia de la nostalgia." (Pág. 265).

71. Los 166 días de Feliza.

Los 166 días de Feliza

Sobre los atropellos a que fue expuesta por "los servicios de seguridad" la escultora colombiana, Feliza Bursztyn, el autor prosigue:

> Sin embargo, lo más disparatado del atropello incalificable de que ha sido victima Feliza Bursztyn es que su exilio va a quitarle el voto más seguro y ferboroso que tenía el candidato conservador a la presidencia de la República, don Belisario Betancur. (García Márquez: 1995: 176)

Nuevamente hacemos un recuento de lo que significa para la inteligencia colombiana, ya sean escritores, escultoras, poetas, periodistas, etc., quienes tienen que refugiarse en otros países por la amenaza de muerte, atropellos y secuenstros del sistema político "democratico" colombiano:

> Nadie sabe mejor que mi familia y yo cómo fue la vida de Feliza Bursztyn, minuto a minuto, en los 166 días de exilio mortal. En nuestra casa de México, donde vivió casi tres meses desde que salió de Bogotá bajo la protección diplomática de la embajada mexicana, hasta cuando pudo viajar a Paris, no sólo tuvimos tiempo de sobra para hablar de su drama, sino que sólo pudimos hablar de eso, porque Feliza quedó en una especie de estupor de disco rayado que no le permitia hablar de otra cosa. (García Márquez: 1995:269-270).

Luego la escultora en su destierro de su patria lejana, después de haberle sido negada la visa de entrada a,

Estados Unidos, donde viven sus tres hijas, su hermana y madre, todas ellas de nacionalidad americana. Pero el consulado de Estados Unidos en México, después de consultarlo con el de Bogotá, le negó la visa. Amigos de Feliza le consiguieron entonces, con el ministerio de cultura de Francia, una beca de duración indefinida con un estudio para que siguiera haciendo sus chatarras, y tarjeta de la Seguridad Social para que se vigilara mejor su mala salud. En París la encontró su esposo apenas diez días antes de su muerte. (García Márquez: 1995:272)

72. «Cuentos de caminos».
73. Otra vez del avión a la mula... ¡Qué dicha!
74. Graham Greene: la ruleta rusa de la literatura.
75. Mi otro yo.

Mi otro yo.

Sucede que a García Márquez se le atribuyen conferencias literiarias en lugares que no ha estado en muchos años y con pelos y señales, se fabrica de la nada una conferencia literaria, "muy sugestiva de mi exposición. Pero lo más alagador para mí fue que los temas de la reseña eran mucho más inteligentes de lo que se me hubiera podido ocurrir, y la forma en que estaban expuestos era mucho más brillante de lo que yo hubiera sido capaz" (Pág. 286). Parece que la fama internacional del autor colombiano ha logrado que García Márquez esté como la "blanca paloma" del espíritu literario en varios y muy distantes lugares a la vez. Estos son pues, los gajes del oficio de escribir libros. Como lo son también, las amenazas de muerte, que el sistema político colombiano, existente por aquel entonces en (1982), desata en contra del propio escritor, nota de prensa escrita posteriormente en su nota: *Crónica de mi muerte anunciada.*

77. Las esposas felices se suicidan a las seis.
78. El fantasma para el progreso.
79. Crónica de mi muerte anunciada.
80. EE.UU.: política de suposiciones.
81. Bangkok la horrible.
82. «Peggy, dame un beso».

RESUMEN DEL PERIODISMO

Es conveniente resumir, después de este análisis del periodismo de García Márquez, un comentario de conjunto, para entender que es lo esencial y humano de la aportación intelectual en forma de notas de prensa o en tono alegórico, dinámico, simbólico creativo, a través de imágenes violentas propia del autor colombiano.

Las largas listas de sus artículos publicados en la prensa denotan una vivaz audacia de conjunto, con títulos explosivos, que algunas veces vienen a ser el repaso de cómo se escriben y crean memorias de sus cuentos o novelas de sus obras literarias, pero que también invitan a una lectura inmediata. Por supuesto, es ese el legado incomparable del genio de nuestro autor, difícil de imitar o de llegar a analogías que se parezcan a su larga obra narrativa periodística y literaria, militante y política hasta llegar a la méluda de su poderoso e innato "poder intelectual de la palabra".

Toda la obra Periodística de García Márquez es tan apasionante como lo es la obra literaria con sus cuentos y novelas, sacados de esa misma realidad histórica. Sin embargo, se podría decir que el beneficio directamente llega a su lector y amigo, que lee estas Notas de Prensa, que comienzan ya a informarnos desde 1947, en los periódicos de Cartagena,

Barranquilla y luego en Bogotá. Esto, ha sido pues, una verdadera enciclopedia histórica de eventos nacionales e internaciones de lo que sucede en Colombia y en el mundo político e intelectual en general, concentrándose sobre lo que sucede en su patria y en especial en el continente iberoameicano. En su *Obra Periodística*, el escritor colombiano arropado en su realismo de expresionismo directo e informativo, simplemente nos transmite lo que él considera la realidad social, política, y los entretejidos riesgos para los intelectuales colombianos bajo un régimen que todavía hoy lo encontramos represivo, distante de lo que son las congojas económicas del pueblo y su gente, gente que no tiene en realidad todavía nadie que la escuche, y que la defienda eficazmente del terrorismo al estilo colombiano, de la izquierda o derecha o del narcotráfico.

Pero, sobretodo a través de su larga historia, el "cuentacuentos", retumba en nuestros sentidos un arte poético, incomparable, realista, militante que lo tenemos que sentir con la esperanza para un futuro mejor. El papel que quiere asumir García Márquez, como ya hemos comentado en su momento, es el del intelectual que pretende desvelar conciencias. Los métodos que usa para llegar a eso son diversos. La importancia del periodismo, de su implicación política en él, es la muestra más palpable y directa de su componente ideológico. Nos sirve de soporte para desarrollar el trabajo de investigación sobre los componentes ideológicos de su obra de ficción.

Es decir, este análisis descriptivo que hemos realizado hasta aquí es una muestra de lo más obvio, del compromiso del autor y de su evolución ideológica desde los años cuarenta hasta la actualidad. Los artículos han venido a ser la muestra de cómo aborda diferentes temas.

A ello cabe sumar el estilo realista al que nos hemos estado refiriendo. La postura documental en el caso de las represiones de El Salvador, por ejemplo, viene a explicar su voluntad de crónica. Es decir, nos muestra el espectáculo sangriento de una manera directa, con toda su crudeza, y añade a ello el comentario de la ingenuidad, el del amigo que contempla aquello como una película de mala calidad. Es decir, juega a contraponer los valores de realidad y de ficción para que el lector se dé cuenta de la dimensión de la tragedia, que va más allá de lo que podría plantear una ficción desmesurada y exageradamente centrada en lo violento.

Dentro de este estilo característico apuntamos también el incalculable valor que adquiere el recurso a la ironía por citación. La costumbre de referir expresiones usadas por los políticos de determinados países, por las autoridades encargadas de la represión, de los sectores conservadores de la sociedad, sirven de contraste evidente con lo que el autor muestra. Es entonces cuando hay una solicitud tácita, por parte del autor hacia el lector, de interpretar aquellas palabras como una ironía.

En otras ocasiones ha ido más allá, como veíamos cuando hablaba de los "plumíferos" que escriben el discurso al presidente de Colombia. Este paso hacia la sátira viene dado por la necesidad de producir un efecto perlocutivo en los lectores, la risa o la burla a propósito de un tipo de discurso manido, repetido hasta la extenuación por parte de las juntas militares que han gobernado algunos de los países más maltratados por las dictaduras.

Esa distancia entre el "plumífero" y el "escritor" sirve de nuevo para afianzarse en su postura de autor de ficción que opina sobre determinados temas. Es evidente que esa postura se reafirma durante la segunda época, cuando es un autor de fama conocido principalmente por *Cien años de soledad* y que acaba de encunbrarle a raíz del Premio Nobel.

Ello nos sirve, por lo tanto, para formarnos la idea de un autor que impregna sus libros de ideas que nacen del conocimiento del contexto y de su forma de observarlo. Por ello nos interesa, a partir de ahora, seguir los trazos gruesos del periodismo reflejados en el trazo fino del discurso literario. Aprovechamos los conocimientos y los datos que nos ha dado García Márquez en su periodismo y en su biografía para verlos reflejados en sus obras literarias.

III

Período transcendental para García Márquez, (1955-1967)
El "realismo mágico"[8] Desde Mássimo Bontempelli

La Hojarasca (1955)
El coronel no tiene quien le escriba (1961)[9]
Los funerales de la mama grande (1962)
La mala hora (1962)
Cien años de soledad (1967)

La hojarasca (1955)

En esta novela, la soledad y la muerte aparecen plenamente dentro de la metáfora extendida. Oscar Collazos, al reseñar sobre *"García Márquez: La soledad y la gloria"* encuentra que: "El enclaustramiento del médico, desde el día que se negó a curar los heridos de una refriega electoral, va más allá del simple encierro nacido del orgullo," (Collazos, Oscar, 1983:39). Por otra parte, la solidaridad del coronel al tomarse la obligación moral y el trabajo de enterrarlo después del suicidio del médico, demandando de su hija Isabel y del niño, testigo inocente de los acontecimientos, que lo acompañasen en esta humana pero macabra necesidad de enterrar al difunto.

Son muchas las incógnitas que se presentan a lo largo de la lectura. La misma opinión dada por Oscar Collazos:

---

[8] "Realismo Mágico" Bontempelli, Mássimo, elabora la teoría de la estética de la literatura, concepto que incorpora en la *Revista 900,* y en 1928, De la Serna lo invita a Madrid. Tema que García Márquez incorpora racional y efectivamente en sus cuentos y novelas. El autor se fabrica su propio mundo y lo convierte en real. Rompe con los cánones de lo real e incluye lo maravilloso. El autor hace y deshace con sus ideas sacadas de la realidad, reforzándolas con la ironía retórica, por lo cual, nos dice una cosa y expresa otra del mundo religioso y social/político en el Macondo mítico, que llega a ser y es su propia forma y tono de realidad mágica.

[9] Aparece por primera vez en la revista *Mito* en mayo-junio de 1958.

De este procedimiento se deriva la estructura del relato: al no atacar directamente la acción, como correspondería a un relato convencional; al evitar el narrador omnisciente, que llevaría la novela por unos cauces más directos, García Márquez escogió el camino más complejo, el de la estructuración del relato a través de sus propios personajes. Aquí descansa la complejidad de *La Hojarasca*. (Collazos, Oscar, Primera edición 1983:39).

Sin duda, Faulkner tiene una fuerte influencia decisiva en *La hojarasca*, "La acción transcurre entre 1903 y 1928 (fecha de nacimiento del autor) en Macondo, mítico y legendario pueblo creado por García Márquez. Tres personajes, representan tres generaciones distintas, desatan –cada uno por su cuenta– un monólogo interior centrado en la muerte de un médico que acaba de suicidarse. En el retrato aparece la premonitoria figura de un viejo coronel, y "la hojarasca" es el símbolo de la compañía bananera, elementos ambos que serían retornados por el autor en obras sucesivas." www.mundolatino.org (10/24/2004).

Es la metaforización extendida sobre la soledad, el abandono del hombre, del doctor muerto, y "el lento y sosegado aleteo de la muerte, ese recóndito aleteo que en las alcobas de los moribundos huele a tufo de hombre." (García Márquez, 1978:122)

El autor continúa describiendo lo que para él significa la ruina a que fue sometido Macondo por la compañía bananera, o sea, el imperialismo americano:

Hace diez años, cuando sobrevino la ruina, el esfuerzo colectivo de quienes aspiraban a recuperarse habría sido suficiente para la reconstrucción. Habría bastado con salir a los campos estragados por la compañía bananera; limpiarlos de maleza y comenzar otra vez por el principio. Pero a la hojarasca la habían enseñado a ser impaciente; a no creer en el pasado ni en el futuro. Le habían enseñado a creer en el momento actual y a saciar en él la voracidad de sus apetitos. (García Márquez, 1978:123)

Profundo significado, la metáfora de "la hojarasca" es el desperdicio, soledad, frustración, la falta de esperanza para un futuro mejor. Y le impone un destino muy parecido para los próximos 50 años de continúa hojarasca humana en el territorio colombiano. El pensamiento del autor se sintetiza:

> Poco tiempo se necesitó para que nos diéramos cuenta de que la hojarasca se había ido y de que con ella era imposible la reconstrucción. Todo lo había traído la hojarasca y todo se lo había llevado. Después de ella sólo quedaba un domingo en los escombros de un pueblo, y el eterno trapisondista electoral en la última noche de Macondo, poniendo en la plaza pública cuatro damajuanas de aguardiente a disposición de la policía y el resguardo. (Pág. 124)

Aparte de las consideraciones generales sobre la muerte y la soledad, en la obra aparecen personajes diversos que, siempre citados a través de la voz de los narradores, nos transmiten una serie de propuestas para su estudio siguiendo los comportamientos estereotipados que les atribuye el autor. Por una parte, ese es el cometido del cura que, ante el suicidio del médico, no permite que sea enterrado en territorio sagrado. A este comportamiento estereotipado, sin embargo, viene a sumarse una contradicción en la conducta. Se trata de la negación de la misericordia que el Coronel Buendía exhibe hacia el difunto. Para el cura, el difunto no se merece ni ese acto de misericordia última. Es decir, se implica en el odio más que en la caridad cristiana.

Otro caso es el del alcalde que, avisado por el Coronel sobre la muerte del doctor, tarda dos horas en acudir al levantamiento del cadáver. Arguye que estaba almorzando y el coronel le responde que había tenido tiempo hasta de dormir la siesta. Para el administrador de la justicia, el hecho de que el coronel haya puesto al difunto en el ataúd es un desacato que conviene paliar de algún modo. De ahí que en la conversación privada que mantiene con el coronel aparezca el soborno como fórmula para el fácil convencimiento del administrador de justicia.

En *La hojarasca* se combina la influencia de Kafka y también la de William Faulkner; como ya se había mencionado. Igual que hace Kafka en sus escritos, García Márquez escribe sobre Gabriel García Márquez como personaje, en el niño quien presencia los movimientos, pensamientos, acciones, valores, y demás de su abuelo, el coronel, quien más tarde será protagonista principal de sus próximas novelas. Y en cuanto a Faulkner, nos encontramos con un lenguaje sencillo, directo, que critica una sociedad decadente, donde los personajes y sus familias hacen parte de generación en generación de lo que representa su historia y cultura. La decadencia humana, absoluta metáfora en la que el autor dedica en su novela *La hojarasca,* nos presenta la muerte.

Un epígrafe de Sófocles abre el relato. (Oscar Collazos, 1983:36) Y respecto del cadáver de Polinice, que miserablemente ha muerto, dicen que ha publicado un bando para que ningún ciudadano lo entierre, ni lo llore, sino que insepulto y sin los honores del llanto, lo dejen para sabrosa presa de las aves que se abalancen a devorarlo. (García Márquez, 1978:1)

El símbolo de Polinice es, por lo tanto, la necesidad de mantener viva la memoria. Algo no soterrado, presente aunque muerte, mantiene la memoria en la comunidad. De ahí que la muerte del doctor, frente a la hojarasca, sea una suerte de conciencia. La convivencia con la muerte marca el sino de la sociedad que rodea al niño, al tiempo que marca la trayectoria tematológica del autor.

La proyección de ello se ve constatada en el punto en que el niño que es conducido al entierro se encuentra con su figura en el espejo y con la realidad de sus antepasados.

Sarah de Mojica en "Metáforas espaciales en *El General en su Laberinto* y otras obras crónicas Garcíamarquianas" escribe:

Al comienzo de *La Hojarasca* (1955) un niño pasa frente al espejo de la sala de la casa a donde ha ido de mano de su madre, quien a su vez ha sido traída por su padre (el abuelo), para enterrar a un hombre muerto.

... y me he visto de cuerpo entero, vestido de verde y con este blanco lazo almidonado que me aprieta a un lado del cuello. Me he visto en la redonda luna manchada y he pensado: Ese soy yo, como si hoy fuera domingo. (Mojica, Sara 1997: 219)

Cuerpo, traje verde, lazo que aprieta, descomponen ese cuerpo entero reflejado en la luna manchada del espejo y lo arrojan fuera del lugar habitual. Es él, pero también es otro, sujeto y objeto de su mirada, tal como debería lucir en domingo, y no en un miércoles como es hoy. Al pisar por primera vez esta casa abandonada de sus antepasados, tiene una imagen fantasmal de su cuerpo 'como si' otro tiempo y otro lugar invadieran la calma en este presente. (Mojica, Sara 1997: 220)

Como el titulo indica son las metáforas de tiempo y espacio que Sarah de Mójica llama metáforas espaciales. La dualidad del yo y mi otro yo, el del espejo, al tiempo que recoge un motivo literario—la salida al mundo—a través de los ojos del niño. Es decir, el niño despierta su conciencia de la realidad a través de la muerte y a través del espejo. El valor metafórico de esto hace que la obra se constituya en un referente del transfondo ideológico de la trayectoria de García Márquez. El escritor presenta su mundo a través de la escritura igual que el niño se descubre en un espejo. El espejo literario sirve para tomar conciencia de la realidad.

Entendemos que esta obra marca un punto en el decurso creativo de García Márquez desde el momento en que se presenta como un trabajo en el que la "toma de conciencia" funciona como motivo asociado a lo largo de todo el relato. Se trata de hilvanar las partes que lo componen con el descubrimiento del mundo a los ojos del niño que ve en la muerte, en la labor de la compañía bananera, en la desolación de los mayores y en sus disputas de qué está compuesto el mundo que va descubriendo. La hojarasca, el símbolo de la muerte, predomina como un envoltorio sobre el contenido textual.

En la medida que refeja algunas vivencias directas del escritor: por ejemplo, el recuerdo de los estragos causados por la Compañía Bananera, se presentan algunos motivos que van a ser constantes en la obra de García Márquez. Esta intervención de la multinacional sobre el pueblo, el predominio de los intereses económicos de este grupo transnacional para decidir sobre el destino político y humano de la sociedad, se convierte en un condicionante ideológico fundamental a la hora de analizar la obra de nuestro autor. Sobre todo lo veremos en una serie de episodios aparecidos en *Cien años de soledad.*

EL CORONEL NO TIENE QUIEN LE ESCRIBA (1961)

Esta novela cuya finalidad crítica viene a ser política y social, es un eco-registro del discurso conciso que el autor narra acerca del clima político existente de la realidad colombiana, e invita a un cambio, que es también revolucionario, bajo símbolos de peleas de gallos, reuniones clandestinas, víctimas de la violencia y la espera de la carta que nunca llega para informar al destinatario, el coronel.

La carta, protagonista esencial del fraude laboral, pues su merecida pensión no sucede, mientras la miseria de él, su esposa y sus seguidores es auténtica, es la realidad latinoamericana. Es la intensidad narrativa, profunda significación bajo la pluma incansable del escritor colombiano. Sin olvidar que, por aquel tiempo en Colombia, la censura también era oficial y real, y lo que se muestra como mensaje implícito en la narración, en esta novela relativamente corta, se manifiesta también como sobrevivencia poética-literaria.

Es apropiado volver a la realidad crítica que enfoca García Márquez, a mediados del siglo XX, creando un marco propicio para su novela *El coronel no tiene quien le escriba,* y analizando la realidad deshumanizante y violenta de Villar Borda en el (Preámbulo histórico); ésta es la otra realidad del "Coronel" de García Márquez: el relato de la novela es lineal, sucede de octubre a diciembre de 1954. Ello no impide la presencia de analepsis que conducen a explicar algunos de los episodios pasados que aclaran la situación actual del coronel.

La narración se plantea a través del relato que tiene que ver con el contenido de los acontecimientos que suceden en un pueblo olvidado y maltratado por el hambre, por la miseria prolongada, y sus personajes: el coronel, su esposa, su hijo víctima de la violencia, los seguidores del coronel, el médico.

Desde el comienzo de la obra, el mensaje es implícito, pues no se habla directamente para criticar el engaño laboral, que viene a ser un tema esencial de la narración, por lo tanto, el trabajo arduo e incómodo algunas veces, para el lector que siente la situación de esta lastimada comunidad, llega a ser lógico/racional para que también se identifique con la terrible situación de pobreza y abandono que rodea al coronel y su gente.

Así con este relato, la voz del narrador es clara y objetiva; es evidente que el autor se vale de factores textuales de alusión a la realidad, que paulatinamente el lector real tiene que aclarar y entender. Es la miseria que se agrava cada día más, pues el fraude laboral también es real.

El autor real se vale de un narrador implícito quien no habla o critica directamente, pero la situación de pobreza y miseria que rodea al coronel y su esposa es evidente, es la miseria latinoamericana que se agrava con la precaria salud de la esposa, y el estado físico-psicológico del coronel que «experimentó la sensación de que nacían hongos y lirios venenosos en sus tripas»—«La respiración de la mujer es pedregosa». (Pág. 54)

Nótese en las líneas anteriores la maestría y el genio en la adjetivación con que el autor maneja a lo largo de esta obra y en realidad en toda su obra literaria, es la adjetivación sorprendente que sacude al lector (que yo la llamo forma retorcida o manierismo) en su estilo, que unido a los contenidos verbales, más los sustantivos reales magnificados por esta misma adjetivación, que se visualiza a lo largo de toda la obra literaria, nos muestra de manera contundente su poderoso lenguaje poético.

La ironía, los detalles de violencia, los símbolos: la revolución implícita, el gallo y la carta, las imágenes/metáforas, se expresan por medio del lenguaje mismo, magnificado por la sorprendente creatividad y capacidad de concisión del autor. Por otra parte, la narración es objetiva, los acontecimientos son verosímiles y cotidianos, y aparentemente no ocurre nada trascendental, sin embargo, «el coronel se había olvidado del entierro». (página 50)

El arte de la narración está en la gran capacidad del autor de abreviar, recargar/exagerar, elegir/seleccionar, e informar/anunciar. Las imágenes nos presentan desde el comienzo al coronel y su esposa en la más absoluta miseria humana, al hijo asesinado por la violencia, y la presencia de la muerte, que según Joaquín Marco, en su introducción de la novela (1996:17) *El Coronel no tiene quien le escriba* dice: «Algunos críticos la integran en lo que viene denominándose «narrativa de la violencia colombiana».

En lo relativo al "análisis del discurso" de la novela, se podría reseñar la importancia que van asumiendo determinadas expresiones implícitas. Desde el inicio de la novela la alusión a la violencia se da a través de las inferencias que puede hacer el lector: «Este entierro es un acontecimiento—dijo el coronel—. Es el primer muerto de muerte natural que tenemos en muchos años», (Pág. 54). Resulta evidente que la referencia a la violencia está presente, pero aún más si nos fijamos que la expresión que matiza la inferencia es el "en muchos años". Es decir, la violencia se perpetúa, no se había hecho presente durante un lapso temporal únicamente, sino que es lo ordinario. Ante esta violencia que se eterniza y que se plasma en el recuerdo de los personajes de García Márquez, hay que buscar una herencia del pasado, como el gallo, símbolo del hijo.

No en vano el gallo es «herencia del hijo acribillado nueve meses antes en la gallera, por distribuir información clandestina». (Pág. 62) Con ello, se podría pensar que la reciente muerte del hijo se suma a un largo número de muertes violentas que no se expresan ni se enumeran, pero que quedan latentes en las líneas escritas por García Márquez.

Por lo tanto, el recuerdo de la violencia pasada, vivida en primera persona, deja al coronel arrinconado y casi solitario, con la complicidad de los pocos amigos que quedan en el pueblo:

> El coronel se dirigió a la sastrería a llevar la carta clandestina a los compañeros de Agustín. Era su único refugio desde cuando sus copartidarios fueron muertos o expulsados del pueblo, y él quedó convertido en un hombre solo sin otra ocupación que esperar el correo todos los viernes. (Pág. 72)

En este sentido, la soledad viene a acompañar el recuerdo de la violencia y al silencio impuesto por la imposibilidad de expresar sus puntos de vista y tener que aceptar la imposición militarista del toque de queda, tan presente en toda la narración.

El autor con un lenguaje claro, conciso, detallado, lacónico, que critica con esta obra fuertemente las instituciones existentes en Colombia en 1958[10], logra un poder descriptivo-narrativo que va de lo regional a lo universal, que vigoriza y es lo que le da nervio y sentido a la obra. Esta descripción con que se inicia la novela, nos describe el ambiente de soledad, y pobreza; es el lenguaje poético muy característico del autor, para despertar desde el inicio al lector y enterarlo de la decadencia del lugar.

La soledad rige y es el epicentro a lo largo de la narración, desde el comienzo de la obra. Si incluimos los rasgos de soledad y violencia/muerte; estas son también las características en *La hojarasca*, en *La mala hora*, esencial en *El otoño del patriarca*, y por supuesto en *Cien años de soledad*; viene a ser la metáfora extendida, que le da un nuevo sentido y significado a la realidad, que es parte intrínseca y viene a ser el sello en la estructura del relato narrativo de García Márquez.

En ciertas ocasiones cabe la posibilidad de encontrar un enfrentamiento dialéctico entre el coronel y su esposa. Se trata de diálogos en los que la situación de pobreza por la que pasa el matrimonio hace que la mujer se desespere y le recuerde al marido la situación. Él, sin embargo, continúa esperando el momento del triunfo del gallo o la llegada de la carta. En ese sentido es un observador pasivo, frente a la diligencia que le demanda su esposa. Esa tensión se respira en los intercambios de opinión

---

[10] Aparece por primera vez en la revista *Mito* en mayo-junio de 1958.

de la pareja, incluso en la semántica del discurso de la obra. El autor nos describe la fisiología del coronel, muy similar a la situación social: «En el curso de la semana reventó la flora de sus vísceras». (Pág. 61) Los problemas gastrointestinales del coronel son el reflejo de un malestar interno que va más allá del propio personaje. Es más, el uso de expresiones del tipo "vísceras" para referirse a lo más interno y más oculto del cuerpo, sumado a usar el reventón como imagen, califica el carácter violento del sentimiento corporal.

También el coronel se afana en expresarse de esa manera cuando dice que, para alimentar al gallo «Cuando se acabe el maíz tendremos que alimentarlo con nuestros hígados». (Pág. 62) De nuevo la alusión a la visceralidad pone patente ese sentir dramático que confiere García Márquez a la realidad de su época. Hasta la utilización de determinados verbos nos lleva a la reflexión a propósito de un léxico expresamente violento para actos que no lo son tanto. Por ejemplo: «Hizo una pausa para destripar un zancudo en el cuello». (Pág. 81) El hecho de destripar va más allá de "aplastar" término que se utilizaría, por ejemplo, en el español peninsular y que, aún resultando violento, no llega al grado de éste al que nos referimos.

Aparentemente el coronel parece ser la figura central en la narración, pero de igual importancia son los personajes que ocupan el segundo plano, como la esposa, jóvenes y niños, el mártir de la revolución—Agustín—y el informante del pueblo: el médico. Con este conjunto de personajes además entra en juego el enfrentamiento velado con los que ejercen la violencia. En el caso que referimos a continuación es una especie de sicario que responde a otro tipo social en la realidad de la historia colombiana:

> Y entonces vio de cerca, por primera vez en su vida, al hombre que disparó contra su hijo. Estaba exactamente frente a él con el cañón del fusil apuntando contra su vientre. Era pequeño, aindiado, de piel curtida, y exhalaba un tufo infantil. El coronel apretó los dientes y apartó suavemente con la punta de los dedos el cañón (...) Se enfrentó a unos pequeños y redondos ojos de murciélago. En un instante se sintió tragado por esos ojos, triturado, digerido e inmediatamente expulsado. (Pág. 132-133)

En este caso, la violencia explícita cuenta con un componente metafórico, el que hace referencia a lo que es el ejercicio de reflexión del indio antes de dejar pasar al coronel.

Los jóvenes, protagonistas importantes en esta obra de García Márquez, ellos son ardientes seguidores del gallo /violencia, y el hijo del coronel—Agustín—y mártir de la misma violencia, simbolizan lo que implícitamente se interpreta como la continuación a reuniones clandestinas, y

> El coronel observa la confusión de rostros cálidos, ansiosos, terriblemente vivos. Era gente nueva, Toda la gente nueva del pueblo. Revivió—como en un presagio—un instante borrado en el horizonte de su memoria (Pág. 140)

También el símbolo esencial de la violencia: «El gallo estaba perfectamente vivo frente al tarro vacío. Cuando vio al coronel emitió un monólogo gutural, casi humano, y echó la cabeza hacia atrás» (página 60). Con esta revelación nos damos cuenta que el juego político, laboral, la institucionalización de la violencia continuará con la gente "nueva", representada por los jóvenes seguidores del coronel, padre del mártir de la revolución. «Éste es el milagro de la multiplicación de los panes» dijo el coronel. (Pág. 77) Con este relato testimonial de la sociedad colombiana, se llega a un círculo vicioso tanto de la sociedad, la violencia, la represión, el toque de queda, la falta de libertad de expresión pública, con el consiguiente porvenir de una "porción diaria de hambre", y lo sentimos hoy a la luz de la realidad histórica colombiana al comienzo del siglo XXI.

La complicidad del médico supone una de las pocas vías de comunicación del coronel con el resto del pueblo, más aún en clave política. El médico en este sentido es un referente de un tipo de pensamiento ilustrado, alguien que afirma, por ejemplo que «Para los europeos América del Sur es un hombre con bigotes, una guitarra y un revólver». (Pág. 80) También el médico es quien se da cuenta del rendimiento, o ganancia que don Sabas, su compadre, quiere sacar del gallo: «El único animal que se alimenta de carne humana es don Sabas—dijo el médico—Estoy seguro que revenderá el gallo por novecientos pesos». (Pág. 129-130).

La esposa del coronel, menos soñadora, presiente el peligro/violencia que representa el gallo, cuando le dice a su esposo el coronel: «Estos malditos gallos fueron su perdición»; «No veo la hora de salir de ese pájaro de mal agüero» (página 104).

La voz de la mujer del coronel sirve para recordarle su pasado, sus derechos, e impulsarlo a actuar, a ponerse en marcha en lugar de esperar que el gallo triunfe. Es decir, representa un sentido más práctico de la situación, voluntariamente se aleja del utopismo que representa el futuro representado por el gallo:

> También tenías derecho a tu pensión de veterano después de exponer el pellejo en la guerra civil. Ahora todo el mundo tiene la vida asegurada y tú estás muerto de hambre, completamente sólo. (Pág. 148)

De una forma más evidente, lo expresa en líneas posteriores cuando dice:

> Es la misma historia de siempre (...) Nosotros ponemos el hambre para que coman los otros. Es la misma historia desde hace cuarenta años. (Pág. 148)

En este punto la relación con el contexto parece más evidente. Hay una alusión a la situación política de la nación colombiana.

El coronel no tiene quien le escriba, esta obra de García Márquez viene a ser un preámbulo para futuras novelas que posteriormente el autor escribirá, vocablos que subsiguientemente vienen a ser familiares en su obra literaria futura: «la mala hora», «Macondo», pueblo mítico esencial en la creación monumental de *Cien años de soledad* y el coronel «Aureliano Buendía» protagonista eje central de un pasado revolucionario que ya se presentaba en *La hojarasca* sin la carga heroica que ahora observamos.

A través de la narración, "el tiempo" permite describir la omnisciencia del narrador:

> «casi sesenta años después». Se precisa la fecha del tiempo del relato: «— ¿A cómo estamos hoy? — 27 de octubre.» También, el tiempo se define mediante signos «A las once sonó el clarín»; «poco antes de las doce»; «diez años de informaciones clandestinas». También las cosas poseen su tiempo propio. Los zapatos «tienen cuarenta años». La precisión en el tiempo posee un marcado carácter "surrealista". (García Márquez, Introducción, 1996:20-21).

El Coronel no tiene quien le escriba, obra puramente visual, característica primordial a lo largo de la obra literaria del autor colombiano, visualización que el mismo autor reconoce cuando él mismo declaró:

> es una novela cuyo estilo parece el de un guión cinematográfico. Los movimientos de los personajes son como seguidos por una cámara. Y cuando vuelvo a leer el libro, veo la cámara. En sus Conversaciones con Plinio Apuleyo Mendoza. (García Márquez: 1982:45)

Esta obra cargada de significados complejos e históricos, arropada bajo el clima ardiente/ violento propio del trópico colombiano, y saturada por la adjetivación realista, matizada por el comportamiento verbal (dinámico, afectivo, explosivo), pero diferente del léxico habitual tradicional en que estaba estancada la novela hispanoamericana de la época, nos anticipa la lucha y tremenda carga intelectual del autor que seguirá señalando el pasado y presente de ese pueblo alejado y maltratado: "muerto de hambre".

LOS FUNERALES DE LA MAMÁ GRANDE (1962)

Este cuento llega a ser humorístico, grotesco, con gran dosis de sátira y parodia extendida, con tono burlesco hacia las instituciones religiosas y políticas, y además revisa los antecedentes con que vive ese vulgo común, dentro del "matriarcado" de La Mamá Grande.

> Ésta es, incrédulos del mundo entero, la verídica historia de la Mamá Grande, soberana absoluta del reino de Macondo, que vivió en función de dominio durante 92 años y murió en olor de santidad un martes de septiembre pasado, y a cuyos funerales vino el Sumo Pontífice. (Gabriel García Márquez: 1996:216).

El valor del cuento es la capacidad narrativa que sintetiza, que informa con descripciones detalladas acerca del "poder" casi sobrenatural de las últimas horas de la larga vida y muerte de la protagonista, y todo esto en una «subida y bajada de escaleras». Este cuento clásico, estilo propio de García Márquez, no permite saltos en el tiempo, es el cuento de vida y milagros de la matrona de Macondo. La perspectiva pragmática de intensidad creativa expresionista, nos lleva a entender la simbólica reflexión de lo que se pueda extraer entre la emisión (el autor) y la recepción (el lector). Indudablemente, ya en 1962, el autor arropado en su cultura Macondiana, hace que el lector se indentifique con aquello que se va a contar; luego, el proceso de cognición hace parte relevante en el proceso de la estructura, y la temática del cuento, donde el humor, lo absurdo, es llevado al lector con la síntesis del espacio en el contexto.

Lo eficaz que predomina es la narración, el autor lo sintetiza en pocas líneas:

> Ahora que la nación sacudida en sus entrañas ha recobrado el equilibrio; ahora que los gaiteros de San Jacinto, los contrabandistas de la Guajira, los arroceros del Sinú, las prostitutas de Guacamayal, los hechiceros de la sierpe y los bananeros de Aracataca han colgado sus toldos para restablecerse de la extenuante vigilia, y que han recuperado la serenidad y vuelto a tomar posesión de sus estados el presidente de la República y sus ministros y todos aquellos que representan el poder público y las potencias sobrenaturales en la más espléndida ocasión funeraria que registren los anales históricos; ahora que el Sumo Pontífice ha subido a los cielos en cuerpo y alma, y que es imposible transitar en Macondo a causa de las botellas vacías, las colillas de cigarrillos, los huesos roídos, las latas y trapos y excrementos que dejó la muchedumbre que vino al entierro, ahora es la hora de recostar un taburete a la puerta de la calle y empezar a contar desde el principio los pormenores de esta conmoción nacional, antes de que tengan tiempo de llegar los historiadores. (Pág. 216-217).

Es el cuento dentro del cuento histórico, y llegamos nuevamente, al Macondo de 1875, recordándonos una de las tantas guerras, esta vez, entre masones federalistas. (Refriega, narrada en detalle en el Preámbulo histórico colombiano).

> A nadie se le había ocurrido pensar que la Mamá Grande fuera mortal, salvo a los miembros de su tribu, y a ella misma, aguijoneada por las premoniciones seniles del padre Antonio Isabel. Pero ella confiaba en que viviría más de 100 años, como su abuela materna, que en la guerra de 1875 se enfrentó a la patrulla del coronel Aureliano Buendía, atrincherada en la cocina de la hacienda. Sólo en abril de este año comprendió la

Mamá Grande que Dios no le concedería el privilegio de liquidar personalmente, en franca refriega, a una horda de masones federalistas. (Pág. 218)

La narración histórica continúa: «Aquella visión medieval pertenecía entonces no sólo al pasado de la familia sino al pasado de la nación». (Pág. 222) La música que no hace falta en las descripciones de García Márquez, nos toca el tono parrandero y bullicioso, propio del Caribe: «Los selectos invitados y los miembros legítimos de la familia, generosamente servidos por la bastardía, bailaban al compás de la vieja pianola equipada con rollos de moda.—Era como el recuerdo de otra época». (Pág. 220-221) La historia es esencial tema recursivo en toda la obra literaria del autor.

Cualquier imitación burlesca de una cosa seria es deliberada y meditada por el emisario/ autor para lograr un efecto dirigido al destinatario/lector. Estamos hablando del "poder", y el poder de la parodia, el que se manifiesta ampliamente, para resumir la historia social durante la colonia en Colombia:

La aldea se fundó alrededor de su apellido. Nadie conocía el origen, ni los límites, ni el valor real del patrimonio, pero todo el mundo se había acostumbrado a creer que la Mamá Grande era dueña de las aguas corrientes y estancadas, llovidas y por llover, y de los caminos vecinales, los postes del telégrafo, los años bisiestos y el calor, y que tenia además un derecho heredado sobre las vidas y haciendas, parecía en verdad infinitamente rica y poderosa, la matrona mundo. (Pág. 218-219)

Esta visión del territorio, ligada evidentemente a la del latifundismo imperante en el contexto, remite a la cercanía del modelo colonial durante siglos en el país. Es, por así decirlo, una muestra del poder económico de la oligarquía que mantiene, con su economía, el poder político y ejerce la presión sobre el pueblo a través de la concienciación religiosa y la falta de educación.

La Mamá Grande dictó al notario la lista de sus propiedades, fuente suprema y única de su grandeza y autoridad. Reducido a sus proporciones reales, el patrimonio físico se reducía a tres encomiendas adjudicadas por cédula real durante la Colonia, y que con el transcurso del tiempo, en virtud de intrincados matrimonios de conveniencia, se habían acumulado bajo el dominio de la Mamá Grande. (Pág. 223).

Es el relato histórico mágicamente narrado por García Márquez, que parece "fantasía de coscorrón", pero que sabemos que está intrinsicamente ceñido a la realidad colombiana y cómo era el dominio de habitar las tierras por orden real en dichas encomiendas o haciendas, heredadas de no se sabe bien qué antepasados, conquistadores o colonos. El autor nos sigue informando:

> En ese territorio ocioso, sin límites definidos que abarcaba cinco municipios y en el cual no se sembró nunca un solo grano por cuenta de los propietarios, vivían a título de arrendatarias 352 familias. Todos los años en vísperas de su onomástico, la Mamá Grande ejercía el único acto de dominio que había impedido el regreso de las tierras al estado: el cobro de los arrendamientos. (Pág. 323).

Hiperbólica y simbólica visión de Macondo, tan explotada por García Márquez, que denuncia una y otra vez los vicios y lacras del país, este cuento viene a ser un preámbulo de lo que vamos a leer con muchísimos detalles posteriormente en *Cien años de soledad*. Es también la conexión y recepción del efecto que nos produce a la hora de leerlo, o sea es el poder imaginativo bien narrado en el texto, que nos gusta y nos recrea, pero que a la vez, tiene un poderoso efecto cognitivo en el lector.

> Pasados los tres días de la recolección, el patio estaba atiborrado de cerdos, pavos y gallinas, y de los diezmos y primicias sobre los frutos de la tierra que se depositaban allí en calidad de regalo. En realidad, ésa era la única cosecha que jamás recogió la familia de un territorio muerto desde sus orígenes, calculados a la primera vista en 100.000 hectáreas. (Pág. 224)

Esta visión de una hacienda, dispuesta en orden económico similar al de un feudo medieval, nos acerca a la visión de la anacronía económica que dominaba Colombia en aquellos momentos. Ese detalle histórico se ve reforzado con afirmaciones que también nos trasladan a lo anacrónico cuando se nos dice que «Sólo faltaba entonces la enumeración minuciosa de los bienes morales». Es decir, la visión que contrasta con lo que debería ser el mundo contemporáneo nos lleva a una situación grotesca.

La narración en detalle prosigue con una enumeración caótica que descansa aún más en la isotopía de lo grotesco que domina todo el cuento:

> La riqueza del subsuelo, las aguas territoriales, los colores de la bandera, la soberanía nacional, los partidos tradicionales, los derechos del hombre, las libertades ciudadanas, el primer magistrado, la segunda instancia, el tercer debate, las cartas de recomendación, las constancias históricas, las elecciones libres, las reinas de belleza, los discursos transcendentales, las grandiosas manifestaciones, las distinguidas señoritas, los correctos caballeros, los pundorosos militares, su señoría ilustrísima, la corte suprema de justicia, los artículos de prohibida importación, las damas liberales, el problema de la carne, la pureza del lenguaje, los ejemplos para el mundo, el orden jurídico, la prensa libre pero responsable, la Atena suramericana, la opinión pública, las eleccioes democráticas, la moral cristiana, la escasez de divisas, el derecho de asilo, el peligro comunista, la nave del estado, la carestía de la vida, las tradiciones republicanas, las clases desfavorecidas, los mensajes de adhesión. (Pág. 225)

Aún dentro de esta enumeración encontramos algunos detalles que, semánticamente, nos parecen alejados del contexto que reproducen: "artículos de prohibida importación" y "el peligro comunista", por ejemplo no son otra cosa que anacronismos insertos en el discurso enumerativo como una licencia literaria que nos acerca a una degeneración progresiva de la enumeración que une sus elementos por constituyentes semánticos: orden numérico, discursos ligados a eventos, corrección y distinción, política y sociedad. En ese punto el "peligro comunista" y los artículos importados juegan un papel de guiño por parte del autor. Ya hemos hecho referencia a la política arancelaria que gravó las importaciones durante años y que supuso un trauma económico para Colombia.

Es decir, intenta situar en el mismo nivel discursivo diferentes elementos del discurso hegemónico saltando por encima de los referentes cronológicos.

Con esos dos apuntes consigue, entre otras cosas, mostrar una visión irónica que no se proyecta sobre un discurso de tipo histórico, sino sobre parte de un tipo de discurso coetáneo al autor que había sumado determinadas expresiones al discurso antiguo.

De nuevo nos encontramos con una capacidad de análisis histórico manifiesta por parte del autor. El estudio de los tics del poder en el pasado se ve proyectado con la incisión de expresiones tipo del discurso hegemónico de "su" presente.

VERSIÓN FEMENINA DE *EL OTOÑO DEL PATRIARCA.*

La Mamá Grande podría considerarse un preámbulo y la versión femenina del general en *El otoño del patriarca,* con todos sus poderes inextinguibles, que hasta el Papa, el Sumo Pontífice de Roma y el presidente de la República y todo el cuerpo político de su despacho tienen que asistir a los funerales,

> ...según su leal modo de saber y entender en los desmesurados dominios de la Mamá Grande, porque la única que podía oponerse a ello y tenía suficiente poder para hacerlo había empezado a pudrirse bajo una plataforma de plomo.—Por todos los siglos de los siglos— (Pág. 234).

Esta visión del matriarcado terrateniente, del poder absoluto controlado durante casi un siglo es, al tiempo, la visión de la familia colonial que ha controlado a Colombia en determinadas zonas. La observación de los terratenientes y de sus vínculos de poder está desarrollada en varias de las obras del autor. En este cuento nos encontramos con uno de esos componentes. Más adelante observaremos cómo se acerca a retratar otras esferas de poder. Es el caso del estamento militar o del eclesiástico, que en esta obra aparecen como adláteres del poder omnímodo de la matriarca. En definitiva, se trata de desglosar los elementos constitutivos del poder político.

La forma predominante en el discurso, el *ethos* de este texto, nos acerca a una tonalidad más bien burlesca. Lo grotesco de la situación, la exageración llevada a sus últimas consecuencias, todo gira en torno a la muerte de la matriarca y a la fiesta que se despliega desde el poder hasta el pueblo de Macondo.

El autor dota de coherencia su discurso al aparentar un desajuste de las formas, una especie de efervescencia festiva y de orgía desenfrenada del verbo que va en consonancia con el sentido de la fiesta que intenta transmitir.

Llegados a ese punto, pues, de nuevo lo carnavalesco se manifiesta en la creación literaria como medio de distorsión y, al tiempo, de "subversión" del orden establecido. Siguiendo aquello de popular y revolucionario que Bajtín intuía en la visión del carnaval, el cuento desencadena la idea del exceso en la celebración y saca de su lugar correspondiente al presidente de la república y a todos los estamentos. Es, por lo tanto, el punto en que los poderes pierden sus papeles. Necesitarán recuperarlos al día siguiente para volver al orden establecido.

LA MALA HORA (1962) (PRIMERA EDICIÓN, 1966)

Esta novela nos translada textualmente a lo que podría llamarse un típico pueblo sin nombre, muy apartado, en un lugar de la costa atlántica colombiana. Los hechos tienen un proceso lineal, pues la narración sucede en más o menos dos semanas y comienza el «Martes cuatro de octubre». El padre Ángel, y la "religiosidad moralizante" que él representa son protagonistas esenciales de la novela; el padre Ángel, "pensó; y dijo en voz baja: «San Francisco de Asís»." (García Márquez: 1966:7). La característica y sello en la estructura de *La mala hora*, como en cuentos anteriores, se manifiesta bajo el expresionismo regional colombiano, bajo el simbólico y sugestivo título, cuya metaforización implica y conlleva el concepto implícito de la forma de vida de este pueblo miserable, y como siempre, la norma es la violencia establecida; y por supuesto, el realismo narrado viene a ser (muy al estilo propio del autor) "otro pueblo" azotado por la misma violencia, que parece haber sido heredada desde el comienzo y sin percibirse un final cercano.—"Cuando vuelva a haber elecciones volverá la matanza—replicó el empresario, exasperado—. Siempre, desde que el pueblo es pueblo, sucede la misma cosa." (Pág. 25)

Son quince días de octubre, que llegan a ser cíclicos en cuanto a lo que "la mala hora" se refiere. La lluvia, el calor tropical inclemente son símbolo de la fuerza de la naturaleza, que por este periodo de tiempo, parece que, —"No escampará hasta diciembre."— (Pág. 12).

Los protagonistas y cómplices culpables y no culpables de este modo de vida, son el pueblo en general y en detalle con pelos y señales, son todos ellos los que desfilan ante nuestros ojos, dándosele así al lector una participación directa de lo que sucede. La estructura se levanta por los significativos detalles exteriores: los pasquines, que son los causantes del drama y eje central en la novela, sin olvidar la escopeta que César

Montero utilizó para matar a la victima: Pastor, quien "era un muchacho magro, recto, con un bozo incipiente alineado con tijeras". (Pág. 14).

Los otros protagonistas son el alcalde, el juez, el secretario, los testigos: las mujeres y los hombres, el dentista, para finalmente mostrarnos una de las tantas víctimas, Pastor. Ya prevenidos por el sugestivo título, desembocamos en la escena del crimen, (visualización muy acertada para el cine), de la irremediable muerte violenta de Pastor. El lector sigue el drama de acuerdo al expresionismo en detalle que el autor aclara ampliamente, arropado en la visión de sangre que nos salpica, y nos llega directamente a los sentidos, viendo a Pastor, "arrastrándose con una ondulación de gusano sobre un reguero de minúsculas plumas ensangretadas." (Pág. 14). [...] "Plumas adheridas a la sangre aún tibia y viva." (Pág. 17).

Hay que tener muy en cuenta que en la tragedia el crimen pasional sucede, primero por la propaganda establecida por medio de pasquines anónimos, nocturnos que, pegados en la puerta de los culpables, delatan las ocultas vidas sexuales de los protagonistas. Es pues una sexualidad prohibida, muy de moda en lo que sucede en este pueblo miserable, monótono, sin educación, sin futuro mejor que las aventuras prohibidas y censuradas por el padre Ángel, quien sabe los secretos "prohibidos", a través de la confensión cristiana.

Esta obra es la continuación de *Los funerales de la Mamá Grande*, como simbólico preámbulo de lo que vendrá a continuación: *Cien años de Soledad.* Estas dos obras tácitamente preparan al lector, lo acondicionan para analizar, profundizar y consecutivamente, la realidad es contada con buen sentido del humor y sutil ironía, bajo diálogos que denotan una crítica sofisticada, que en algunos momentos nos enreda, al punto de dudar entre lo real y lo extravagante propio del estilo narrativo, pues el autor, quiere comunicar con su mensaje directo, pero también teniendo muy en cuenta, el efecto que va a producir en el lector.

Al contrario de *Los funerales de la Mamá Grande*, donde el "campo discursivo" sucede con descripciones profundas que nos dejan clara la hiperbólica existencia física y abstracta del "poder" (Dominique Maingueneau, 2003:19)[11], aquí, en *La mala hora,* la atención que el autor enfatiza es al diálogo, esclarecido con la voz omnisciente a lo largo del

---

[11] Dominique Maingueneau especifica: "El *campo* no es una estructura estática sino un juego de equilibrios inestables entre diversas fuerzas que, en ciertos momentos, se balancea para tomar una nueva configuración" (Pág. 19).

espacio, e inclusive con referencias a cuentos anteriores. La "mala hora" se repite una y otra vez, en diálogos continuos, donde el padre Ángel, viene a ser la voz de conciencia del pueblo; conciencia ya adormecida por la parálisis cerebral, esperando la próxima víctima, donde la muerte violenta, no natural se divulga como el ruido natural de la lluvia de octubre.

—Pastor no estaba con los de la serenata—dijo

—No confirmó Trinidad. Se acercó con la caja de ratones muertos—. Era con guitarras.

—Estuvieron como dos horas con una cancioncita tonta— dijo el padre—.

«El mar crecerá con mis lágrimas». ¿No es así?

—Es la nueva canción de Pastor—dijo ella. (Pág. 9)

El padre se detuvo y fijó en ella sus ojos de un azul silencioso.

—¿Qué fue?

—Pasquines—dijo Trinidad. Y soltó una risita nerviosa. (Pág. 10)

—César Montero mató a Pastor. (Pág. 15)

Diálogos subjetivos/mordaces de muertes violentas que se repiten en lo cotidiano de la vida del pueblo, y lo fatal se percibe en el aire: "Era el empresario del salón de Cine. Pequeño, pálido, muy bien afeitado, tenia una expresión de fatalidad". (Pág. 24)

El empresario lo miró.

—El año pasado la misma policía mató un hombre dentro del cine, y apenas sacaron al muerto se siguió la película— exclamó.

—Ahora es distinto—dijo el padre—el alcalde es un hombre cambiado. (Pág. 25)

Si no se tapa la nariz le da catarro, dijo. El consejo no fue atendido. El juez Arcadio se echó hacia atrás en la silla giratoria, estirando las piernas para probar los resortes.

— ¿No se cae?—preguntó.

El secretario negó con la cabeza. Cuando mataron al juez Vitela—dijo—se le saltaron los resortes; pero ya está compuesta. (Pág. 30)

Estos diálogos nos permiten acercarnos, cada vez más, a la realidad violenta colombiana, durante el periodo histórico comprendido desde *El Bogotanazo* en 1948 y 1967, que es cuando García Márquez extiende su crítica de la actualidad política del lugar que lo vio nacer. Este período, podríamos decir, es la etapa extraordinaria de intensa creatividad, y es además, la cúspide de la formación literaria con el sello inconfundible de García Márquez, que permite analizar una progresión de gran avance narrativo y de intenso expresionismo dinámico, militante/político, valiéndose de una lengua cargada de metáforas, que provoca visualmente, para pinchar nuestros sentidos, que estimula, y que denuncia, pero que, intrínsicamente va unida a su Macondo mítico latinoamericano.

Por el año 1967, ya el escritor se había probado y examinado en su nervio e impulso testimonial, que había documentado durante muchos años, en su trabajo periodístico, en diferentes periódicos del mundo hispanoamericano. Luego este período histórico Macondiano, le da al autor la razón, la perspectiva intelectual y el impulso que rebosa hasta un nuevo límite de lo que habíamos conocido hasta entonces, de lo que se consideraba la novela en Latinoamérica y en general el mundo.

Este gallo fino, se destapa virtual y textualmente, mostrando sus espuelas que brillan bajo la poderosa carga y lucha intelectual, que lo apasiona, porque guerreará por cambiar su gallera (literaria) "de gallos cenizos, opacados y de oprimido plumaje". De ahora en adelante, la guía del juego intelectual en Latinoamérica, tiene un nombre en las letras hispanoamericanas: Gabriel García Márquez.

Debido a la importancia que García Márquez presta al efecto que producirá su obra literaria en el lector, el autor aclara en la primera hoja del texto, lo que lingüísticamente es substancial para su estilo narrativo:

La primera vez que se publicó *La mala hora,* en 1962, un corrector de pruebas se permitió cambiar ciertos términos y almidonar el estilo, a su vez el autor se ha permitido restituir las incorrecciones idiomáticas y las barbaridades estéticas, en nombre de su soberana y arbitraria voluntad. Esta es, pues, la primera edición de *La mala hora.* El autor (Pág. 6)

CIEN AÑOS DE SOLEDAD (1967). AUTÉNTICA OBRA DEL "REALISMO MÁGICO".

La novela es el mito de lo real e irreal y del tiempo que la historia cuenta acerca del mito.

Para empezar, la novela remite a lo mítico en tanto que relata la historia de un universo autónomo desde sus orígenes[12]. De la misma manera que se da en las sociedades y culturas, la etiología de sus orígenes se remite aquí con la presencia de los fundadores, una especie de "Padres Peregrinos" que vienen de la muerte causada por el primer miembro de la saga de los Buendía que, a sus vez, acarrea el recuerdo y el espíritu de la muerte tras de él, con Prudencio Aguilar como fantasma confidente.

El complejo entramado de personajes que van sucediendo a los primeros padres—nueva lectura en clave mítica del texto—pasa por la generación de la saga en la que aparecen el héroe bélico (Aureliano Buendía), el mágico, el intelectual. Así "José Arcadio Buendía cuya desaforada imaginación iba siempre más lejos que el ingenio de la naturaleza, y aun más allá del milagro y la magia," (página 7) se nos muestra la clave interpretativa de uno de los personajes.

Por otra parte, a los elementos míticos sobre el origen y la descendencia de Macondo se les van añadiendo una serie de valores que también aportan una relación peculiar con el nuevo mundo de Macondo:

...por el mes de marzo, una familia de gitanos desarrapados plantaba su carpa cerca de la aldea, y con grande alboroto, de pitos y timbales daban a conocer los nuevos inventos. (Pág. 7)

De ahora en adelante, es el lector quien tiene que descubrir los misterios de los pergaminos de Melquíades:

---

[12] El relato cíclico de los orígenes, según Mircea Elíade (1963) va dando protagonismo a los descendientes y sustitutos de los creadores–fundadores en este caso—de la nueva sociedad. La mitología de las civilizaciones articulaba un discurso socialmente asumido en el que el valor de *verdad* era inherente a lo expresado en los relatos que describían los orígenes del mundo. Literariamente, es una verdad asumida la presencia del fantasma que acompaña a los fundadores de Macondo. Eliade, Mircea (1963):*Aspects du Mythe*. Nueva York, Harper & Row Publishers., Vid. Meletinski, Eleazar M. (1993): *El mito*. Madrid, Akal, 2001.

Un gitano corpulento, de barba montaraz y manos de gorrión, que se presentó con el nombre de Melquíades, hizo una truculenta demostración pública de lo que él mismo llamaba la octava maravilla de los sabios alquimistas de Macedonia. (Pág. 7)

La primera maravilla del gitano fue el imán, que como buen vendedor:

Fue de casa en casa arrastrando los lingotes metálicos, y todo el mundo se espantó al ver que los calderos, las pailas, las tenazas y los anafes se caían de su sitio" (Pág. 7) por lo cual el gitano argumentaba: «Las cosas tienen vida propia—pregonaba el gitano con áspero acento—todo es cuestión de despertarles el «ánima.». (Pág. 7)

El elemento externo, el universo de la magia de origen desconocido es uno de los factores que aporta, en realidad, el conocimiento de José Arcadio. Es decir, despierta el ansia por adquirir sabiduría.

Como todos los mitos, la historia de Macondo es una explicación de por qué son las cosas como son; en todos los mitos se nos cuenta la creación de algo, el cómo de algo desde un fenómeno natural hasta un comportamiento humano, ha sido producido, ha llegado a ser, y en ese sentido son historias verdaderas, porque se refieren siempre a realidades: el mito del origen del mundo es verdadero porque ahí esta el mundo para probarlo, y el mito de la muerte es verdadero porque es un hecho que el hombre se muere algún día. (Carlos Ayala Glez-Nieto, Julio 1970)

Es Melquíades, y Aureliano y José Arcadio y el Coronel, es la historia de la familia, del pueblo, de la aldea, la historia del mundo, con sus complejidades físicas y psíquicas, sociales y humanas.

VALORES ALEGÓRICOS E HISTÓRICOS DE LA NOVELA.

A su vez, ello es también una proyección o alegoría de lo que fue el proceso colonizador. Es decir, la irrupción de una segunda oleada de personas, portadoras de conocimientos y objetos rayanos a lo mágico, tiene ciertos paralelismos a lo que supuso la penetración de la ciencia (el conocimiento empírico) y la magia (la religión) en el proceso evolutivo de América.

En función de la interpretación que estamos realizando hay que entender que la cosmogonía de Macondo se continúa con la disposición de personajes que posibiliten la continuación de la saga. En este sentido es importante referir, con Ruth Wodak y Michael Meyer (2003: 113): "Desde el punto de vista lingüístico, ¿de qué modo se nombra a las personas y de qué modo se hace referencia a ellas?" Ello nos puede llevar a entender qué funciones van atribuyéndose a cada uno de esos personajes. En ese sentido Úrsula Iguarán y Pilar Ternera juegan dos funciones fundamentales.

Úrsula Iguarán, figura femenina importantísima en *Cien años de soledad*, es la mujer, madre de los hijos, compañera ecuánime, la guía y sostén de las necesidades de la familia. El autor, decide claramente establecer un nombre o identidad para los personajes de su obra, y en el caso de Úrsula representa la figura femenina que nutre, abriga, sostiene, llegando a ser la columna matriarcal.

Por otra parte, Pilar Ternera supone la figura de la mujer que representa el placer, la capacidad de reproducción fruto del instinto, una especie de Venus que complementa las funciones organizativas, de observación y de influencia de Úrsula. Ternera es la carne.

Juan Manuel Marcos (1989:92) ha querido ver en estos personajes, sobre todo en el caso del segundo, un impulso de lo rabelaisiano femenino corroborado en el personaje de Camila Sagastume, la negra que reta a Aureliano Segundo hasta hartarse. De hecho, la calificación del crítico es la de "hembra totémica (ibid.). Es decir, dentro del universo mítico macondiano, la presencia del tótem favorece hasta cierto punto la coherencia semántica global del texto.

Ahora bien, el mito de Macondo narra la historia de una bastardía y de un exceso—de una hybris, como hubieran dicho los griegos—. ¿Bastardía y exceso reales, verdaderos? La extinción—¿posible?—de la estirpe, el olvido de la fama de los hombres de la talla gigantesca del coronel, de sus treinta y dos guerras, todas perdidas, de los tres mil trabajadores que el ejército acorraló y ametralló antes de llevarse sus cadáveres para echarlos al mar en un tren de doscientos vagones, así lo dejan suponer. (Carlos Ayala Glez-Nieto, Julio 1970, última página).

En ese mismo sentido cabe interpretar que el universo de Macondo se crea y se extingue. Es decir, cierra un ciclo en el que la endogamia de la sociedad —la familia— hace perecer la estirpe.

La violencia y la muerte

En esa línea se va configurando un universo donde las relaciones interpersonales se rigen por cierto grado de violencia.

> Si la articulación morfosintáctica derivada de la captación personal que el autor hacía de la realidad, en el campo léxico-semántico se subraya la *configuración imaginativa* con la que se desea que el destinatario reciba la materia narrada. (Báez Ramos, Josefa, 1994:142)

La historia del cómo y por qué el matrimonio de José Arcadio y Úrsula es consumado, narra un amor diferente, no es romántico, sencillamente se repite de generación en generación, por conveniencia y dentro de las mismas familias. Es un humor pesado, difícil, que prepara al lector para lo trágico y la muerte que se presiente. Porque para un macho, uno de los Buendía,

> durante el día, él pastoreaba sus gallos de pelea y ella bordaba en bastidor con su madre. Durante la noche, forcejeaban varias horas con una ansiosa violencia que ya parecía un sustituto del acto de amor, hasta que la intuición popular olfateó que algo irregular estaba ocurriendo, y soltó el rumor de que Úrsula seguía virgen un año después de casada porque su marido era impotente. (Página 23)

El gallo de pelea, símbolo de violencia, se enfrenta al gallo perdedor de Prudencio Aguilar, viéndose éste furioso le gritó en público:

—Te felicito—gritó—. A ver si por fin ese gallo le hace el favor a tu mujer.

José Arcadio Buendía, sereno, recogió su gallo. «Vuelvo enseguida», dijo a todos. Y a Prudencio Aguilar:

—Y tú, anda a tu casa y ármate, porque te voy a matar. La narración continua: La lanza de José Arcadio Buendía, arrojada con la fuerza de un toro y con la misma dirección certera con que el primer Aureliano Buendía exterminó a los tigres de la región le atravesó la garganta. (Pág. 24)

El orgullo en defensa del "honor", porque un Buendía no tolera el mínimo reto a su hombría, y es así, cómo de ese momento en adelante Úrsula no puede continuar usando su cinturón de castidad.

Blandiendo la lanza frente a ella, le ordenó: «Quítate eso.» Úrsula no puso en duda la decisión de su marido. «Tú serás responsable de lo que pase».

—Si has de parir iguanas, criaremos iguanas—dijo—. Pero no habrá más muertos en este pueblo por culpa tuya. (Pág. 24)

La ironía implícita sobre la conciencia de José Arcadio contrasta en relación de su modo de vida bárbaro y rudimentario. La culpa originada en la muerte violenta de Prudencio Aguilar hace que José Arcadio decida emprender su fuga o aventura e irse del lugar.

—Está bien, Prudencio—le dijo—. Nos iremos de este pueblo, lo más lejos que podamos, y no regresaremos jamás. Ahora vete tranquilo.

Fue así como emprendieron la travesía de la sierra. (Pág. 25)

La huída de este particular pecado original, lleva a la emigración de la familia Buendía y, como consecuencia, a la fundación de un mundo nuevo. Este mito fundacional es el que establece la estructura de la obra que después va sosteniéndose con la saga familiar y la aparición de los héroes. De una manera muy similar a la que funcionan las mitologías fundacionales y las sagas de dioses y héroes en las sociedades primitivas, Macondo y los Buendía se convierten en el mundo conocido y autóctono, en el espacio y los personajes que centran las referencias del texto. Los inicios de la saga se dan en la búsqueda de la soledad/tanquilidad precisamente huyendo de la violencia y de la muerte.

Frente a este universo autónomo aparece lo externo, las referencias a las frecuentes salidas de ese mundo por parte del Coronel, a la llegada de sus múltiples hijos... Que llegan a ser el principio de la descendencia de los Buendía.

Nuevamente la ironía nos informa, que al contrario de la tierra prometida por Moisés para su pueblo en la travesía del desierto, los "jóvenes como él, embullados con la aventura, desmantelaron sus casas y cargaron con sus mujeres y sus hijos hacia la tierra que nadie les había prometido". (Pág. 25)

Numerosos símbolos, el gallo de pelea, el cinturón de castidad, la lanza, la muerte de Prudencio, se identifican con los protagonistas, pero es también aceptable la posible "humanización" de José Arcadio, quien no puede seguir viviendo en el mismo caserío con el recuerdo del muerto del cual él es el responsable.

En el siglo XVI, [13] cuando el pirata Francis Drake asaltó a Riohacha, el autor nos cuenta que, la bisabuela de Úrsula Iguarán se había casado con un criollo cultivador de tabaco. Don José Arcadio Buendía, "con quien el bisabuelo de Ursula estableció una sociedad tan productiva que en pocos años hicieron una fortuna. Varios siglos más tarde, el tataranieto del criollo se casó con la tataranieta del aragonés." (Pág.. 22) Ese árbol genealógico de Ursula, nos cuenta sobre la estirpe de los Buendía y la sobrevivencia de matrimonios entre primos hermanos, lo que nos indica que estas familias entre criollos y aragoneses se establecieron desde los comienzos de la colonia, creando descendientes que "estaban ligados hasta la muerte por un vínculo más sólido que el amor: un común remordimiento de conciencia, eran primos entre sí. Habían crecido juntos en la antigua ranchería que los antepasados de ambos transformaron con su trabajo y sus buenas costumbres en uno de los mejores pueblos de la provincia."(Pág.22).

La endogamia social, por lo tanto, se traslada como símbolo a la familia de los Buendía. Ese universo aislado al que nos venimos refiriendo lo es más aún si atendemos a las relaciones pseudoincestuosas que se establecen y que culminan con el pasaje final en el que la endogamia ha llegado a su cénit. El autor continúa y aclara el linaje esencialmente español,

> Una tía de Ursula, casada con un tío de José Arcadio
> Buendía, tuvo un hijo que pasó toda la vida con unos pantalones

---

[13] García Márquez nos lleva a un mundo anterior que precede en lugar y tiempo, discutido ampliamente en el Capitulo Contexto Social e Histórico. Teniendo también en cuenta que las leyendas populares sobre engendros ya se contaban en la España del siglo XVI.

englobados y flojos, y que murió desangrado después de haber vivido cuarenta y dos años en el más puro estado de virginidad, porque nació y creció con una cola cartilaginosa en forma de tirabuzón y con una escobilla de pelos en la punta. (Pág.23)

Para comprender los innumerables eventos e historias narradas por el autor, en las cinco líneas anteriores, la escena de la de acción de los cuarenta y dos años vividos por el hijo del matrimonio de dos primos hermanos termina revelándonos la deformidad y nos sorprende cuando el lector se encuentra con la culminación de la muerte del personaje desangrado. Ésta es la sinopsis con la que la narración se sintetiza en cuatro líneas, y que le da una poderosa fuerza, terminando con la muerte de toda una vida de cuarenta y dos años. Y así, *Cien años de soledad* es la historia del inicio de ese mundo de trescientos años de uniones con parentesco de consanguinidad entre primos hermanos, en este caso Úrsula Iguarán y José Arcadio Buendía, y que nos aclara una historia que abarca el inicio de la historia colonial colombiana.

Según las palabras de Carlos Ayala Glez-Nieto, Julio (1970, sin numeración):

> Lo que distingue a esta novela de todas las demás que estamos acostumbrados a leer en castellano—con muy pocas excepciones—, es que constituye un intento de interpretación del mundo, pero desde fuera del mundo. Malraus dice que «el mundo es más fuerte que el mundo».

Como consecuencia, los cien años de relatos, de la familia de los Buendía, comienzan en Macondo después de la búsqueda y descubrimiento de José Arcadio, quien se establece allí con su mujer e hijos. En los cien años, el autor interpreta el mundo y su gente como él los ve y los siente. Son las imágenes de los personajes que van evolucionando de acuerdo al significado que García Márquez crea para cada uno de ellos. Y continuando con las palabras de Carlos Ayala Glez-nieto, (en las últimas páginas, sin numeración):

> Es cierto que *Cien años de soledad* es—y no pretende ser otra cosa—ante todo una obra de imaginación muy poco frecuente. Es decir que constituye la clase de imaginación que con los minúsculos y multicolores ladrillos de lo folklórico edifica una gran estructura que contiene dentro a su época y a

todas las épocas, y en ese sentido, y desde ese momento, se convierte en un tratado moral, en una filosofía o en una religión.

En ese sentido, lo folklórico se liga a la mítico. Es, como Víctor García de la Concha (2007) se ha encargado recientemente de referirnos, una especie de relato llevado a cabo por un cuentacuentos en el que la discusión se estableció sobre la figura del narrador. La ambigüedad de determinar como tal el escrito de Melquíades que descifra el último de los Buendía o creer que la instancia narrativa corresponde a alguien que dota de sentido el libro de las profecías del gitano y cierra sobre los papeles en sánscrito el círculo de la interpretación-traducción no es determinante para dirimir si se trata de un elemento intradiegético o extradiegético, según la terminología de Genette (1972). Lo importante, a nuestro entender, es que formalmente la voz narrativa se sitúa fuera del discurso de los hechos (extradiegética) y que refiere los textos de Melquiades desde la voluntad de cita.

Era la historia de la familia, escrita por Melquíades hasta en sus detalles más triviales, con cien años de anticipación. La había redactado en sánscrito, que era la lengua materna, y había cifrado los versos pares con la clave privada del emperador Augusto, y los impares con claves militares lacedemonias. La protección final, radicaba en que Melquíades no había ordenado los hechos en el tiempo convencional de los hombres, sino que concentró un siglo de episodios cotidianos, de modo que todos coexistieran en un instante. (Pág. 347).

El hecho de escribir en sánscrito la historia nos remonta, de nuevo, al elemento mítico. Se trata de la lengua antigua, de los libros sagrados de toda una etnia –la gitana, procedente de la India—en el que se cuentan las hazañas de los mitos y héroes antiguos. Así, el *Mahabarata* y el *Ramayana*, referencias obligatorias en la cultura hindú, tendrían una traslación lógica a los papeles de Melquíades. Ahora bien, aquel universo mitológico se ve ahora cerrado con el valor de una predicción, la desaparición y el fin del mundo autónomo de Macondo. La intensidad expresionista logra transcribir en una oración el significado completo del origen y el fin de los Buendía: "El primero de la estirpe esta amarrado en un árbol y al último se lo están comiendo las hormigas". (Pág. 347)

Para más detalle, la relación con el mundo hindú se fusiona en el final de la obra, con el viento que trae los susurros del pasado.

Si, como en las doctrinas de la India, el universo no es más que el resultado del sonido, es justo que termine también en un viento compuesto de sonidos. Si el manuscrito ha llegado a su final, primeramente siendo descifrado por completo y después pereciendo con la casa, no hay más Ser disponible pare el mundo que existe dentro de él. (Siemens, 1989: 110)

La caracterización de los personajes a través del discurso se constituye con una serie de rasgos de omnisciencia que permiten penetrar en los pensamientos y en los sentimientos de cada uno. Así lo narra el autor:

...él mismo, frente al pelotón de fusilamiento, no había de entender muy bien cómo se fue encadenando la serie de sutiles pero irrevocables casualidades que lo llevaron hasta ese punto. La muerte de Remedios no le produjo la conmoción que temía. Fue más bien un sordo sentimiento de rabia que paulatinamente se disolvió en una frustración solitaria y pasiva, semejante a la que experimentó en los tiempos en que estaba resignado a vivir sin mujer (Pág. 91)

De ello deducimos, la frialdad del militar, curtido en la tragedia y en las vivencias cercanas a la muerte, al que no deprimen ni alteran en desmesura ni la muerte de los seres próximos ni el anuncio de la suya propia frente a un pelotón de fusilamiento. La convivencia con la violencia diaria, por lo tanto, es un rasgo definitorio de este personaje que, como otros de otras obras de García Márquez, asume los rasgos de una sociedad y de unos hombres hechos a este tipo de vida (Arango, 1985). En este tipo de punto se confirma, por otra parte, la aportación de M. A. Arango (1985) sobre la traslación que hace a la novela de la violencia en toda Colombia. De hecho, como también ha apostado Carmenza Kline (2002) el universo de Macondo todo se caracteriza por esta forma recurrente del tema de lo violento.

La crueldad y la violencia se reflejan, en ocasiones, en el encarnizamiento manifiesto en determinados pasajes. No se trata únicamente de una visión sangrienta, sino de algo que va más allá del puro episodio violento. El aniquilamiento del ser humano, su conversión de persona en cosa, pasa a ser una expresión encontrada no únicamente en esta obra, sino en algunas de las páginas más sangrientas escritas por García Márquez. En el caso de *El coronel no tiene quien le escriba* ya hemos señalado algún pasaje. En el párrafo siguiente tenemos una manifestación bien clara de lo que queremos expresar:

A las doce, cuando Aureliano José acabó de desangrarse y Carmelita Montiel encontró en blanco los naipes de su porvenir, más de cuatrocientos hombres habían desfilado frente al teatro y habían descargado sus revólveres contra el cadáver abandonado del capitán Aquiles Ricardo. Se necesitó una patrulla para poner en una carretilla el cuerpo apelmazado de plomo, que se desbarataba como un pan ensopado. (Pág.145)

El lenguaje ligado a la muerte llega a acercarse a una poética de lo sangriento personificada en ese lenguaje. El autor recrea su narración con la determinación en que busca la sangre de José Arcadio la de los suyos, como una persecución agonizante a través de la cual la vida que se escapa pretende retornar hacia quien se la dio:

Un hilo de sangre salió por debajo de la puerta, atravesó la sala, salió a la calle, siguió en un curso directo por los andenes disparejos, descendió escalinatas y subió pretiles, pasó de largo por la calle de los Turcos, doblo la esquina a la derecha y otra a la izquierda, volteó en ángulo recto frente a la casa de los Buendía, pasó por debajo de la puerta cerrada, atravesó la sala de visitas pegado a las paredes para no manchar los tapices, siguió por la otra sala, eludió en una curva amplia la mesa del comedor, avanzó por el corredor de las begonias y pasó sin ser visto por debajo de la silla de Amaranta que daba una lección de aritmética a Aureliano José, y se metió por el granero y apareció en la cocina donde Úrsula se disponía a partir treinta y seis huevos para el pan. (Págs. 124-125)

Esta casi personificación—a través de verbos de acción propia de personas—de la sangre intentando encontrar su camino es una muestra palpable del gusto del autor por detallar, además, la vivacidad del líquido que simboliza por antonomasia lo familiar y lo violento. Dándodle a la sangre un valor metafórico entre sangre viva, pero sangre de un muerto.

La frialdad en el trato con la muerte se sigue en otros episodios:

— ¡Estalló la guerra!

En efecto, había estallado desde hacía tres meses. La ley marcial imperaba en todo el país. El único que lo supo a tiempo fue don Apolinar Moscote, pero no le dio la noticia ni a su mujer, mientras llegaba el pelotón del Ejército que había de ocupar el pueblo por sorpresa. (Pág. 95)

Apolinar Moscote representa el control represor sobre la población, la institución imperante que ejerce la violencia desde el poder. En ese sentido el factor sorpresa de la ocupación del ejército, la ley marcial, el ocultismo en un asunto político de suma importancia en función de sus propios intereses, dan la imagen del político astuto respaldado por el ejército, una imagen bien viva en la historia de Colombia.

El sentido de la marcialidad y de la crueldad militar se implanta en el pueblo incluso en la figura de Arcadio Buendía, que no admite bromas ni burla de ningún tipo. Así lo demuestra con su reacción frente a la mofa de un trompetista:

Pero una noche, al entrar Arcadio en la tienda de Catarino, el trompetista de la banda lo saludó con un toque de fanfarria que provocó las risas de la clientela, y Arcadio lo hizo fusilar por irrespeto a la autoridad. A quienes protestaron, los puso a pan y aguan con los tobillos en un cepo que instaló en un cuarto de la escuela. (Pág. 100)

El poco valor que se da a la vida en el tiempo de guerra parece hermanar el militarismo con la muerte. El universo violento de Macondo y el universo violento de Colombia se dan la mano en una relación fijada por la historia, que el autor contempla tanto desde su discernimiento entre la literatura, el periodismo y el conocimiento. Al tiempo, la hace patente en alguno de sus párrafos. Magnificado el último Aureliano, busca:

...los caminos ocultos de su descendencia, y encontró el instante de su propia concepción entre los alacranes y las mariposas amarillas de un baño crepuscular, donde un menestral saciaba su lujuria con una mujer que se le entregada por rebeldía. El autor prosigue,—Cuando vuelva a ver elecciones volverá la matanza—replicó el empresario, exasperado—. Siempre, desde que el pueblo es pueblo, sucede la misma cosa. (Pág.25)

El autor continúa aclarando la analogía:

Solo entonces descubrió que Amaranta Ursula no era su hermana, sino su tía, y que Francis Drake había asaltado a Riohacha solamente para que ellos pudieran buscarse por los laberintos más intrincados de la sangre, hasta engendrar el animal mitológico que había de poner término a la estirpe. (Pág. 348)

La voluntad de perseguir la historia y ligarla a la saga familiar, unida a la de los orígenes del último Aureliano, concebido entre los alacranes, nos devuelve a la utilización de la "sangre" en uno de los dos sentidos apuntados anteriormente, al tiempo que retoma una de las pautas temáticas señaladas: la mitología ahora vuelta al revés; es decir, cerrando el círculo abierto por los orígenes de Macondo y por la muerte. De hecho, Camenza Kline (2003: 82) nos advierte de la circularidad de la historia, de la tendencia a borrar la concepción lineal del tiempo frente a un sentido circular en el que el tiempo parece repetirse. Detrás de ello se esconde, evidentemente, una noción de lo cíclico de la historia que, unida al sentido que se da a la violencia y a la muerte, reaparece con cierta asiduidad. Más aún, parece que el propio autor incida en esta idea a través de sus observaciones en la entrevista que dio para la revista *Triunfo* en noviembre de 1971. (Pág.14)

EL EROTISMO EN CONTRASTE CON LA SOLEDAD.

Si la constante de la muerte y su simbología se desprenden del texto, también lo hace otro elemento de importancia vital: el erotismo. Las relaciones sexuales y el universo que las rodea se presentan a menudo en formas de apasionamiento en las que hombre y mujer se desvinculan del contexto macondiano. Queremos decir que se encierran en un mundo de pasión ajeno a lo que sucede alrededor de ellos. José Arcadio y Rebeca, Aureliano y Amaranta, llevan en su comportamiento una carga erótica que se expone más allá de la descripción sentimental y entra en la descripción de la relación carnal entre uno y otro personaje. *El arquetipo femenino en Cien años de soledad*, de (Gloria Bautista, 1995:100) escribe:

Los arquetipos van condicionados por la cultura y el medio ambiente. En Macondo, el sexo, la lujuria, el egoísmo son los sustitutos por la falta de amor que es a su vez la causa de la soledad. Los hombres de Macondo se desahogan con las mujeres, pero son ellas quienes cargan con las responsabilidades emocionales, morales y espirituales.

Es una condensación de imágenes alrededor del amor, para finalmente, encontramos ante la metáfora erótica personificación del miembro sexual de Aureliano. "ella jugaba a las muñecas con la portentosa criatura de Aureliano." (Pág. 339) Se sienten y visualizan las emociones del amor: "Una noche se embadurnaron de pies a cabeza con melocotones en almíbar, se lamieron como perros y se amaron como locos en el piso del corredor", (Pág. 339) y la yuxtaposición que se repite a través de la obra, donde el suspense nos mantiene a la espera: "y fueron despertados por un torrente de hormigas carniceras que se disponían a devorarlos vivos." (Pág. 340)

No solamente visualizamos la humanización de Aureliano y Amaranta Ursula, sino también, estas imágenes se manifiestan enteramente a través de hipérboles rimbombantes:

Pero cuando se vieron solos en la casa sucumbieron en el delirio de los amores atrasados. Era una pasión insensata, desquiciante, (Pág.338)

...que hacía temblar de pavor en su tumba a los huesos de Fernanda, y los mantenía en un estado permanente de exaltación perpetua. (Pág.338).

Visiones dramáticas-eróticas, y muy cinematográficas:

Perdieron el sentido de la realidad, la noción del tiempo, el ritmo de los hábitos cotidianos. Volvieron a cerrar puertas y ventanas para no demorarse en trámites de desnudamientos, y andaban por la casa como siempre quiso estar Remedios, la bella, y se revolcaban en cueros en los barrizales del patio, y una tarde estuvieron a punto de ahogarse cuando se amaban en la alberca. (Pág. 339)

La inclusión de estas referencias eróticas profundiza en la idea de la soledad en tanto que los personajes se desconectan del mundo que les rodea. Parece que estos momentos de ardiente pasión sean otro elemento de aislamiento para los personajes en relación con el contexto de Macondo. Queremos decir que si Macondo es, de hecho, el universo autóctono y solitario—aislado casi por completo—del mundo inmediato conocido, dentro de él todavía existe la posibilidad de marcar otro tipo de aislamiento: el de la pareja en su intimidad frente al resto de la sociedad y de la familia. Prácticamente se refugian en su soledad amorosa.

Por eso, la culminación de la soledad es el punto en que la obsesión entre los dos miembros de la familia llega a su momento más álgido, a la práctica de una única actividad que deviene a idolatría:

> Se entregaron a la idolatría de sus cuerpos, al descubrir que los tedios del amor tenían posibilidades inexploradas, mucho más ricas que las del deseo. Mientras él amasaba con claras de huevo los senos eréctiles de Amaranta Úrsula, o suavizaba con manteca de coco sus muslos elásticos y su vientre aduraznado. (Pág. 339)

Este tipo de pasión se extrapola a las fecundas relaciones del coronel y a sus muchos hijos. En este sentido, la vida de guerrero del coronel y sus supuestas relaciones sexuales se nos ofrecen más como consecuencia de una necesidad fisiológica que no como un apasionamiento. Con ello deducimos una cuestión quizás implícita: se trata de nuevo de la neutralidad con que se transmite la relación erótica en el contexto de la guerra, como se había hecho con la muerte. Por otra parte, cabe destacar que el personaje mitificado, caracterizado con un héroe—en el sentido primario del término, puesto que se le atribuye en algún momento el don de la ubicuidad—pasa a formar parte de la saga masculina dedicada a la guerra, muy propio de la vida colombiana.

> La novela es tanto una denuncia de las atrocidades y la arbitrariedad del poder autoritario, como la expresión de la lucha cotidiana que llevan a cabo los hombres y las mujeres de la estirpe de los Buendía contra el poder opresivo. Principalmente, las figuras masculinas de la familia reflejan una idea de autoridad de manifiesta influencia moral, siendo éste su sentido sucinto, y que como individuo o grupo de personas buscan la libertad y la justicia verdadera. Esta autoridad como influencia que posee la fuerza y el deseo más antiguo y original de la idea de auctoritas es la que apuesta por la fundación de una ciudad, así como también, por el deseo, a lo largo de la vida de los Buendía, de contar con un proyecto de transformación a futuro de su sociedad. (Leticia Santín, 1992: 305)

Como con el final de la relación entre Amaranta Úrsula y Aureliano, los hijos del Coronel acaban muertos. Es decir, entre los dos elementos de la familia Buendía hay una trayectoria común, su descendencia no se perpetúa, sino que se desvanece o desaparece porque le llega la muerte en trágicas circunstancias. Fruto de la soledad, del aislamiento, el erotismo vivido como pasión o como necesidad, o como refugio, trae unas consecuencias que derivan en la concepción de los hijos, muertos en trágicas circunstancias en uno y otro caso. La vecindad del amor y de la muerte nos acerca a tópicos literarios que aquí han tomado unas peculiares formas de expresión. En definitiva, la ideología literaria de García Márquez adquiere una pauta muy concreta en cuanto a la asunción de determinadas opciones. La soledad, el amor y la muerte se enfocan desde una perspectiva doble cada uno. La soledad desde la perspectiva del fundador y desde el aislamiento (encerrados en sus casas o en sus habitaciones) de algunos personajes.

El amor se trata desde el punto de vista de la pasión carnal, del encuentro amoroso desmedido e imparable al tiempo que se da de él una visión instintiva, casi animal, practicada en la guerra por el hombre que yace con y fecunda a diversas mujeres.

La muerte, como venimos viendo, está contemplada tanto como la aniquilación del hombre, de una parte, como desde la perspectiva de lo eterno, de lo que puede perdurar más allá de ella. Es el caso de Prudencio Aguilar y de Melquíades, esos fantasmas que forman parte de una cotidianidad fuera de todas las normas que podrían seguir en otros contextos literarios anteriores (románticos, pongamos por caso).

También podemos poner en contraste otros dos elementos. Volvemos a valorar una ambivalencia evidente entre la forma de entender el mundo desde una perspectiva civil y desde una perspectiva militar. Es el militarismo, y su consecuencia lógica: la guerra, aquello que desliga de humanidad al amor y al erotismo. El sexo pasa a ser, durante el tiempo de guerra, una realización o satisfacción de tipo primario en la que la mujer juega un papel de puro entretenimiento u objeto en el que descansan los instintos y pasiones primarias del guerrero.

Con ello vemos determinada coherencia sobre el trato que recibe el tema de la guerra en contraste con lo erótico, con lo familiar y con la amistad. Las desavenencias entre Úrsula Iguarán y el Coronel son mayores cuando este se dispone a fusilar al general Moncada, con quien Aureliano mantenía buena relación pese a ser enemigo.

Esa noche fue capturado cuando trataba de fugarse de Macondo, después de escribirle una extensa carta al coronel Aureliano Buendía, en la cual le recordaba los propósitos comunes de humanizar la guerra, y le deseaba una victoria definitiva contra la corrupción de los militares y las ambiciones de los políticos de ambos partidos. (Pág.146)

El último consejo de guerra fue el de José Raquel Moncada. Úrsula intervino. Es el mejor gobernante que hemos tenido en Macondo —le dijo al Coronel Aureliano Buendía—. Ni siquiera tengo nada que decirte de su buen corazón, del afecto que nos tiene, porque tú lo conoces mejor que nadie. El coronel Aureliano Buendía fijó en ella una mirada de reprobación:

—No puedo arrogarme la facultad de administrar justicia— replicó—. Si usted tiene algo que decir, dígalo ante el consejo de guerra. (Pág.148)

Como vemos, la palabra justicia se opone al sentido que se le da al "consejo de guerra". Quiere ello decir que el propio Aureliano Buendía es consciente de la injusticia que se comete cuando se administra la "justicia militar", consecuencia del proceso bélico.

Esta línea ideológica domina, como venimos viendo, toda la obra de García Márquez. Su exposición del discurso y del comportamiento militarista está en contraste con una sociedad que ha vivido durante años sometida a las contiendas. En ese sentido usa la descripción del comportamiento popular, de espaldas a lo largo de la historia a los conflictos y, a menudo, conformándose con alagar al ganador en previsión de lo que pudiera pasar.

Así parece deducirse de alguno de los párrafos que encontramos en *Cien años de soledad*: "Le molestaba la gente que lo aclamaba en los pueblos vencidos, y que parecía la misma que aclamaba al enemigo". (Pág.156)

Efectivamente, los que aclaman al Coronel son los mismos que aclaman al enemigo, por una circunstancia evidente que acabamos de apuntar. La tradición aduladora sobre el que tiene el poder, de raigambre colombiana—por no decir hispana—apunta un componente significativo por lo que se refiere al contraste entre la ideología individual y la colectiva. Mejor diríamos que la colectividad, en su análisis de la filiación política, se desmarca de cualquier sentido partidista por el miedo a la represión. En ese sentido vemos que el compromiso político, en la obra de García Márquez, pasa por el riesgo de sucumbir ante la violencia. Llega, pues, a la conclusión manifestada en alguna de las tesis sobre la violencia de la obra de este autor en el contexto Colombiano.

LA RELIGIÓN.

De todos modos, la cuestión ideológica no se queda en este tipo de esquema tan simple. De hecho, hay otros elementos adyacentes como pueden ser las cuestiones religiosas. En el caso de las creencias populares, trasladadas a la esfera de lo mágico—o real-maravilloso—vemos ciertos apuntes del discurso social asumido en una sociedad repleta de supersticiones, muchas veces ligadas a la tradición eclesiástica.

En la novela el cura del pueblo levita y desafía con su magia a la razón que conserva el primero de los Buendía, amarrado al árbol (traslación del loco-cuerdo). Ese hecho, que tiene que ver con una creencia popular del pueblo de García Márquez sobre uno de sus curas, se nos presenta como algo que no tiene explicación lógica y que sirve de argumento para lo sobrenatural. Ahora bien, mientras ello se remite al terreno de lo irracional—como tantos otros pasajes de la novela ligados a lo maravilloso—, se exponen otros extremos que nos dan la medida de lo clerical en la obra de nuestro autor. Así, en uno de los capítulos, en casa de los Buendía encuentran un San José repleto de oro.

> En los últimos tiempos Úrsula le había puesto velas y se había prostrado ante él, sin sospecha que en lugar de un santo estaba adorando casi doscientos kilogramos de oro. La tardía comprobación de su involuntario paganismo agravó su desconsuelo (Pág.179).

La ironía con la que se introduce el comentario muestra, una vez más, que la religiosidad del personaje—Úrsula—no se corresponde con lo eclesiástico. El santo repleto de oro (el padre putativo de Jesús, por tanto de la cristiandad) deviene una simbolización del clero. Es decir, frente a la apariencia de las creencias, el criterio mercantilista con que las maneja la iglesia deja entrever esta relación entre fondo y forma.

La idea de la religión, como ha apuntado Víctor García de la Concha (2007: LXXXIX), tiene una presencia constante, incluso es vista con cierta ironía:

En las primeras sesiones cinematográficas, los macondinos «se indignaron con las imágenes vivas {...} porque un personaje *muerto y sepultado* en una película {...} reapareció vivo y convertido en árabe en la película siguiente» (Pág.257).

Al fondo están, naturalmente, las palabras del Credo referidas a Cristo muerto y resucitado. Es bien sabido que la Asunción de Remedios, la bella, al cielo parodia la de la Virgen María. Subían también las sábanas que «pasaban con ella a través del aire donde terminaban las cuatro de la tarde, y se perdieron con ella para siempre en los altos aires donde no podían alcanzarla ni los más altos pájaros de la memoria» (Pág. 272).

La presencia de lo religioso a través de la historia latinoamericana también nos acerca a la idea del judío. Sultana Wahnón, en su ponencia presentada en la Universidad Nacional de Colombia, Santafé de Bogotá, (el 29,30,31 Octubre, 1998:42) "Algunas Hipótesis sobre *El Judío errante en Cien años de soledad"* escribe:

Se ha dicho muchas veces que en la escritura fabulosa y extravagante de *Cien años de soledad* se distingue, como un palimpsesto, una escritura oculta o, cuando menos, superpuesta de índole casi secreta y de significaciones políticas, con la que García Márquez habría dado cuenta del pasado histórico de Colombia y con la que trataría de ahondar en el problema esencial de la identidad Latinoamérica. La búsqueda del asentamiento definitivo por parte de los Buendía es, a su modo de ver, una traslación del éxodo.

Wahnón prosigue:

Hay, pues, en el origen de los Buendía al menos dos rasgos que la asemejan a la estirpe de los judíos procedentes de la expulsión de España en 1492. En primer lugar, el miedo de las quemaduras y los tormentos. En segundo, el constante destierro: de Aragón a América, primero; y luego, dentro ya de América, de un sitio para otro, exactamente igual que, según nos cuenta Liebman en su *Réquiem por los olvidados,* se vieron obligados a hacer los judíos conversos que optaron por refugiarse en el Nuevo Mundo. (Wahnón:1997:55)

La aparición del judío explícitamente lleva al ejercicio de este tormento, al ensañamiento de la población sobre esta figura que se convierte en una especie de chivo expiatorio. En ello hay una traslación del sentimiento antisemita arraigado en la tradición hispana. Queda, por lo tanto, patente ese desajuste entre los orígenes de los Buendía y la relación directa con el judaísmo, al igual que ocurre entre buena parte de la población iberoamericana, hasta cierto punto paradójica.

Una de las dimensiones claves de las creencias religiosas, como hemos apuntado parcialmente, está en el carácter mágico que se les otorga a las creencias. El terreno de la magia está presente desde el principio de la narración. Lo fantástico llega cada año con los gitanos; "por el mes de marzo, una familia de gitanos desarrapados plantaba su carpa cerca de la aldea, y con grande alboroto, de pitos y timbales daban a conocer los nuevos inventos." (Pág. 7) De ahora en adelante, es el lector quien tiene que descubrir los misterios de los pergaminos de Melquíades, desvelados con la culminación de la novela. Melquíades es el portador de los prodigios desligados de la creencia religiosa, explicables a través de la ciencia, pero mágicos para los macondinos:

> Un gitano corpulento, de barba montaraz y manos de gorrión, que se presentó con el nombre de Melquíades, hizo una truculenta demostración pública de lo que él mismo llamaba la octava maravilla de los sabios alquimistas de Macedonia. (Pág. 7)

La primera maravilla del gitano fue el imán, que como buen vendedor anuncia que las cosas tenían vida propia y que había que despertarles el ánima. La lógica lleva a José Arcadio Buendía a pensar en "desenterrar todo el oro de la tierra." (Pág. 7) Aquí nos encontramos con la imaginación sin límites del mundo creado por García Márquez, donde el lenguaje nos presenta infinidad de detalles bien enfocados, de hipérboles geniales de un mundo mágico colombiano. Son las claves y símbolos que nos hablan y nos hacen sentir la tragicomedia humana del Macondo mítico, único, unido a sus raíces profundamente hispano-americanas.

En el fondo nos encontramos con la vieja dicotomía, ya apuntada, entre lo racional y lo irracional. Es decir, todo aquello que a los ojos del pueblo de Macondo (colombiano) no tiene una explicación lógica o científica se traslada a lo maravilloso y milagroso. En este sentido vemos, de nuevo, que el autor muestra una faceta de la sociedad que lo circunda. Se trata de contraponer la creencia popular a las explicaciones científicas. Parece que el liberalismo decimonónico encarnado por alguno de los personajes está todavía en oposición con un conservadurismo popular en el que dominan las creencias de tipo religioso, la santonería, la brujería y las leyendas...Es el propio elemento legendario el que hace que Úrsula Iguarán utilice el cinturón de castidad para protegerse de su marido, el miedo a una maldición.

Ahora bien, este sentido de lo popular-legendario es uno de los elementos que mayormente influyen en el desarrollo estético de la obra. Junto a muchas otras obras del ámbito hispanoamericano, García Márquez aprovecha el elemento indígena, el contacto con la naturaleza y sus fenómenos extremos, las leyendas nacidas del mestizaje, para recrear el mundo de lo real maravilloso.

La influencia de un grupo de escritores e intelectuales americanos sobre nuestro autor se muestra evidente en la forma de emplear el recurso a la maravilla. Como Alejo Carpentier había dejado patente en su introducción a *El reino de este mundo* (1949) lo real-maravilloso latinoamericano está vinculado al universo mágico de las creencias y de los hechos extraordinarios procedentes de la idiosincrasia del indigenismo, pasada por el mestizaje colonizador y negroide, de los antiguos esclavos. Así pues, sobre todo a partir de la relación estrecha entre el grupo más destacado de escritores del movimiento en los años 60-70, se desarrollará el movimiento estético que, aquí, viene a utilizarse en el sentido que le dio Carpentier quien, a su vez, lo había importado de sus relaciones con la Europa de los años 30: surrealismo y realismo mágico de Bontempelli.

De aquellas pisadas, pues, quedan las huellas en el terreno colombiano. Lo popular-legendario se interpola con lo verosímil y da como resultado la alternancia de lo real con lo maravilloso. Se trata, pues, de una opción estética que también se corresponde con la ideología del escritor. No se trata de ideología política, sino artística.

En este punto detectamos una diferencia notable de lo que el primer García Márquez apuntaba en sus escritos con lo que el García Márquez de *Cien años de soledad* representa para el pensamiento literario del compromiso entendido bajo la óptica sartriana. La incorporación de lo real maravilloso a los textos literarios marca una distancia notable frente a lo escrito en los textos periodísticos. Es la prueba más palpable de que la intención hacia el lector es fundamentalmente diferente. Precisamente una opción estética es aquello que nos sirve para determinar una de las líneas divisorias entre el discurso de la realidad y el discurso de la ficción.

Si el realismo mágico opera únicamente en lo literario, debemos entender que esta forma de "evasión" de la realidad se aparta de determinados parámetros estéticos que preconizaron la opción por el realismo social.

¿Quiere ello decir que García Márquez renuncie a su ideología política? Rotundamente no. La presencia de lo onírico y de lo fantástico no desdice para nada una serie de elementos subyacentes en el terreno de la ideología. La apuesta por situaciones inverosímiles no indica una apuesta por la literatura como forma de evasión (algo que desde cierto marxismo ortodoxo se podía ver así) sino por la voluntad de jugar con la capacidad creativa, de originalidad, que la literatura ofrece.

Este juego de ingenio, que durante el Romanticismo vino a sellarse con la idea de Ironía Romántica por parte de Schiller (vid. Behler, 1997; Ballart, 1994; Jordan, 1998) derivó durante los años veinte en lo que los teóricos definieron como Ironía Surrealista. En las dos se destaca la capacidad del autor para hacer y deshacer a su antojo sobre lo contado. Es decir, se marca claramente la capacidad de la literatura como algo creativo (es la idea del autor-Dios que Joyce describía entretenido en arreglarse las uñas) en la que el lector ha de entrar a asumir las reglas de este juego si no quiere quedarse al margen. Es decir, para participar de él, para entrar a comprender los textos literarios se ha de asumir el hecho ficcional, queda al margen el imperativo de la verosimilitud, algo que García Márquez deja para sus libros-reportajes.

VÍNCULOS CON LA ESTÉTICA HISPANOAMERICANA DE SU TIEMPO.

Con ello, llegamos a destacar uno de los valores inherentes a nuestro escritor y trasladable, si se quiere, al grupo de escritores que militaron en lo real-maravilloso. Desde Carpentier y Borges—dos de los escritores sobre los que recae más directamente el influjo del realismo mágico europeo—hasta García Márquez, nos encontramos ante un grupo que renueva el panorama literario iberoamericano de manera drástica. La relación entre ellos se evidencia cuando analizamos sus propuestas, algunas de las cuales llegan también al plano ideológico-político, como es el caso de la propuesta que realizó Carlos Fuentes en 1968.

Según García Márquez, Carlos Fuentes tuvo la idea de escribir un libro colectivo con participación de varios de los más destacados novelistas latinoamericanos de la época, titulado *Los padres de las patrias*, a partir de la aportación de la historia sobre un dictador: Fuentes sobre Antonio López de Santa Ana; Carpentier sobre Gerardo Machado...García Márquez ya estaba redactando *El otoño del patriarca*[14]

Esta relación entre varios autores nos lleva a asumir, en la obra emblemática de nuestro autor, una serie de incorporaciones de tipo estético que ya hemos venido apuntando.

Continúa Carlos Ayala Glez-Nieto: (1970, sin numeración):

> Y es que el autor de *Cien años de soledad* no es un mero epígono de aquellos grandes novelistas de los que ha recibido tal o cual influencia. Toma los elementos que halla a su paso, sean donde sean, leyendas y supersticiones indias o medios técnicos de Faulkner y Kafka para, como un abanico, abrir y cerrar un mundo, Macondo, que existe, que es real, como son reales y existen los molinos de Don Quijote y la piedra que abrió la cabeza al ciego de Lazarillo. Y como es real y existente la América de García Márquez, una América de fantasía y coscorrón—tan parecida en todo a España de nuestros pecados: pecados también de fantasía y coscorrón, de ingenuidad visionaria y mística y de insensato machismo—a la manera de los Buendía.

Al terminar, el lector comienza a descifrar los pergaminos de Melquíades: continuidad de yuxtaposiciones donde el suspense de lo inesperado se presenta a través de poderosas imágenes:

> Y entonces vio al niño. Era un pellejo hinchado y reseco, que todas las hormigas del mundo iban arrastrando trabajosamente hacia sus madrigueras por el sendero de piedras del jardín.(Pág.347)

Densidad significativa por medio de hipérboles bien estructuradas, llegándose a crear un humor poco corriente.

> Un domingo, a las seis de la tarde, Amaranta Ursula sintió los apremios del parto. La sonriente comadrona de las

---

[14] Subercaseux, Bernardo: "Tirano *Banderas* en la narrativa hispanoamericana (la novela del dictador 1926-1976)", *Cambio*, México, 1977, p.14.

209

muchachitas que se acostaban por hambre la hizo subir en la mesa del comedor, se le acabálló en el vientre, y la maltrató con galopes cerriles hasta que sus gritos fueron acallados por los berridos de un varón formidable (...) Después de cortarle el ombligo, la comadrona se puso a quitarle con un trapo el ungüento azul que le cubría el cuerpo. Alumbrada por Aureliano con una lámpara.

Sólo cuando lo voltearon boca abajo se dieron cuenta de que tenía algo más que el resto de los hombres, y se inclinaron para examinarlo. Era una cola de cerdo. (Pág. 344).

Nuevamente, lo grotesco pasa a ser histórico/religioso, según Sultana Wahnón (1997:47):

En mi opinión, en cambio, el hecho de que García Márquez, a la hora de describir a su inventado Judío Errante, utilizara los rasgos de la bestia del *Amadis* se explica, ante todo, porque el personaje literario del Endriago tiene algo en común con el Judío Errante de la tradición literaria: el hecho de aparecer a ojos de la mentalidad medieval como la encarnación misma del mal y el diablo. [...] Otros datos o pistas parecen confirmar la hipótesis acerca del posible origen judeo-converso de los Buendía. Por ejemplo, el hábito de casarse entre si, [...] convirtiéndose en dos razas secularmente entrecruzadas. (Pág. 55)

Es más, el sentido de la atemporalidad con que Melquíades narra los hechos, pasa a ser una de las ideas de la acronía narrativa que se muestran en la novela contemporánea (Genette, 1972). La ruptura con la idea de la linealidad temporal de Faulkner, por ejemplo, es uno de los hitos que convendría apuntar. Como dice Carmenza Kline (2003: 82)

Una de las mayores dificultades para entender cómo se estructura en la novela ese proceso mediante el cual se logra la recuperación y revelación de esa historia catalogada etnocéntricamente como bárbara, radica en la comprensión del manejo peculiar del tiempo. Éste no se encuentra sometido al rigor cronológico establecido por los hombres, aunque unas veces coincide con el tiempo de los calendarios. En otras se inmoviliza con una quietud total, como una mitológica serpiente de piedra. Es, pues, un tiempo caprichoso y vivo, libre, que en ocasiones se coloca al margen del tiempo.

Las situaciones grotescas, propias de Kafka, marcan otra de las líneas operativas de la estética de esta novela. La muerte sin sentido de algunos de los Buendía o la transformación final del hijo-cerdo de Aureliano y Amaranta es una buena muestra de la proximidad entre este personaje y el Gregorio Samsa que despierta de su sueño "convertido en un monstuoso insecto".

En ese sentido nos gustaría enlazar el término "grotesco" con la estética generada por determinados espíritus de vanguardia en la Europa de los inicios del siglo XX. Uno de los narradores que profundiza en el uso de este recurso narrativo es Luigi Pirandello. Sus escritos teóricos sobre el humor defendían la idea de una literatura en la que lo inesperado—aquello que sorprenda el horizonte de expectativas del lector—hiciese acto de aparición ante los ojos del lector. La defensa de un espacio para el humor y para el sueño es una de las características más destacables del autor italiano. No en vano su patrocinio de escritores como Bontempelli es una prueba de su cercanía al llamado Realismo mágico europeo. En la misma línea estética se mueve Kafka; el espacio para el sueño, llevado a los límites de lo irracional (en el autor checo sin la aportación humorística, más bien al contrario, imbuido de un espiritualismo agónico) sirve como espoleta que hizo eclosionar toda una idea estética. A ella, a este particular polen de ideas –según lo definiría Darío Villanueva—cabe sumar a los jóvenes Borges y Carpentier; sobre todo tendremos que considerar al primero el intermediario entre Kafka y América Latina.

Apuntemos como curiosidad filológica, algo que levanta sospechas: en el mismo número de la *Revista de Occidente* en el que se incluye la traducción de Franz Roh sobre el "Postexpresionismo, realismo mágico" se encuentra un cuento del autor de *La metamorfosis*. Dejando esta pequeña disgresión para futuras investigaciones y curiosidades histórico-estéticas, nos hacemos cargo de la idea de que lo grotesco llega a las manos de García Márquez como una opción estética que en el momento de la redacción de *Cien años de soledad* le fue de mucha utilidad para la confección de un relato marcado por un proceso de *inventio* diseñado dentro de las coordenadas de confusión entre realismo y maravilla.

Más aún, hace de ello uno de los ejes sobre los que se desarrolla buena parte de la narración. Algunas reacciones de los personajes, lejos de la lógica comportamental humana, llevan a la anulación de los atributos. Es decir, no tenemos una idea física mediante descripción de cómo son algunos de estos personajes. Como ocurre con el personaje de *El proceso*, hombre no descrito, en el que se prescinde de un discurso atributivo, se da algo semejante en *Cien años de soledad*, se mezcla dócilmente lo grotesco, con emociones delirantes del "amor/pasión":

> Rebeca esperaba el amor a las cuatro de la tarde bordando junto a la ventana. Sabia que la mula del correo no llegaba sino cada quince días, pero ella la esperaba siempre, convencida de que iba a llegar un día cualquiera por equivocación. Sucedió todo lo contrario: una vez la mula no llegó en la fecha prevista. Loca de desesperación, Rebeca se levantó a la media noche y comió puñados de tierra en el jardín, con una avidez suicida, llorando de dolor y de furia, masticando lombrices tiernas y astillándose las muelas con huesos de caracoles. Vomitó hasta el amanecer, se hundió en un estado de postración febril, perdió la conciencia, y su corazón se abrió en un delirio sin pudor. (García Márquez, 1967: 61)

Si hay algo que caracterice a Rebeca es el discurso predicativo que la acompaña, sobre todo con esta acción que la lleva de nuevo a sus orígenes, a lo desconocido, a la tierra de la que procedía. Muchos otros hombres y mujeres de Macondo son conocidos por estas acciones grotescas que enlazan, como vemos, con cierta simbología.

La utilización de símbolos y de expresiones concretas alude de una manera certera a componentes semánticos que habría que desglosar con calma para ver decodificados en significados ideológicos precisos. Así, la utilización de símbolos supone la introducción de valores. El hecho de que la lluvia pase a ser un presagio de acontecimientos negativos (Garcia de la Concha, 2007: LXXXIV-LXXXV) está supeditado a la idea de un retroceso en las consecuciones de los liberales en Macondo, la masacre de la estación se ve seguida de un aguacero monumental de resonancias bíblicas. En ese sentido podemos apuntar ciertas concomitancias simbólicas entre la obra de una autora como Mercè Rodoreda, que usa la tormenta como símbolo de las desgracias y de las catástrofes. No es gratuito este punto en común si consideramos que la afinidad manifestada por García Márquez, su admiración por la autora catalana, nos sitúa en un punto en común entre los dos. La presencia de Ramón Vinyes en la novela es otro de los elementos que ayudan a entender la proximidad entre la autora y nuestro escritor.

Los símbolos religiosos tienen un valor que ya hemos apuntado con anterioridad. La imposición colonial, por una parte, y el componente popular y supersticioso por otra, articulan una de las líneas de alienación que observa el escritor a través del frecuente juego irónico que introduce sobre este tipo de creencias.

Además, los residuos de la conquista española aparecen como algo que se desentierra por casualidad: la armadura y el galeón simbolizan la presencia del pasado, la violencia originada por la conquista y el expolio de los conquistadores. Todos ellos, como los hierros a los que Melquíades despierta el ánima, vuelven del pasado, como el mal presagio sobre el fin de Macondo.

Así, el retorno del pasado, lo cíclico del tiempo, hace reaparecer la violencia y la muerte: "Entonces empezó el viento tibio, incipiente, lleno de voces del pasado, de murmullos de geranios antiguos, de suspiros de desengaños anteriores a las nostalgias más tenaces." (Pág. 348)

Si cuando leemos: «Treinta y dos campanarios tocaban a muerto a las seis de la tarde. En la casa señorial embaldosada de las losas sepulcrales jamás se conocía el sol. El aire había muerto en los cipreses del patio» (Pág.237). nos damos cuenta de que lo "señorial" revive lo antiguo, como el sitio donde no se conocía el sol, paráfrasis que recuerdo los tiempos imperiales de la conquista, y además añadimos los contenidos semánticos de "muerto" y "sepulcral", nos damos cuenta del valor que tienen las expresiones unidas. El valor fantasmagórico que asume la expresión se canaliza a través de la idea de la vuelta del pasado, de la tragedia, de la violencia y de la muerte (soledad absoluta).

Valiéndose de la historia y de sesgos léxico-semánticos que observamos, el ideal del autor es encontrar la manera eficaz de llegar a un cambio, es la narración de un drama dentro de otro drama, a través de poderosas imágenes de una literatura esencialmente visual, poética, matizada por la belleza de la palabra y el uso eficaz de la metáfora.

Podríamos decir que en *Cien años de Soledad* la lengua cambia, evoluciona y es la propia gente que hace que la lengua cambie. Teniendo en cuenta que, la evolución de la lengua no tiene en cuenta la gramática. Como claramente lo escribe Carlos Ayala Glez-Nieto, Julio 1970, "Es cierto que *Cien años de soledad* es—y no pretende ser otra cosa—ante todo una obra de imaginación muy poco frecuente." (García Márquez, Gabriel,

1970. Carlos Ayala Glez-Nieto, 1970, escribe al final del libro, (sin numeración) sobre el autor y su obra.)

La argumentación e intensificación léxico-semántica es constante y única, propia de su estilo, llevada a cabo para dejar constancia del peso del pasado en la idiosincrasia del pueblo y de las gentes:

> No lo advirtió porque en aquel momento estaba descubriendo los propios indicios de su ser, en su abuelo concupiscente que se dejaba arrastrar por la frivolidad a través de un páramo alucinado, en busca de una mujer hermosa a quien no haría feliz. (Pág. 348)

El nexo de unión entre la historia (las generaciones pasadas) y el "presente" representado por el último de los Buendía leyendo las palabras de Melquíades, sintetizan una idea que se desgrana a través de la intensidad narrativa de la obra, se proyecta bajo un espectáculo dramático de diferentes rasgos:

"Muchos años después, frente al pelotón de fusilamiento, el coronel Aureliano Buendía" (página 7) mentalmente repasa la historia como él la recuerda, y es así, como comienza la larga historia de los Buendía, con esta analepsis que crea memorias de ese Macondo desconocido, alejado de toda civilización y que para beneficio del lector, cuenta con personajes como "los Buendía". Las características de análisis son muy claras en cada uno de los personajes: "José Arcadio Buendía cuya desaforada imaginación iba siempre más lejos que el ingenio de la naturaleza, y aun más allá del milagro y la magia," (Pág. 7)

García Márquez, en la entrevista concedida a la revista *Triunfo* había precisado la tendencia dispar de los Aurelianos y de los Arcadios en la saga de los Buendía. Aquí veríamos un cúmulo de características y cualidades que se reparten entre las dos líneas de miembros de la familia, de igual modo que Úrsula Iguarán y Pilar Ternera representan dos modos de feminidad y de maternidad.

Por otro lado, la figura de Amaranta Buendía acarrea un simbolismo que se expresa a través de sus actitudes, desde la maternidad ardiente, pasando por el amor llevado a sus últimos extremos (lo incestuoso). Carmenza Kline dice de ella:

> Amaranta es una virgen viuda incestuosa. Aunque parezcan circunstancias opuestas, ella combina en forma desconcertante las tres. No sólo es la virgen eterna, sino que además lleva

siempre en su mano a partir del suicidio de Pietro Crespi la venda negra, insignia de su virginidad, que nunca se vuelve a quitar. Al mismo tiempo esa venda negra es el símbolo de su viudez, porque ella es viuda de Pietro Crespi –así como más adelante lo será también del coronel Gerineldo Márquez–, y sólo se despojará de ella para, en las noches desiertas, acariciar a su sobrino con la mano desnuda. (Kline, 2003:90)

La narración sucede a través de los recuerdos del pasado para llegar al presente, y nos encontramos los lectores con la «sospecha sinsentido» (Blumenberg, Hans, 1992:47) de aventuras en los que José Arcadio trata de realizar, según su imaginación desaforada, no calculada, inocente, llegando a crear un mundo real o irreal de acuerdo a las múltiples interpretaciones.

Macondo era entonces una aldea de veinte casas de barro y cañabrava construidas a la orilla de un río de aguas diáfanas que se precipitaban por un lecho de piedras pulidas, blancas y enormes como huevos prehistóricos. (Pág. 7)

El lector se encuentra con un cuento que lo puede creer, pues nos lleva a lugares que pueden estar muy cerca de lo conocido.

EL MUNDO REAL EFECTIVO TRASLADADO AL IMAGINARIO MACONDO.

Según García Márquez, "En Colombia no ha habido prácticamente un día sin guerra civil" (Samper, 1985). La traslación efectiva de lo real a lo imaginario se observa en el ánimo del autor al reproducir los esquemas sociales del contexto en su texto. Toda la complejidad del universo de Macondo se constituye en un botón de muestra de la del universo colombiano. Los cambios efectuados en el proceso ficcional se dejan notar con una intencionalidad clara. Así ocurre cuando el autor multiplica el número de muertos en la matanza de las bananeras.

De todos modos, la lectura histórica de tipo alegórico que podemos extraer de la presencia del asesinato múltiple también tiene conexiones con el genocidio de los indígenas por parte de los antiguos colonizadores. Es decir, no estamos únicamente ante un acto del imperialismo empresarial, con sólidas anclas puestas en la historia más reciente, sino en los episodios cíclicos de la historia de Colombia y de Latinoamérica.

La proyección de la Colombia conocida por el autor en el imaginario Macondo nos llevaría a suscribir esta lectura interpretativa según la cual el peso del pasado y la endogamia social lleva a lo trágico/violento. Es, al cabo, una lectura de la realidad histórica de un entorno concreto. La imagen del coronel es particularmente interesante si la entendemos como una simbiosis entre las figuras del abuelo del autor, el Coronel Márquez—en la presencia de la memoria oral que ello supone para la construcción del personaje—y la figura histórica de Rafael Uribe.

La proyección de la realidad nacional en el mítico Macondo, como ya hemos apuntado, ayuda—desde lo simbólico hasta lo mágico—a interpretar una sociedad que se ve representada a través de los personajes ficticios. La ficcionalización es, por lo tanto, una representación en retazo del universo y de la historia colombiana, con la violencia y la muerte como sino.

A Macondo se irán integrando las diversas formas de poder: el poder político, el militar, el religioso y el económico, así como las manifestaciones de la rigidez en la moral. Macondo vive innumerables infortunios y le va llegando su decadencia, y con ella la de su espíritu civilizatorio fundacional. El lugar de los espejos que es Macondo, se convierte poco a poco en el del espejismo. Y las formas de dominio autoritarias van negando y destruyendo la autoridad, dejando como huella los desastres, la muerte, la desolación. (Santín, 1992: 308)

La novela se erige, pues, en una traslación del universo colombiano, consciente o inconscientemente el autor da paso a una representación parcial de la realidad en su universo imaginario. Tras ello se esconde, como proponemos, un posicionamiento ideológico del escritor hacia la realidad conocida de su país.

El sentido liberador de la novela, de búsqueda de caminos esperanzadores, refuerza los relatos igualitarios, de justicia y emancipatorios que actualmente tienen enorme validez. Estos pueden asumirse con una actitud significativa, que la obra que hoy nos reúne, veinticinco años después, ha guardado como secreto (Santín, 1992: 308)

Manuel Maldonado-Denis, (1977:14) en *la Violencia en la obra de García Márquez*, lo especifica:

La violencia del subdesarrollo no es simplemente el uso brutal de la fuerza física, si bien este es un ingrediente de capital importancia para todo el aparato de dominación que utilizan aquellos que detentan el poder, sino también la secuela de males que el subdesarrollo acarrea: la corrupción, el pillaje, el despojo, la entrega ignominiosa, la supeditación y el servilismo.

En *Cien años de soledad* nos encontramos los lectores con el texto de la tragicomedia humana dentro de la otra tragedia, que nos explica e informa a través de recuerdos y vivencias y memorias colombianas, experiencias magnificadas según y cómo el autor las recuerda. En esta obra magna de García Márquez, el narrador, como si fuera en el túnel del tiempo, se traslada al pasado, atiborrado de ese expresionismo puro de imágenes de él mismo, donde además esos protagonistas sintetizan el significado de lo que para cada uno de ellos ha sido su experiencia de la vida/soledad y muerte.

Con ello, muy válidas son las palabras de Claudio Guillen quien sintetiza (Claudio Guillén, 2007: CXVII-CXVIII):

El narrador es el único que no siente la conmoción del asombro o de la perplejidad. La crítica ha puesto de relieve la utilidad funcional del tono de voz del narrador, absolutamente imperturbable. A él se debe buena parte de la función de lo real y lo irreal. Ricardo Gullón apunta también el contraste entre esa inalterable tonalidad y el ritmo vertiginoso que imprime el relato su singular dinamismo. Hay unos procedimientos, como el oxímoron, la paradoja o el anacronismo, que hacen posible, según él, ese «prodigio de condensación»; y también ese arte de la rápida enumeración que Mario Vargas Llosa comenta, y que permite contener «en un mínimo espacio verbal [...] el mayor número de hechos». Este arte de ficción consigue lo que J.M. Pozuelo llama «la naturalización narrativa de lo maravilloso», como si el narrador autentificase todo cuanto cuenta.

En su extensa obra, el autor establece su propia corriente novelística/poética, y sobre todo, denota el sentimiento popular y las emociones de su gente, en una dramatización muy única para lograr profundizar en el alma de los Buendía. Existe también, ante todo, un matiz que el autor no olvida nunca: la crítica del pasado y presente histórico colombiano a través de un liberalismo social. Según palabras de Claudio Guillen:

> El arte, entonces, no es la mera representación de la sociedad. No se somete a ella. Se crea a diferencia de ella o en contra de ella. El novelista no escribe al dictado de ninguna época, ningún estilo colectivo, ningún juego de generaciones. [...] *Cien años* libra una batalla descomunal contra las convenciones de nuestro tiempo y de nuestra sociedad, liberándonos a todos. (Claudio Guillen, 2007:CXIX)

Eso es lo que aparenta la obra. Es decir, la autonomía de lo narrado, parece desligarla de lo social, de lo político, de cualquier época, de los estilos colectivos, de las generaciones. Ahora bien, eso tomado al pie de la letra nos llevaría hasta la consideración de una novela surgida de la nada. En realidad, como hemos ido mostrando, hay una serie de anclajes: en los tiempos y en los espacios colombianos, en los tipos sociales de los personajes, en los grados de relación con el mundo conocido por el autor.

¿Qué lleva a Claudio Guillén a afirmar ese aparente desarraigo del novelista? ¿Es realmente el desarraigo del novelista o el desarraigo del narrador lo que hay que notar? Optamos claramente por lo segundo. Es la voz que nos cuenta los hechos la que marca las distancias y la que coloca en el mismo plano los discursos de Aureliano, José Arcadio, Úrsula, manteniendo una focalización lo suficientemente neutra.

Esa neutralidad del narrador contrasta, y ese es uno de los propósitos de este trabajo, con un autor que nunca pretendió ser neutral en la construcción de sus novelas. Si *Cien años de soledad* no es una novela comprometida, cosa evidente, tampoco es un producto de afirmación estética sin voluntad de resonancias sociales, históricas, económicas, políticas, sentimentales o bélicas. Esta novela es, elementos estéticos a parte, una obra que echa el ancla en aspectos muy diversos del contexto. Son esos anclajes los que nos han impulsado a apuntar vínculos ideológicos entre el escritor y sus palabras. La inocencia de las palabras, lección de primer curso de periodismo, no existe. Es imposible, por lo tanto, que—aunque no sean dictados—no aparezcan ecos diáfanos de lo que rodea a lo escrito.

IV (1968-1982)

La novela en América Latina: Dialogo, Mario Vargas Llosa (1968)
Isabel viendo llover en Macondo (1968)[15]
Relato de un naufrago (1970)
La increíble y triste historia de la cándida Eréndira y de su abuela desalmada: siete cuentos (1972)
Cuando era feliz e indocumentado (1973)[16]
El negro que hizo esperar a los ángeles (1974)[17]
Ojos de perro azul (1974)
El otoño del patriarca (1975)
Todos los cuentos por Gabriel García Márquez (1947-1972)
Crónicas y Reportajes (1976)
Operación Carlota/García Márquez (1977)
De viaje por los países socialistas: 90 días en la cortina de hierro (1978)[18]
La tigra (1978)
Crónica de una muerte anunciada (1981)
Obra periodística (1981)
El verano feliz de la señora Forbes (1982)
Viva Sandino (1982)
Gabriel García Márquez. Conversaciones con Plinio Apuleyo Mendoza. El olor de la guayaba (1982)
El secuestro, Relato cinematográfico (1982)
La soledad de América Latina 5 Brindis por la poesía (1982)[19]

---

[15] Publicado por primera vez en la revista *Mito* con este titulo. Apareció bajo el titulo de «El invierno» en *El Heraldo* de Barranquilla en 1952.

[16] Recopilación de artículos publicados en Venezuela en 1958.

[17] Edición no autorizada por el autor.

[18]Publicado anteriormente en la revista *Cromos* de Bogotá.

CRÍTICA DE CINE Y GRANDES REPORTAJES.

En 1954 en Bogotá, se integra a la planta de redacción del diario *El Espectador* escribiendo crítica de cine y grandes reportajes. En 1955 gana el concurso nacional de cuento con *Un día después del sábado.* Publica *La Hojarasca* su primera novela y la crónica *Relato de un náufrago.* Viaja a Europa como corresponsal de *El Espectador* que poco después es cerrado por el dictador Gustavo Rojas pinilla. En 1956 vive en Paris y en 1957 viaja por Europa Oriental.

El mismo año va a Caracas a trabajar como periodista en la Revista *Momento* y en 1958 regresa a Colombia para casarse con Mercedes Barcha en Barranquilla. Tienen dos hijos Rodrigo y Gonzalo. Publica *El Coronel no tiene quien le escriba* en la Revista *Mito.*

En 1959 es corresponsal de *Prensa Latina,* la agencia noticiosa cubana, en Bogotá. En 1960 trabaja para Prensa Latina en Cuba y en Nueva York. Entre 1961 y 1967 reside en México como periodista y escribe guiones cinematográficos (*El gallo de oro, Tiempo de morir*). En 1962 publica *La mala hora* (Premio Esso de Literatura) y *Los funerales de la Mamá Grande.*

En 1967 publica su obra más célebre, *Cien años de soledad.* Se establece en Barcelona. *Cien años de soledad* obtiene el premio Chianchiano en Italia y se designa como el mejor libro extranjero en Francia. La crítica norteamericana la selecciona como uno de los doce mejores libros de la década del setenta. Dos años más tarde publica *La increíble y triste historia de la Cándida Eréndida y de su abuela desalmada.* El mismo año obtiene el *Premio Rómulo Gallegos* en Venezuela, premio que dona al *MÁS* (Movimiento al Socialismo). Obtiene también el Premio Internacional Neustadt para libros extranjeros.

En 1971 la Universidad de Columbia, Nueva York, le otorga el doctorado "Honoris Causa" en Letras. En 1973 publica *Cuando era feliz e indocumentado* sobre su vida en Caracas. En febrero de 1974 funda en Colombia la Revista *Alternativa.* En 1975 publica *El Otoño del Patriarca* y vuelve a vivir en México y Colombia donde continúa su vida de periodista publicando artículos sobre Chile, Cuba, Angola, Nicaragua y

---

[19] El discurso que García Márquez pronunció en Estocolmo tras haber recibido el premio Nobel en 1982, fue reproducido por *El País* del día 9 diciembre 1982.

Vietnam en varias revistas y periódicos. Publica el libro *Crónicas y Reportajes*. En 1980 retoma su columna semanal en *El Espectador*. En 1981 el gobierno francés le otorga "La legión de Honor" en el grado de Comendador. En este año publica su más reciente novela *Crónica de una muerte anunciada*. (García Márquez, 1981: Comentario solapa)

RELATO DE UN NÁUFRAGO (1970)

El propio personaje, en este caso el náufrago, narra en primera persona, lo que le va sucediendo, en un monólogo, bien organizado desde el principio hasta el día décimo en que llegó a tierra. La función que desempeña el narrador es contar su historia, dentro de la otra historia del por qué, cómo, cuándo y dónde sucedió la tragedia y el suspense de la vivencia del protagonista,

> El náufrago que estuvo diez días a la deriva en una balsa sin comer ni beber, que fue proclamado héroe de la patria, besado por las reinas de belleza y hecho rico por la publicidad, y luego aborrecido por el gobierno y olvidado para siempre. (García Márquez, 1970:01)

Esta crónica, presenta un narrador (náufrago) relatando su historia-aventura de los acontecimientos de los diez días. Proporciona al lector detalles algunas veces interesantes, que leídos hoy, no presentan ninguna innovación, debido a la intensidad periodística a que nos vemos bombardeados todos los días a través de los medios de información. Puede dar la impresión de situar al lector a mayor o menor distancia de lo que se cuenta.

García Márquez nos introduce en el relato contando cómo llegó a conocer al protagonista y descubrió que el naufragio se produjo a causa del transporte de artículos de contrabando en un destructor de la marina colombiana. Una vez desvelada la razón fundamental del hecho, ello supuso un duro golpe para la dictadura colombiana de aquellos momentos.

Luis Alejandro Velasco, que es como se llama el náufrago, relata la historia de cómo fueron abandonados en la mar él y sus compañeros, porque el buque no pudo virar, a causa del sobrepeso de mercancía, para salvarlos. Este relato testimonial entra en el ámbito de la prosa periodística de García Márquez. De hecho, se sirve del relato del náufrago como si aparentemente fuera un mero transcriptor de lo que va contando Alejandro Velasco.

El testimonio se entretiene en los detalles del naufragio y en cómo van transcurriendo los días en los que la balsa va a la deriva. Carolina Molina (2006) se ha ocupado de estudiar algunos de los aspectos narrativos de esta crónica. Entre las cosas que ha destacado está la importancia que se ha de conceder al paratexto de la edición de 1970 en la editorial Tusquets, el citado al comienzo del presente epígrafe, porque refuerza la idea de la manipulación de la figura heroica durante los días posteriores a su retorno a tierra (Molina, 2006:82).

Basándose en el tópico literario de que la obra de arte puede inmortalizar al hombre histórico (Molina, 2006:82), idea similar a la de *El viejo y el mar* de Heminway, nos encontramos con un personaje que relata en primera persona, cosa que hace más verosímil la narración y, al tiempo, una distribución—dispositio retórica según el análisis de Carolina Molina—en la que presumimos que García Márquez tendría mucho que ver a la hora de introducir determinadas analepsis que hacen que el lector vaya fijando su atención en las causas del naufragio y en los vínculos de amistad entre el marinero y otros marineros desaparecidos en el hecho.

Ese componente personal, individual, que llega a la relación de detalles de cierta intimidad, hace que sobresalga la carga emocional del relato. Del mismo modo se consigue ese efecto en la descripción de las penurias del superviviente en la balsa: la amenaza de los tiburones, los intentos para saciar su sed y su hambre, son detalles concretos que nos acercan más a la figura humana.

Ahora bien, cabe señalar la posibilidad de que estos aspectos hayan sido inducidos por el transcriptor (García Márquez) del relato. No resulta extraño, puesto que la mayoría de las crónicas de la época estuvieron dirigidas a ensalzar el papel heroico del personaje, pero pocas a entrar en algunos detalles. De hecho, detalles como la obsesión con el reloj o el intento de comerse los zapatos, que aparecieron en otras crónicas del momento, fueron aprovechados para la elaboración publicitaria, pero no se transmitió la vertiente psicológica de la desesperación y del sufrimiento del individuo.

Del aspecto ideológico nos interesa destacar la utilización política que se hizo de este hecho excepcional. En un principio el gobierno colombiano lo asumió como una heroicidad y elevó a la categoría de héroe nacional a náufragoVelasco. Ahora, en el momento en que se publicó *Relato de un náufrago*, este personaje cayó en desgracia porque a través del testimonio ofrecido a García Márquez se pudo comprobar el uso indebido de los buques de guerra colombianos, con finalidades comerciales de contrabando.

Ello produjo una situación tan tirante entre el periódico para el que trabajaba el autor y las autoridades que llegó a favorecer su viaje a Europa. Es decir, supuso un paso decisivo para su exilio y su acercamiento posterior al viejo continente, con una serie de consecuencias que aquí iremos ofreciendo.

De los artículos publicados en el periódico *El Espectador* de Bogotá en (1955), quince años después de su publicación, se enfatiza que la comunicación inicial es oral a través de diálogos personales del protagonista, y en este caso el náufrago al reportero Gabriel García Márquez. Comunicación oral que viene a ser posteriormente importantísima, más amplia y refinada, bajo la literaturización de fondo histórico. Ese modelo es explotado con: *Crónica de una muerte anunciada*, (1981*); Las aventuras de Miguel Littín clandestino en Chile,* (1986) y *Noticia de un secuestro*, (1996).

Begoña Díez Huélamo (1986), nos aclara las tres diferencias primordiales en conexión con aquellos artículos, publicados en 1955).

La edición de 1970 (Subrayado de la autora)

Tres diferencias sustanciales respecto al texto de 1955 consiguen reconvertir la obra, dotándola de un sentido literario que no estaba en el texto periodístico inicial:

a) *El prológo* sintetiza las circunstancias históricas, conocidas por el lector colombiano de 1955, que dieron origen al texto y a los artículos previos; pero refiere por vez primera la verdadera causa del naufragio y los problemas de censura que motivó la publicación del reportaje. [...]

b) *La modificación del título* tiene un doble sentido: por un lado, y en analogía con el prólogo, sirve para dotar al texto de carácter literario, ya que le atribuye las notas de universalidad y acronía mediante el cambio de la primera persona (*mi aventura*) por la tercera (*un náufrago*). Además, el valor característicamente periodístico resaltado en el título de 1955 (*la verdad*) se subordina a su valor literario, al adscribir el texto a un género (*Relato*) formulado convencionalmente en la tradición literaria. [...]

c) *La estructuración externa. La verdad sobre mi aventura* se publicó como serial periódistico en catorce entregas, lo que determinó la división del *Relato* en otros tantos apartados, que se respetaron en la edicion de 1970.(Begoña Díez Huélamo, 1986:41-42).

Cuando era feliz e indocumentado (1973)

Colombia: Al fin hablan los votos

Alusiones procaces de acontecimientos nacionales de la política, pues, por ese entonces, la situación nacional era bastante tensa e inestable en la nación colombiana. Era como ha sido siempre, una conveniente simbiosis liberal-conservadora en marcha de los partidos tradicionales de la oligarquía en el poder. En *Colombia: Al fin hablan los votos,* nuevamente el autor nos informa:

> Con un árbitro imparcial, el eterno «match» Liberal-Conservador se decide. La situación del partido liberal, [...] se hablaba de división interna, más grave que la conservadora, puesto que no era de carácter administrativo sino ideológico. [...] El resultado fue muy simple: las listas liberales eran, exactamente, las de hace 20 años, con todos los miembros de la vieja oligarquía liberal. (García Márquez, 1982:91)

Esta narración épica, repetida anteriormente, pero que nos sintetiza la hegemonía liberal-conservadora manteniendo el "poder eterno". Aquí nos presenta a Laureano Gómez, discutido ampliamente como el presidente ultra-religioso y más racista colombiano. Al otro lado Alberto Lleras Camargo, otro presidente colombiano, mucho más notable por su inteligente carisma y retórica de orador ilustre, "liberal de derechas" con profundos conocimientos de política y economía colombianas y mundial, y al igual ferviente admirador del sistema capitalista norteamericano. Sin embargo, lo religioso se hace también presente en este clima, donde la multitud gritaba enardecida:

> ...en la plaza de Bolívar, donde las campanas de la Catedral daban el primer toque para la misa de las doce, lanzaba un grito ensordecedor que no se había dado nunca en la historia de Colombia, y que es una síntesis de las fuerzas dominantes en el país:

> ¡Viva Laureano Gómez ¡ ! Viva el partido liberal!

> "Lleras encontró la gran solución para su partido: convirtió el liberalismo en un gran partido conservador. (Pág. 93)

PERIODISTA Y ESCRITOR EN LA DÉCADA DE LOS 50, 60 Y 70.

Simultáneamente como periodista y escritor durante la década de los cincuenta, sesenta y setenta, se registra bajo una ideología liberal-socialista; se observa la intensidad de comunicar los cambios sociales que el autor escribe directamente, tanto en Caracas como en Bogotá. "Durante el régimen militar de Pérez Jiménez, en Venezuela, el clero a la cabeza, con "el padre Hernández se hizo conspirador." (García Márquez, 1972:40) El diálogo entre Vallenilla Lanz, Ministro del Interior con el padre Hernández, denuncia:

> Con el régimen que ustedes tienen en Venezuela casi todo el pueblo los odia y los detesta.

> Vallenilla Lanz enrojeció.

> — ¿Por qué?—preguntó tímidamente.

> —Porque ustedes tienen un régimen de pánico con la Seguridad Nacional. Es la espada de Damocles sobre la cabeza

de cada venezolano. Las lágrimas y la sangre y la cantidad de muertos. (García Márquez, 1972: 40)

Fue en realidad el levantamiento del clero contra el régimen de Pérez Jiménez,

En todos los frentes la iglesia participaba en la resistencia. Los colegios dirigidos por religiosos estuvieron entre los primeros que echaron sus alumnos a la calle para que se manifestaran contra el régimen. El régimen lo sabía, pero ya en enero habría podido encarcelar a todos los sacerdotes de Venezuela sin ningún resultado. La fuerza democrática se había desencadenado. (García Márquez, 1972:48)

Anteriormente, la dictadura de Juan Vicente Gómez, había puesto en el exilio a

Jóvito Villalba quien se encontraba en Trinidad. Estaba conspirando, buscando contactos con la oposición, para evitar que Gómez fuera reelegido para el nuevo periodo presidencial que se iniciaba el 19 de abril de 1936. (García Márquez, 1972:53) Rómulo Betancourt se encontraba en Costa Rica, donde se casó y nació su primera hija. Era un conspirador de trayectoria continental. (García Márquez, 1972:48) Machado, que había conocido medio mundo en el exilio, que se había hecho comunista en la Universidad de Paris. El único que no tuvo que regresar en esa ocasión fue el benjamín de la política venezolana, Rafael Caldera. No conocía aún a los otros tres hombres que desde ángulos distintos habían de formar con él— en enero de 1958—el cuadrado de la unidad nacional. (García Márquez, 1972:53).

Sin olvidar que, si es en crónicas para la prensa, en novelas, y cuentos, uno de los temas que obsesiona al autor es el dominio-control y abuso de sus gobernantes, llámense dictadores, (Pérez Jiménez, Trujillo, Rojas Pinilla, etc. etc.) presidentes liberales o conservadores, de derecha o extrema izquierda, o cuando el autor refiriéndose al clásico caudillo hispanoamericano lo pone en evidencia.

Eduardo Escallón Largacha, (2007: Pág. 1) escribe:

Gabriel García Márquez y Alejo Carpentier llegan, a su manera, a la comprensión de la historia latinoamericana y la comunican por medio de sus propios y novedosos recursos. Ambos construyen versiones alternas que se oponen a la historia oficial de América Latina de corte positivista y patriótico con su propuesta de sociedad occidental y moderna articulada al ámbito capitalista. Inmersos en el cambio de conciencia histórica de su época y su continente, elaboran un discurso nuevo que, de manera intencionada, se distancia del otro y lo cuestiona.

Con ello, García Márquez en Colombia, cuestiona nuevamente a través de su ideología política (liberal/socialista, algunas veces considerada comunista e izquierdista) por la crítica que vigila paso a paso el pensamiento intelectual del escritor colombiano.

EL OTOÑO DEL PATRIARCA, (1975)

El otoño del patriarca, éste es un relato mimético extendido, con numerosos anclajes entre la realidad y la ficción. Básicamente se fundamenta en la idea del déspota, de los déspotas de todas las épocas. Nos da idea de anécdotas, acontecimientos y caracteres pertenecientes a varios dictadores. En realidad, el personaje retratado es un arquetipo del comportamiento de los dictadores extraído de emperadores y contemporáneos del narrador. Por ello encontramos, en la línea de investigación que nos hemos marcado, un buen filón para explotar la idea política subyacente en la obra.

El otoño del patriarca es una novela sobre la grandeza y las miserias del poder y es, a la vez, una síntesis crítica de las circunstancias históricas de América Latina desde el descubrimiento hasta la segunda mitad del siglo veinte. No es solamente una novela más de dictadores, sino una novela sobre la explotación, la injusticia, la democracia restringida y la ignorancia que han azotado al continente. (Escallón, 2007:151)

El eje temático de la novela, el poder y la soledad (Palencia-Roth, 1986) sirve para acumular una serie de datos que, como venimos diciendo, pertenecen a las características propias de varios sátrapas de la historia. José Manuel Camacho Delgado (1997) se ha preocupado de seguir punto por punto aquellas afinidades intertextuales que se pueden establecer entre el libro de García Márquez y otras obras. Por ejemplo, desde los inicios de su trabajo se ocupa de revisar la proximidad de determinados clásicos antiguos con la novela. Es el caso de los textos que se ocupan tanto de César (Suetonio) como de Edipo (Sófocles).

Como decimos, el estudio del poder va desgranándose en comentarios o subtemas que suceden al tema central. Así la figura del dictador que se repite, del doble y del desdoblamiento del déspota en otros déspotas nos llama poderosamente la atención porque gira sobre un tópico literario bastante conocido:

> Si este hombre soy yo, dijo, porque era en realidad como si lo fuera, salvo por la autoridad de la voz, que el otro no logró imitar nunca, y por la nitidez de las líneas de la mano donde el arco de la vida se prolongaba sin tropiezos en torno a la base del pulgar, y si no lo hizo fusilar en el acto no fue por el interés de mantenerlo como suplante oficial. (García Márquez, 1975:14).

Por otro lado, el léxico de tipo militar, las expresiones contundentes que ya hemos apuntado al hablar de *Cien años de soledad*, demuestran una continuidad a la hora de querer acercarnos a personajes que marcaron la biografía y la evolución como escritor de García Márquez. El pósito de la historia que une la línea imaginaria de sucesión entre unos dictadores y otros, el aura religiosa que recubre la historia de las dictaduras, aflora desde las primeras páginas.

> ...vimos en el centro del patio la alberca bautismal donde fueron cristianizadas con sacramentos marciales más de cinco generaciones, vimos en el fondo la caballeriza de los virreyes transformada en cochera, y vimos entre las camelias y mariposas la berlina de los tiempos del ruido, el furgón de la peste, la carroza del año del cometa, el coche fúnebre del progreso dentro del orden, la limusina sonámbula del primer siglo de paz, todos en buen estado bajo la telaraña polvorienta y todos pintados con los colores de la bandera. (Pág. 6)

La cristianización forzosa como carga histórica de los pueblos americanos, la presencia del poder colonial y la muerte que se repite hasta manifestándose en epidemias, da la impronta del ambiente en que se sitúa el dictador. Es decir, de nuevo nos encontramos con la conjunción de elementos que corresponden a un análisis dialéctico histórico de lo ocurrido en América Latina durante los últimos siglos. Solamente con estas breves pinceladas ya nos damos cuenta de la importancia que nuestro autor sigue concediendo a los elementos ancestrales.

> ...vio a un anciano que le hizo un saludo masónico de los tiempos de la guerra federal, vio un hombre enlutado que le besó el anillo, vio una colegiala que le puso una flor, vio una vendedora de pescado, que no pudo resistir la verdad de su muerte y esparció por los suelos la canasta de pescados frescos y abrazó al cadáver perfumado llorando a gritos que era él, lloraba, de modo que era él, gritaban, era él, gritó la muchedumbre sofocada en el sol de la Plaza de Armas, (Pág. 32).

Como vemos en líneas anteriores, el sentimiento poético sufre una progresiva melancolía, angustia, podría decirse; es la evolución al sentimentalismo anecdótico, y metafísico, o el sentir mental de la crisis del hombre contemporáneo. También es cierto que García Márquez poetiza, por consiguiente su obra esta atiborrada de cosas sin aparente conexión entre si.

EL PUNTO DE VISTA REGULA LA NARRACIÓN

Sin olvidar que el autor en toda la obra, a través del discurso político, narra sobre su identificación ideológica según el modo de denominación de los personajes, García Márquez puede regular el relato o narración, situándose en un lugar determinado para contar los acontecimientos desde el punto de vista de ese personaje mismo.

> Ni siquiera los menos prudentes nos conformábamos con las apariencias, porque muchas veces se había dado por hecho que estaba postrado de alferecía y se derrumbaba del trono en el curso de las audiencias torcido de convulsiones y echando espuma de hiel por la boca, (Pág. 47).

El punto de vista se sitúa ligado a la presencia de voces en la novela. Las aportaciones teóricas nos dan una idea de cómo se vinculan uno y otro conceptos.

La noción de punto de vista desempeña un papel central en dos problemáticas estrechamente ligadas: la narratología y la polifonía.

> En la Teoría Polifónica, término tomado de la música y referido al hecho de que los textos, en la mayoría de los casos,

transmiten muchos puntos de vista diferentes; el autor puede hacer hablar varias voces a través de su texto. El termino *polifonía* era muy corriente en la década de 1920. M. Bajtin, en su célebre libro sobre Dostoievski (1929), le dio un alcance y un sentido totalmente nuevos. Analizó en este trabajo las relaciones reciprocas entre el autor y el héroe de la obra de Dostoievski, descripción que él resume con la descripción de polifonía. (Charaudeau P. / Maingueneau, 2005:447-8) (Subrayado del autor).

En ese sentido, entendiendo que las voces ajenas incorporadas al texto narrativo forman parte de la polifonía—la llamada intertextualidad de Genette—nos encontramos con un cúmulo de textos ajenos que se incorporan al discurso del patriarca. ¿Qué significa eso? Creemos que, en definitiva, es lo que sustenta la tesis de Manuel Camacho (1997) según la cual el personaje es una abstracción de los dictadores y gobernantes absolutos de la historia. Para ello, la labor de intertextualización, de inclusión del discurso de estos dictadores en el del patriarca equivale a ir sumando el punto de vista de todos ellos para conseguir uno que sea lo suficientemente representativo de la esencia de los dictadores.

El punto de vista estaría establecido por lo que la suma de esos discursos ajenos supone. No nos podemos quedar, por lo tanto, en la superficie del análisis y determinar desde una óptica genetiana hasta qué punto el autor es objetivo o subjetivo. El grado de subjetividad, en este caso, está reforzado porque social y políticamente gira alrededor de la idea del poder, de la soledad del poderoso frente a aquellos que le soportan.

Esa pluralidad oculta, sin embargo, se presenta bajo la forma de una focalización condicionada por la perspectiva del dictador. Es decir, el juego formal de García Márquez consiste en esta unión bajo una misma voz de toda una serie de voces que han proliferado a lo largo de la historia y de la literatura.

No resulta extraño, de todos modos, que esta opción se lleve a cabo porque, de hecho, el mismo autor usa esta técnica narrativa por aquellos años con cierta frecuencia, sobre todo a raíz de la redacción de reportajes novelados que podían perfectamente desviar la atención del lector y apartarse de la fidelidad testimonial debida. Concretamente *Relato de un náufrago* y *La aventura de Miguel Littín, clandestino en Chile* son dos de estos reportajes en los que juega un papel crucial el testimonio, la narración homodiegética.

Con la perspectiva que entra en juego en esta novela llegamos a un punto de interés en la progresión formal de la obra del autor. Se trata de un cambio substancial respecto a la forma de narrar de *Cien años de Soledad*. Ahora aparece una voz unifocal que refiere los hechos desde su subjetividad. Eso también ocurrirá con *El general en su laberinto*.

Nos conduce al infinito monólogo interior extendido que parece interminable, y agobiante, que acompañado de la (forma retorcida o manierismo), propios de García Márquez nos presenta de manera contundente un estilo narrativo diferente.

Es el poder del monólogo interior que, directamente y bien estructurado nos da el contenido físico/psicológico del protagonista del drama. Este discurso político, a través del monólogo interior, no se manifiesta en un estado uniforme. No tiene organización lógica, narra y tiene un nivel verbal, con alguna o mínima representación deíctica de primera persona.

La técnica se presenta bajo la influencia y presencia de la figura del general, encerrado en sus vicios y lacras, dominando e implantando en ese lugar fantástico, ficticio del Caribe.

> Fue como penetrar en el ámbito de otra época, porque el aire era más tenue en los pozos de escombros de la vasta guarida del poder, y el silencio era más antiguo, y las cosas eran arduamente visibles en la luz decrépita. (García Márquez, 1975:5).

En ello se nota la influencia del poeta colombiano José Eustasio Rivera (*La vorágine*), a finales del siglo XIX y comienzos de XX. Aquí García Márquez, nos conduce a otro protagonista más actual: más del siglo XX:

> A lo largo del primer patio, cuyas baldosas habían cedido a la presión subterránea de la maleza, vimos el retén en desorden de la guardia fugitiva, las armas abandonadas en los armarios, el largo tablón mesón de tablones bastos con los platos de sobras del almuerzo dominical interrumpido por el pánico, vimos el galpón en penumbra donde estuvieron las oficinas civiles, los hongos de colores y los lirios pálidos entre los memoriales sin resolver (Pág. 5)

El efecto léxico-sintáctico se logra hiperbólicamente contando con que el pasaje anterior dispone de escasos dos verbos habían cedido y vimos, para llegar a una subjetividad narrativa recargada de sustantivos magnificados y engrandecidos por la adjetivación. Las armas abandonadas en los armarios, el largo mesón de tablones bastos con los platos de sobras del almuerzo dominical. (...) El uso del los sustantivos magnificados por su visión de color, y figura crean la identidad de ese hablante ficticio. La penumbra, la oscuridad y el abandono desolador es lo que rodea al patriarca. La deserción absoluta de soledad y la nulidad de un pasado preferido a sus ojos son sustituidas por la realidad total devastadora de la soledad.

La introducción del personaje, y la casa presidencial, está relacionado con el pasado y específicamente nos relata una forma/estilo diferente de la condensación y densidad de los aspectos de la narración. En *El otoño del patriarca* es importante la forma como se introduce el sujeto narrador. El texto es el resultado de un acto de enunciación narrativo donde los elementos: el sujeto, el tiempo, el espacio representan una situación en que habla el narrador, que en otras palabras es una "identidad textual".

Es un compendio: novela del universo del lenguaje por medio del lenguaje mismo; poco usual, atiborrado de vida decadente, de forma visual, sensorial, sabor, color y muerte, con la presencia constante de la historia. En esta obra, García Márquez crea un género narrativo muy peculiar y diferente de lo que se escribe en Latinoamérica en 1975. Es la crítica representativa de una determinada época, con desajustes de angustia existencial real del autor mismo, profundamente matizada de lo abstracto. Realmente es una lección completa, diseñada por el texto difícil, donde el lector lee e interpreta, y va descubriendo paulatinamente la figura del autor implícito.

El narrador detalla y pormenoriza los acontecimientos, que pueden estar situados en tiempo histórico diverso. Con esto, los lectores no pueden situarse en contextos concretos. Específicamente, el juego del tiempo puede ser múltiple. En su obra, el autor describe períodos de tiempo extensos. Es la intensidad expresiva de los acontecimientos, que contadas veces duran poco.

Pero, ¿cuál es el orden de esos acontecimientos en el discurso de García Márquez con relación a la historia? Se podría decir que, lingüísticamente puede reconstruirse ese orden por medio de índices indirectos. En *El otoño del patriarca*, como el título nos informa, esa reconstrucción del tiempo en lo que se refiere al orden, podría ser clara. También, es cierto que, en este caso entre texto e historia social es casi imposible, pues los acontecimientos que se suceden en la historia colombiana y en Latinoamérica pueden suceder simultáneamente. Necesariamente, y secuencialmente, tendría que aparecer uno y otro después, porque el lenguaje es lineal, nunca una coincidencia total. Como Barthes escribe: "Narrador y personajes son seres de papel".

Escallón, (2007) define la evolución cíclica y política en *El otoño del patriarca:*

> El proceso de evolución política de los sujetos y la involución del patriarca se relacionan con el manejo del tiempo en la novela. Como discurso narrativo histórico alternativo a la historia convencional, la narración de *El otoño del patriarca* se aleja del concepto lineal progresivo hacia un fin superior, que es el concepto cristiano europeo que le dan orden y sentido a la historia. En oposición, se sumerge en lo que podría ser un caos intemporal. Por esta razón el lector se enfrenta a *una dictadura en apariencia infinita*[20] que, como lo ha señalado Ángel Rama, se sucede a sí misma en el tiempo mientras pasan diversas generaciones humanas, las cuales para hacer más grave su condición, carecen de memoria histórica y creen rotar siempre en torno de los mismos hechos, girar en torno del mismo personaje inmutable al cual parece prometida la inmortalidad. (apud. Escallón Largacha, Eduardo, 2007:173)

La idea del tiempo cíclico, la historia que se repite, está ligada aquí a la voz reiterativa. Nos encontramos un rasgo faulkneriano que muchos de los críticos de García Márquez han querido señalar. Pero ese rasgo faulkneriano ahora ha sido aprovechado como interiorización de una voz que, como hemos repetido tanto, es el cúmulo de las voces de los dictadores, de ahí esa "dictadura en apariencia infinita". En ese punto es donde nos interesa pararnos para observar qué hay de ideológico en este trabajo de García Márquez.

El texto que nos transmite imágenes del autor, en este caso García Márquez, es la narración a través de la voz de quien cuenta, o sea la voz del narrador, viene a ser el epicentro de la novela.

---

[20] El subrayado es mío, Escallón (2007)

El alejamiento voluntario del autor dejando la voz a su personaje es el resultado de una manipulación muy consciente. Es, en definitiva, el deseo de mostrar desnuda la esencia de un personaje en todas sus dimensiones, con una perspectiva pocas veces planteada en la historiografía contemporánea. El elemento biográfico (y autobiográfico) de los dictadores ha sido, durante el siglo XX, pura hagiografía o estigmatización por parte de partidarios y detractores. Ahora, el intento del escritor de Aracataca es fundir en una la visión de alguien poco dado al elogio de los dictadores (él mismo) junto a la visión que un dictador puede llegar a tener de sí mismo.

En ese punto es donde se justifica la utilización del intertexto incorporado a la voz del narrador-personaje. Es un dictador que habla consigo mismo usando las palabras que han usado los dictadores de siempre. Se ensamblan el documento y la ficción de una manera que, incluso pasando desapercibida para un lector medio, consiguen el equilibrio de una objetividad discursiva histórica.

Queremos decir, con esto, que va más allá de la subjetividad del discurso del personaje. La autodiégesis es una forma tras la cual subyace la voluntad de utilización del discurso por parte del autor. En ese punto es donde descubrimos esa objetividad subyacente buscada del autor, porque usa el discurso de los personajes que a lo largo de la historia se han expresado de una manera concreta sobre el poder, sobre "su" poder. Vamos, por lo tanto, a encontrarnos con un uso más que magistral de la dialéctica histórica.

No podríamos haber logrado este objetivo sino haciendo un análisis histórico de los textos testimoniales que las dictaduras han dejado a lo largo de la historia.

Ahora, sin embargo, el autor los ha colocado de manera sintética en la boca de un solo dictador, lo ha dejado solo meditando sobre los diversos aspectos y contradicciones del poder absoluto y de su soledad. El Patriarca es Franco, Augusto Pinochet, Edipo, César, Trujillo, Tirano Banderas, Somoza y tantos otros.

Como dice Tacca: "La cabeza del autor se asoma por encima del hombro del narrador", que nos informa y divierte porque consigue ensamblar en un rompecabezas la magnitud de todas las dictaduras bajo una perspectiva.

EL DISCURSO PROPIAMENTE POLÍTICO Y SU VALOR METAFÓRICO EXTENDIDO.

El otoño del patriarca una de las obras más difíciles y controvertidas: "sugerentes sobre los motivos literarios y culturales de una metáfora clásica." Blumenberg, Hans: (Primera edición castellana en 1992.) Todo esto, se compila en esta narración:

> Durante el fin de semana los gallinazos se metieron por los balcones de la casa presidencial, destrozaron a picotazos las mallas de alambre de las ventanas y removieron con sus alas el tiempo estancado en el interior, y en la madrugada del lunes la ciudad despertó de su letargo de siglos con una tibia y tierna brisa de muerto grande y de podrida grandez. (García Márquez, 1975:5)

> La creatividad de este relato (al menos en su apariencia mítica de «vida») se situaría así entre dos códigos, el de la lingüística y el de la translingüística (Barthes, Roland: 1970:42)

> En el nivel más general, la obra literaria ofrece dos aspectos: es al mismo tiempo una historia y un discurso. Es historia en el sentido de que evoca una cierta realidad, acontecimientos que habrían sucedido, personajes que, de este punto de vista, se confunden con los de la vida real. (Tzvetan Todotrov: 1970:155)

Así presenta, García Márquez, en su novela *El otoño del patriarca* la figura decadente al máximo del general,

> ...encerrado en sus dominios, implantando la tiranía en una pequeña isla del Caribe, sucediéndose las acciones y los personajes sin correlación de tiempo y espacio. (García Márquez, 1975: solapa)

> El problema de la presentación del tiempo en el relato se plantea a causa de la diferencia entre la temporalidad de la historia y la del discurso. El tiempo del discurso, en un cierto sentido, un tiempo lineal, en tanto que el tiempo de la historia es pluridimensional. (Tzvetan Tororov: 1975: 174)

Dos de estos tiempos, García Márquez crea en la estructura del relato: Es el tiempo abstracto del retrato del general, caudillo, dictador, típico hispano-americano con todos los dones heredados, y explica que la historia en cuestión, pertenece a la vida cotidiana, a través de ese universo imaginativo que el autor empírico crea, y que solo conocemos por medio de su obra.

> ...el tiempo del relato, en el que se expresa la relación entre el tiempo de la historia y el del discurso; los aspectos del relato o la manera en que la historia es percibida por el narrador y los modos del relato que dependen del tipo de discurso utilizado por el narrador para hacernos conocer la historia. (Tzvetan Todorov: 1975:174)

Obviamente es difícil separar entre la crónica y el drama, que se mezclan en esta obra de García Márquez, debido a su trayectoria periodística y literaria:

> ...en aquella casa inmensa y sin muebles en la cual no quedaba nada de valor sino los óleos apolillados de los virreyes y los arzobispos de la grandeza muerta de España. (García Márquez, 1975: 255)

Ésta es la pura narración lingüística, el narrador es un simple testigo que relata los hechos; los personajes no hablan; las reglas son las del género histórico. Maldonado, manifiesta, en otras palabras:

> Pero, meditemos. ¿Países sin historia o, más bien, países despojados de su historia por el colonialismo y el neocolonialismo, esos azotes seculares que destruyen la savia cultural de los pueblos mientras los reducen al nivel de los elemental? (Maldonado-Denis, Manuel 1977:6-7)

En cuanto al drama simbólico:

> Aquel estar simultáneo en todas partes durante los años pedregosos que precedieron a su primera muerte, aquel subir mientras bajaba, aquel extasiarse en el mar mientras agonizaba de malos amores que no eran un privilegio de su naturaleza, como lo proclamaban sus aduladores, ni una alucinación multitudinaria, como lo decían sus críticos. (García, Márquez: 1975:15)

Es evidente que el autor escribió *El otoño del patriarca* en un lapso considerable de tiempo (1968-1975), luego la narración, meditada y estructurada por la longitud de sus párrafos interminables, dando la impresión de una fuerza agotadora, repetitiva del poder tomado por el mango agobiador que narra la exaltación del paisaje puramente isleño del Caribe; sin desperdiciar frecuentes oportunidades que incluyen una prosa intensamente poética, en contraste con el dominio permanente de la decadente situación de este lugar, o del mundo. Es la novela donde el lector tiene que aprender a entender el significado de conceptos que el autor ha puesto en este monumental invento. Ante todo, define el pensamiento del pueblo, de su gente, de la chusma, en una obra literaria dificilísima, pero unida a la vena popular de su cultura hispanoamericana. Es el símbolo de todo lo degradante del dictador, ya sea el caudillo, el general o el presidente. El monólogo interior prácticamente existe desde la primera línea hasta la última, el autor crea una forma narrativa dentro del concepto literario que él conoce para cambiar un modelo existente.

Esta crítica extendida metafóricamente del clásico abuso del poder de nuestros generales-dictadores está todavía en su memoria cuando el autor siete años después recibe el premio Nobel de literatura. En el discurso de aceptación del premio Nobel de literatura, el 10 de diciembre de 1982, dice:

La independencia del dominio español no nos puso a salvo de la demencia. García Márquez prosigue con el pensamiento del dictador, del general, del presidente que todavía tiene latente en su pensamiento y así continúa: El general Antonio López de Santana, que fue tres veces dictador de México, hizo enterrar con funerales magníficos la pierna derecha que había perdido en la llamada guerra de los pasteles. El general García Moreno gobernó al Ecuador durante 16 años como un monarca absoluto, y su cadáver fue velado con su uniforme de gala y su coraza de condecoraciones sentado en la silla presidencial. El general Maximiliano Hernández Martínez, el déspota teósofo de El Salvador que hizo exterminar en una matanza bárbara a 30 mil campesinos, había inventado un péndulo para averiguar si los alimentos estaban envenenados, e hizo cubrir con papel rojo el alumbrado público para combatir una epidemia de escarlatina. El monumento al general Francisco Morazán, erigido en la plaza mayor de Tegucigalpa, es en realidad una estatua del mariscal Ney comprada en Paris en un depósito de esculturas usadas. www.eltiempo.com

El general, el caudillo, en las novelas de García Márquez es el personaje que revive una y otra vez la historia social, opresora, de las nuevas repúblicas hispanoamericanas. Se podría decir que García Márquez encuentra un clima propicio al exponer el problema ante el mundo que lo saludaba como el líder de la literatura hispanoamericana, y haciendo énfasis del problema, me atrevo a recordar que desde el siglo XVI hasta nuestros días, han sido siglos de innumerables dictadores/generales/caudillos, sin olvidarnos de algunos virreyes.

Juan Gustavo Cobo Borda, (2006), expone y aclara la historia en *El otoño del patriarca*, con fronteras que están muy cerca del lector universal, tan cerca que el tiempo y los nombres propios se interpolan sutil y dócilmente desde la historia de Macondo mítico y en general del mundo:

...él llegó hasta esa ciudad desde donde reina, sólo por conocer el mar. De este modo lo andino y lo caribe se tensan y contraponen, dilatando las fronteras del texto.

Frente a este mar Caribe, y cuando él ya ha muerto, es desde donde se nos narra toda la historia a través de una voz plural: un coro. Una historia muy extensa que abarca desde la llegada de las tres carabelas de Colón hasta la época de los acorazados, la radio y la televisión (más que de la televión, la de las radionovelas). Así García Márquez, con su estilo de frases largas y envolvente rapsodia, arma la historia de un imaginario país que bien puede ser muchos de nuestros reales países latinoamericanos y elabora la biografia de un dictador de ficción con elementos tomados de las auténticas biografias de dictadores que han existido en América mágica. Una lista tentativa de dichos caudillos confirma el dilatado tiempo en que ejercieron su poder, y la forma como operaban:

Gaspar Rodríguez Francia: 1814-1840.
Juan Manuel Rosas: 1829-1852.
Porfirio Díaz: 1877-1911.
Juan Vicente Gómez: 1908-1935.
Maximiliano Hernádez Martínez: 1934-1945.
Ubico: 1931-1944.

Carías: 1933-1948.

Rafael Leonidas Trujillo: 1930-1961.

Getulio Vargas: 1930-1945.

Somoza: 1936-1956 y su hijo hasta 1979.

Juan Domingo Perón: tres veces elegido presidente, en 1946, 1952 y 1973.

Pérez Jiménez: 1950-1959.

Gustavo Rojas Pinilla: 1953:1957.

Duvalier y su hijo: 1957-1986.

Strossner: 1954-1989.

Fidel Castro: 1959.

Pinochet: 1973-1990. (Borda, Juan Gustavo: 2006:92)

CRÓNICA DE UNA MUERTE ANUNCIADA (1981)

El relato se cuenta en el pasado, según la manera de contar de cada uno de los personajes que recuerdan esta muerte tan anunciada, que dicho en otras palabras: "el mismo muerto sabía que lo iban a matar". El autor recurre al estilo periodístico, practica la necesidad de aclarar minuciosamente los explosivos y violentos detalles en el relato, proyectando así la vida social de Riohacha, donde la venganza por la deshonra de la hermana de los gemelos Pablo y Pedro Vicario, se tiene que cumplir; deshonra que tienen ellos que cobrar a costa de la muerte del culpable.

Ésta es una novela, como decimos, bajo el formato de relato-reportaje, justamente el proceso inverso al seguido en sus reportajes novelados en lo relativo a la invención. En aquellos partía de un hecho contrastado como cierto y parecía ceder la hegemonía del relato a un narrador autodiegético. La voz testimonial de la primera persona arreciaba el valor documental y fidedigno del hecho al tiempo que contribuía a acercar las vivencias personales al lector. Ahora el narrador adquiere cierto objetivismo al presentarse distanciado de los hechos. Sin embargo su omnisciencia trasciende en algunas ocasiones ese objetivismo puesto que se centra en la focalización, por ejemplo, de los sentimientos internos y de los sueños de la víctima.

En el caso que nos ocupa, el narrador se recubre de la apariencia de reportero que, al estilo de los periodistas, marca la pauta sobre la noticia más relevante: la muerte de Santiago Nasar. Precisamente la anticipación del hecho relevante, "el propio muerto sabía que lo iban a matar" se amolda a los fundamentos de distribución del discurso periodístico. Bajo el titular que destaca la noticia se van desarrollando los comentarios que corresponden a una jerarquía inferior.

Esta forma peculiar de "distributio" no es óbice para que el narrador nos encamine hacia el hecho final. Ahora bien, va poniendo los mimbres de la novela a partir de los hechos que concurren alrededor del asesinato. Sobre el tema—o tópico, haciendo uso de la terminología de la lingüística textual—se van desarrollando los comentarios. Es, en definitiva, un juego en el que el narrador no intenta interesar al lector por el desenlace final—alejándose así un tanto de lo que sería el suspense—sino por toda una serie de acontecimientos que van desvelando el móvil del crimen, las razones que tienen los hermanos, las razones que podía aducir la novia, la causa por la cual la novia es devuelta a la casa de su familia. Todo ello alrededor de un estilo que sigue una línea expresionista, como Josefa Báez ha indicado: "La línea expresionista, tiene como resultado su inconfundible marca afectiva". (Baéz Ramón, Josefa: 1994:133)

El narrador, veintisiete años después, investiga cual y tan absurdo resulta la muerte de un posible culpable, que podría ser no culpable del crimen de deshonra. La expresión popular es observada en esta «crónica anunciada», donde los hechos suceden minuto a minuto, de cómo los gemelos mataron a la víctima.

> El día en que lo iban a matar, Santiago Nasar se levantó a las 5:30 de la mañana para esperar el buque en que llegaba el obispo. Había soñado que atravesaba un bosque de higuerones donde caía una llovizna tierna, y por un instante fue feliz en el sueño, pero al despertar se sintió por completo salpicado de cagada de pájaros. (Pág. 9)

Claramente el lector está enterado desde el principio de la objetividad de este relato relativamente breve, al que el autor estampa este título para indicar el contenido del texto. La muerte no natural, absoluta metáfora de la tragedia, narrada con un patrón típico de García Márquez, nos muestra un triangulo: Primero, una sociedad que se conforma con la llegada del obispo. "Todos lo vieron salir, y todos comprendieron que ya sabía que lo iban a matar." (Pág.149) Segundo, el matrimonio del año, que termina devolviéndole a los padres la novia que había sido deshonrada y ella es quien culpa a Santiago Nasar, nombre convenientemente escogido por la novia, apareciendo como culpable uno de los pocos habitantes árabes de la región, y finalmente la pasividad del pueblo y su gente que no hacen nada para impedir que el crimen se cometa; la resignada culpabilidad de todos, la comunidad en su totalidad.

Para la inmensa mayoría sólo hubo una víctima: Bayardo San Román. Suponían que los otros protagonistas de la tragedia habían cumplido con dignidad, y hasta con cierta grandeza, la parte de favor que la vida les tenia señalada. Santiago Nasar había expiado la injuria, los hermanos Vicario habían probado su condición de hombres, y la hermana burlada está otra vez en posesión de su honor. (Pág.109-110)

A través de la narración de este relato, se nos informa la subjetividad espontánea en la apreciación de la honra con detalles sobre los aspectos humanos de la comunidad. Los valores del honor femenino, en una sociedad donde los principios del macho son asumidos como indiscutibles, atribuyen la "dignidad" y la "grandeza" a los asesinos. Es decir, desde la estricta aplicación del derecho, se da cobertura moral a un crimen por parte de la sociedad.

La hombría de los hermanos no queda en entredicho y todo ello supone el restablecimiento de un orden que, como decimos, se fundamenta en los valores impuestos por una tradición androcéntrica dominante en la sociedad. La cita es explicativa, por lo tanto, de esos valores androcéntricos tradicionales que hemos referido. El autor juega hábilmente a mostrar el discurso social dominante que contrasta con el hecho objetivo.

El autor es muy consciente para quien escribe y logra el impacto recurriendo a su estilo propio, frecuentemente animado por la expresión común del habla de su gente. Los detalles de cómo los gemelos prepararon y afilaron los cuchillos para terminar con la vida de Nasar, culmina subjetivamente en lo absurdo: "Al mismo tiempo hablaban del esplendor de la boda con los otros carniceros." (Pág.70) siguen narrando los gemelos: "Uno de ellos me dijo que no sería capaz de sacrificar una vaca que hubiera conocido antes, y menos si había tomado su leche." (Pág.70).

La habilidad del autor continúa mostrando el carácter premeditado del crimen y el desafío verbal del carnicero que provoca a uno de los hermanos Vicario. Son las palabras de alguien que incita, desde el anonimato de la voz popular, al derramamiento de sangre. Con estas dos citas observamos la frialdad del asesinato, por una parte, y la incitación popular que se muestra predispuesta a la connivencia con el crimen.

Como se ha referido anteriormente, es el pensamiento y acciones populares de la cultura, que conducen a este crimen sangriento:

—Lo matamos a conciencia—dijo Pedro Vicario—, pero somos inocentes.

—Tal vez ante Dios—Dijo el padre Amador.

—Ante Dios y ante los hombres—dijo Pablo Vicario—. Fue un asunto de honor.

Más aún: en la reconstrucción de los hechos fingieron un encarnizamiento mucho más inclemente que la realidad, hasta el extremo de que fue necesario reparar con fondos públicos la puerta principal de la casa de Placida Linero, que quedó desportillada a punta de cuchillo. (Pág. 67)

Es la equivalencia a la "ley de la violencia", o del "poder del más fuerte" que margina la sociedad colombiana, es el "sentido sin razón" ni justificación a las acciones violentas, es la no existencia de la legítima "Ley al derecho y valor hacia la vida humana". Ley que obviamente no cambia ni tolera crímenes por el honor, o por el terror, donde casi siempre las víctimas son los más débiles, pero en este caso se desarrolla el crimen hacia uno de los pocos ciudadanos árabes del pueblo.

Luego existen implicaciones racistas entre las dos comunidades, es así como relata el autor la figura del padre de la víctima, quien obviamente habla la lengua árabe:

El último que salió fue Nahir Miguel, el padre, con la barba colorada y la chilaba de beduino que trajo de su tierra, y que siempre usó dentro de la casa. (Pág. 148)

Por otro lado, veamos cual es la descripción de la víctima, teniendo en cuenta que la proliferación de sus propias armas, no lo defendió, para salvar su propia vida. Seria pues, hipotéticamente, que la cultura árabe de Santiago Nassar entendía muy bien la fatalidad que conlleva la pérdida del honor femenino y sus consecuencias:

Santiago Nasar se puso un pantalón y camisa de lino blanco, [...] De no haber sido por la llegada del obispo se habría puesto el vestido caqui y las botas de montar con que iba el lunes a *El Divino Rostro,* la hacienda de ganado que heredó de su padre, [...] En el monte llevaba al cinto una 357 Magnum, cuyas balas blindadas, según él decía, podrían partir un caballo por la cintura, [...] tenia además un rifle 30.06 Malincher Shönauer, un rifle 300 Holland Mágnum, un Homer 22 con mira telescópica. (Págs. 11-12)

La impresión es que murió sin entender su muerte. Creía que su plata lo hacía intocable, me dijo Fausta López, su mujer, comentó: Como todos los turcos. (Págs. 132-133)

A continuación, el ensañamiento y la proliferación de lo sangriento y visceral llena las páginas de esta novela. Se trata de referir, a través de detalles aparentemente objetivos, la brutalidad de las formas de vida en el contexto colombiano. No únicamente en el relato de los hechos en sí, sino también con aportaciones de tipo trágico que parecen remitirse a una crónica periodística, con toda su frialdad. Así, las imágenes de sangre y violencia son el tema que absorbe la narración:

El agente, de acuerdo con el sumario, se llamaba Leandro Pornoy, y murió al año siguiente por una cornada de toro en la yugular durante las fiestas patronales. (Pág72) [...]En el folio 382 del sumario escribió otra sentencia marginal con tinta roja: La fatalidad nos hace invencibles. (Pág.147)

Violento realismo visual, es el que se nos transmite en un informe casi forense de los detalles sobre las heridas mortales recibidas por Santiago Nasar:

Siete de las numerosas heridas eran mortales. El hígado estaba casi seccionado por dos perforaciones profundas en la cara anterior. Tenía cuatro incisiones en el estómago, y una de ellas tan profunda que lo atravesó por completo y le destruyó el páncreas. Tenía otras seis perforaciones menores en el colon transverso, y múltiples heridas en el intestino delgado. El informe dice: Parecía un estigma del crucificado. La masa encefálica pesaba sesenta gramos más que la de un inglés normal, y el padre Amador consignó en el informe que Santiago Nasar tenía una inteligencia superior y un porvenir brillante. (Pág. 99-100)

La imagen de la juventud truncada cierra este detalle de las causas de la muerte que se concentran en la observación de las vísceras. Gabriel García Márquez, como periodista en primera línea, narra los acontecimientos con detalles de cómo murió la victima Santiago Nasar parodiando el lenguaje forense. En ese terreno debemos destacar el carácter irónico-paródico con la alusión a la masa encefálica de los ingleses.

Simbólicamente, se necesitaron dos hermanos gemelos para ejecutar el crimen de honor:

> El cuchillo le atravesó la palma de la mano, y luego se le hundió hasta el fondo en el costado. (Pág. 152) [...] Pedro Vicario volvió a retirar el cuchillo con su pulso fiero de matarife, y le asestó un segundo golpe casi en el mismo lugar. Lo raro es que el cuchillo volvía a salir limpio, declaro Pedro Vicario al instructor. Le había dado por lo menos tres veces y no había una gota de sangre. Santiago Nasar se torció con los brazos cruzados sobre el vientre después de la tercera cuchillada, soltó un quejido de becerro, y trató de darles la espalda. (Pág. 153)

El autor rastrea en detalle su trabajo periodístico, dando entrada al narrador en el diálogo de la muerte absoluta de Santiago Nasar, también dando campo al sarcasmo macabro de violencia y sangre:

> Pablo Vicario, que estaba a su izquierda con el cuchillo curvo, le asestó entonces la última cuchillada en el lomo y un chorro de sangre a alta presión le empapó la camisa. Olía como él me dijo. Tres veces herido de muerte, Santiago Nasar les dio otra vez el frente, y se apoyó de espaldas contra la puerta de su madre, sin la menor resistencia, como si sólo quisiera ayudar a que acabaran de matarlo por partes iguales. No volvió a gritar, al contrario: me pareció que se estaba riendo. (Pág. 153)

Como ya ocurría con uno de los pasajes de muerte que hemos descrito en *Cien años de soledad*, la progresión de la agonía del moribundo se da hacia su casa materna. En el caso citado anteriormente es la sangre la que hacía el recorrido hasta dar aviso a Úrsula Iguarán. Ahora se trata de la persona que, luchando contra su destino, se desplaza hasta su hogar para morir allí:

Caminó más de cien metros para darle la vuelta completa a la casa y entrar por la puerta de la cocina. Santiago Nasar caminaba con la prestancia de siempre, midiendo bien los pasos, y que su rostro de sarraceno con los rizos alborotados está más bello que nunca. (Pág.155)

La conciencia de su muerte, el retorno a la casa, van marcando el paso de un moribundo que, consciente de su final, mantiene un cierto grado de dignidad. Finalmente,

Mi tía Wenefrida Márquez estaba desescamando un sábalo en el patio de su casa, al otro lado del río, y lo vio descender las escalinatas del muelle antiguo buscando con paso firme el rumbo de su casa.

¡Santiago, hijo—le gritó—, qué te pasa!

—Que me mataron, niña Wene—dijo. (Pág. 156)

Expresionismo narrativo, explosión de sangre y violencia, presenta la intensidad de palabras o sentencias con que se nos dice francamente algo desagradable de la sociedad de Riohacha, consiguiendo un efecto claramente expositivo bajo el ritmo y tono característico de García Márquez. Nuevamente las palabras de la profesora Dra. Josefa Baez-Ramos que se aplican en esta crónica/obra literaria de nuestro autor:

Estructura y forma acompañan y afianzan el enganche del lector a las páginas. La brevedad del tiempo cronológico en que se desarrollan los acontecimientos reales se empareja con la concentración significativa en los recuerdos, [...] con el ritmo ligero y las conexiones que se establecen entre las memorias rescatadas, con la condensación elíptica de las oposiciones. La formalización literaria del mensaje anima también a la lectura. (Baez-Ramos, 2005:786)

Con este final podemos establecer ciertos paralelismos con alguna de las citas sobre la violencia narrativizada que ya aparece en *Cien años de soledad*. El detalle de la sangre, la víctima que no se resigna a sucumbir bajo los parámetros esperados por los verdugos, son otros elementos comunes al relato de los hechos violentos en las dos obras.

En esta novela, sin embargo, encontramos pormenorizado el sentido de la violencia según se vive en un entorno social concreto. Se trata de un acto de violencia admitido y considerado por la sociedad como una forma de lavar el honor perdido. Ante esta justificación, la aquiescencia de la sociedad se nos ha ido mostrando a lo largo de todo el relato. Las conversaciones de los hermanos Vicario con los carniceros y matarifes, el oficio de los gemelos mismo, son indicativos de una eclosión de violencia social que parece no inmutarse ante un hecho de la transcendencia del relatado. Por ello, y si nos fijamos en la cita final, el hecho de la muerte provocada parece no alterar el comportamiento de los conciudadanos de Santiago Nasar. Se trata, a fin de cuentas, de algo que no rompe con la cotidianidad o, como mínimo, con las costumbres colombianas.

V. (1983 - 2005)

---

[21] En 1992 pasará a formar parte de *Doce cuentos peregrinos.*

El amor en los tiempos del cólera (1985) – Del amor y otros demonios (1994)

Teoría de la Interferencia: Sobre todo en el trasvase de una cultura a otra.

Los ochenta años del doctor Juvenal Urbino, en un lugar que no conocemos claramente el nombre, pero que al leer las primeras ochenta páginas, de *El amor en los tiempos de cólera,* se presiente en las primeras líneas, la tragedia de la muerte. Fue un accidente lleno de sonido, color, tono y humor, es la muerte el doctor Urbino tratando de atrapar su ingenioso loro tropical, que además es un gran hablador; un loro que el doctor había entrenado con impecable dicción de la fonética castellana, francesa y otras lenguas. Después de todos los percances del doctor para alcanzar el pájaro que habla español y francés como un académico, inevitablemente se desploma de la escalera del árbol de mango en su propia casa; toda la acción sucede en primeras ochenta páginas, el día de Pentecostés; es una coincidencia, pero esta coincidencia está matizada de buen humor e ironía garciamarquiana. La simbología que pueda tener el ave en un día tan señalado nos hace pensar en la validez del universo simbólico del cristianismo. La representación del espíritu santo en forma de paloma, la ascensión a los cielos del espíritu, encuentra acá su contrapartida en un loro que causa la debacle física del doctor.

Nuevamente, el relato comienza por el final de la vida del médico protagonista, el médico de la ciudad. En cuestiones del amor, la narración es más objetiva que amorosa, es el manierismo romántico, tono peculiar de García Márquez, pero que, a través del recuento de ese pasado, nos deleitan los detalles de ese expresionismo cuasi romántico subjetivo de la vida diaria de sus protagonistas, y que indudablemente, huele a muerte, según esa agudeza en la narración y la viveza comunicativa, que nos lleva a conocer datos peculiares y universales de la convivencia conyugal/marital del doctor Juvenal Urbino y su esposa. Nada es transcendental, sino el suicidio, en este caso no del doctor, sino del buen amigo y su adversario de las partidas diarias de ajedrez, "El refugiado antillano Jeremiah de Saint Amour, inválido de guerra, fotógrafo de niños". (pág. 11)

Dentro de esa tragicomedia del drama humano, nos encontramos con una transcendental protagonista histórica, "poco después de la epidemia grande del cólera morbo". (Pág. 19) Conectamos todo lo que sucede, y nos dejamos llevar a la hermosa ciudad del Caribe colombiano, la heróica e histórica ciudad puramente colonial de Cartagena de Indias,

> ...con el desorden de los colegios y congregaciones religiosas que regresaban de la liturgia de Pentecostés. Había guirnaldas de papel en las calles, música y flores y muchachas con sombrillas de colores y volantes de muselina que veían pasar la fiesta desde los balcones. En la Plaza de la Catedral, donde apenas se distinguía la estatua del Libertador. (pág. 24) A pesar aquel día de Pentencostés, por una coincidencia excepcional, le habían concurrido dos acontecimientos raros: la muerte de un amigo y las bodas de plata de un discípulo eminente. (Pág. 23).

El título sugerente/retorcido nos prepara para algo amoroso que puede suceder, pero tan diferente que podríamos retroceder a la generación literaria de Vargas Vila. Este escritor colombiano fue censurado y prohibido por la religión ultra-conservadora, destinándole por ese tiempo prácticamente al anonimato entre las letras colombianas.

Ésta es pues, Cartagena de Indias, *Del amor en los tiempos de cólera,* en un marco auténtico colonial:

> Su comercio había sido el más próspero del Caribe en el siglo XVIII, sobre todo por el privilegio ingrato de ser el más grande mercado de esclavos africanos en las Américas. Fue además la residencia habitual de los virreyes del Nuevo Reino de Granada, que preferían gobernar desde aquí, frente al océano del mundo, y no en la capital distante y helada cuya llovizna de siglos les trastornaba el sentido de la realidad. (Pág. 33)

García Márquez comunica efectivamente el mundo del llamado por entonces *Nuevo Reino de Granada* durante los siglos de la colonia, así llevándonos, a un mundo dentro del mundo histórico, (recogido anteriormente en el preámbulo histórico colombiano). Este es efectivamente, el discurso histórico/político de esa sociedad cartagenera. El autor narra con gran imaginación y viveza gráfica, detallada y descriptiva, que fácilmente podría servir para una gran obra de teatro, y por qué no, hoy en día, también, ha llegado a ser muy visual en la excelente película, bajo el mismo nombre. Así se visualiza a Cartagena como protagonista esencial de sus dos obras, dentro del marco social y económico cartagenero:

Varias veces al año se concentraban en la bahía las flotas de galeones cargados con los caudales de Potosí, de Quito, de Veracruz, y la ciudad vivía entonces los que fueron sus años de gloria. (Pág. 33)

La economía y detalles del comercio existentes:

El viernes 8 de junio de 1708 a las cuatro de la tarde, el galeón San José, que acababa de zarpar para Cádiz con un cargamento de piedras y metales preciosos por medio millón de millones de pesos de la época, fue hundido por una escuadra inglesa frente a la entrada del puerto, y dos siglos largos después no había sido aún rescatado. (Pág.33)

El retorno sobre los tópicos temáticos del amor y de la muerte nos regala, en este caso, un relato de ambientación histórica que sirve para mostrarnos el influjo de la vida colonial en el desarrollo de la actualidad colombiana, tesis que venimos defendiendo desde el principio de este trabajo.

Es el retrato de esa sociedad colonial, pero que la encontramos todavía hoy muy vigente, luego, se sabe de Fermina Daza, la esposa del Doctor Urbino, era hija de Lorenzo Daza quien:

era hombre de recursos porque vivía bien sin oficio conocido, y había comprado con dinero en rama la casa de Los Evangelios, cuya restauración debió costarle por lo menos el doble de los doscientos pesos oro que pagó por ella. La hija estaba estudiando en el colegio de La Presentación de la Santísima Virgen, en donde las señoritas de sociedad aprendían desde hacía dos siglos el arte y el oficio de ser esposas diligentes y sumisas. Durante la colonia y los primeros años de la República sólo recibían a las herederas de apellidos grandes. Pero las viejas familias arruinadas por la independencia tuvieron que someterse a las realidades de los nuevos tiempos, y el colegio abrió las puertas a todas las aspirantes que pudieran pagarlo, sin preocuparse de sus pergaminos, pero con la condición esencial de que fueran hijas legítimas de matrimonio católico. (García Márquez: 1985:80-81)

El tópico de la muerte está reforzado por varios elementos complementarios. Si bien en buena parte de su obra se había estudiado desde la perspectiva de la violencia, en esta obra se nos acerca a algunos aspectos distintos. Para empezar, el cólera, una de las enfermedades causantes de epidemias a lo largo de la historia, se propone como uno de los aspectos contextuales que causan la muerte masiva. El cólera/la cólera, son dos elementos causantes de la muerte. Es decir, el juego polisémico del vocablo cólera desprendido de la marca de género por el artículo evidencia un juego lingüístico que nos acerca a las causas diversas de la muerte.

Randolph Pope ha seguido esta relación para establecer una serie de nexos que creemos significativos a la hora de desvelar la construcción del universo ficcional de García Márquez. Así, nos señala que Aquiles también muere víctima de su cólera.

> Acaso no sea más que un casual, pero oportuno juego de palabras que Aquiles muera a manos de París, en la misma forma que es en París que mueren Víctor Hugo y Wilde, el París que conserva todavía el aura romántica, el París donde viene el nombre de Jeremiah Saint-Amour. En cambio, García Marquez, con su ARs Amandi caribensis, con su Libro del Buen Amor tropical en que Fermina hereda los encantos de la viuda Endrina del Arcipreste, navega el Magdalena con la bandera de la peste enarbolada, celebrando la plenitud de la vida en todos sus aspectos, juventud y vejez, proliferando barrocamente sus anécdotas en pura celebración de la creatividad y el juego, encontrando en lo inmediato, lo diario, el cuerpo vencido, en las vidas arruinadas por el cólera o la cólera de los poderosos, la fuerza siempre renovada del Amor. (Pope, 1989: 89)

Este personaje tan hedonista no acepta la vejez. Su gerontofobia se convierte incluso en un diagnóstico médico:

> Su muerte [la de Jeremiah Seint-Amour] se debe a su rechazo de la vejez, diagnosticado por Juvenal Urbino, como gerontofobia. He aquí un hombre que prefiere no seguir viviendo y gozando de su amante por temor a los achaques de la vejez. (Pope, 1989: 83)

NO es el único caso en que la intensidad en el vivir contrasta con las perspectivas de la muerte durante la vejez. Así nos lo explica Randolph Pope al describir las ideas sobre la eutanasia de uno de los personajes:

> En *El amor en los tiempos del cólera,* el hijo del doctor Urbino "pensaba que el mundo iría más rápido sin el estorbo de los ancianos" (425), pero están tan lejos de sentir que esta ley se aplicaría a él o alguien conocido algún día que espera que Florentino Ariza aplauda su programa de eutanasia. Por el contrario, a Dorian Gray le es permitido ver los estragos del tiempo objetivamente en la pintura que lo representa y reacciona con el mismo horror de Jeremiah de Saint-Amour: "Youth is the only thing worth, having. When I am growing old, I shall kill myself" (54). Wilde no es sólo el padre de Dorian Gray e indirectamente de Saint-Amour, sino además el representante por antonomasia del arte por el arte, del desprecio por lo rutinario, lo cotidiano, lo popular. García Márquez se encuentra en la otra acera del bulevar, recortando las alas al loro francés, del idealismo, de la epistolografía incendiaria, de los sagrados monstruos europeos. En su acera se celebra la vejez, las palabras sencillas, las canciones populares, la vitalidad sexual de las viudas y los solitarios, lo cotidiano. (Pope, 1989: 88)

Por otro lado, sin olvidar el principal protagonista de *El amor en tiempos de cólera* Florentino Ariza, a quien no le importaba "esperar sin prisas ni arrebatos, así fuera hasta el fin del mundo". (Pág. 227) a su amada y que al contrario de Dorian Gray, "sin ver los estragos del tiempo", esperaba y esperaba a su eterna e inolvidable Fermina Daza:

> Ni nisiquiera se puso a pensar en el inconveniente de que fuera casada, porque al mismo tiempo decidió, como si dependiera de él, que el doctor Juvenal Urbino tenía que morir. (Pág. 227)

Luego el triángulo del "amor eterno" se complica, bajo el acecho de la cólera de Florentino Ariza, quien se dedicó toda una vida a sus amoríos diversos y casuales de "pajaritas sueltas" (Pág. 247) y además:

> telegrafista en la Villa de Leyva, pero se dejó llevar por su convicción de que los seres humanos no nacen para siempre el

día en que sus madres los alumbran, sino que la vida los obliga otra vez y muchas veces a parirse a sí mismo. (Pág. 227)

Nos encontramos, de nuevo, con una construcción literaria alrededor de una serie de tópicos universales que son retomados por la literatura de nuestro escritor, el cual juega a reformarlos desde nuevas perspectivas. Igual que ocurría con *El otoño del patriarca* al sumar las referencias literarias de los dictadores en la historia de la humanidad, ahora García Márquez juega con las referencias a los componentes de cierto dandismo literario y los enfrenta con el hedonismo de alguno de sus personajes.

García Márquez parece repescar algunos de los principios del existencialismo librándolos de la angustia vital. La conciencia del fin de la vida no parece socavar ese espíritu relacionado con el *carpe diem* que parecen exhibir los personajes más vitales de la obra. Ese universo de referencias culturales no se cierra, en ese sentido, con lo estrictamente literario, sino que avanza hacia otros terrenos culturales. Se nos antoja que uno de los pasajes con más incógnitas de la obra tenga su explicación en el mundo cinematográfico y en la construcción de la simbología contemporánea:

> Se afirma que en la casa de Jeremiah, el doctor Urbino descubre un tablero con "una partida inconclusa" (14). Como saben los que sí juegan al ajedrez, las partidas que parecen inconclusas para muchos espectadores son sin embargo abandonadas por los maestros que saben que ya están decididas, y la gran mayoría de las partidas en los torneos de ajedrez nunca se acercan siquiera al jaque mate. (Pope, 1989: 84)

A través del símbolo del tablero de ajedrez nos podemos trasladar al *Séptimo sello* de Bergman y descubrimos que la importancia significativa del juego de ajedrez no es desestimable en el sentido que pretende descubrir Pope. Ciertamente, la partida contra la muerte tiene un desenlace sabido, igual que la partida de ajedrez puede ser abandonada por el ajedrecista experto.

Haciendo una lectura ideológica del texto nos encontramos con un aspecto que nos llama poderosamente la atención. Como refleja la cita de Pope al hablar de Dorian Grey, la máxima del esteticismo de "el arte por el arte" parece contar con un contrapunto en el que García Márquez se encuentra "en la otra acera del bulevar".

Es decir, subyace una visión ideologizada de la función que cumple el arte en la sociedad. Es más, el proceso de ficcionalización nos remite a una época en la que se da un paso decisivo en la evolución de las ideas: es el siglo de las luces. Indirectamente el racionalismo entra en juego como elemento para afrontar algunos de los dilemas de la mente humana. Entre ellos la muerte quizás es uno de los más complejos. Desde la perspectiva del médico la enfermedad—la epidemia—es una vía a través de la cual se trunca la vida y contra la cual se puede luchar. Ahora bien, en el caso de la vejez, la decadencia corporal, la senectud, es el estado más cercano a la muerte. Por eso la reflexión en torno a la eutanasia se admite como debate desde la óptica del racionalismo. A esta forma de enfocar el pensamiento se opone el mundo de las creencias y de la tradición impuesto por una visión teocéntrica de la religión. Esto nos lleva, de nuevo, al colonialismo y a la historia de Colombia pendiente de unas formas de entender el mundo condicionadas por la iglesia.

La referencia a la cultura francesa, más en este siglo, no es desaprovechable si entendemos que la disyuntiva entre racionalismo y oscurantismo se puede fijar en la que representa aquella frente a la hispana. Esto implica que desgranando la obra de García Márquez nos acerquemos a una serie de indicios que no son baladíes en el seguimiento ideológico que pretendemos con este trabajo. Así llegaríamos a explicarnos el esfuerzo del autor en todo un universo de referencias de tipo histórico y cultural que van cargándose de significado según profundizamos en el análisis de la novela.

En definitiva, si en un principio planteamos la temática de la novela como una reflexión sobre el amor y la muerte, ahora nos vamos dando cuenta de que detrás de estos planteamientos, correspondientes a los universales de la literatura, subyacen una serie de concepciones del arte que hacen más complejo el entramado del pensamiento garciamarquiano a través de lo que se lee en sus obras. Ni que decir tiene que la idea del compromiso intelectual se ve afianzada por el desarrollo de esos aspectos múltiples que se van derivando de su ideología. Entre ellos la misma concepción del arte en sus diversas facetas (cine, pintura, literatura), la historia del pensamiento, las actitudes individuales frente al amor y la muerte.

En este punto podemos enlazar con una novela que, a nuestro juicio, tiene mucho que ver con la anterior. Nueve años después, García Márquez escribe *Del amor y otros demonios* (1994), y con la protagonista esencial de sus novelas de amor, la ciudad de Cartagena de Indias nuevamente.

Allí estaban, entre muchos otros, un virrey del Perú y su amante secreta; don Toribio de Cáceres y Virtudes, obispo de esta diócesis; varias abadesas del convento, entre ellas la madre Josefa Miranda, y el bachiller en artes don Cristóbal de Eraso, que había consagrado media vida a fabricar los artesonados. (Pag.10)

La época es el período histórico colonial colombiano, (discutido y analizado en el Preámbulo histórico). El escritor nos suelta la crónica:

En la tercera hornacina del altar mayor, del lado del evangelio, allí estaba la noticia. La lápida saltó en pedazos al primer golpe de la piocha, y una cabellera viva de un color de cobre intenso se derramó fuera de la cripta. El maestro de la obra quiso sacarla completa con la ayuda de sus obreros, y cuanto más tiraban de ella más larga y abundante parecía, hasta que salieron las últimas hebras todavía prendidas a un cráneo de niña. En la hornacina no quedó nada más que unos huesecillos menudos y dispersos, y en la lápida de cantería carcomida por el salitre sólo era legible un nombre sin apedillos: Sierva María de Todos los Ángeles. Extendida en el suelo, la cabellera espléndida medía veintidós metros con once centímetrtos. (Gabriel García Márquez, Cartagena de Indias, 1994:11)

Lo relevante y notable de estas dos novelas de "amor" del autor colombiano, es la escasez o economía romántica propiamente dicha, al estilo europeo de *Romeo and Juliet*, ó la clásica historia de *Cinderella*. No, este concepto europeo no existe en la emoción colombiana de García Márquez, es un amor diferente: sensual, grotesco algunas veces, calculado otras veces, puede ser de buen corazón humano, pero en realidad lo sentimos diferente, más parecido a la realidad del amor entre seres humanos.

De nuevo nos lleva a la perspectiva del juego entre racionalidad/irracionalidad con el planteamiento acorde con el pensamiento de una etapa de la historia: "Nadie pensó nunca que el matrimonio afincado sobre aquellos cimientos pudiera tener algún motivo para no ser feliz". (García Márquez: 1985: 35)

DENOTA EL RACISMO, Y EL SEXISMO PROPIAMENTE DICHOS.

En esta obra abunda el elemento racial. Ahora se nos sumerge en un universo donde se empieza a explicar otra de las facetas históricas de Colombia. El expresionismo racista es evidente a lo largo de estas dos obras: analicemos *Del amor y otros demonios:* "desbarató tenderetes de indios", "Tres esclavos negros" "una sirvienta mulata" "cargamento de esclavos de Guinea" "El barco de la compañía Gaditana de Negros", "una negra de ley", "Era una cautiva Abisinia" "Tenía la nariz afilada" "el cráneo acalabazado" "los ojos oblicuos" "los dientes intactos" "y el porte equívoco de un gladiador romano". "Había sido mestiza brava". (Pág. 14-18). Si nos fijamos en las expresiones recogidas a lo largo de estas tres páginas nos damos cuenta de la importancia que se podía conceder a la referencia racial. El elemento étnico, la procedencia de la sangre esclava, nos dirigen hacia alguna de las consecuencias políticas que hemos apuntado en nuestra introducción. En otros momentos de la obra de García Márquez se apunta este referente como uno de los elementos que tienen conexiones de tipo social. No se trata únicamente de ser negro o no, se trata, en realidad, de proceder del mundo de los esclavos traídos por los españoles o no. En definitiva, en una sociedad que todavía hoy añora la pureza de sangre y tiene como orgullo a los antecesores conquistadores suele ser común que la pertenencia a las otras etnias que conforman la realidad colombiana se pueda plantear bajo una serie de prejuicios.

Todavía más en el momento en que se ambienta la novela. A ello cabe sumar otros componentes ideológicos acordes con la época. Veamos cómo se describe a un esclavo: "Un mico amaestrado cuyas maneras se distinguían poco de las humanas". (pág. 21)

Por otro lado, además el sexismo es evidente en esta obra de amor: "antiguo cuerpo de sirena", "sin nada debajo que la hacía parecer más desnuda", "ella sacaba a escobazos a los esclavos cuando los encontraba en descalabros de sodomía", "o fornicando con mujeres". (Pág. 19) "Un cincuentón con aire femenino" (García Márquez: 1994:58)

Aníbal González en el *Viaje a la semilla del amor*, destaca y señala,

El neoplatonismo, efectivamente, funde el eros con la escritura, y lo hace—importa señalarlo—de un modo consonante con la practica poética de los trovadores medievales (por ejemplo, en el trobar clus hermético) y con la estética del amor cortes.

Esto nos ayuda a explicar también la insistencia de la novela en vincularse a Sierva Maria con el mundo de los negros esclavizados. No se trata tan solo de evocar el mestizaje cultural hispanoamericano, sino además de evocar del carácter marginal y marginado de la escritura, así como su índole enigmática: los negros en la novela son para los blancos no solo objetos, sino signos que pueden revestirse de deseos eróticos (como el caso de la hermosa Abisinia, 14, 16,133), pero en la mayoría de los casos resultan misteriosos indescifrables incluso para los blancos más cultos, como el médico Abrenuncio. (González, Aníbal, 2005:400)

EL ORDEN SOCIAL ES EVIDENTE DENTRO DEL CONTEXTO LITERARIO DE LAS DOS OBRAS.

Es el arte imaginativo realista que el autor incorpora la clasificación sutilmente, pero es real y existe hoy, porque lo hemos visto y lo conocemos. García Márquez le otorga una dimensión adecuada al momento, como haciendo resurgir las opiniones que lo políticamente correcto o lo sutil impedirían hoy en día:

"Las grandes familias de antaño", "el puente levadizo de arrabal de Getsemaní", "la bulla del puerto negrero" "Bernarda Cabrera, la madre de la niña y esposa sin títulos del marqués" "la criada que acompañó a la niña" "No hay mujer ni negra ni blanca que valga ciento veinte libras de oro, a no ser que cague diamantes", "Don Ignacio de Alfaro y Dueñas, segundo marqués de Casalduero y señor del Darién", "el patio de los esclavos", "La casa había sido el orgullo de la ciudad hasta principios del siglo". (García Márquez: 1994:13-17)

"Aquel barrio de ricos recientes", "El espacio concebido para las cenas de gala", "Le infundían a la ciudad muerta un frenesí de feria humana olorosa a pescado frito: una vida nueva". (García Márquez: 1985:32-33)

"En el patio, cada lugar de la mesa tenía una tarjeta con el nombre del invitado". "En una promiscuidad de fuerza mayor que al menos por una vez contrarió nuestras supersticiones sociales". "Fue posible preservar los lugares de la mesa de honor, con el doctor Urbino en el centro y el arzobispo Obdulio y Rey a su derecha". (García Márquez, 1985:57-58)

EN *DEL AMOR Y OTROS DEMONIOS* (1994).

Lo divino, lo profano y el tribunal del Santo Oficio.

García Márquez crea un triángulo narrativo realista sobre lo histórico/social/religioso, y nos narra escuetamente en esta obra, que para mi sorpresa, no ha levantado el grado de jerarquía literaria que se merece. En conjunto, es todo un análisis intelectual logrado con clarividencia y maestría, del tiempo del amor, (si es que se puede llamar así) y que nos permite acercarnos a los demonios de dos largos siglos gobernados bajo la institución religiosa del tribunal del Santo Oficio.

El recurso a la ambientación histórica sirve, de nuevo, para adentrarnos en el carácter humano y en las formas del ejercicio del poder en otras épocas, atendiendo a la propia naturaleza de los hombres. Como había hecho en *El amor en los tiempos del cólera*, el autor nos remite a un tiempo pasado, al documento histórico, para presentarnos la argumentación de los poderes para doblegar a sus intereses a aquellos a quienes tienen sometidos. En la línea de muestras históricas sobre Colombia, nos encontramos de nuevo con una novela que asume el curso de los acontecimientos desde la perspectiva de apariencia documental. En ella se mezclan los episodios reconocibles como realmente históricos por parte del lector y aquellos de invención propia, los que dan naturaleza de ficción a la narración.

El triángulo amor-historia-religión se clarifica con sus protagonistas reales, y en detalle nos cuenta sobre cada uno de ellos: las víctimas, los victimarios y los demás. El arte expresivo es evidente, pues lo podemos sentir, no es superficial, es el drama/real que nos lleva a recordar nombres de personas, instituciones y su gente. Es el "otro" oscuro libro de la historia, que algunas veces desearíamos olvidar, pero el autor tiene una meta: «Digan lo que digan»—«la rabia en los humanos suele ser una de las tantas artimañas del Enemigo» (Pág. 78-79).

A través de esta cita el narrador hace que vislumbremos la opinión del autor implícito y una de las justificaciones de la ambientación de la novela. Se trata de observar cómo una enfermedad sirve de motivo para la fabricación de un maniqueo. Detrás de ello, efectivamente, se esconde una excusa para el ejercicio del despotismo. Es decir, en función de lo que la iglesia pudo considerar pecaminoso, maligno u horrendo, se trató de determinar hasta qué punto ello tenía que ver con lo opuesto a la fe.

Veamos la pincelada narrativa, llena de color, sabor caribeño, tono retorcido/neobarroco, visual hasta la exageración, que define la miseria humana. El primer ángulo del triángulo, lo representa El Obispo, la madre Josefa Miranda, abadesa del convento de las clarisas, ellos son lo "Divino" bajo el gobierno del tribunal del Santo Oficio. El segundo ángulo, lo forman las víctimas, la niña de doce años, Sierva María de todos los Ángeles, poseída por la rabia del demonio, además, nos encontramos con el judío Abrenuncio de Sa Pereira Cao,

> había sido alumno esclarecido del licenciado Juan Méndez Nieto, otro judío portugués emigrado al Caribe por la persecución en España, y había heredado su mala fama de nigromante y deslenguado, pero nadie ponía en duda su sabiduría. (pág. 28)

El tercer ángulo de este lastimero triángulo, lo representan todos los demás, la miseria humana vista desde los puntos más degradantes y desagradables, contrariados a las fuerzas normales de la existencia humana. Con nombre propio se llaman "Don ignacio de Alfaro y Dueñas, segundo marqués de Casalduero y señor del Darién", (Pág. 16) y su esposa, doña Bernarda. Epicentro y testigo de esta narración la inconfundible Cartagena de Indias, centro del virreinato del Nuevo Reino de Granada.

LA SIMBOLOGÍA EN LA NOVELA.

El desamor es el sello de lo fatal y la rabia[22] metáfora de toda una generación:

La niña víctima, Sierva María de todos los Ángeles,

> Empezaba a florecer en una encrucijada de fuerzas contrarias. Tenía un poco de la madre. Del padre, en cambio, tenía el cuerpo escuálido, la timidez irredimible, la piel lívida,

---

[22] La "rabia" en esta novela es, pues, también el saber letrado, la pasión literaria de la cual padece Cayetano Delaura y que éste le transmite a Sierva Maria mediante su recitación de los versos renacentistas, saturados de doctrinas neoplatónicas, de Gracilazo de la Vega. Con su nombre pletórico de alusiones literarias (a la Odisea, a Petrarca, a las novelas de caballería y al Quijote). (González, Aníbal, 2005:402)

los ojos de azul taciturno, y el cobre puro de la cabellera radiante. (Pág. 20)

La niña y una de los mártires de la historia, abandonada por su propia madre.

Transpuesta en el patio de los esclavos, Sierva María aprendió a bailar desde antes de hablar, aprendió tres lenguas africanas al mismo tiempo, a beber sangre de gallo en ayunas y a deslizarse entre los cristianos sin ser vista ni sentida, como un ser inmaterial. (Pág. 80)

El microcosmos de la esclavitud es donde el autor nos presenta los medios de resistencia de esta joven ante el poder de los blancos. Se trata de una niña que es educada en la oposición a una cultura dominante y a su discurso hegemónico. La muchacha mantiene, sin embargo, ciertos vínculos sanguíneos con la clase dominante, con el estamento señorial y la saga de los conquistadores. De hecho, eso se debe a la condición de concubina de su madre:

Bernarda Cabrera, madre de la niña y esposa sin títulos del marqués de Casalduero—Había sido una mestiza brava de la llamada aristocracia de mostrador; seductora, rapaz, parrandera, y con una avidez de vientre para saciar un cuartel. (Pág. 15)

La imagen del mestizaje a través del concubinato, parte inherente de la historia de Colombia y de toda Latinoamérica, muestra la divergencia entre los principios religiosos, la ortodoxia marcada por la moral imperante en la época, y los hechos o el comportamiento de aquellos reconocibles como cristianos viejos.

Ese cruce racial que se produce en la carne, en la sangre, tiene mucho que ver también con el mestizaje de culturas que se da entre la gente que se vio sometida a la religión católica por fuerza de las circunstancias.

De ahí que aparezca uno de los personajes que mejor representan esta simbiosis cultural entre lo hispano y lo africano, entre los conquistadores y los esclavos. Es el caso de Dominga de Adviento:

Dominga de Adviento, una negra de ley que gobernó la casa con puño de fierro hasta la víspera de su muerte, Alta y ósea, de una inteligencia casi clarividente, era ella quien había criado a Sierva María. Se había hecho católica sin renunciar a su fe yoruba, y practicaba ambas a la vez, sin orden ni concierto. (Pág. 18-19)

Con el análisis del léxico podemos acercarnos a la significación de cada uno de estos personajes femeninos. Dominga de Adviento tiene una "inteligencia casi clarividente", Sierva María representa la "encrucijada de fuerzas contrarias", mientras que su madre es un "vientre voraz". Tenemos, por lo tanto, marcada la esencialidad de los personajes desde un principio. El comportamiento del narrador en su presentación muestra una economía evidente a la hora de resumir el carácter de cada una. Destacamos, dentro de la significación global de la novela, la importancia que se ha de dar a la expresión "encrucijada de fuerzas contrarias" para la definición de la muchacha. Efectivamente se trata de uno de los ejes temáticos que entran en juego en la novela: la doble concepción del mundo colombiano en lo religioso, racial y, por extensión, en lo histórico y político que se pueda deducir de ello.

Al otro lado de la visión de la esclava, personalizada por la madre de la niña, nos aparece la imagen contraria de la lujuria y de la relajación. Se trata de la abadesa, Madre Josefa Miranda:

> Era una mujer enjuta y aguerrida, y con una *mentalidad estrecha* que le venía de familia. Se había formado en Burgos, a la sombra del Santo Oficio, pero el *don de mando* y el *rigor de sus prejuicios* eran de dentro y de siempre. (El subrayado es nuestro, pág. 89)

Podemos llegar fácilmente a la conclusión de que esta mujer está ahormada dentro de los patrones clásicos de la religiosa castellana. Ese rigor, mando, la inquebrantabilidad de sus convicciones y principios frente a la razón, no son más que una muestra de su afinidad a la intransigencia de la iglesia y al dogmatismo religioso que ello representa.

Brillantemente el autor nos comunica los comienzos de la guerra civil/religiosa ya analizada en el "Preámulo histórico colombiano" y es así, como el autor continúa narrando, valiéndose del discurso histórico/religioso:

> Su rencor contra el episcopado local había empezado cien años antes de su nacimiento. La causa primera, como en los grandes pleitos de la historia, fue una divergencia mínima por asuntos de dinero y jurisdicción entre las clarisas y el obispo

franciscano. Ante la intransigencia de éste, las monjas obtuvieron el apoyo del gobierno civil, y ese fue el principio de una guerra que en algún momento llegó a ser de todos contra todos. (Pág. 89)

La novela, sin embargo, va más allá de los planteamientos simples en la oposición entre lo religioso y lo profano. De hecho, el autor juega a introducir elementos muy propios de lo profano en las relaciones religiosas. Así lo hace cuando nos presenta las desavenencias entre diferentes elementos de la jerarquía religiosa. Es decir, la lucha por intereses políticos y económicos nos traslada a un materialismo histórico que, de entrada, podría parecer poco coherente con lo que debemos considerar propio del pensamiento religioso. Así, las divergencias entre el obispo y las monjas se nos presenta como un motivo de disputa por algo material. Llevando esta diferencia de pareceres al terreno histórico, el narrador nos introduce una información adicional que muestra la dimensión humana de Josefa Miranda en su capacidad para el rencor:

Se necesitaron veinte años para que se calmaran los ánimos y se restituyera a las clarisas el convento desmantelado, pero al cabo de un siglo Josefa Miranda seguía cocinándose *a fuego lento* en sus rencores. (El subrayado es nuestro, pág. 90).

La expresión, acompañada de una perífrasis verbal que nos acerca a la idea de progresión *in crescendo* del sustantivo "rencor", nos traslada la idea de cómo la monja iba carcomiéndose, manteniendo vivo, con constancia, ese odio que no cejaba.

Observemos las características particulares del tono y léxico dirigido a los protagonistas masculinos dentro del texto narrativo:

El padre de la niña, Don Ignacio, "Sudaba frío en la oscuridad y despertaba sin aire en la madrugada por el silencio fantasmal de los potreros". "El lo había dicho: «Vivo espantado de estar vivo». En el destierro adquirió el talante lúgubre, la catadura sigilosa, la índole contemplativa, las maneras lánguidas, el habla despaciosa, y una vocación mística que parecía condenarlo a una celda de clausura. (Pág. 51).

La imagen del desterrado, del acobardado padre, da una idea del miedo que sufrían aquellos que se podían ver perseguidos por el Santo Oficio. En este sentido la imagen del español es divergente de la del conquistador aguerrido que impone la cruz con su espada. Se trata de una visión diferente del colono señorial que contrasta con la del mundo religioso y la oficialidad de los virreyes que supone una extensión del poder real de ultramar en el sentido político, económico y religioso.

El significado profundo conceptista, que el autor manifiesta y que llega a ser crítica, se convierte en una sátira contundente e irrevocable sobre el sistema que por largos siglos, son la historia de la institución religiosa del "Santo Oficio" en el "Nuevo Reino de Granada", nos conduce a analizar el diálogo entre Abrenuncio, judío portugués y Cayetano Delaura, sacerdote bibliotecario del obispo, aquí el autor en pocas líneas concluye con la diferencia entre las dos culturas:

« ¿No teme condenarse?»

«Creo que ya lo estoy, pero no por el Espíritu Santo», dijo Delaura sin alarma.

«Siempre he creído que él toma más en cuenta el amor que la fe».

Abrenuncio no pudo ocultar la admiración que le causaba aquel hombre recién liberado de las servidumbres de la razón. Pero no le hizo promesas falsas, y menos cuando estaba de por medio el Santo Oficio.

«Ustedes tienen una religión de la muerte que les infunde el valor y la dicha para enfrentarla», le dijo. «Yo no: creo que lo único esencial es estar vivo». (Pág. 195)

El motivo del judaísmo, que ya ha sido tratado en la parte dedicada a *Cien años de soledad,* responde a un elemento que se insertó en la cultura colombiana por razones históricas ya explicadas someramente y que perdura en contraste con lo que ocurre en España. Por eso resulta interesante observar el juego dialógico entre esos dos conceptos religiosos que se sintetiza en la conversación reproducida anteriormente. Aún así, nos interesa destacar más la actitud del bibliotecario porque representa otra cara de la religión, del catolicismo. Se trata de una vertiente más intelectual del clero, tocada de la racionalidad que le han dado los libros y del lirismo que transpira la lectura de poesía. Se trata de la inclusión del espíritu humanista que contrasta con el maniqueísmo postrentino del Santo Oficio.

Nombrado por el Obispo para estudiar el caso de la niña poseída y loca se otorgó a Cayetano Alcino del Espíritu Santo Delaura y Escudero, a los treinta y seis años cumplidos, entró en la vida de la Sierva María y en la historia de la ciudad. Había sido alumno del obispo en su célebre cátedra de teología de Salamanca donde se graduó con los honores más altos de su promoción. Estaba convencido de que su padre era descendiente de Garcilaso de la Vega, por quien guardaba un culto casi religioso, y lo hacía saber de inmediato. (Pág. 104).

Lo que salva a Cayetano Alcino, bibliotecario/religioso del Obispo, es su amor por la poesía de Garcilaso de la Vega, y en su totalidad su carácter bondadoso, quien quiso ayudar a salvar la niña Sierva de María de su diaria tortura; es la mezcla del amor profano, "de sus noches insaciables" (Pág. 198) y misticismo/religioso, peculiar de la época. Su lectura habitual y su enseñanza para la niña Sierva María, de los versos de Garcilaso, constituye, en cierto modo, el epicentro romántico de esta obra peculiar, donde el victimario triunfa y finalmente la niña, una de tantas víctimas inocentes, muere el 29 de mayo, pero lo maravilloso existe porque su esplendida "cabellera como un rio de oro", (Pág. 167) crece viva a lo largo de doscientos años, manteniéndose con fuerza para la posteridad histórica.

Si observamos el juego literario de nuestro autor con los contenidos poéticos de referencia—Garcilaso, en este caso—nos damos cuenta de cierta antítesis entre lo narrado y lo expresado por los versos del poeta. Veamos el soneto XXIII del autor castellano:

Soneto XXIII

En tanto que de rosa y azucena
se muestra la color en vuestro gesto,
y que vuestro mirar ardiente, honesto,
enciende al corazón y lo refrena;

y en tanto que el cabello, que en la vena 5
del oro se escogió, con vuelo presto,
por el hermoso cuello blanco, enhiesto,
el viento mueve, esparce y desordena:

coged de vuestra alegre primavera
el dulce fruto, antes que el tiempo airado 10
cubra de nieve la hermosa cumbre;

marchitará la rosa el viento helado.
Todo lo mudará la edad ligera
por no hacer mudanza en su costumbre.

Si nos fijamos, el cabello, muestra de lo perecedero en el poema, aparece aquí como el recuerdo y el emblema de lo que perdura. Vemos, por lo tanto, ligado el juego de significados a partir de las características de uno de los personajes, un *alter ego* de Garcilaso que hace de la niña una especie de *Donna angelicata*. Esa admiración del clérigo por la sierva busca equivalencias con la figura del poeta.

Pero más allá de lo perecedero, de lo fútil de la belleza, en esta novela el símbolo de la inocencia y de la belleza de la niña se mantiene por encima del tiempo. Es decir, se eterniza como el valor de la inocencia sacrificada en aras de los intereses materiales.

Llegamos, pues, a una lectura ideologizada de lo que en la obra se había planteado como un juego dialéctico entre razón y religión. En última instancia al autor le interesa destacar la presencia del ser inocente que es sacrificado en función de los intereses de poder, es la cara humana de la historia.

Además, el hecho de que el cabello se mantenga como algo imperecedero reincide en lo de intemporal de la lectura que se desprende del libro. Por una parte se establece el carácter de la víctima inocente de los hechos históricos y por la otra se da una idea de lo cíclico de la historia, de cómo a lo largo de los tiempos se ha producido la muerte de seres inocentes debido a intereses políticos, económicos determinados o, simplemente, al odio que estos generan.

LA AVENTURA DE MIGUEL LITTÍN CLANDESTINO EN CHILE (1986)

El género del reportaje en el periodismo como el de la novela han llegado a formar una asociación o simbiosis importantísima, substancial y cardinal dentro de la obra literaria de García Márquez; revela la conciencia crítica, a modo diferente, y cómo el autor se vale del estancamiento ideológico para denunciar los vicios/atropellos del país, en este caso Chile, bajo la dictadura del general Pinochet. Para Miguel Littín, director de cine chileno, es el destierro a que fue sometido por la represión existente durante este período, y su "yo" Miguel Littín quien es el narrador y protagonista epicentro del reportaje.

Este periplo se ve acompañado de un reportaje cinematográfico que el mismo Miguel Littín hizo en Chile, después de entrar de forma clandestina en el país, titulado *Acta general de Chile*. La peripecia narrada, que se ha dado en comparar con una novela de espías (Molina, 2006) por la cantidad de situaciones peligrosas vividas por el personaje, hace una descripción desde dentro de la cotidianidad y de la resistencia política.

Esta forma de estilo dentro de la novela, ante todo se caracteriza por el enfoque estético/lúcido y la estabilidad conceptista, lista a denunciar a través de sus reflexiones, en diez capítulos, que pueden esquematizarse en su contenido puramente humano.

Y es García Márquez quien nos aclara cómo sucedió la idea original; como siempre el autor escucha y organiza el material narrado cediéndole la voz a Miguel Littín, y dentro del marco de formas realistas, es el contenido humano del protagonista, y de los chilenos que se comunica globalmente, pues ya por ese entonces el autor era ya bien conocido intelectualmente en el ámbito mundial.

Sistemáticamente, la intencionalidad expresiva es la comunicación al mundo de la experiencia humana individual cubierta por las circunstancias políticas existentes en Chile.

> Hace unos seis meses, cuando Miguel Littín me contó en Madrid lo que había hecho, y cómo lo había hecho, pensé que detrás de su película había otra película sin hacer que corría el riesgo de quedarse inedita. (García Márquez, 1986:8)

La urgencia es comunicar y convencer al destinatario, la experiencia y aventura humana del narrador-protagonista, y es el autor quien escribe:

> He preferido conservar el relato en primera persona, tal como Littín me lo contó, tratando de preservar en esa forma su tono personal—y a veces confidencial—, sin dramatismos fáciles ni pretensiones históricas. (Pág. 8)

Recolectando las experiencias opresivas de los chilenos, el autor dedica el capítulo tres, bajo el título: "También los que se quedaron son exiliados", sugerente e intensamente realista la línea que manifiesta la verdad íntimamente ligada a profundas raíces violentas latinoamericanas. Es el trabajo crítico del autor, señalando con una sola oración lo que significa esta política de represión bajo el régimen del general Pinochet, y es en general, la dignidad atropellada para toda la población chilena. Es la filosofía e intelecto de García Márquez que denuncia a modo de conciencia crítica los problemas de Latinoamérica, con la profunda idea de promover un cambio para Chile y el mundo.

En retrospectiva, el autor, está listo para lograr el tono de veracidad en sus reportajes a través de la forma testimonial ya analizados en otras obras, narradas con la misma intensidad de acción e identificación hacia el reportaje recibido; es la voz del pueblo y sus continuas inmerecidas congojas, como es el caso de *Noticia de un secuestro, Relato de un náufrago*, sucedidos en Colombia, y cuando, el autor se vale de reportajes narrados efectivamente citados en las crónicas periodísticas: *Cuando era feliz e indocumentado.*

Sus novelas/reportajes que nos traen noticias de diferentes escalas sociales económicas, que pueden ser actuales, y que las vivimos hoy en día en otros países. Analicemos el siguiente mensaje del autor:

> Chile no solo fue un país modesto hasta el Gobierno de Allende, sino que su propia burguesía conservadora se preciaba de la austeridad como una virtud nacional. Lo que hizo la Junta Militar para dar una apariencia impresionante de prosperidad inmediata fue desnacionalizar todo lo que Allende había nacionalizado, y venderle el país al capital privado y a las corporaciones transnacionales. (García Márquez, 1986:78)

Aquí nos encontramos con la forma narrativa que informa, que nos obliga a recordar la historia, a analizar, a comparar, a entender los cambios que impone la Junta Militar en Chile, pero en realidad son políticas económicas que las sentimos hoy también. Como vemos: "Pues el milagro militar ha hecho mucho más ricos a muy pocos ricos, y ha hecho mucho más pobres al resto de los chilenos". (Pág. 78). Este milagro económico, parece ser el coro, la música global que oímos en Estados Unidos, Europa, Rusia, Latinoamérica, Africa, etc. etc. El toque irónico nos aparece como un sarcasmo amargo sobre una tendencia histórica conocida, consecuencia de un modelo político neoconservador impuesto por los intereses norteamericanos en aquel momento.

En ese sentido intuimos una voz que va más allá de la del narrador formal. Vemos, como muchos otros de los críticos de esta obra de García Márquez, el eco de la voz autorial que resuena detrás de la del narrador. Parece que Miguel Littín haya cedido su voz a un autor que aparece agazapado tras el narrador homodiegético. Ello contribuye a dar un aire de lirismo narrativo que no se daría con otro tipo de narrador. Así, el tono poético no podía faltar, bajo "El Puente que lo ha visto todo" (Pág. 79), el autor logra extender y eternizar sentimientos universales:

> Pero lo que más me llamó la atención aquel viernes, después de tantos años sin ver esos santos lugares, fue la cantidad de jóvenes enamorados que se paseaban tomados por la cintura por las terrazas sobre el rio, besándose entre los puestos de flores luminosas para los muertos de las tumbas cercanas, amándose despacio, sin preocuparse del tiempo incesante que se iba sin piedad por debajo de los puentes. Sólo en Paris había visto hace muchos años tanto amor por la calle. (Pág.79)

El director se convierte en observador en una descripción del ambiente que pasa, en el terreno real, por la transcripción de esas sensaciones a través de la mano del autor que, de nuevo, cede la voz al narrador: el director de cine. Los verbos de percepción, tanto en esta como en otras crónicas, son un recurso estilístico abundante. Carolina Molina (2006), una de las estudiosas del estilo de estas crónicas del escritor de Aracataca, ha insistido mucho en la importancia de los verbos de percepción, sobre todo en su utilización dependiendo de una estructura de viaje en la que, más allá de la historia, el discurso se sume en una distribución aparentemente caótica pero que responde a una estrategia retórica bien diseñada, en la que lo que importa no es el desenlace de los hechos sino la transmisión de esas sensaciones y emociones del personaje-narrador. De ahí que tanto en *Relato de un náufrago* como en la aventura de Miguel Littín y en *Noticia de un secuestro*, como en algunas de sus obras de ficción—destacaríamos en ese sentido *El otoño del patriarca*—nos desvela el final sin defraudar, por ello, los horizontes de expectativas creados en el lector.

Veamos el contraste entre el principio y el final de la historia. En realidad se trata de una estructura circular que ya nos anuncia como Littín llegó y se marchó de Chile:

Así «Littín vino, filmó y se fue» (Pág. 153) culmina el relato a la manera de César, recordando la estructura trimembre de la famosa frase del clásico. Pero, como decimos, la historia ya se nos había presentado cerrada desde el comienzo: "El resultado fue una película de cuatro horas para la televisión y otra de dos horas para el cine, que empieza a proyectarse por estos días en todo el mundo". (Pág. 8).

La información ofrecida en primera instancia: el náufrago que se salva, el éxito de Littín en la realización de su documental o cómo acaba cada uno de los personajes secuestrados por los Extraditables, es una información que, a pesar de resultar relevante, deja paso a otro tipo de cuestiones como las siguientes:

a- La denuncia de una situación, sea una injusticia, sea una artimaña del gobierno, la pura situación política colombiana o chilena...

b- Expresar en qué medida la situación afecta a un personaje concreto: el narrador.

c- Identificar, desde la autoría, ese tipo de vivencias: a través del narrador homodiegético o a través de la transtextualización de diarios, como en *Noticia de un secuestro*.

Son las vivencias íntimas, en definitiva, los factores que transmiten más patetismo (en el sentido original del término) a los ojos del lector. Por eso, ante descripciones de la ciudad y del amor en Santiago, el contraste con la memoria del propio narrador nos sirve para hacer un juego que va más allá de la comparación de impresiones entre lo pasado y lo descrito. En realidad, buena parte del reportaje esconde este tipo de juego.

Obviamente, no únicamente el autor juega con dos tiempos, sino que compara también los tiempos del amor de las dos ciudades:

En cambio recordada a Santiago como una ciudad de sentimientos poco evidentes y ahora me encontraba allí con un espectáculo alentador que poco a poco se había extinguido en Paris, y que creía desaparecido del mundo. Entonces recordé lo que alguien me había dicho por esos días en Madrid: «El amor florece en tiempos de peste». (Pág. 79).

Es la mezcla de sentimientos encontrados después de la soledad del destierro de nuestro protagonista narrador, (destierro que ha sufrido también el autor) alternando tiempos de recuerdos pasados, pero que la realidad de hoy lo sacude pues ha cambiado; condensación lingüística de géneros narrativos que nos permite representar con ellas la visión de lo que sucede en Chile y en el mundo.

Todo este entramado discursivo responde a la necesidad, tanto del autor como del mismo Littín, de dar fe de cómo es el Chile de Pinochet. Para ello se reserva uno de los efectos narrativos más relevantes de todo el libro. Se trata del momento en que aparece en escena el dictador chileno. Para ello no se pierde el punto de vista narrativo que el autor dota de un cierto distanciamiento para incluir la ironía como arma retórica.

Lejos de satirizar o hacer más patético el discurso en el momento en que se encuentra al dictador usando calificativos como "asesino", "dictador" u otros más sarcásticos empleados por la resistencia chilena, tales como "El chupacabras", la voz de Littín nos transmite un tono irónico muy propio de García Márquez. Nos describe al general como "verdoso" y "abotagado". Sobre este pasaje Carolina Molina (2006:156-157) nos dice:

> Hay cierta ironía en esas dos pinceladas que retratan al general "verdoso (la sufijación del adjetivo difumina el color, al más puro estilo impresionista) y "abotagado". Parece que el mismo personaje lleva puesta ya la pátina del lienzo con que quedará inmortalizado para la historia.

Vemos, pues, que el uso de la adjetivación esconde una intención de transmitir, con esas dos expresiones, la síntesis de la imagen que se pueda desprender a partir de los sesgos semánticos de ellas. La tonalidad del color nos lleva a connotaciones de tipo militarista, a la indumentaria del personaje en el momento en que aparece en escena. La constante de este elemento en América Latina remite a una serie de percepciones que el lector puede captar inmediatamente, si es conocedor de cómo se siente lo militar en aquellos años tanto en los países del cono Sur como todavía en España.

Por lo que respecta a la palabra "abotagado" nos lleva a considerar la hinchazón corporal del personaje como consecuencia de un tipo de vida. La imagen del militar relleno refrenda la idea de su asentamiento y perduración en el poder. Pero además lleva implícitos valores que nos dejan entrever qué tipo de vida pueda alimentar este tipo de personaje para que su acomodamiento en la cima de la política chilena le haya producido un cambio corporal tan visible.

Si nos fijamos en la fecha de la redacción de este escrito nos daremos cuenta de que se trata de un momento en que Pinochet se ve en el resto del mundo como un sátrapa en el sentido más amplio del término, el del hombre ladino dado al buen comer y al buen beber, que se mantiene en el poder por pura inercia.

Podríamos concluir que esta novela-reportaje es uno de los documentos políticos más trascendentes en el estudio de la obra del escritor puesto que entra de lleno en uno de los aspectos que más ha preocupado a García Márquez a lo largo de su vida. Es más, diremos, con Carolina Molina (2006:125) que "la historia de Littín es el broche a una época de arraigado furor político".

Obviamente, no se puede contradecir esta afirmación, aunque tengamos que matizar que la idea de furor no hace que en las siguientes obras del autor no exista una carga ideológica que deje de tener anclajes en lo político, como iremos viendo. Entendemos que la autora se refiere a un compromiso directo y evidente de cara a un modelo de lector. De hecho, Carolina Molina insiste en la idea de que el lector de este tipo de reportajes de García Márquez debe de estar vinculado a su ideología:

> Como se puede suponer, ello implica un lector implícito muy preciso. Quien se acerque al periodismo de estos años (excelentemente representados en los textos de Por la libre) ha de estar dispuesto a aceptar ideas muy concretas sobre Cuba y Fidel Castro, Chile y Pinochet, las guerrillas latinoamericanas, los Estados Unidos y la "colonización" del Tercer Mundo (Molina, 2006: 241)

Suponemos que se refiere a la idea de lector modelo en la que el autor busca una identificación ideológica a partir de determinados planteamientos comunes al pensamiento de la izquierda de estos años. Se trata de buscar complicidades sobre una serie de ideas preestablecidas por ese tipo de pensamiento y, en función de ello, reforzar esas ideas con una serie de casos en los que la anécdota y la vivencia personal abren el abanico ideológico para la creación de opinión en función de lo conocido.

De nuevo el compromiso cívico del escritor va más allá de sus manifestaciones o declaraciones para periódicos y se centra en la creación literaria como herramienta de divulgación de las ideas.

EL GENERAL EN SU LABERINTO (1989)

En su novela *El General en su Laberinto*, narrada en tercera persona, y es así como el autor nos presenta al General, sin nombre propio, y es el lector quien se enfoca desde la primera línea en "Simón Bolívar". Debido a la historicidad de la novela, una historia inventada, pero nos da fechas exactas, horas y minutos, como si nos presentara algo que ocurrió.

La narración en tiempo pasado, nos dice algo que ocurrió entre Santa Fe de Bogotá, y Santa Marta, y empieza el 8 de Mayo de 1830: "sale Bolívar de Bogotá hacia su destino final", (página 281) es un proceso lineal, de los pocos y últimos días muy penosos de "moribundo" hacia su destino final en Santa Marta, donde el "Libertador" muere abandonado de los laureles y de las multitudes que lo aclamaban en sus años de heróica gloria.

La narración según explica García Márquez en las últimas páginas del libro, está muy bien documentada por los innumerables amigos, historiadores, políticos y personas que intervinieron en ayudar al escritor para la inmensa investigación que fue necesaria. En ese sentido podemos hablar, de nuevo, de una novela histórica.

La idea original del autor real, se manifiesta desde el principio, es una novela verosímil e histórica del personaje más importante para el destino de los países anteriormente mencionados, y que fueron también liberados por las incansables luchas titánicas del héroe de estas repúblicas americanas.

La narración objetiva e histórica nos confronta con la realidad no narrada como personaje anteriormente sobre este héroe mitológico suramericano del siglo XIX, pero es también el autor empírico de la novela que nos describe la decadencia física y moral del Libertador. El juego entre el autor real y el lector real es difícil, el lector colombiano sabe mucho del personaje, y del autor. Por una parte, la narración y el lenguaje nos pone cara a cara con la humana existencia y vida del Libertador, la vida históricamente más importante para el lector suramericano que reconoce el pensamiento político de Simón Bolívar, y que como el péndulo del reloj que marcó el siglo XIX, nos confronta a examinar los sucesos históricos, y nos invita a preguntar: ¿quiénes fuimos, quiénes somos, y quiénes seremos en el futuro?, y el inevitable sentido de "soledad", tono muy característico del autor, que se mantiene vivo al heredar el destino de las naciones liberadas por el personaje del general/libertador.

García Márquez narra con su estilo propio y violento dándole así más fuerza a la obra. "De pronto sin causa aparente, lo acometió un acceso de tos que pareció estremecer los estribos de la casa" (García Márquez, 1989:16.) La agónica existencia del general contrasta con la historicidad: "había hecho todas sus guerras en la línea de peligro, sin sufrir ni un rasguño", (García Márquez, 1989:16). Uno de sus oficiales, "el irlandés Belford Hinton Wilson se asomó al dormitorio por si lo requerían, y vio al general atravesado bocabajo en la cama, tratando de vomitar las entrañas." (García Márquez, 1989:16). Descripciones realistas que revelan el patético estado del Libertador y realza el ambiente sobre la condición humana del general.

Sin poder olvidar sus últimas palabras: "Si mi muerte contribuye para que cesen las luchas entre los partidos políticos, yo bajaré tranquilo al sepulcro". Casi 200 años más tarde, todavía no se ha podido establecer en las naciones liberadas por Bolívar el orden para que impere la paz, y la libertad para beneficio y felicidad de todos y para todos. La historicidad de la obra, es la base de la narración, y nos invita a creerla; este "yo" contacto íntimo con la narración privada. El lector real es forzado a preguntarse: ¿es un chisme?, o quizás es un cuento personal, pero el lector concluye, esto es una gran fantasía lógica. Según la cronología de Simón Bolívar, (elaborada por Vinicio Romero Martínez al final del libro), nos cuenta:

2 de octubre (1830): está en Tumaco.

15 de octubre: en Soledad.

8 de noviembre: en Barranquilla.

1º. de diciembre: llega en estado de postración a Santa Marta.

6 de diciembre: se dirige a la quinta de San Pedro Alejandrino, propiedad del español don Joaquín de Mier.

El 10 de diciembre: dicta el testamento y la última proclama. Ante la insistencia del médico para que se confiese y reciba los sacramentos, Bolívar dice: « ¿Qué es esto?... ¿Estaré tan malo para que se me hable de testamento y de confesarme?... ¡Cómo saldré yo de este laberinto!».

"El 17 de diciembre: muere en la quinta de San Pedro Alejandrino, rodeado de muy pocos amigos". (García Márquez, 1989:284). Y como diría metafóricamente el poeta chileno, Pablo Neruda: murió diciendo "Estoy cansado de ser hombre".

Por otra parte, Fernando González, escritor e intelectual colombiano del presente siglo, sintetiza en sus libros y le dedica al general Simón Bolívar gran parte de su pensamiento político y dice:

> El grande hombre no resulta sino en grandes pueblos; es una florescencia y necesita de tiempo y disciplina racial. Bolívar, por ejemplo, era español; su grandeza hay que buscarla en la raza vasca. Los pueblos que se pueden clasificar por el grado de conciencia al que han llegado la mayoría de sus habitantes" (González Fernando, 1995:124).

La sorprendente ambivalencia del colombiano, en la que coexisten dos sentimientos opuestos; en el caso de Fernando González, la patética emoción, que le da todo el crédito a Bolívar primero por su raza blanca vasca, y segundo, lo clasifica como español, negándole cualquiera de sus características personales o intelectuales a su origen e identidad latinoamericana. Y la obvia forma de expresión de menosprecio hacia lo nativo existente, y la negada nacionalidad del Libertador: "Bolívar y sus compañeros fueron la última llamarada de los conquistadores" (González Fernando, 1995, 7:127). Siguiendo la retórica encaminada a denigrar la raza colombiana y su mestizaje: "una conciencia continental entre mulatos inferiores, situados al comienzo de la escala humana".

Luego, el pensamiento de Fernando González enfoca la ambivalencia hacia su propio "yo" y declara: "Yo quiero a mi patria, pero no amo a sus actuales habitantes. Espero en el futuro el gran mulato". (González Fernando, 1995:1:251)

La problemática de la identidad de su gente, narrada tan exhaustivamente en la Tesis "Tradición, Novedad y Trasgresión en la Cultura de Envigado", Pablo Jaramillo Estrada escribe:

> Esta expresión retrata con dolorosa exactitud una faceta repetida del pensamiento de Fernando González: la vía que lo conduce de la ilusión al desencanto, y de nuevo a la ilusión; la confianza en ver al mulato convertirse en "el gran mulato", la posterior defraudación seguida de la imposible renuncia a un sueño que bordea una sustancialidad de orden místico que se empeña en ver su manifestación en el plano socio-político. Muy cercano al sentimiento general de una nación que aun no

alcanza a darse una identificación propiciatoria para la construcción nacional consecuente con su devenir histórico. (Jaramillo Estrada, Pablo, 2003:2:19)

NOTICIA DE UN SECUESTRO (1996)

Esta obra de García Márquez, corresponde a uno más de sus reportajes novelados, sobre la historia propiamente narrada por los protagonistas secuestrados. Y dentro de una prosa periodística/literaria bien organizada nos dirige a los sitios reales, para contarnos los hechos actuales y posiblemente más violentos de los últimos cuarenta años de la historia de Colombia.

Son los nombres propios de los personajes que desfilan en este relato sin precedentes, que nos muestra nuevamente la cruda y viva violencia, bajo un ciclo histórico que va a cambiar hasta la Constitución de la República de Colombia, por consiguiente el lector colombiano sufre de este análisis histórico, se da cuenta que definitivamente esta es otra etapa que cambiará para siempre la estructura política/social de esta nación, que ha mantenido su batalla contra la ilegalidad, en esta época de las drogas en las últimas cuatro décadas del siglo XX, que desafortunadamente avanza hasta el comienzo del siglo XXI.

Valiosa lección aprendida por el autor de los lejanos tiempos como reportero de diferentes periódicos colombianos. *Noticia de un secuestro* es pues, la culminación y el paralelo entre otros libros anteriores del autor, como *Relato de un náufrago, Crónica de una muerte anunciada, La aventura de Miguel Littin clandestino en Chile,* periodismo literario y es así como García Márquez hace parte del relato y lo introduce:

> Maruja Pachón y su esposo, Alberto Villamizar, me propusieron en Octubre de 1993 que escribiera un libro con las experiencias de ella durante su secuestro de seis meses, y las arduas diligencias en que él se empeñó hasta que logró liberarla. Tenía el primer borrador ya avanzado cuando caímos en la cuenta de que era imposible desvincular aquel secuestro de los otros nueve que ocurrieron al mismo tiempo en el país. En realidad, no eran diez secuestros distintos—sino un solo secuestro colectivo de diez personas muy bien escogidas, y ejecutado por la misma empresa con una misma y única finalidad. (García Márquez, 1996:7)

El narrador es el sujeto que habla de algo que ha ocurrido; en la presente obra literaria, puede en algunas ocasiones del texto aparecer el "yo" del autor, o el narrador propiamente dicho, también en primera persona. Comienza el espacio del texto, en primera persona, para luego, lógicamente el "yo/autor" no hace parte de ese mundo narrado y relata a través de una tercera persona, en este caso las propias víctimas de los secuestros y así es que la narración se concentra en el drama de cada uno de los diez secuestrados. El autor objetivamente escribe nuevamente sobre la violencia en Colombia, violencia que él analiza bajo los elementos culturales nacionales esencialmente fraccionados por luchas internas y guerras fraticidas que estuvieron y están fuera de control, "una cultura en acto de confrontación permanente". (Jaramillo Estrada, 1999:85) El autor narra:

> Alberto Villamizar, el marido de Maruja Pachón y hermano de Beatriz, a solo doscientos metros del lugar del secuestro, se enteró por una llamada interna de su portero. Había vuelto a casa a las cuatro, después de pasar la tarde en el periódico *El Tiempo* trabajando en la campaña para la Asamblea Constituyente, cuyos miembros serian elegidos en diciembre, y se había dormido con la ropa puesta por el cansancio de la víspera. (García Márquez, 1996:24)

Alberto Villamizar como lo dice directamente el autor: "siempre con la colaboración cuidadosa y oportuna de Maruja y Alberto, cuyos relatos personales son el eje central y el hilo conductor de este libro." (García Márquez, 1996:7) Alberto es protagonista y se podría decir héroe por su completa coordinación y arduo trabajo para hacer posible la liberación de su esposa Maruja y hermana Beatriz; dos de las secuestradas.

DEL DISCURSO POLÍTICO

En el nivel más general, esta obra literaria ofrece dos aspectos:

> . . .es al mismo tiempo una historia y un discurso. Es historia en el sentido de que evoca una cierta realidad, acontecimientos que habrían sucedido, personajes que, desde este punto de vista, se confunden con los de la vida real. (Gritti, Jules, 1970:157) Jules Gritti prosigue: Pero la obra es al mismo tiempo discurso: Existe un narrador que relata la historia y

frente a él un lector que la recibe. A este nivel, no son los acontecimientos referidos los que cuentan, sino el modo en que el narrador nos los hace conocer. (Gritti, Jules, 1970:157)

Esta matización, que nos llevaría a la diferenciación clásica entre story/discourse también incluye como factor trascendental los aspectos esenciales de la history/historia. Es decir, necesitamos de esta diferenciación para asumir que el papel de nuestro autor se centra en la elaboración de un relato que sigue unos hechos históricos y que, además, profundiza en el valor testimonial de las voces que va a ir citando a lo largo de la narración. De nuevo, como en las obras anteriormente mencionadas, la linealidad temporal no importa tanto como la distribución del discurso en atención a una serie de intereses del autor que organiza estratégicamente la narración para mostrarnos algunos detalles ya interpretados por la tesis de Carolina Molina. En ese sentido, ya podemos anticipar que el autor se hace explícito a través de determinados juicios y comentarios:

> Colombia no había sido consciente de su importancia en el tráfico mundial de drogas mientras los narcos no irrumpieron en la alta política del país por la puerta de atrás, primero con su creciente poder de corrupción y soborno, y después con aspiraciones propias. (García Márquez, 1996:29)

Además, el relato puede proporcionarle al lector detalles de algo real, dando la impresión de situar al lector a mayor o menor distancia de lo que se cuenta. También podría ser una representación cinematográfica de los hechos violentos colombianos, en otras palabras: una película al estilo "El padrino" de Mario Puzzo. Lo peculiar de las aspiraciones de Pablo Escobar es su anhelo de llegar a la presidencia de Colombia, y de esta forma el autor escribe:

> Pablo Escobar había tratado de acomodarse en el movimiento de Luis Carlos Galán, en 1982, pero éste lo borró de sus listas y lo desenmascaró en Medellín ante una manifestación de cinco mil personas. (García Márquez, 1996:29)

Desde este punto de vista, el autor regula la narración a través de un "relato puro" donde los personajes hablan en su propio nombre, dándonos la impresión que ellos, las víctimas están allí. Es la ilusión verosímil de la realidad o mimesis. En este relato se aprovechan las cualidades del autor como escritor y como periodista.

Lo que nos resulta chocante de esta cesión de voces es la presencia de una voz omnisciente que rompe el tono testimonial que va acogiendo la narración. Como dice Carolina Molina (2006:240): "En algunas crónicas García Márquez apela al divorcio entre lo que percibe el personaje reflector y lo que realmente sabe quien relata..."

Es decir, hay un juego de focalizaciones a través de las cuales el narrador nos ofrece la cita de lo que cuenta el personaje y, a posteriori, nos da los datos que nos faltaban sobre el caso. Así, por ejemplo, cuando nos presenta la cronología alternativa de los hechos explicándonos cosas que desconocen los personajes. Es decir, la primera persona vocal sirve para introducir citas de los diarios y las cartas de los secuestrados.

Siguiendo a Carolina Molina (2006:184)

> Si el inserto de las líneas de Escobar o de los Extraditables se convertía en un mero expediente de supuesta ecuanimidad, en este caso las referencias pretenden conmover al lector. El sufrimiento campa ante nuestros ojos porque las víctimas se explican por sí mismas, del mismo modo que estremecen las palabras literales de Nydia Quintero.

La estrategia del narrador, por lo tanto, parece clara: administra el testimonio con la intención de ofrecer su cara más patética, incluye la información que ha conocido a posteriori, por ejemplo, para desmontar la inexactitud o falacia de algunos de los testimonios de los narcos, llegando de este modo a mostrar un desequilibrio en el tratamiento de secuestrados, negociadores y delincuentes. Esta omnisciencia matizada por el narrador que introduce los comentarios, que contradice testimonios, que añade información desconocida en algún punto de la cronología, la que nos revela la voz y la intención del autor.

El libro, pues, algunas veces llega a ser una crónica de las muertes y secuestros, a que están sometidos los ciudadanos colombianos bajo la inseguridad permanente, y nuevamente nos muestra la cara histórica de violencia existente en Colombia, pero esta vez, enfocada durante las tres últimas cuatro décadas del siglo XX. El autor continúa su relato histórico:

> El 18 de agosto de 1989, Luis Carlos Galán fue ametrallado en la plaza pública del municipio de Soacha a diez kilómetros del palacio presidencial y entre dieciocho guardaespaldas bien

armados. (García Márquez, 1996:29) Acertadamente el autor escribe: El motivo principal de esa guerra era el temor de los narcotraficantes ante la posibilidad de ser extraditados a los Estados Unidos, donde podían ser juzgados por delitos cometidos allí, y someterlos a condenas descomunales. (García Márquez, 1996: 29)

La valoración o la explicación ya hacen que la voz del narrador se muestre como conocedora de los motivos que desencadenan esta oleada de violencia. Ese temor al que se refiere el narrador viene a corroborarse más adelante con un testimonio:

> Desde ese periodo de la guerra del narcotráfico, ellos se llamaban:—los extraditables—y una divisa típica de Escobar: «Preferimos una tumba en Colombia a una celda en los Estados Unidos». (García Márquez, 1996:30).

He aquí el juego del tiempo de la enunciación en contraste con el de la historia. Ese elemento distanciador es el que ofrece las ventajas de poder elegir una focalización y manifestar su omnisciencia de manera selectiva. Lo relevante es el tiempo del relato y el tiempo reciente de la historia, y es al lector a quien le corresponde interpretar el tiempo del texto narrativo, donde nos encontramos y reconstruimos esa hipotética narración, o sea el tiempo de la enunciación narrativa. El lector real reconstruye los elementos, sujeto, tiempo y lugar.

La extradición era posible, el interés del lector enfoca su atención a los nombres propios de ex presidentes, presidentes, candidatos a la presidencia colombiana:

> por un tratado suscrito bajo el gobierno del presidente Julio Cesar Turbay, en el cual acordó por primera vez la extradición de nacionales. (García Márquez 1996:30) El autor continua: Los narcos—aterrorizados por el largo brazo de los Estados Unidos en el mundo entero—se dieron cuenta de que no tenían otro lugar más seguro que Colombia y terminaron por ser prófugos clandestinos dentro de su propio país. (García Márquez, 1996:30)

Al incluir los verbos de percepción, el narrador valora los hechos desde la óptica de los extraditables. De nuevo aparecen, por lo tanto, grados de omnisciencia narrativa matizables sólo a través del deseo de la explicación histórica. En otros casos es la aseveración del narrador a propósito de las intenciones de alguno de los personajes:

> Desconfiado por naturaleza de todo lo que tuviera que ver con el mundo oficial, se impuso la tarea de liberar a su madre en trato directo con Pablo Escobar. (García Márquez, 1996:40)

Debido a la posición de alta esfera social de algunos de los secuestrados, fue tema nacional discutido diariamente en el país y es así como el autor escribe:

> El primer secuestro de aquella racha sin precedentes—el 30 de agosto pasado y apenas tres semanas después de la toma de posesión del presidente César Gaviria—había sido el de Diana Turbay, directora del noticiero de televisión *Criptón* y de la revista *Hoy x Hoy*, de Bogotá, e hija del ex presidente de la republica y jefe máximo del partido liberal Julio Cesar Turbay. Junto con ella fueron secuestrados cuatro miembros de su equipo: la editora del noticiero, Azucena Liévano; el redactor Juan Vitta, los camarógrafos Richard Becerra y Orlando Acevedo, y el periodista alemán radicado en Colombia, Hero Buss. Seis en total. (García Márquez, 1996: 35-36)

El autor valiéndose de la prolepsis o anticipación escribe:

> Villamizar, de hecho, era ya un sobreviviente. Como representante a la Cámara había logrado que se aprobara el Estatuto Nacional de Estupefacientes en 1985, cuando no existía legislación ordinaria contra el narcotráfico sino decretos dispersos de estado de sitio. (García Márquez, 1966:31)

Maruja Pachón secuestrada por seis meses, es la esposa de Alberto Villamizar, los dos inicialmente le propusieron a García Márquez que escribiera sobre el drama del secuestro. Es así como el autor escribe sobre ella:

> Maruja pertenecía a una familia de intelectuales notables con varias generaciones de periodistas. Ella misma lo era, y varias veces premiada. Desde hacia dos meses era directora de Focine, la compañía estatal de fomento cinematográfico. Beatriz, cuñada suya y su asistente personal, era una fisioterapeuta de

larga experiencia que había hecho una pauta para cambiar de tema por un tiempo. (García Márquez, 1996:10)

El drama violento dentro del drama político y del narcoterrorismo para Maruja y Beatriz continúa:

—Llevamos aquí diez kilos de dinamita—les dijo—. Al primer grito, o tos o llanto, o lo que sea, nos bajamos del carro y lo hacemos explotar. (García Márquez, 1996:19)

Así es como el autor describe el sitio donde fue llevada inicialmente Maruja por los secuestradores:

Todo era lúgubre y opresivo. En el rincón a la izquierda de la puerta, sentada en una cama estrecha con un barandal de hierro, había una mujer fantasmal con el cabello blanco y mustio, los ojos atónitos y la piel pegada a los huesos. No dio señales de haber sentido que entraron; no miró, no respiró. Nada: un cadáver no habría parecido tan muerto. (García Márquez, 1996:21)

"Es la desmesura connotativa, tanto de los términos como de las imágenes." (Báez Ramos, 1994:65), el lector visualiza las imágenes bajo un sino siniestro de la "mujer fantasmal, ojos atónitos, piel pegada a los huesos, un cadáver no habría parecido tan muerto", El autor a través del alcance o distancia nos lleva a un relato secundario. La importancia y función de estas imágenes nos lleva al campo emotivo afectivo ya aludido al hablar del valor de la cesión de la voz a alguno de estos personajes, el cual puede establecerse atendiendo a la estudiada estructura léxico/semántica de la narración:

— ¡Marina!—murmuró.

Era Marina Montoya, secuestrada desde hacía casi dos meses, y a quien se daba por muerta. Don Germán Montoya, su hermano había sido el secretario general de la presidencia de la república con un gran poder en el gobierno de Virgilio Barco. A un hijo suyo, Álvaro Diego, gerente de una importante compañía de seguros, lo habían secuestrado los narcotraficantes para presionar una negociación con el gobierno. La versión más corriente—nunca confirmada—fue que lo liberaron al poco tiempo por un compromiso secreto que el gobierno nunca cumplió. (García Márquez, 1996:21)

Obviamente, creemos que esta obra periodística/literaria, nos describe claramente la conveniencia y oportunidad de los narcotraficantes sobre el concepto y alcance para manipular las políticas y leyes mal escritas, (amorfas) existentes en la República de Colombia: La institución del gobierno y el narcoterrorismo se manifiestan desde un punto de igualdad y oportunidad para hacer demandas directas o indirectas entre el gobierno y los "extraditables/terroristas". Por esto se presenta y ofrece un nexo absurdo/doble entre la ley civil de la constitución institucional del gobierno y la ley de la violencia del narcotráfico.

> Luis Guillermo Montoya, uno de los siete hijos de Marina, de cuarenta y ocho años, alto ejecutivo de la Kodak en Colombia, hizo la misma interpretación de todo el mundo: su madre había sido secuestrada como represalia por el incumplimiento del gobierno a los acuerdos entre Germán Montoya y los Extraditables. (García Márquez, 1996:40)

Pacho (Francisco Santos), hijo de Hernando Santos, dueño de *El Tiempo,* periódico liberal bogotano y el más importante/tradicional del país, pertenece a la intelectualidad por tradición y del poder económico, dentro de ese cerrado círculo de alta alcurnia de la sociedad ilustrada colombiana. García Márquez escribe sobre el padre del secuestrado así:

> Hernando Santos es un hombre de responsabilidades descomunales, que con una sola palabra podría salvar o destruir una vida. Es emocional, de nervios crispados, y con una conciencia tribal que pesa mucho en sus determinaciones. Quienes convivieron con él durante el secuestro de su hijo temieron que no sobreviviera a la aflicción. (García Márquez, 1996:95).

> El autor prosigue: Su mérito ejemplar en circunstancias tan dramáticas fue mantener el periódico al margen de su tragedia personal. (García Márquez, 1996: 96)

La relación que se establece entre el narrador y la descripción de los hechos históricos no desdice para nada la omnisciencia mostrada en ocasiones puntuales.

En el conflicto de *Noticia de un secuestro* están implicados el presidente colombiano y su equipo gubernamental, altos mandos de la policía y del llamado "cuarto poder". Y por supuesto, el narrador no elide los asertos de tan importantes sujetos. Así que si las palabras textuales de los testigos fomentan la verosimilitud, ésta se afianza en muchos casos por la propia autoridad de los entrevistados (Molina, 2006: 179)

Con esto intentamos mostrar que una de las características que más se repite en este tipo de obras de García Márquez es la idea de rendir testimonio. Si en otros casos lo había hecho cediendo la voz al personaje a través del discurso, en este caso lo hace incluyendo los testimonios, administrando su intervención, incluso modalizándola a través de la inclusión de determinados rasgos textuales como la inclusión de verbos de percepción relacionados con los personajes (Molina, 2006: 195-224). De este modo se acerca, incluso penetra, en la mente de los personajes.

Precisamente a través de ello, nos damos cuenta de que se quiebra la neutralidad formal. Los testimonios, como venimos diciendo, se usan en función del interés del autor. Así, cuando el narrador nos da el testimonio forense que ha causado la muerte de una de las secuestradas lo hace después de contrastarlo con las opiniones de la policía y de los secuestradores. No se sabía a ciencia cierta de dónde procedía el disparo que mató a la rehén en una escaramuza, pero el autor, incluyendo el texto jurídico, parece zanjar la disputa sin tener que dar su opinión. Cuando el texto citado nos da la procedencia, velocidad y características del arma homicida, no nos queda ninguna duda de que el disparo fue realizado por un fusil austríaco no reglamentario en la policía y que estaba en poder de los secuestradores.

La ausencia del juicio personal, por lo tanto, no quiebra en ningún momento la sensación que pueda tener el lector de que García Márquez está alimentando una de las teorías. Hace, de modo muy próximo a los relatos de tipo policial, una reconstrucción final de los hechos y deja la conclusión en manos del lector sin, por ello, manifestarse de una parte o de otra. Ahora bien, como hemos visto, los indicios son suficientes para consignar que su postura a la hora de acercarse a las víctimas del secuestro y sus familiares, a la hora de transmitir el sufrimiento—recurriendo a menudo a la primera persona—nos traslada a una toma de partido que, por otra parte, nunca eludió el autor.

Es decir, a través de una neutralidad formal parece conseguir un efecto muy conocido en el periodismo. La inferencia orientada es habitual en determinadas manifestaciones ideologizadas que muestran una apariencia neutral. El "juzguen ustedes" que nos ofrece el periodismo de todo tipo es, a los ojos del lector de esta obra, un instrumento que nos traslada de la narración novelada a una opinión sobre un tema candente.

VIVIR PARA CONTARLA. (2002) EL CUENTO DE MI VIDA.

García Márquez escribe y analiza el concepto del poder, la historia y la ideología; el relato tiene un progreso lineal desde su juventud hasta su vejez. Con la narración en primera persona, el autor nos cuenta su vida como él la recuerda; es una historia enriquecida por un lenguaje lleno de imágenes reales de esa sociedad diversa, y es el lector colombiano quien participa en las experiencias históricas, intelectuales de esa humanidad regional que lo rodea. Estas experiencias del autor se interpretan de acuerdo a las metáforas que amplían la versión que él quiere recordar. Según se desarrolla el relato, nos encontramos con una narración objetiva que nos acerca a los acontecimientos verosímiles de eventos históricos colombianos.

El arte del lenguaje es la capacidad de vivir la experiencia para luego narrarla, esto es lo característico de su estilo único. Es una realidad bien estructurada con gran dosis de sentido del humor, y matizada de hipérboles mágicas. Con el "yo" personal, el autor empírico nos describe memorias episódicas de algo fantástico; es un cuento donde se atina la historia política/social colombiana. El autor registra sus experiencias personales y hace referencia a las personas en sí mismas, desempeñando el "Yo" un papel central e importante. García Márquez tiene un conocimiento vasto sociocultural, describe la sociedad y sus creencias personales; y a la vez, comparte ideologías políticas con los demás, dejándonos aprender de su rica experiencia de la niñez, adolescencia, madurez y vejez. Como vemos, desde su nacimiento hasta nuestros días, el autor nos enseña innumerables conocimientos sobre la mayoría de los hechos cotidianos del mundo que él recuerda.

El autor nos habla de él, de los personajes conocidos, de las instituciones de esa sociedad, y más adelante, escribe de forma casual de su vida cotidiana en el liceo de Zipaquirá.

EL LICEO DE ZIPAQUIRÁ; Y SU SENTIDO INTRÍNSECO.

Viéndonos los lectores involucrados en sus experiencias personales, escribe el autor como personaje mismo, en *Vivir para Contarla*: "La vida no es la que uno vivió, sino la que uno recuerda y cómo la recuerda para contarla". (García Márquez, 2002:1) Así aparece este triángulo: el lector como usuario del lenguaje, el escritor que nos narra, y los acontecimientos como se recuerdan para contarlos; consecuentemente, nos encontramos con la dimensión social de los hechos importantes que han marcado la vida de quien los narra, y de quien los lee, resultando así, una individual y propia perspectiva, e interpretación del autor y lector. Son acontecimientos de la vida social, narrada desde el punto vista político del escritor empírico, quien recuerda que: "La política entró en el liceo. Nos partimos en grupos de liberales y conservadores, y por primera vez supimos de qué lado estaba cada quién". (García Márquez, 2002:249), por consiguiente se analiza el estado de las ideologías de dos grupos, los liberales y los conservadores, que según el mismo escritor cuenta: "Surgió una militancia interna, cordial, y un tanto académica al principio, que degeneró en el mismo estado de ánimo que empezaba a pudrir el país". (García Márquez, 2002:249). Nótese que aquí, el autor muy acertadamente escribe: pudrir, o sea, en un amplio sentido de significado: corromperla o dañarla.

Observamos, desde la narración autodiegética, cómo se van introduciendo afirmaciones de hondo calado ideológico. En este caso la valoración de la situación nacional nos resume una idea bien presente en toda la trayectoria del narrador. Las disputas liberales/conservadores son algo inherente a la condición histórica de los colombianos. En ese sentido hemos introducido una explicación de tipo histórico y hemos visto cómo influye en la confección de algunas de las novelas de nuestro autor. Ahora, con esta especie de confesión, nos encontramos con una prueba que evidencia los nexos biográficos entre lo que nos cuentan algunas de esas novelas y su conocimiento personal de las disputas que servirán, al cabo, para producir una ficción enraizada en ellas.

IDEOLOGÍA

Teun A. van Dijk, en su libro *Ideología y Discurso* defiende que "las ideologías se relacionan con el sistema de ideas y especialmente con las ideas sociales, políticas o religiosas que comparte un grupo o movimiento". (Van Dijk, 2003: 14) Admitiendo que el discurso oral o escrito es una forma de uso del lenguaje y según Van Dijk, (2003: 22), "introducen un concepto de "discurso" más teórico, a la vez que más específico y más amplio en sus aplicaciones. Pretenden incluir otros componentes esenciales en este nuevo concepto; a saber, quién utiliza el lenguaje, cómo lo utiliza, y por qué y cuándo lo hace".

Esta definición de Van Dijk, va de acuerdo con el esquema y estructura de texto y el tono conversacional del escritor colombiano. García Márquez, cuando relata sus memorias en el liceo donde era estudiante nos informa:

> Las primeras tensiones en el liceo eran perceptibles, pero nadie dudaba de la buena influencia de Carlos Martín al frente de un cuerpo de profesores que nunca habían ocultado sus ideologías. Se decía sin confirmación que en su oficina tenía un retrato de Lenin o de Marx. (García Márquez, 2002: 249)

Nuevamente, es claro el discurso político presente en toda la obra periodística y literaria del autor. Pero, deja entrever un acercamiento remoto o casi el desconocimiento de los personajes referidos por los compañeros (Lenin o Marx).

"Se decía" equivale a imputar la voz a un comunicante anónimo, a la rumorología que no se daba por cierta. De tal modo llega a difuminar el presunto izquierdismo del profesorado que se le atribuye una imagen sin definir, una imagen que, eso sí, lleva connotaciones revolucionarias por lo que representa.

Con esa referencia al discurso ajeno nos acerca a cómo se puede definir la ideología imperante en el entorno social del escritor en aquellos años. La figura de Lenin o de Marx es algo poco definido, pero tabú en una sociedad que ha adquirido prevenciones de tipo político hacia el líder bolchevique y hacia el filósofo alemán.

Ello nos lleva a considerar, con Van Dijk, que esas pistas se convierten en señales de contextualización:

> Gumperz (1982), en un enfoque denominado sociolingüística interpretativa o interactiva, combinó conceptos de la etnografía del habla, la antropología, la sociolingüística, la microsociología y el análisis de la conversación para proponer nuevas formas de analizar los estilos de habla como "señales de contextualización". (Van Dijk, 2003:216).

El autor empírico de la obra *Vivir para Contarla*, capítulo 4, narra lo que recuerda de sus años en el Liceo Nacional de Zipaquirá, donde obtuvo su formación académica en la edad de adolescente en el liceo. Describiendo sus cuatro años en el liceo, y con su estilo donde fusiona el enfoque de alternantes y el enfoque etnográfico, el autor nos narra:

No sé qué aprendí en realidad durante el cautiverio del Liceo Nacional, pero los cuatro años de convivencia bien avenida con todos me infundieron una visión unitaria de la nación, descubrí cuán diversos éramos y para qué servíamos, y aprendí para no olvidarlo nunca que en la suma de cada uno de nosotros estaba todo el país. (García Márquez, 2002: 228)

Recuerda el autor cómo logró la beca en un sorteo que resultaba prácticamente imposible de superar, pero como siempre, en los asuntos burocráticos de las instituciones colombianas, conocer al encargado Director de las becas del Ministerio de Educación, resultaría en un golpe de suerte, que cambió su vida. Prosigue García Márquez, (2002:223) "Fue el azar menos posible y uno de los más afortunados de mi vida". La educación como parte relevante de la esfera social, indica y marca el destino de sus beneficiados.

El autor fue un afortunado que por haber viajado en el mismo barco con el Director de Becas del Ministerio de Educación, salió favorecido en el "azar" menos posible. No fue exactamente al colegio que más le interesaba: "El San Bartolomé" de Bogotá, pues la empleada de la recepción, reconociendo una señal del expediente, lo llevó sin vacilar al Director y, revisando las calificaciones finales que posiblemente otros aspirantes a las becas habían logrado con mejores resultados, le fue asignada la beca para el *Liceo Nacional de Zipaquirá* a una hora en tren de Bogotá.

El escritor colombiano logra en sus relatos toda esta estructura, y es el lector, el que analiza, cada detalle, en el cual describe las capas sociales, que existen en cada una de su diversa gente.

LA DIMENSIÓN COGNITIVA

Van Dijk analiza y escribe que: Aún teniendo en cuenta que las diferencias entre diversas definiciones de ideología a lo largo de la historia de las ciencias sociales, cabe destacar que todas tienen en común el hecho de referirse a las ideas o creencias de colectivos de gente. Resulta extraño, pues, que este carácter «mental» central de las ideologías se haya estudiado mucho menos que las propias funciones políticas o sociales. (Van Dijk 2003:19).

Lo extraordinario del estilo de la narrativa de García Márquez, es la habilidad de enseñar a los lectores a participar en forma activa, teniendo en mente sus enseñanzas de las experiencias vividas por él en el liceo de Zipaquirá. Con descripciones, el autor nos explica que:

> Lo único que sabía de esa ciudad histórica era que tenía minas de sal. Gómez Támara, (citado en *Vivir para contarla*), me explicó que era un colegio colonial expropiado a una comunidad religiosa por una reforma liberal reciente, y ahora tenía una nómina espléndida de maestros jóvenes con una mentalidad moderna. (García Márquez 2002:225)

Luego aprendemos que la reforma de la educación se hizo por un gobierno liberal, y también de lo extraordinario de contar con profesores jóvenes de mentalidad moderna. El autor prefiere sacar de dudas a su interlocutor (Gómez Támara, mencionado anteriormente):

> —Mi papá es godo —le advertí.
>
> Soltó la risa.
>
> —No seas tan serio —dijo—. Digo liberal en el sentido de pensamiento amplio. (Pág. 225)

Aquí, se manifiesta de hecho, la poca diferencia entre el "godo" y el liberal, discutida ya esa ambivalencia en los capítulos anteriores. Prosigue el autor con la narración del liceo:

> ...mi suerte estaba en aquel antiguo convento del siglo XVII, convertido en colegio de incrédulos en una villa soñolienta donde no había más distracciones que estudiar. El viejo claustro, en efecto, se mantenía impasible ante la eternidad. En su primera época tenía un letrero tallado en el pórtico de piedra: *El principio de la sabiduría es el temor a Dios.* Pero la divisa fue cambiada por el escudo de Colombia cuando el gobierno liberal del presidente López Pumarejo nacionalizó la educación en 1936. (García Márquez, 2002:225)

Cómo analiza García Márquez las experiencias vividas por él y sus coterráneos, narrando y describiendo directamente a su público:

> Estamos de acuerdo, amigo y compañero, nosotros, los hombres de esta generación, que asoma a la ribera de la mayor edad, no conocíamos la lectura de la violencia. Nacimos en una época en que la gente desmontaba la sombra para clasificar los bueyes del arado. A nuestra espalda, como una lejana flora extinguida, desaparecían las fogatas de la guerra civil. (García Márquez, O.P. : 1981:101)

Con la pragmática en el discurso a su lector y amigo, García Márquez, escribe y enfoca:

> Sabíamos que la paz era verdad porque ocupaba todos los volúmenes que llenaban de color nuestros sentidos. Sabíamos que estaba allí, en el crujir de las carreteras que se traían el campo fruta por fruta. En la estatura del molino que se movía empujado por un poderoso viento sin cadenas. En la fuerza del minero que taladraba el vientre de la montaña para encontrar el sitio inmemorial donde se durmieron los luceros. Estaba en la nuca de la novia, en la saciedad del obrero, en la carta del soldado, en la música de las turbinas, en la proa de los barcos, en la esclavitud del pan y en la libertad de los caballos. (García Márquez, O.P.1981:101)

> García Márquez prosigue: "Una mala paz es todavía peor que la guerra." No está de más que recordemos en esta hora las palabras de Tácito, aunque si sobraría decir por qué debemos recordarlas. (García Márquez, Obra periodística, 1981:102)

LOS CONOCIMIENTOS HUMANÍSTICOS

Van Dijk, (2003: 22), se refiere: "El conocimiento es aquello que nosotros consideramos verdadero; además, tenemos ciertos motivos (criterios) para creer que es verdadero". A partir de esa definición de lo que se considera verdadero, la formación de García Márquez se presenta como la revisión de un proceso de descubrimiento de determinadas "verdades" sociales. En ese sentido confluye la ideología del escritor con unos valores determinados por su formación. Los conocimientos narrados por García Márquez, hacen hincapié en los profesores del Liceo. El autor dice:

Nuestro profesor de matemáticas, con su sabiduría y su áspero sentido del humor, convertía las clases en una fiesta temible. Se llamaba Joaquín Giraldo Santa y fue el primer colombiano que obtuvo el título de Doctor en matemáticas, (García Márquez, 2002:230), y sus recuerdos continúan:

Tres maestros abnegados fueron los de idiomas. El primero —de inglés— fue mister Abella, un caribe puro con una dicción oxoniense perfecta y un fervor un tanto eclesiástico por el diccionario Webster's, que recitaba con los ojos cerrados. Otro profesor, fue Héctor Figueroa, un buen maestro joven con una pasión febril por los boleros que cantábamos a varias voces en los recreos. El joven, Gabriel García Márquez sigue con sus recuerdos, pero creo que mi buena calificación no fue tanto por Shakespeare como por Leo Marini y Hugo Romani, responsables de tantos paraísos y tantos suicidios de amor. (García Márquez, 2002:231)

Este ambiente del Liceo, dio al autor una base intelectual que él mismo aumentaba y realzaba con su pasión por la lectura, que según sus memorias nos relata:

Creo haber leído completa la indiscreptible biblioteca del Liceo, hecha con los desperdicios de otras menos útiles: colecciones oficiales, herencias de maestros desganados, libros insospechados, que recalaban por ahí quién sabe de qué saldos de naufragios. (García Márquez, 2002:234)

Conocimientos considerables para un joven de 16 años, que despertaba a su innata pasión por la poesía y la música, y quien incrementaba sus conocimientos, posiblemente excedidos por la soledad en la fría Zipaquirá, muy diferente de su amada Costa Caribe y sus vallenatos alegres y fiestas de calor, color y sabor. El autor escribe sobre su pasión hacia la lectura:

No puedo olvidar la Biblioteca Aldeana de la editorial Minerva, patrocinada por Don Daniel Samper Ortega y distribuida en escuelas y colegios por el Ministerio de Educación. Eran cien volúmenes con todo lo bueno y todo lo peor que hasta entonces se había escrito en Colombia, y me propuse leerlos en orden numérico hasta donde me alcanzara el alma. (García Márquez, 2002:234)

La ironía vuelve a estar presente en sus memorias, pues el autor sostiene que estuvo a punto de cumplirlo y que hoy todavía, "no ha podido establecer si le sirvió de algo". (García Márquez, 2002:234). El autor prosigue con sus memorias, y en cuanto al maestro de francés decía:

Monsieur Antonio Yelá Albán, me encontró intoxicado por las novelas policíacas. Sus clases me aburrían tanto como las de todos, pero sus citas oportunas del francés callejero fueron una buena ayuda para no morirme de hambre en París diez años después. (García Márquez, 2002:231).

La mayotía de sus maestros habían sido egresados de la Normal Superior, bajo la dirección del doctor José Francísco Socarrás, un siquiatra de San Juan del Cesar que se empeñó en cambiar la pedagogía clerical de un siglo de gobierno conservador por un racionalismo humanístico. (Pág. 231)

"Manuel Cuello del Río era un marxista radical" (García Márquez, 2002: 232). Y con esas ideologías políticas, el escritor recibe una educación completa, creo que idealizaba la enseñanza del liceo. Nos cuenta que la biblioteca de Carlos Julio Calderón, presidida por José Eustasio Rivera, el autor de *La Vorágine*, daba igualmente los clásicos griegos. Como lector asiduo leía a San Juan de la Cruz o a José Vargas Vila, y también los apóstoles de la ideología de la "revolución proletaria". Nos narra, como el autor recuerda que, en la biblioteca del profesor de ciencias sociales, se encontraban los libros de *El origen de la familia, la propiedad privada, y el Estado de* Federico Engels, *el Anti-Dühring, también de* Engels. García Márquez, como adolescente recuerda que: "por esos cambalaches ideológicos contribuyeron a la mala fama del liceo como un laboratorio de perversión política". (García Márquez, 2002, 232).

Su maestro de castellano, Carlos Julio Calderón, compartía sus ideas humanísticas con los alumnos, ya el autor de cuentos y poesía por aquel entonces, se acuerda de las relaciones entre alumnos y maestros que eran "de una naturalidad excepcional, no sólo en las clases sino de un modo especial en el patio de recreo después de la cena". El autor recuerda:

"Una aventura pavorosa se la debo a las obras completas de Freud, que habían llegado a la biblioteca". (García Márquez, 2002, 233)

Valiosa es la ejemplar guía que el autor encuentra de sus maestros, expuesto a grandes ideologías universales de la colección de importantes obras humanísticas que han influenciado a los pensadores de otros pasados siglos y a los contemporáneos de hoy.

Para completar la enumeración de influencias ideológicas a que el autor fue expuesto en Zipaquirá, agregamos además lo que escribe a manera de disculpa (Uribe Estrada, 2002: 2-12), detalla: "Latinoamérica se encontraba en el lugar equivocado en el momento equivocado. En Europa despuntaba lo que se consolidaría en plena colonia con el espíritu ilustrado y su fe insobornable en el progreso a escala mundial". Prosigue Uribe Estrada, educador de la ciudad colombiana, en Medellín:

> Es entre los pensadores de la ilustración escocesa y de la francesa, donde, efectivamente, mejor aparece enunciada la idea de progreso. Entre los escoceses, la hallamos formulada en Adam Ferguson, en William Robertson, y en Adam Smith, entre otros; y entre los franceses en Voltaire, en Montesquieu, en Condorcet., etc. Para todos ellos, la sociedad civilizada supone el logro que permite al hombre realizar el potencial de la naturaleza humana, de manera que el ser humano sólo se entiende en el marco de una progresión. Tanto Robertson como Montesquieu circunscriben a tres estados el discurrir humano, que son el salvajismo, la barbarie y la civilización, y en ello coinciden la generalidad de los ilustrados, aunque introduzcan diversos matices. En general se trata de una concepción que asume como un hecho dado la unidad psíquica universal del hombre (M. Harris, 1968:7-45, citado en Uribe Estrada).

Y apartándome del tema de la educación, proseguimos con el tema esencial de este análisis de la violencia en Colombia. En la tesis Doctoral para la Universidad de Salamanca, Uribe Estrada apunta:

> Pero la gran tristeza es nuestra Colombia de hoy, que ya no tiene energía siquiera para producir revolucionarios. Vivimos en paz cadavérica. Méjico tiene energías inciviles, pero al fín energías. En nuestra patria todo, hasta la energía vital, se la roban los santones gordos y avarientos que emiten treinta mil

votos y que moran a orillas del río Aburrá; tienen agarrado el reino de los cielos, y para que éste no se escape de allí han establecido la endogamia. (Uribe Estrada, Gonzalez, 1995, 6:89)

Por ello venimos defendiendo una lectura de García Márquez en el contexto colombiano y con sus raíces críticas en esa observación de este. Ruth Wodak y Michael Meyer en su libro *Métodos de análisis crítico del discurso,* analizan:

De este modo, el LC (lenguaje cognitivo) y el ACD (Análisis Cognitivo del Discurso) pueden definirse como disciplinas que fundamentalmente se ocupan de analizar, ya sean éstas opacas o transparentes, las relaciones de dominación, discriminación, poder y control, tal como se manifiestan a través del lenguaje. En otras palabras, el ACD se propone investigar en forma crítica la desigualdad social tal como viene expresada, señalada, constituida, legitimada, etcétera, por los usos del lenguaje (es decir el discurso). (Wodak y Meyer, 2003: 19)

Ésta es el arma política que utiliza Pablo Neruda en su poesía, y el colombiano García Márquez en sus relatos de cuentos colombianos. En el libro *Vivir para contarla* escribe su afiliación con la poesía del gran poeta chileno: En sus tertulias bogotanas se enteró de la clase de reaccionario que era Laureano Gómez, y a modo de despedida, casi al correr de la pluma escribió en su honor tres sonetos punitivos, cuyo primer cuarteto dada el tono de todos:

Adiós, Laureano nunca laureado,
Sátrapa triste y rey advenedizo.
Adiós, emperador de cuarto piso,
Antes de tiempo y sin cesar pagado.
(García Márquez, 2002: 305).

Un solo cuarteto para definir quien era Laureano Gómez, y el merecido insulto a quien en su tiempo, (analizado en detalle en el Preámulo Histórico) fue uno de los hombres más racistas y mandatario que, escalando en el poder, llegó a ser presidente de Colombia.

De todos modos, a Neruda le impidieron después la entrada a Colombia, el mismo Laureano Gómez, ya como presidente de la República, y el General Gustavo Rojas Pinilla en su momento, (García Márquez, 2002:305-306).

Nuevamente "La masacre del 9 de abril de 1948"

El juego político que le dio la presidencia al conservador moderado Ospina Pérez, fue debido a la imparcialidad de Alberto Lleras, generando la división entre los liberales. El candidato socialista Jorge Eliécer Gaitán, no descansó un día en su campaña electoral para el periodo siguiente,

> ...sino que radicalizó a fondo con un programa de restauración moral de la República que rebasó la división histórica del país entre liberales y conservadores y la profundizó con un corte horizontal y más realista entre explotadores y explotados: el país político y el país nacional. Con su grito histórico –« ¡A la carga!»– y su energía sobrenatural, esparció la semilla de la resistencia aún en los últimos rincones con una gigantesca campaña de agitación que fue ganando terreno en menos de un año, hasta llegar a las vísperas de una auténtica revolución social. (García Márquez, 2002:330)

García Márquez, estudiante de la Universidad Nacional, reside en Bogotá, a pocas cuadras de lo ocurrido y es así como lo recuerda: "No me habían servido la sopa cuando Wilfredo Mathieu se me plantó espantado frente a la mesa.

—Se jodió este país –me dijo-. Acaban de matar a Gaitán frente a El Gato Negro. (García Márquez, 2002:335)

Con el asesinato de Gaitán, años más tarde, Plinio Mendoza Neira, ministro de Guerra en el gobierno del liberal Alfonso López Pumarejo, narra los acontecimientos al autor, y es así como los recuerda cincuenta años después:

> En aquel tumulto incontrolable estaba el líder estudiantil cubano Fidel Castro, de veinte años, delegado de la Universidad de la Habana a un congreso estudiantil convocado como una réplica democrática a la Conferencia Panamericana. Había llegado unos seis días antes, en compañía de Alfredo Guevara. El autor continúa narrando sus recuerdos, donde se encuentra al frente de la protesta estudiantil: Los autobuses de la Universidad Nacional, manejados por estudiantes enardecidos, encabezaban la marcha. En el parque Santander, a cien metros de la esquina del crimen, los empleados cerraban a toda prisa los portones del

hotel Granada –el más lujoso de la ciudad donde se alojaban en esos días cancilleres e invitados de nota a la conferencia Panamericana. (García Márquez, 2002:239-240)

La intervención estudiantil universitaria es de vital importancia en esta revolución donde nadie gana (Zero sum). Se asesina al líder socialista con aspiraciones radicales que va ganando día a día, la carrera de sus ambiciones políticas presidenciales, pero una bala en la cabeza y otras cuatro más, lo dejan sin vida en el andén de la carrera séptima cerca de la Avenida Jiménez, es el histórico *9 de abril de 1948,* dando así comienzo a uno de los períodos más violentos y sangrientos de la historia colombiana en la mitad el siglo XX. Narrando los hechos vividos muy cerca, el autor escribe:

> Ya entonces era incalculable el número de muertos en las calles, y de los francotiradores en posiciones inalcanzables y de las muchedumbres enloquecidas por el dolor, la rabia y los alcoholes de grandes marcas saqueados en el comercio de lujo. Pues el centro de la ciudad estaba desvastado y todavía en llamas, y diezmadas o incendiadas las tiendas de pontifical, el Palacio de Justicia, la Gobernación, y muchos otros edificios históricos. (García Márquez, 2002:351)

La descripción detallada del autor de los acontecimientos del 9 de abril, le dan realce al ambiente y es así como el lector puede empaparse de la desolación y muerte que sacude a Bogotá:

> En una de las grandes pirámides de cadáveres se destacaba uno descalzo y sin pantalones pero con un sacoleva intachable. Tres días después, todavía las cenizas exhalaban la pestilencia de los cuerpos sin dueño, podridos en los escombros o apilados en los andenes. (García Márquez, 2002:358)

Por propia inclinación, el autor escribe sobre la violencia en Colombia, describiendo y narrando los hechos. El asesinato del mártir socialista cambia el rumbo y destino del escritor, pues debido a "otra" guerra entre liberales, socialistas y conservadores, aterrado escapa para "la Heroica", ciudad de Cartagena, que por el momento estaba alejada de la sangre que corría por el territorio colombiano.

Los hechos son regionales, suceden en una Bogotá violenta, ensangrentada por miles de muertes pestilentes en las calles de la ciudad humeante, las ruinas de lo que fue el centro de la ciudad, pero el tema que se trata es "la violencia" y por esa magnitud, le dan un carácter universal a la experiencia narrada por el autor. La descontrolada violenta acción ocurre en tres días; el lugar, la gente del pueblo, los políticos, y la sangre que vierte por las calles. Con esto, se demuestra que el problema de Colombia es un fenómeno que se repite indefinidamente.

A mediados del siglo XX, el país está bajo el desamparo de sus instituciones, en una constante tensión política, la muerte y la frustración son la norma nacional. Se vuelve a repetir el toque de queda, el estado de sitio, nuevamente el régimen del terror ha sido institucionalizado. Es la "conquista" al estatus del terror, que heredan las nuevas generaciones, y la esperanza de cambios en las instituciones se pierde, y todavía hoy estamos esperando el cambio. Esas son las imágenes poderosas que revelan la situación de los diferentes males que afectan a Colombia, y sin olvidar las guerras sin sentido y el derramamiento de sangre.

El Diario *El Tiempo.com - Columnas de Opinión - Contra la barbarie, el crimen y la indigencia,* Abdón Espinosa Valderrama, en su columna *Espuma de los Acontecimientos* del 9 de abril de 2004, más o menos medio siglo después escribe:

> En sana lógica, cabría un concierto universal de voluntades para oponer muro infranqueable a estos males. Para contener el delirio del mercado de las armas y de los precursores químicos del narcotráfico. Para hacer frente al terrorismo y para hallar salidas magnánimas a conflictos enconados como el del Medio Oriente. Para disuadir aventuras pertinaces e incitarlas a tomar el camino de la civilización y la razón democrática. Para revivir el concepto de la seguridad social y la efectividad del derecho al trabajo lícito, saludable y equitativamente remunerado. Para combatir, con instrumentos constructivos, la indigencia y el hambre. www.eltiempo.com (abril, 09, 2004)

Nunca será suficiente insistir en la necesidad de tomar en cuenta las peculiares características de la nación colombiana, de sus circunstancias y requerimientos. De la ocupación de su elemento humano y del poder de facilitarle adecuados medios de subsistencia y progreso. De su derecho al trabajo y del aprovechamiento de sus recursos para finales del bienestar general. De lo indispensable para preservarle su recta y autónoma administración de justicia, palabras de Abdón Espinosa Valderrama, en su columnas opinión (http://eltiempo.terra.com 4/9/2004)

Palabras democráticas, que en el párrafo sintetizan el concepto de Non-zero sum:

> Robert Wright, argumenta que una evaluación científica de los tres billones de años pasados, pueden dar un nuevo significado espiritual para el presente y también ofrece una guía política para el futuro. Non-zero cambiaría la forma de vida y del pensamiento de la gente sobre la perspectiva de la humanidad. (My Traduction: Non *Zero, The logic of human destiny*, por (Robert Wright, 2000).

Como recapitulación de todo lo dicho en la obra periodística y literaria de García Márquez, observamos cómo se registra en el diálogo, durante la represión que existía en Colombia, durante los hechos:

> Del "Bogotanazo":—desde el 9 de abril había en cada diario del país un censor del gobierno que se instalaba en un escritorio de la redacción como en casa propia desde las seis de la tarde, con voluntad y mando para no autorizar ni una letra que pudiera rezar el orden público (García Márquez: 2002:387).

La labor del escritor no es únicamente comunicar clara y objetivamente al público, sino también hacer que pase por el ojo del censor, sin que éste se de cuenta.

> Me sitúo resueltamente del lado de los que consideran el texto literario como una comunicación, por específica que sea, entre un emisor y un receptor. De los dos interlocutores implicados, doy la preferencia a aquél, el "autor" del relato de ficción, en nuestro caso, cuyo estatuto queda por definir, si se puede, observa G. Genette: (1991:44)

Después de las malas experiencias vividas en Bogotá, sale el autor hacia Cartagena de Indias, ciudad colonial que recibe también el nombre emblemático de la "Heroica", ciudad amurallada, en la costa del mar Caribe, donde el esplendor colonial del pasado está presente, y bella es desde su fundación. García Márquez, nos deja sentir y compartir sus emociones cuando llega solo a la ciudad y comenta:

> Siempre me pareció que había algo de un destino ajeno en aquellas sobrecargas inmerecidas y no han bastado ya largos años para desmentirlo. (García Márquez, 2002:366)

Son las "sobrecargas inmerecidas" que los colombianos heroicamente viven en el tumulto de convulsión e incoherencias diarias. El autor se identifica y sabe en carne propia lo que significa la diaria lucha que afrontan los habitantes colombianos. Narrando sus experiencias, el autor recuerda sus días de hambre, soledad, violencia, desempleo, angustia existencial, pero sin embargo, sigue escribiendo y creyendo así cambiar algo.

> Mi papel de lector consiste en interpretar con una voluntad de objetividad la complejidad de los sentidos generados en y por el texto, destinado por un "autor", sujeto de conciencia, enunciante y comunicante, responsable del texto, al lector. Aunque el texto, en cuanto a enunciación enunciada, es mudo, tiene derechos que se deben respetar. (Dehennin: 1994:76)

El lector colombiano participa y experimenta los recuerdos del autor y se confronta con los mismos hechos que ha vivido en circunstancias similares. De la mano el autor y lector recuerdan lo que cada quien vivió, son los lugares, sus gentes, necesidades, luchas, "sobrecargas inmerecidas". Es la experiencia vivida a la colombiana. Esta selección del lenguaje es lo que le da más fuerza y vitalidad a la obra, y la convierte en poética, el autor sigue escribiendo:

> Habíamos llegado a la gran puerta del Reloj. Durante cien años hubo allí un puentelevadizo que comunicaba la ciudad antigua con el arrabal de Getsemaní y con las densas barriadas de los pobres de lo manglares, pero lo alzaban desde las nueve de la noche hasta el amanecer. La población quedaba aislada no sólo del resto del mundo sino también de la historia. Se decía que los colonos españoles habían construido aquel puente por el temor de que la pobrería de los suburbios se les colara a medianoche para degollarlos dormidos. Sin embargo algo de su gracia divina debía quedarle a la ciudad, porque me basto con dar un paso dentro de la muralla para verla en toda su grandeza

a la luz malva de las seis de la tarde, y no pude reprimir el sentimiento de haber vuelto a nacer.

No era para menos. A principios de la semana había dejado a Bogotá chapaleando en un pantano de sangre y lodo, todavía con promontorios de cadáveres sin dueño abandonados entre los escombros humeantes.(García Márquez, 2002:367).

La abundancia de imágenes, detalles, símbolos, y la ironía se acercan al lector, pues con la narración en primera persona, el distanciamiento se hace menor. Es el "yo" personal quien vive para escribirlo y compartirlo con los lectores, quienes vienen a formar parte del relato. En esa epopeya realista de estilo inconfundible, donde los personajes se relacionan y confunden en un sin número de hechos violentos, pero a la vez interviene lo sobrenatural o maravilloso; ese es el legado de García Márquez a sus lectores. Ya en Cartagena el autor recuerda:

De pronto, el mundo se había vuelto otro en Cartagena. No había rastros de la guerra que asolaba el país y me costaba trabajo creer que aquella soledad sin dolor, aquel mar incesante, aquella inmensa sensación de haber llegado me estaban sucediendo apenas una semana después en una misma vida. (García Márquez, 2002:367-368).

En el 9 de Abril de 2004, Enrique Santos, en su columna *Revistas* del diario bogotano *El Tiempo,* escribe:

La historia de Colombia es la una y larga crisis. ¿La peor? No sé. Depende del momento histórico. ¿La Guerra de los Mil Días? ¿La pérdida de Panamá? ¿El asesinato de Gaitán y la violencia bipartidista de los años 40 y 50? ¿El Palacio de Justicia? ¿El asesinato de Galán? ¿El exterminio de la Unión Patriótica? ¿El narcoterrorismo de Pablo Escobar? ¿El proceso 8.000? ¿El fracaso del Caguán? Todas han sido, en sus momentos, las "peores crisis". http://eltiempo.terra.com

La historia de Cartagena, le sirve de escape poético al autor, quien prosigue:

Durante la colonia se llamo el Portal de los Mercaderes. Desde allí se manejaban los hilos invisibles del comercio de esclavos y se cocinaban los ánimos contra el dominio español. Más tarde se llamo el Portal de los Escribanos que escribían cartas de amor y toda clase de documentos para iletrados pobres. Muchos fueron libreros de lance por debajo de la mesa, en especial de obras condenadas por el Santo Oficio, y se cree que eran oráculos de la conspiración criolla contra los españoles. (García Márquez, 2002:368)

La estadía en Cartagena marca la obra literaria del autor, quien sigue escribiendo en sus memorias: "A principios del siglo XX mi padre solía aliviar sus ímpetus de poeta con el arte de escribir cartas de amor en el Portal". (García Márquez, 2002:368) Con lo antedicho, el autor nos escribe su libro: *El amor en los tiempos de cólera,* y es desde luego, la metáfora poética extendida del amor. Narraciones poderosas, dos tiempos: "para una noche sin mañana". (Pág. 373) El juego narrativo y el juego simbólico se complementan y se muestran tan sutiles... percibimos filamentos delgadísimos y el aire de Cartagena se los lleva, tan difícil de precisar desde el punto de vista material. García Márquez poéticamente narra:

> ...vi los árboles marchitos y las estatuas de próceres que no parecían esculpidos en mármoles perecederos sino muertos en carne viva. Pues en Cartagena no estaban preservados contra el óxido del tiempo sino todo lo contrario: se preservaba el tiempo para las cosas que seguían teniendo la edad original mientras los siglos envejecían. (García Márquez, 2002:368)

El escritor tiene un sentido de la realidad, la cual va cambiando según evoluciona la literatura en su tiempo... El «Yo», centro de conciencia, sino también una capacidad de lo mismo, del yo. Pero, lo más interesante es que nos lleva a no creer en fantasías, sino en ficciones que están muy cerca de nosotros, a través de la alegoría, una metáfora extensa. El autor, narra con cierto toque de irrealidad, sin ser totalmente fantástico. Todo eso que se puede saber, no se agota, sino que va a dar más y más complejidades a la obra.

El autor utiliza en esta penúltima obra un lenguaje periodístico/biobibliográfico, ya característico de sus anteriores libros, es un lenguaje claro, transparente, donde el arte de la concentración expresiva está presente, no se aleja del poderoso marco de la estructura narrativa, y es también, el aspecto más formal en esta obra. El autor se vale de metáforas/históricas y nos muestra lo sobrenatural:

> En el Palacio de la Inquisición, detrás de la fachada virreinal esculpida en piedra virgen y su portón de basílica primada, se oía el quejido inconsolable de algún pájaro enfermo que no podía ser de este mundo. (García Márquez, 2002:372)

De esta manera, el autor nos dirige a lo sobrenatural, y lo exterior/natural lo vamos comprendiendo, según vamos aprendiendo. El lector, tiene que ser activo y percibe que lo sobrenatural nunca lo entenderemos...

Gabriel García Márquez, como escritor, nos descubre sus temores existenciales y dice:

> el terror de escribir puede ser tan insoportable como el de no escribir. En mi caso, además, estoy convencido de que contar la historia verdadera es de mala suerte. Me consuela sin embargo, que alguna vez la historia oral pueda ser mejor que la escrita, y sin saberlo estemos inventando un nuevo género que ya le hace falta a la literatura: la ficción de la ficción. (García Márquez, 2002:428)

MEMORIA DE MIS PUTAS TRISTES (2004)

Bajo este título sugerente, que rompe con las apariencias y la hipocresía, una novela fuertemente estructurada, donde posiblemente el autor hace parte intrínseca del "yo" biográfico, pero que también hace parte *la ficción de la ficcion* , como ficción misma., "es el medio de que se vale el autor para conducir al lector hacia una interpretación relevante", y "para ampliar el contexto y buscar nuevos efectos" (Escandell Vidal, Mª. Victoria, 1994:62).

> El año de mis noventa años quise regalarme una noche de amor loco con una adolescente virgen. Me acordé de Rosa Cabarcas, la dueña de una casa clandestina que solía avisar a sus buenos clientes cuando tenía una novedad disponible. (García Márquez, 2004:9)

Y es así como el autor narra sus peripecias desde un punto de vista muy claro y es posible que el narrador-escritor hubiese disfrutado de su "experiencia-literaria". Aquí el autor nos invita a deducir: la mejor manera de mentir es decir la verdad. "Nunca sucumbí a ésa ni a ninguna de sus muchas tentaciones obscenas, pero ella no creía en la pureza de mis principios". (García Márquez: 2004: 9)

Analizando al protagonista-narrador, un viejo solitario en su casa, se encuentra en los bajos fondos económicos de la sociedad, sin contar con mucho dinero para pagar "la noche de amor loco". Se podría interpretar también como abúlico, abatido, humillado por su condición de viejo e impotente. Pero lo que lo redime es que sí es capaz de escribir. En la narración encontramos un narrador depresivo alternativamente emocionado por la posibilidad de volver a ser viril y al mismo tiempo exaltado, porque indudablemente cree en la música y en la poesía.

> Cuando me quedé solo, a mis treinta y dos años, me mudé a la que fuera la alcoba de mis padres, abrí una puerta de paso hacia la biblioteca y empecé a subastar cuanto me iba sobrando para vivir, que terminó por ser casi todo, salvo los libros y la pianola de rollos. (Pág. 11) Reflexiones de cómo se forma la vida social, sexual del narrador. Rosa Cabarcas, suspiró: Ay, mi sabio triste, te desapareces veinte años y sólo vuelves para pedir imposibles. (García Márquez, 2004:12)

Ese narrador refugiado en sus escritos y sus lecturas marca un punto de distancia entre el contexto en el que vive y el de las ficciones que lee y cuenta. Es decir, nos encontramos ante un reflejo de la situación del escritor en relación con la sociedad.

Así, el "yo narrador" continua hablando de su vida:

> Nunca hice nada distinto de escribir, pero no tengo vocación ni virtud de narrador, ignoro por completo las leyes de la composición dramática, y si me embarco en esta empresa es porque confío en la luz de lo mucho que he leído en la vida. (García Márquez: 2004:12)

Se trata de un paralelismo narrativo en relación con las muchas entrevistas que el autor ha concedido en diferentes medios de comunicación. En otras palabras, el narrador busca un lado diferente y efectivo para hablar del mito de ese "yo" y medita hipotéticamente sobre su vejez-muerte a los noventa años, sin perder de vista el hilo de tristeza, infelicidad y melancolía:

Los síntomas del amanecer habían sido perfectos para no ser feliz: me dolían los huesos desde la madrugada, me ardía el culo, y había truenos de tormenta después de tres meses de sequía. (Págs. 12-13) A veces parecía ser un zarpazo de la muerte. (Pág. 14)

El valor metafórico nos lleva a pensar que nada es más ambiguo que eso que se llama realismo en la ficción del arte literario. Con su pluma discreta, el narrador nos pone en toque con la realidad que lo obsesiona: "y me tumbé con el pecho oprimido por la ansiedad de la espera". (Pág. 16)

Tenemos la impresión de que el autor crea una prosa cuidadosamente elaborada y matizada, y al mismo tiempo improvisada por sus rodeos y añadiduras, salpicada de esa necesidad al detallismo, fragmentación y tono dubitativo. Es la prosa misma, hipnótica, insistente, llena de rodeos y contradicciones, donde parece que el tiempo no fluye, pero el tiempo se vuelve cíclico, omitiendo también el dramatismo. Tienen que haber conflictos, pero más que todo tienen lugar en la mente del narrador-escritor. La actitud hacia la juventud:

> Por mis veinte años empecé a llevar un registro con el nombre, la edad, el lugar, y un breve recordatorio de las circunstancias y el estilo. Hasta los cincuenta años eran quinientas catorce mujeres con las cuales había estado por lo menos una vez. (Pág. 16)

Al contrario de su novela *Del amor y otros demonios* (1995) que es la narración unida a la historia, puramente enmarcada en los siglos XVII, XVIII de Colombia, García Márquez publica *Memoria de mis putas tristes* (2004) que creo viene a ser como un regalo para sí mismo, y para sus amigos mayores de cincuenta años, con un tema no extraño para la literatura desde las memorias del Rey David y su vida de soñador.

Causando obviamente controversia entre los círculos intelectuales, como el autor afirma, "escribo para que me quieran más mis amigos" www.mundolatino.org, y efectivamente lo logra con su última novela. El periódico *El Tiempo*.Com, *Columnas opinión - La pu(n)tería de Gabo* escribe:

> El ingenio de García Márquez se consolida en esta nueva obra en razón de su olfato periodístico. La opinión editorial en

el periódico *El Tiempo* continúa: Lo que ocurre en esta *Memorias de mis putas tristes* es una especie de paréntesis del gran memorista, porque sin duda hay aquí aspectos autobiográficos. www.eltiempo.terra.com. (Octubre 24/2004)

Por innumerables razones, creo que lo mejor de la obra periodística-literaria de García Márquez es que a través de sus novelas, ya sean reportajes o cuentos siempre nos enseña algo nuevo y pone al lector en un papel activo que lo obliga a analizar, preguntar e imaginar las peripecias y significados conceptistas, dentro de un marco literario/poético que el autor estudia muy cuidadosamente para ampliar sutilmente nuestros conocimientos, valiéndose como él mismo asegura de la luz que le ha dado la obsesión por la lectura.

Al examinar el léxico, en este caso, atrevido de prostitución y sexo, llegamos a la conclusión que delicadamente y bien dicho no peca de vulgar. También los lectores vamos aprendiendo el significado de su literatura difícil y cargada del léxico atrevido, que además implica las lacras del discurso pederasta del abuso sexual dirigido a niñas por lo general en la edad de la pubertad, pero salpicada de metáforas donde el principal protagonista el *Profesor Mustio Callado* cuenta:

> Pero más que las películas me interesaban las pajaritas de la noche que se acostaban por el precio de la entrada, o lo daban de balde o de fiado (García Márquez, 2004:20)

> "Me desvestí" "Oriné en el inodoro de cadena", "con un chorro inmediato y de potro cerrero", "Tratando de desvestirla me senté desnudo en la cama con la vista ya acostumbrada a los engaños de la luz roja," "El caballo que me miró desde el otro lado no estaba muerto sino lúgubre", "Traté de separarle las piernas con mi rodilla" "Una corriente cálida me subió por las venas, y mi lento animal jubilado despertó de su largo sueño". (García Márquez: 2004:30)

Sin que se lleve a cabo el final éxtasis lubricador, el autor sigue mediando hasta donde puede llegar el efecto casi hipnotizador, dirigido al lector, porque es necesario, suceda lo que suceda o no suceda, seguir leyendo hasta la última palabra. Ese es "el poder de la palabra" escrita que el autor domina y logra con elocuente destreza.

El narrador abre un horizonte de expectativas en el lector que, en realidad, busca hacer un juego entre el deseo de llegar a lo sublime en la literatura igual que la experiencia pudiese permitir llegar a conjuntar los dos universos opuestos en lo sexual. Este juego de opósitos, marcado por lo virginal frente a lo experimentado, lo joven frente a lo viejo, lo deseado frente a lo rechazado, lo imaginado frente a lo real, lo escrito frente a lo no escrito, nos acerca más a un universo de significaciones que en García Márquez quiere culminar una trayectoria amparada en una evolución cronológica que ha ido dejando sus marcas textuales. Esas marcas de los textos garciamarquianos son, para nosotros, las trazas en el suelo que nos han permitido llegar hasta este punto en el que empezar a hacer una valoración global de la ideología del escritor observándola a través de su discurso.

VI

CONCLUSIONES

CONDICIONANTES DE TIPO HISTÓRICO Y SOCIAL

García Márquez y la "percepción directa": del periodismo a la literatura. Hechos históricos relacionados.

Si hay un punto en el que se une la producción escrita de García Márquez con el contexto histórico de una forma evidente ese es el periodismo. Ya hemos analizado algunos de sus escritos periodísticos más comentados. En ellos nos hemos acercado a los vínculos políticos que se establecían a lo largo de su carrera periodística. Ya en esta época podíamos encontrarlo aliado con la ironía.Como hemos dicho en los capítulos dedicados a esta faceta del escritor, la ironía va muy vinculada a la búsqueda de complicidades de tipo ideológico. En ese sentido ya la época de sus primeros escritos como la dirección de las revistas *Sucesos, Familia* o de la revista política *Alternativa* se nos manifiesta un sentido del que participa también su obra creativa.

Si bien es cierto que no hay una relación ancilar entre el periodismo y el resto de su obra, puesto que las dos se pueden analizar por separado, tenemos que convenir la importancia de sumar esas dos facetas a la hora de hacer un acercamiento a la ideología del autor, entre otras razones porque nos muestra el camino que lleva al autor empírico.

En sus primeros escritos muestra la necesidad de establecer un papel del escritor en la sociedad. Es decir, hay una noción de la idea de compromiso tal y como se entiende en el sentido sartriano del término que se hace patente en *De Europa y de América* (p.647 y 666).

A partir de este supuesto evidente, si analizamos la trayectoria del escritor y el consenso de la crítica en esta consideración, nos encontramos con algunos elementos que ayudan a matizar una afirmación generalizada a propósito de su papel como periodista-intelectual de izquierda. Para comenzar, por ello hemos dedicado buena parte de nuestro trabajo a desarrollarlo, nos interesa mostrar una visión crítica con la ortodoxia marxista de finales de los años cincuenta. La visión de Europa oriental nos acerca más a una visión realista que no a la idealización promovida por los partidos comunistas occidentales de aquel tiempo.

Dentro de ese realismo cabe, incluso, un posicionamiento a favor del bloque soviético por parte del autor. En su función de divulgador de la realidad europea oriental nos aparece como un periodista que cuenta "algunos" de los problemas de la gente corriente de cada uno de los países que visita.

En ese mismo sentido, no se amolda a los tópicos de describir determinadas generalidades, sino que se acerca a las diferencias entre los diversos territorios que componen aquello que se dio en llamar "el telón de acero" o y que él sutilmente endulza con los términos alternativos de "cortina de hierro". En el uso del léxico tenemos una muestra más de su toma de postura. Ahora bien, como decimos, marcando a menudo las diferencias entre las ciudades que visita.

Por ejemplo, es notable la agilidad narrativa con que llega a explicar cómo se divierten los alemanes orientales, cómo se dan al amor. Ello contrasta notablemente con el catolicismo de Varsovia. Esta ciudad, precisamente, es irónicamente tratada al hacer una oportuna comparación entre ella y Roma. En definitiva, se trata de deshacer el tópico uniformizador que establecía unos parámetros fijos impuestos por la visión occidental para describir la Europa Oriental, una manera de romper el discurso hegemónico en las dos partes.

Es decir, el García Márquez de finales de los cincuenta ya nos muestra un cierto sentido del humor, la voluntad crítica velada a través de un conveniente uso de la ironía, a pesar de manifestarse en un estilo aparentemente neutro. Ese sentido de la neutralidad, de la asepsia, precisamente, es algo que ha destacado muy oportunamente Gilard (1992: 51) cuando habla de la voz testimonial del periodista. Es decir, se plantea una relación y una descripción desde la primera persona en la que el valor de testimonio de ella es la que da credibilidad al escritor.

En ese sentido también la aparente neutralidad del lenguaje llega a tener un valor con claras implicaciones pragmáticas. Con esto queremos decir que en alguna ocasión, mediante el distanciamiento o la neutralidad aparentemente más absoluta, el autor consigue conmovernos como lectores. Un ejemplo claro lo expone Carolina Molina cuando refiere la visita de García Márquez a Auschwitz, cómo el periodista cuenta algunas de las barbaridades que se cometieron allí, de las cuales da fe al observar algunos objetos que rememoran los hechos, tales como jabón confeccionado con grasa humana y pieles de judío convenientemente curtidas:

> El narrador ha optado por tanto por una aparente asepsia, como si la barbarie requiriera de la misma actitud indolente para relatar. Pero, el epifonema final confirma que todo es simulado distanciamiento, y que éste es una apoyatura de la ironía con que se despliega el texto. (Molina, 2007:106)

En el ejemplo aludido tenemos una buena muestra de lo que pretendemos explicar. Ello se traslada a otros terrenos. El testimonio como forma más efectiva de llegar al lector traspasa más allá de la crónica de periódico y da paso a la realidad novelada de sus libros-reportaje. En ellos predomina la narración en primera persona como recurso estilístico en el que, cediendo la voz al protagonista de los hechos, hace un acercamiento subjetivo que permite trasladarnos las vivencias de primera mano.

Este recurso documental, usado de manera directa en *Relato de un náufrago* y en *La aventura de Miguel Littín, clandestino en Chile*, llega a culminar en un par de obras que permiten mostrar más a las claras las estrategias de García Márquez en función de su ideología.

Tanto *Noticia de un secuestro* como *Vivir para contarla* suponen un cambio drástico en estas opciones. En la primera de las dos el recurso al testimonio de una manera más polifónica pone en juego la pluralidad de voces que relatan los hechos para mostrar, a través del contraste, el posicionamiento de cada una de las partes implicadas en este afer tan delicado para la política colombiana. Por eso el autor toma parte a través de determinadas manifestaciones sutiles de omnisciencia. Juega, sobre todo, a manipular la documentación, a servir la información según unos intereses determinados. Por ejemplo, abunda la oferta de un testimonio que recibe los comentarios del narrador a propósito de informaciones conocidas a posteriori de esas declaraciones. Con ello el autor reafirma o desmiente la posición del testigo.

Una de las formas más concluyentes de usar el discurso en este trabajo es, por ejemplo, el empleo que hace del informe pericial en el que se llega a demostrar que el asesinato corrió a cargo de los extraditables y que en ningún momento la intervención de la policía fue causa de la muerte de la rehén. Es más, también nos muestra cómo el tropiezo de la policía con los secuestradores fue fortuito, no buscado por los policías en ese preciso instante. Ello, en definitiva, pone al autor de parte de los secuestrados y en contra de los argumentos ofrecidos por los narcoterroristas.

En lo que afecta a la segunda de las obras testimoniales referidas, la opción discursiva es bastante diferente. La forma autobiográfica, para empezar, nos acerca de nuevo al terreno de la confesión, a la vivencia que se entiende—apartados del pacto ficcional como nos encontramos—como una muestra fehaciente de lo que fue la vida de nuestro escritor.

Sin embargo, debemos convenir que la autobiografía, pese a estar apartada del pacto ficcional entre autor y lector, no hace que se desestime esa posibilidad. La opción interesada, por parte del autor, de preferir unos episodios a otros, de deformar algunos pasajes consciente o inconscientemente, nos lleva más a la imagen que el autor quiere dar de sí que no a la imagen real de nuestro autor. Es decir, las experiencias que relata en el liceo ya nos ponen en antecedentes de una determinada formación y de determinadas opciones ideológicas que irán asumiéndose a lo largo de la vida. Es, a los ojos del escritor, aquello que puede explicar sus opciones vitales en el momento en que redacta su escrito.

Esta dualidad entre imaginación y realidad es una constante que acompaña toda la trayectoria del autor. Sus vivencias en un contexto violento, por ejemplo, hacen que su literatura se contamine de este sentido de la violencia que tiene en Colombia algún episodio histórico conocido bajo este nombre. Es decir, que las causas de que aparezca la violencia en los textos de García Márquez cabe buscarlas, en buena medida, en su formación como escritor y en su presencia en los hechos políticos que conmocionaron el país.

Además, no podemos olvidar hasta qué punto la historia oral que conforma la historia colombiana, proyectada en la familia del escritor, da un motivo narrativo más para añadir la referencia a la Guerra de los Mil Días como un recurso aprovechable a la hora de ficcionalizar. Del mismo modo otra faceta de la historia oral y de la violencia, los relatos conocidos en su infancia, forman parte del universo imaginario de García Márquez y de ese Macondo que nos recuerda Aracataca.

La herencia de la oralidad, aunque marcada en el siguiente punto, nos recuerda que en el universo imaginario de García Márquez aparece constantemente el mitema como constituyente de sus historias. Ello no sería novedad puesto que es frecuente que la narrativa se nutra de estas unidades significativas para desarrollar sus argumentos. Ahora bien, nos llama poderosamente la atención la capacidad del escritor para hacer entrar en simbiosis los mitos más conocidos de Europa Occidental -gran parte de ellos reseñados por la crítica—junto con otros de procedencia más diversa.

En el caso de *Cien años de soledad* hemos citado alguno de ellos porque nos parecía digno de mención a la hora de enlazar la historia con el universo formado alrededor de Macondo y de sus personajes. Sin embargo debemos añadir un factor que se corresponde mayormente con el contexto de formación del escritor y que hasta ahora únicamente habíamos mencionado someramente. Se trata de la importancia del elemento indígena, de lo legendario americano que se encuentra en buena parte de los elementos fantásticos o mágicos de nuestro autor. Juan Moreno Blanco (2002), en su trabajo titulado *La cepa de las palabras. Ensayo sobre la relación del universo imaginario wayúu y la obra literaria de Gabriel García Márquez*. Kassel, REichemberger ha hecho un seguimiento de los elementos wayúu que configuran la narrativa del escritor. Las raíces de estos elementos las busca en la oralidad transmitida por los wayúu al joven Gabriel.

Es decir, parece que la formación literaria de García Márquez se nutre, en buena medida, de un universo imaginario fantástico que procede de las historias que pudo escuchar durante su infancia en Aracataca. No resulta extraño si tenemos en cuenta que algunos de los pasajes de su obra más celebrada nos vuelven a detalles de la infancia del personaje. En ese sentido tendríamos que identificar una parte de la literatura oral que nutre el contexto del autor. Entendemos, por lo tanto, que ese elemento que parece aflorar del imaginario colectivo de una zona rural colombiana se ha de administrar como sustrato literario en la misma medida que hay que hacerlo con las historias del coronel relatadas a nuestro escritor por su abuelo excombatiente en la Guerra de los Mil Días.

Ciertamente, el tipo de relato difiere según proceda de uno u de otro, por ello retomaremos más adelante la mitología y los rituales que ahora hemos referido, sobre todo para analizar el valor que adquieren en la estética del relato garciamarquiano y la importancia que pueda tener la muerte como símbolo en su obra.

Por el momento retomamos los datos históricos que nos sirven para estudiar los condicionantes de la escritura de nuestro autor.

CAUSAS SOCIALES E HISTÓRICAS QUE SE RELACIONAN CON LA VIOLENCIA.

La relación de hechos violentos y las referencias continuadas a ellos son, como hemos dicho, una constante en la obra del escritor colombiano. De entre estos hechos podríamos destacar dos que, a pesar de la distancia cronológica, son el desplazamiento de una situación que se eterniza en el país. La Guerra de los Mil Días, como hemos dicho, forma parte de la memoria oral del escritor en la que su abuelo, veterano de ese enfrentamiento, jugó un papel importante como transmisor. El otro sería la violencia de 1948, servida también como motivo que induce el análisis histórico dialéctico de las pugnas en Colombia.

Es decir, se sirve de los viejos enfrentamientos entre liberales y conservadores que referidos en *El coronel no tiene quien le escriba* y en *Cien años de soledad* nos muestran hasta qué punto García Márquez había actuado como receptor de un repertorio narrativo previo a la escritura. De ese modo puede usar la referencia histórica como traslación de lo que ocurrió en la Colombia coetánea. A menudo se ha considerado que García Márquez no es un escritor relacionado directamente con los hechos de Abril y el episodio histórico clasificado como La Violencia. Resulta curioso que, habiendo vivido directamente los hechos, refiriéndolos como vivencias en muchas ocasiones, no haya dedicado unas páginas de su ficción a explotar tales acontecimientos.

Nuestra interpretación a lo largo de este trabajo ha sido más sencilla. Hemos visto una ligazón evidente entre la violencia desde el punto de vista histórico y los pasajes de la violencia institucional y política que se han repetido en Colombia durante los últimos siglos. Si atendemos a la idea de que García Márquez, a lo largo de su obra, siempre ha optado por jugar con la historia como mecanismo dialéctico—en eso observaríamos la reminiscencia marxista—, no podemos obviar que el valor alegórico o metafórico que confiere a sus escritos pueda reproducir el discurso de otros momentos como traslación de formas del pensamiento actual.

En esa línea la idea de progresismo frente al militarismo es uno de los datos que mejor ilustran nuestras afirmaciones. En otro sentido, como veremos más adelante, el discurso religioso-eclesiástico ofrece una posibilidad de análisis histórico de mucho provecho para acercarnos al pensamiento del autor.

Siguiendo con la violencia, la transformación de la realidad en el episodio de las bananeras es un vivo ejemplo de cómo nuestro escritor usa la literatura para llamar la atención de los lectores. Un episodio histórico como la matanza de diecisiete personas lo lleva a construir una matanza masiva en *Cien años de soledad*. Con la mera transformación por cuantificación el autor consigue acrecentar el efecto ante el lector de la violencia ejercida por la multinacional. De nuevo un recurso ficcional sirve para alertarnos sobre hechos propios del contexto.

Más allá de los hechos recientes o presentes en la memoria de la gente que llegó a conocer nuestro autor existe la relación con la historia en un sentido más amplio. Así, la referencia a episodios de un pasado más remoto como puedan ser la conquista o la época colonial sirven de excusa para introducir algunos temas que todavía son vigentes en la Colombia actual. Pongamos como ejemplo la religión. De ello ya hemos hablado al hacer referencia a determinadas novelas. En algunos casos la religión viene a tener mucho que ver con la conquista y el proceso colonizador.

> Esa mezcla tan indisoluble de religión y superstición tan presente en América Latina es también, de alguna forma, la de Europa; la diferencia se establece, como deja entrever Márquez en sus páginas, en que la religión en Hispanoamérica tiene una carga mítica que nunca tendrá la europea y de ahí la incomprensión de los europeos. (Alemany, 1992: 350)

Aún entendiendo las afirmaciones de Alemany, creemos que la religiosidad comparada con Europa se establece en la relación con España, no con el resto. Es decir, hay una diferencia notable entre el sentido de la religión en Europa y en la sociedad Española coetánea a la escritura de los cuentos. Aún más, el origen español de las colonias es el factor que vincula directamente religión y superstición. Por lo tanto, cabría matizar las afirmaciones de Carmen Alemany y centrar nuestra atención en la visión de lo religioso desde la perspectiva de la herencia hispana.

A ello, ineludiblemente, cabe sumar el componente indígena y la superstición de lo mágico americano. Por lo tanto, la importancia y la presencia de lo religioso en el universo imaginario de García Márquez tienen más relación con lo español que no con otro tipo de tradiciones culturales y religiosas.

Ello es tan de ese modo que la figura del cura aparece a menudo como una traslación del cura tradicional español. Es decir, su presencia como elemento determinante en la conducta de la población, como poder fáctico, como censor, como delator o acompañante de la represión, son factores que están muy cercanos a la visión del cura que forma parte de una tradición literaria española que pasa por Galdós, Blasco Ibáñez, hasta otros autores como Ramon J. Sender.

En este terreno cabe destacar la frecuencia con la que religión y política se dan la mano en las obras de García Márquez. Usamos el término "política" en su acepción más cercana al sentido que se le da en la raíz etimológica del término, vinculada a la idea de "polis" griega y, por lo tanto, al ejercicio de su uso en la vida pública.

Esta presencia pública de lo religioso se manifiesta de manera histórica. En la ambientación histórica de las novelas de García Márquez es frecuente encontrar el personaje estereotipo del religioso como el cura de *La hojarasca* y el de *Cien años de Soledad.*

Por otra parte, cabe señalar qué importancia tiene dentro de la sociedad todo aquello que dependa de unos valores impuestos por la religión. Es el caso de *Crónica de una muerte anunciada*, en la que el valor de la honra se establece en función del sentido de la pureza de la novia que llega al matrimonio. El tándem conceptual virginidad-pureza lleva a un sentido del honor que también está marcado por la tradición hispana. El sentido calderoniano de la honra masculina en función de la virginidad femenina y de la fidelidad concebida en su más estricto sentido religioso domina el comportamiento de los personajes, al socaire de las concepciones androcéntricas del mundo.

El matrimonio Juvenal Urbino-Fermina Daza de *El amor en los tiempos del cólera* representa, por otra parte, la posición de la sociedad ejemplificada en él. Ahora bien, el narrador se encarga de mostrarnos las contradicciones entre los principios y las apariencias del matrimonio bien avenido y la realidad de las relaciones entre los dos. Juega nuestro autor, por lo tanto, a mostrar una flagrante contradicción entre la norma y el uso del matrimonio, una paradoja que deriva en una situación irónica.

Evidentemente, detrás de ello se vuelve a encontrar el discurso sobre la institución, fundamentado en los criterios religiosos que lo hacen indisoluble y que imponen una relación a perpetuidad con la condena del adulterio, considerado pecado.

Quizás en las dos obras donde se hace más patente la presencia de la religión como valor ligado a la política es en *Del amor y otros demonios* y *El amor en tiempos del cólera*. En la primera son los intereses personales y el comportamiento contradictorio de los eclesiásticos en función de lo que se podría considerar el "buen cristiano". En la segunda la dualidad ferazón, para empezar, al tiempo que entra en juego la oposición entre instinto y creencias, para culminar con la postura ante la muerte: la resignación cristiana o el hedonismo fundamentado en el tópico del *carpe diem*.

Por lo tanto, podemos referirnos a una visión del catolicismo y de la jerarquía religiosa que se acerca a las posturas críticas con la iglesia en tanto que institución que ha usado, a lo largo de los siglos, de la superstición. Mejor dicho, la visión que ofrece García Márquez es la de una organización que ha inoculado la superstición en la sociedad, que se sirve de ella para sus intereses orgánicos o particulares—tenemos novelas que avalan los dos casos—y que es uno de los puntos donde se ancla el sometimiento del pueblo al poder, más en el caso de la conquista y de sus consecuencias.

Entre esas consecuencias tenemos que mencionar la relación buscada y marcada por el autor respecto a las dictaduras latinoamericanas. El valor con el que usa la historia de Hispanoamérica en sus facetas más negativas no evita la presencia de la iglesia como elemento presente en esos procesos. Incluso se vale de ella para construir símbolos, ironizar o llegar a la parodia, como vimos al hablar del *Otoño del Patriarca, Los funerales de Mamá Grande, Cien años de Soledad, Del amor y otros demonios*, entre otras. Esa utilización deviene en ocasiones de carácter carnavalesco. Se establece un juego entre lo histórico y el filtro cronológico con el que cuenta el lector para ahondar todavía más en las evidencias que colocan a la iglesia del lado de determinados poderes irracionales. Isabel Rodríguez Vergara ha insistido en ello a través del estudio de *El otoño del patriarca*, título de reminiscencias bíblicas, como ella misma indica:

> Para desmontar el mito del dictador, García Márquez se vale de la parodia. El ser del patriarca es el mito; en el inconsciente colectivo de los hispanoamericanos el dictador es un semidiós. En la novela, el dictador no posee nombre, se le compara al Mesías, hace milagros y además, el título sugiere un personaje del Antiguo Testamento. ¿De qué otra forma se podría visualizar el poder colectivo consciente e inconsciente que ejerce el dictador, sino a través de la rica tradición católica del pueblo hispanoamericano? Este código es el vehículo que hiperboliza la dictadura y el mecanismo usado es la parodia. (Rodríguez Vergara, 1991: 55)

De facto, a lo largo de la novela se reproducen varios episodios que recuerdan los bíblicos: capacidad del dictador para los milagros, ordena la naturaleza-"ordenó que las aguas bajaran y las aguas bajaron" (Pág.104)—, es concebido sin concurso de varón, su cuerpo es devorado.

El factor religioso es uno de los más arraigados en la idea de colonización. El primero es consecuencia del segundo. Es decir, la relación que mantiene el continente con la religión es consecuencia de un proceso colonizador que también se ve referido en buena parte de la obra de García Márquez. Se hace de una manera explícita en *Del amor y otros demonios*, puesto que relaciona el universo indígena con el elemento colonizador que es la base del conflicto que se plantea. Pero también aparece de manera solapada en otras de sus obras. Así ocurre repetidas veces en *Cien años de soledad*, tanto en la presentación de los orígenes de Macondo como un nuevo mundo como en la aparición de la armadura, como el encuentro con el galeón, incluso la presencia del judío errante y el tratamiento que le brinda el pueblo. Todas estas referencias son suficientes para buscar una relación entre el proceso de la conquista y el origen de algunos conflictos sociales.

En el mismo sentido debemos referirnos a la presencia de pasajes desarrollados de manera paralela al descubrimiento según aparecen en *El otoño del patriarca*, así el desembarco ficcionalizado en la novela (Rodríguez Vergara, 1991: 65-67). Este no es el único episodio histórico que aparece parodiado, también la descolonización, con la presencia de un criollo afrancesado, José Sáez de la Barra, nos suministra información sobre las pretensiones de análisis histórico que hemos señalado en el estudio de esta obra.

Como venimos diciendo, estos componentes históricos sirven para relacionarse con la situación violenta que vive Colombia. La violencia en las novelas de García Márquez aparece, en multitud de ocasiones, de una forma franca y desnuda. Ya hemos referido con anterioridad ese rasgo al hablar de su aparente objetividad, al referir su estancia en Auzchwitz. De ese modo recurre también, a menudo, a la imagen más cruenta y desgarradora para explicar la deriva de los acontecimientos. En *Cien años de soledad* es frecuente encontrarnos con personajes que mueren por las causas más peregrinas. Ejemplo de ello es Prudencio Aguilar, el muerto con el que se inaugura la saga macondina. Pero no es el único muerto por violencia de las novelas, abundan en la práctica totalidad de las ficciones del autor. Los celos, el honor, las cuestiones políticas, el ejercicio del poder con sus muestras de fuerza y otras bajas pasiones humanas se dan cita en las causas de la muerte violenta.

Uno de los ejemplos que hemos comentado con anterioridad, *Crónica de una muerte anunciada*, remite a una causa aparentemente anacrónica—desde nuestro punto de vista—como el honor herido del hombre. Tras ella, como hemos dicho, se esconde una concepción androcéntrica y católica del mundo.

Los hechos narrados, como ocurre con muchos pasajes de nuestro autor, se ven despojados de la mayoría de matices y entran en la relación directa de la violencia. Los detalles de la muerte de Santiago Nasar—un personaje de origen árabe, para más señas—nos llevan a retomar aquello aludido al comentar el periodismo de García Márquez. El distanciamiento aparente se consigue, en este caso, a partir de la narración polifónica con la intervención de testigos y la reconstrucción de parte del sumario.

El narrador-periodista se enfrenta a ellos investigando, reconstruyendo, recogiendo testimonios de algunos de los personajes. Es precisamente en ese valor testimonial cuando deja ir toda la fuerza de la violencia del asesinato al mostrar el ensañamiento y las afinidades entre la muerte del personaje, el sacrificio ritual y las connotaciones animales tanto de los asesinos como de la víctima en el momento de la muerte. A la par observamos cierta relación intertextual con el mito del cristianismo, puesto que Nasar es la víctima propiciatoria (sin que la comunidad haga nada para impedirlo) de un sacrificio advertido de antemano, conocido por el propio sacrificado.

El relato de la autopsia nos lleva de nuevo a ese límite en el que el resultado de la violencia y el lenguaje aséptico usado por el padre Carmen Amador buscan un efecto patético, acrecentado todavía con la intervención de los perros que asedian el cadáver después de la muerte. Ese encarnizamiento no sólo se fija en el papel de los canes, sino en la ausencia del médico en la realización del estudio anatómico. Se nos dice "Es como si hubiésemos vuelto a matarlo después de muerto" (Pág.95).

Hasta cierto punto, podríamos ver en esa frase la antítesis de la resurrección después de la muerte. Si vemos en toda la obra muchos paralelismos con el Nuevo Testamento, ahora podemos evidenciar que se trata de un texto paródico (Rodríguez Vergara, 1991) en el que, de nuevo, el contexto y determinados valores sociales desencadenan la violencia.

La fuerza narrativa de García Márquez y herramienta eficaz está precisamente en la denuncia de lo que existe en el pueblo imaginario de

Macondo; es mítico, pero descubre y muestra la directa relación entre la voz narradora en su obra y la violencia de sus personajes. En la obra de nuestro autor, la violencia podría clasificarse en "masculina", ya bastante discutida anteriormente en obras anteriores, o sea el abuso del poder político o del terrorismo de armas de fuego o armas corto punzantes. Prevalece y es constante a lo largo de la obra; es la historia colombiana de confrontación permanente en estado de guerra.

La violencia "femenina" se manifiesta por lo general relacionada con el sexo, que viene a ser el símbolo de otra clase de violencia; ésta última, típicamente narrada en: *La increíble y triste historia de la cándida Eréndira y de su abuela desalmada* (1972). Aquí, la abuela prostituye a su nieta siendo todavía una niña, denunciando la pederastia y barbarismo sexual:

> En la interminable fila de hombres que esperan el turno para satisfacer el amor con Eréndira, pagan a la abuela una suma de dinero, y es la abuela quien recibe y controla el negocio con un báculo que parecía de obispo, (García Márquez, 1972:94) el autor continua: Mientras controlaba el negocio, la abuela contaba billetes en el regazo, los repartía en gavillas iguales y los ordenaba dentro de un cesto. No había entonces más de doce soldados, pero la fila de la tarde había crecido con clientes civiles, Ulises era el último. (García Márquez, 1972:110) El drama de Eréndira continúa:

> —Entra tú, dragoneante—le dijo de buen humor—. Y no te demores, que la patria te necesita.

> El soldado entró, pero volvió a salir inmediatamente, porque Eréndira quería hablar con la abuela. Ella se colgó del brazo el cesto de dinero y entró en la tienda de campaña, cuyo espacio era estrecho, pero ordenado y limpio. Al fondo, en una cama de lienzo, Eréndira no podía reprimir el temblor del cuerpo, estaba maltratada y sucia de sudor de soldados.

> —Abuela—sollozó—. Me estoy muriendo.

> —Ya no faltan más de diez militares—dijo.

> Eréndira rompió a llorar con unos chillidos de animal forzado.

—Lo que pasa es que estás débil—le dijo—. Anda no llores más, báñate con agua de salvia para que se te componga la sangre. (García Márquez, 1972:110-111)

En *Los demonios a la cama del rey: pederastia e incesto en Memorias de mis putas tristes* de Gabriel García Márquez, Alexandra Luiselli, examina la violencia en las diferentes obras de nuestro autor:

Leyendo a García Márquez y a algunos de sus críticos es posible verificar que la pederastia embriaga al ser; sin embargo, a ese abotargamiento del alma no debe llamarse amor sino crueldad. [...] Traslademos esta afirmación a los narradores pederastas de García Márquez que declaran infatigablemente amar a sus victimas, preguntemos entonces ¿qué simetría puede haber en las relaciones que ancianos ninfolépsicos entablan con niñitas, generalmente desprotegidas y sin recursos, a quienes manipulan sexual y emotivamente? Absolutamente ninguna. Lo que existe en esas uniones es abuso, solipsismo y crueldad por parte de los hombres, y extrema necesidad económica o intenso miedo por parte de las menores.

www.ucm.es/info/especulo/numero32/camarey. (Pág. 17 y 18)

En *Memorias de mis putas tristes (2004)*, son varios los casos de narradores pederastas: El Profesor Mustio Collado recuerda: "descubrí también que mi celibato inconsolable lo atribuían a una pederastia nocturna que se saciaba con los niños huérfanos de la calle del Crimen" (García Márquez, 2004:19).

La prostitución, tema bien tratado y explotado en la obra literaria de García Márquez, presenta la dueña del burdel:

...y la voz oxidada de Rosa Cabarcas me devolvió la vida. Tienes una suerte de bobo, me dijo. Encontré una pavita mejor que la que querías, pero tiene un percance: anda apenas por los catorce años.

Esta "pavita" es *Delgadita*, protagonista central y victima en la última novela de nuestro autor.

En *Maria dos Prazeres*, (1979) la prostituta recuerda:

Ella le había contado al conde que su madre la vendió a los catorce años en el puerto de Manaos, y que el primer oficial de un barco turco la disfruto sin piedad durante la travesía del Atlántico, y luego la dejo abandonada sin dinero, sin idioma y sin nombre, en la ciénega de luces del Paralelo. (García Márquez 1979:469).

Alexandra Luiselli, bien rastrea en la obra de nuestro autor, la pederastia:

> ...debe remontarse a una novela previa de García Márquez, *El otoño del patriarca,* publicada treinta años antes que *Memorias de mis putas tristes.* Y como uno de esos cansados cuentos que los abuelos seniles vuelven a contar y a recontar para sus nietos y parientes, [...]

> En efecto, en *El otoño del patriarca* (1975), relato que discurre en torno a un geriátrico dictador latinoamericano, García Márquez dedica numerosas páginas a la historia de Leticia Nazareno, la novicia que el patriarca secuestra y mantiene cautiva y sin ropa alguna por dos años antes de que ella acepte.

> Son varios los narradores del autor colombiano que recurren a la explicación del amor como descargo a su crónica pedofilia. La lista se inicia con el amor de Aureliano Buendía por Remedios (*Cien años de soledad*) (1967). www.ucm.es/info/especulo/numero32/camarey. (Pág. 13-14)

Es decir, buena parte de la violencia, en el caso femenino, se deriva hacia el ejercicio del sexo. Por lo tanto, tenemos dos manifestaciones de la violencia en la obra de nuestro autor. La primera la hemos intentado vincular a causas históricas, la segunda—aunque responde en buena medida a razones similares—nos lleva a un ejercicio de la feminidad y de sus posibilidades. Es decir, la mujer recurre a las armas que la sociedad le otorga para poner en práctica su particular guerra contra el hombre o los hombres.

En el aspecto de la pedofilia cabría señalar dos cosas curiosas. Por una parte, la relación de opósitos que ya hemos apuntado. Se trata de una propuesta estética en la que lo viejo e inerte se acerca a lo joven y vigoroso. En otro sentido se nos muestra como una de las formas de abuso de poder más absolutas. Es decir, se pone la infancia (símbolo de la pureza y de la inocencia) al servicio del poder más absoluto y tiránico.

319

DISCURSO SOCIAL Y POLÍTICO.

Existe una relación evidente entre el periodismo de García Márquez y el ensayo de ideas. Buena parte de sus escritos de los años ochenta entran en la línea de la militancia política. Su acercamiento al castrismo cubano, por ejemplo, o su defensa del modelo político del socialismo español de Felipe González sirven de referencia para explicitar los vínculos ideológicos en este terreno. Bien es cierto que la matización de la diferencia entre los dos poderes políticos resulta conveniente. En la relación con Castro hay algo de personal que descansa en una amistad cuajada a lo largo de la historia y en momentos más o menos delicados de ésta.

La primera estancia de García Márquez en Cuba, su papel como periodista y los primeros contactos con Fidel llevan a presumir algo más cercano a lo fraternal que no a una postura de militancia activa por el modelo político cubano. Nos referimos a la solidaridad que despierta el bloqueo americano hacia el pueblo cubano. En ese sentido llegamos a entender que el modelo revolucionario del 1959 fuese admirado porque había conseguido vencer a una dictadura cruel y al modelo de república bananera fomentado por Estados Unidos. En ese sentir solidario descansa buena parte de la relación entre la Cuba castrista y el García Márquez procubano.

Políticamente, además García Márquez sigue con el pensamiento del dictador, del general, o del presidente que todavía tiene latente en su pensamiento cuando recibe el premio Nobel (1982), resumen histórico en *El otoño del patriarca (1975)*. Esta obra es el arquetipo del general, comandante o caudillo latinoamericano, pero es cierto así mismo que se ha escrito bastante de la ininterrumpida amistad de *Gabo con Fidel*. La crítica que los intelectuales de Latinoamérica y Europa han promulgado a cuatro vientos, sobre lo ilógico del por qué García Márquez no ha publicado ninguna objeción hacia la conducta política-militante del comandante-dictador. Parece ser el inevitable compromiso mismo de una amistad de toda una vida entre los dos personajes, ávidos y movidos por el "poder". Ángel Esteban, en su introducción del libro: *Gabo y Fidel. El paisaje de una amistad,* escribe:

> Este libro nace, entonces, de una doble fascinación: Cuba y
> la literatura, un lugar, y la obra literaria de un premio Nobel, un
> hombre carismático que lleva casi medio siglo en el poder y su

mejor amigo. Un comandante que ya tiene quien le escriba. Macondo en la Habana. (Esteban Ángel: 2004:13)

Ángel Esteban prosigue:

> En líneas generales, la izquierda latinoamericana y europea se niegan a llamar dictador a Castro, y lo único que aducen como argumento es que lleva más de cuarenta años resistiendo un bloqueo descomunal y desafiando con éxito al país más poderoso del mundo. Cierto, loable y admirable; pero resistir un bloqueo deleznable y combatir al gran monstruo no es sinónimo de respeto a las libertades fundamentales ni garantía para la democracia. Es más, ese desafío ha generado un régimen de los más férreos, cerrados y caudillistas de toda la historia de Latinoamérica, se quiera aceptar o no. (Esteban, Ángel/ Panichelli Stephanie: 2004:113).

Entendemos, por lo tanto, que García Márquez ha valorado una amistad de hace tiempos en su relación con Castro y se ha solidarizado con el régimen a causa del bloqueo. En estos momentos, cuando Castro renuncia a continuar al mando de Cuba, habrá que esperar para ver qué tipo de reacción provoca en Gabriel García Márquez.

Es cierto, sin embargo, que en su actitud crítica e irónica hacia el estalinismo de los años cincuenta siempre mostró la cara de lo popular: la tristeza y sumisión de las gentes de la URSS, por ejemplo. Eso nos sitúa ante un escritor que, manifiestamente izquierdista en su discurso político y periodístico, ha aparcado el tema en sus productos de ficción y ha entrado en el relato sin hacer ningún tipo de proselitismo a favor del socialismo. Es decir, no encontramos en él una afinidad estética por los planteamientos de la ortodoxia marxista en lo que a la escritura se refiere.

Más bien podemos hablar de un escritor revolucionario en lo estético, revolucionario en un sentido pleno del término; es decir, que intenta ir más allá de lo establecido como parámetro "normal" dentro de los cánones literarios de su momento. Intenta aportar, constantemente, valores nuevos que, como decimos, están bastante distantes de los cánones de una vieja estética marxista.

Es cierto que la evolución del escritor pasa por diversas fases. Entre ellas hay que opinar, conscientemente, que la época que culmina con *Cien años de Soledad* está más cercana al llamado Realismo Mágico latinoamericano. En esa etapa, como mostramos a continuación, hay que valorar lo de "revolucionario" que tiene la inclusión del mundo maravilloso.

Por otra parte, tanto la obra más cercana al memorialismo, como las crónicas de hechos diversos y las últimas novelas, pierden buena parte de lo que fuera el santo y seña del grupo de escritores que triunfaron en la Europa de los setenta y se decanta por una escritura más cercana a lo real. Si *El otoño del patriarca* asume todavía un juego confuso entre lo real-verosimil y lo maravilloso (milagros atribuídos al dictador), tanto sus reportajes novelados como las últimas novelas prescinden de lo mágico-onírico para asentar sus argumentos en lo histórico, incluso en elementos de carácter histórico y documental.

A la hora de valorar eso dentro de los planteamientos estéticos no afirmaremos que sea una vuelta a los viejos parámetros de la estética luckacsiana sino más bien la vuelta a un tipo de literatura en la que interesa, sobre todo, el valor de las ideas y de los símbolos para poder hacer un análisis de la realidad que circunda al escritor. En ese sentido asumimos el valor de "realista" que damos al García Márquez de su tercera época. Para ello nos basaremos en cuestiones de tipo discursivo, muy ligadas a la forma de actuar y de hablar de los personajes.

OPCIONES ESTÉTICAS EN RELACIÓN CON EL REALISMO

FUNCIÓN DEL REALISMO MÁGICO

Dos autores, disímiles en su posición geográfica, Juan Rulfo en México y García Márquez en Colombia, simultáneamente representan dos aportaciones fundamentales para la literatura iberoamericana. Ellos dos, por la misma época, a (mediados del siglo XX), comparten la lengua castellana a través de rasgos históricos semánticos/lingüísticos muy paralelos para este análisis comparativo. Es esencialmente una narrativa que sin duda nos transporta a un mundo real/irreal maravilloso y mágico. Estilo propio, vigoroso, visual, complejo, matizado de metáforas e imágenes profundas. Pero sobre todo, los autores analizan profundamente una realidad conmovedora, del mundo violento que los rodea. *Pedro Páramo* lleva el dolor, miseria, soledad, vida y muerte en su forma universal, paralelismo que comparte simultáneamente García Márquez a través de sus cuentos fabulosos y novelas violentas/revolucionarias.

He aquí las aportaciones en prosa poética de Rulfo, en *Pedro Páramo* (1955):

Mi cuerpo se sentía a gusto sobre el calor de la arena. Tenía los ojos cerrados, los brazos abiertos, desdobladas las piernas a la brisa del mar. Y el mar allí al frente lejano, dejando apenas restos de espuma en mis pies al subir de su marea.—En el mar sólo me sé bañar desnuda—le dije. Y él me siguió el primer día, desnudo también fosforescente al salir del mar. Rulfo transmite metafóricamente: El mar moja mis tobillos y se va; moja mis rodillas, mis muslos, rodea mi cintura con su brazo suave, da vueltas sobre mis senos; se abraza de mi cuello; aprieta mis hombros. Entonces me hundo en él entera. Me hundo a él en su fuerte batir, en su suave poseer, sin dejar pedazo. (Juan Rulfo: 1984:84).

El símbolo del agua, asociado a la muerte desde los clásicos, pasando por los simbolistas franceses, se ve incrementado por el poder destructor y cíclico que transmite el oleaje.

El llano en llamas, contiene mitos y formas características, de estructura y estilo similares a los del colombiano García Márquez.

Por último, la gran diferencia entre el genio de estos dos escritores es la longevidad de su obra literaria. Juan Rulfo, escribe su obra única/monumental y no continúa escribiendo, sencillamente nos da una muestra auténtica, pero allí principia y allí termina.

Dentro del contenido religioso, Rulfo es más frecuente con expresionismos y vocablos que comunican la religiosidad existente en México. Analicemos el siguiente diálogo, donde el significado abstracto tiene un profundo sentido religioso:

—¿Y qué estabas haciendo? ¿Rezando?

—No abuela, solamente estaba viendo llover.

«A centenares de metros, encima de todas las nubes, más, mucho más allá de todo, estas escondida tú, Susana. Escondida en la inmensidad de Dios, detrás de su Divina Providencia, donde yo no puedo alcanzarte ni verte y a donde no llegan mis palabras.» (Rulfo, Juan: 1982:15)

La referencia que García Márquez nos da de la religiosidad existente en sus cuentos/novelas es informativa y denota más una crítica burlesca. Pero, los dos escritores mantienen una estructura bien cuidada y poderosamente influenciada hacia la crítica social/histórica de sus respectivos países. Siendo ambos testigos desde su infancia, de las revueltas políticas/ violentas de los campesinos en las regionales que los vio nacer, igualmente también, estos escritores nacen en pueblos alejados y muy pequeños.

Literatura portadora de gran fama universal para Rulfo como escritor de una obra tan corta. Por otro lado, García Márquez, ha gozado durante todo el transcurso de su extensa obra literaria de un tremendo poder intelectual/literario que unidos conllevan a la fama universal.

Esencialidad profunda de la selección subjetiva en lo escrito por los dos escritores. Expresiones vivas de lo que sucede en todo el continente Latinoamericano, es la economía de la escasez, del hambre cotidiana, a través de un arte descriptivo por medio de la fuerza y el "poder de la palabra". Disímil de lo que se escribe de algunos pocos, ó sea, la economía de gran abundancia para los privilegiados del poder. Al mismo tiempo, lo sorprendente del descubrimiento de esta verdad de hambre, para el mundo, es que el buen disimulo que existía hasta entonces, ya no se puede ocultar, la inteligencia latinoamericana lo escribe y divulga, valiéndose de la lengua cargada de metáforas indiscutiblemente poderosas y verosímiles. Nos encontramos con la auténtica realidad y el sentimiento que nos revela la cara del pueblo en el continente Iberoamericano.

Analizando la obra literaria de los dos escritores, nos encontramos con la verdad no divina, a través de la obra de García Márquez, lo mismo sucede con Rulfo. La abstracta referencia a lo divino (Dios/ religión) es más crítica que creyente, y es así lo que percibimos del modo de vida religioso del pueblo colombiano. Existe la posibilidad que, Rulfo y el pueblo mexicano hubiese oído con más frecuencia esos vocablos religiosos que a lo largo de su corta obra literaria se perciben. Pero, lo importante es la no existencia al valor divino/sobrenatural entre sus respectivas obras. Creo, que, es la percepción que comparten los dos escritores.

Se puede concluir que Rulfo y García Márquez en su contexto literario respectivo, y valiéndose de su poder intelectual difunden la realidad existente, la conocen y tratan con maestría impecable, sin embargo nos obliga a pensar en la hipótesis de: ¿qué se podría hacer para cambiar lo existente? La verdad la vemos diariamente por medio de los instantáneos medios de comunicación, verdad que se muestra más evasiva cada día, y aquí, se podría concluir que la miseria cada día se agrava por la guerra (en el caso de Colombia) bien analizada en el capítulo de *Vivir para contarla* (Contar el cuento de mi vida), y a lo largo de esta investigación, sin esperanza para un mejor futuro cercano. La cooperación no existente hasta el momento de estos países, se agrava con el factor de guerras y revoluciones donde gran parte del ingreso nacional se va en armas para combatir a sus propios compatriotas, quienes profesan diferentes puntos de vista ideológicos o políticos.

La función que describe Bruce Holland Rogers, "As a tool, magical realism can be used to explore the realities of characters or communities who are outside of the objective mainstream of our culture." (Holland Rogers, Bruce: 2002). Si bien este término ha sido usado y abusado, se puede identificar plenamente en el estilo de García Márquez, pues como realismo mágico, se presenta especial atención a *Cien años de Soledad*, auténtica muestra literaria para entender el realismo mágico. Holland Rogers prosigue: "Magical realism is a distinctive form of fiction that aims to produce the experience of a non-objective world view." (Holland Rogers, Bruce: 2002) Sin embargo, en Hispanoamérica, es un estilo o manierismo que crea un sinfín de fenómenos naturales poco explicables u obvios a la luz de una visión objetiva, y científica; pero también, es cierto que, engrandece y amplia el sentido de lo que es la realidad absoluta, entonces es que la realidad llega a ser diferente dependiendo del punto de vista de lo que se dice y escribe en diferentes culturas. Ejemplo de ello es la cultura Wayúu y las creencias sobre la vida y la muerte. Ese arraigo de lo wayúu en la obra de nuestro autor da una idea de una concepción distinta del mundo, en contraste con la concepción occidental. Precisamente en ese punto es donde radica la distinción entre Realismo Mágico Europeo y Realismo Mágico Hispanoamericano que hacía Alejo Carpentier.

Por otro lado, *Mundo latino* escribe:

> Entre las múltiples sorpresas que depara la lectura de *Cien años de soledad,* una de las más sugerentes es el tratamiento que se le confiere a lo mágico y lo maravilloso. El Renacimiento europeo opuso la razón y el antropocentrismo al mundo medieval. Cervantes, en *Don Quijote* (I,47) pronostica que "hanse de casar las fábulas mentirosas con el entendimiento de los que las leyeren, escribiéndose de suerte que facilitando los imposibles...admiren, suspendan, alborocen y entretengan". El mundo mágico pervive en numerosos elementos del folklore

popular, sobretodo del mundo rural, que han sido transmitidos y conservados hasta nuestros días. Los embrujos, las hechicerías, los sortilegios forman parte de una cultura popular que hunde sus raíces en el medioevo, y que es fuertemente combatida, con escaso éxito, por la Inquisición, la Ilustración del dieciocho y finalmente el positivismo científico. 10/21/2006 www.mundolatino.org/cultura/garciamarquez/ggm4.htm

El artículo en *Mundo latino* continúa:

García Márquez defiende en *Cien Años de soledad* que lo maravilloso puede convivir con lo cotidiano y, a través de un lenguaje evocador y preciso, hace revivir lo inverosímil y lo reconvierte en verídico y poético. La posibilidad de hacer compatibles lo cotidiano y lo poético es función de la poesía, cuando ésta brota como creación a través del lenguaje. www.mundolatino.com

Siguiendo con Gabriel García Márquez: *"71 años de literatura y compromiso político"* www.mundoltino.com, este artículo muestra las diferentes palabras del autor refiriéndose a si mismo y a lo que él escribe:
- *«Es muy difícil encontrar en mis novelas algo que no tenga un anclaje en la realidad»* [...]
- *« ¿Qué clase de misterio es ése que hace que el simple deseo de contar historias se convierta en una pasión, que un ser sea capaz de morir por ella?»*[...]
- *«Lo peor que puede suceder a un hombre que no tiene vocación para el éxito literario, es publicar una novela que se venda como salchichas. Ese es mi caso».* [...]
- *«Soy uno de los seres más solitarios que conozco, y de los más tristes, aunque resulte increíble...»* [...]
- *«Escribo para que me quieran más mis amigos».*

Creo que las palabras del propio autor nos hacen entender mejor el significado de su vida y obra, obviamente para él resulta inútil relacionar su obra con las muchas clasificaciones existentes que han sido elaboradas por la crítica literaria.

La funcionalidad de lo mágico en sus cuentos establece una conexión con un mito religioso, supersticiones, u otro medio de encantos maravillosos narrados anteriormente. En el caso de Remedios, la bella, podría ser el mito religioso de cómo la Virgen María subió a los cielos, de esta manera, se repite la escena de sábanas blancas que la elevan hacia los cielos para sellar la "bondad" de Remedios, la bella.

Siendo Remedios, la bella, uno de los personajes femeninos más fascinantes por su belleza extraña, su condición elemental y casta, y su negligencia sin complicaciones. Es natural que su belleza encienda la pasión de los hombres del pueblo, pero lo fatal, se presenta y los que tratan de consumar sus deseos, mueren de forma inesperada. Valiéndose el autor del un maniqueo extraño, admitiendo así dos principios creadores en Remedios, la bella: uno para el bien y otro para el mal.

Esa noche, el hombre se jactó de su audacia y presumió de su suerte en la Calle de los Turcos, minutos antes de que la patada de un caballo le destrozara el pecho, y una muchedumbre de forasteros lo viera agonizar en mitad de la calle, ahogándose en vómitos de sangre. (García Márquez, 1970:201) A pesar de que el coronel Aureliano Buendía seguía creyendo y repitiendo que Remedios, la bella era en realidad el ser más lúcido que había conocido jamás, y que lo demostraba a cada momento con su asombrosa habilidad para burlarse de todos, la abandonaron a la buena de Dios. Remedios, la bella se quedó vagando por el desierto de la soledad, sin cruces a cuestas, madurándose en sus sueños sin pesadillas, en sus baños interminables, en sus comidas sin horarios, en sus hondos y prolongados silencios sin recuerdos, hasta una tarde de marzo en que Fernanda quiso doblar en el jardín sus sábanas de bramante, y pidió ayuda a las muchachas. (García Márquez, 1970:202)

Y de esta forma Remedios, la bella, pasa como la escogida de un pueblo mítico llamado Macondo para formar parte de una leyenda interesante, que ya se ha oído anteriormente:

Apenas habían empezado, cuando Amaranta advirtió que Remedios, la bella, estaba transparentada por una palidez intensa.

—¿Te sientes mal?—le preguntó.

Remedios, la bella, que tenía agarrada la sábana por el otro extremo, hizo una sonrisa de lástima.

—Al contrario—dijo—, nunca me he sentido mejor.

Amaranta sintió un temblor misterioso en los encajes de sus pollerines y trató de agarrarse de la sábana para no caer, en el instante en que, Remedios, la bella, empezaba a elevarse. Ursula, ya casi ciega, fue la única que tuvo serenidad para identificar la naturaleza de aquel viento irreparable, y dejó las sábanas a merced de la luz, viendo a Remedios, la bella, que le decía adiós con la mano, entre el deslumbrante aleteo de las sábanas que subían con ella para siempre en los altos aires donde no podían alcanzarla ni los más altos pájaros de la memoria. (García Márquez, 1970:203)

Y en cuanto a lo religioso, también hay explicación:

La mayoría creyó el milagro, y hasta se encendieron velas y se rezaron novenarios. (García Márquez, 1970:203)

Pero, también es cierto que, la ironía tiene un lugar primordial en la obra y existen los no creyentes de los mitos de las niñas castas que suben al cielo:

Los forasteros, por supuesto, pensaron que Remedios, la bella, había sucumbido por fin a su irrevocable destino de abeja reina, y que su familia trataba de salvar la honra con la patraña de la levitación. (García Márquez, 1970, 203)

En realidad, tendremos en cuenta que la historia de Remedios la bella ha sido explicada en múltiples ocasiones por nuestro autor. Se trata de un hecho ocurrido en Aracataca, la nieta de una señora del lugar se fugó con un joven y la abuela decidió explicar el episodio acudiendo a la idea de que la joven había volado literalmente. Tenemos, por lo tanto, un primer lugar de encuentro significativo entre lo real efectivo, la historia que nos relata García Márquez al margen de la ficción, y lo real-maravilloso. Este episodio, incrustable en lo que el autor considera "supersticiones" nos lleva a un terreno que hemos delimitado con anterioridad: la importancia de lo mítico en esta obra.

En el análisis de *Cien años de Soledad* hemos visto una serie de mitemas reflejados en la novela. Ahora nos resta por apuntar hasta qué punto uno de los componentes esenciales del Realismo Mágico, lo más ligado a lo mágico americano, tiene sus raíces en lo conocido por el autor en su infancia y, por ello, conectado con cierta realidad.

Para ello nos remitimos al trabajo de Juan Moreno (2002) y su seguimiento de la mitología wayúu. Sobre todo nos interesa la parte dedicada a las conclusiones y al papel que el narrador desarrolla en comparación con el chamán wayúu.

Nos encontramos, en este sentido, frente al "rito" de contar historias. El autor "crea" su mundo a partir de aquello que le es conocido, a partir de aquello que ha compartido con una comunidad. Por eso no puede ser gratuito el dato biográfico sobre los contactos del escritor con esta comunidad y con sus creencias.

Consideramos clave, por lo tanto, las vivencias infantiles del autor que nos desvelan alguna de las incógnitas planteadas a la hora de analizar, por ejemplo, la mezcla entre el mundo de los vivos y el mundo de los muertos.

Indiscutiblemente la aparición de los muertos en los relatos de la obra del autor colombiano, tiene una profunda significación, en cuanto a que viene a ser la "prolongación" de la existencia de la vida humana del muerto; es decir, el muerto aparece dialogando con la persona que narra, a través de un sueño real o imaginario. Es real, porque nos sucede a nosotros mismos los lectores, que recordamos nuestros sueños y vienen a formar parte de nuestro propio diálogo interior, es el "yo interior" con nosotros mismos, ya estemos dormidos o despiertos; es lo que el autor asegura: *Es muy difícil encontrar en mis novelas algo que no tenga anclaje en la realidad.* www.mundolatino.com

Lo que yo llamo "prolongación de la existencia de la vida humana" en forma objetiva es la descendencia que nosotros dejamos en la tierra, o sea nuestros hijos. Para el muerto tiene doble función: la prolongación de su existencia a través de los sueños de los vivos; es en realidad: una prolongación más abstracta. La aparición de los muertos aparece en la obra del autor colombiano y está intrínsicamente adherida a la realidad. La aparición de la muerte como elemento irreal, metafórico que con frecuencia García Márquez lo menciona, y además utiliza el símil que llega a ser un nexo comparativo entre la vida y la muerte. Discutido anteriormente en sus dos primeros cuentos, publicados en *El Espectador*, por el año 1947.

Esa prolongación de la existencia humana se fundamenta en lo que la mitología wayúu establece en su relación entre vivos y muertos. La aportación de Juan Moreno Blanco en este sentido es esclarecedora de algunos epidosios. Por ejemplo la dimensión y símbolo que suponen los huesos de los antepasados. Cuando Rebeca viaja con el saco de huesos sigue la creencia de que los huesos unen a los vivos con los muertos (Moreno Blanco, 2002: 82). Del mismo modo que en ese universo mítico los muertos se encuentran en el fondo del mar—no en el cielo—según podemos encontrar en el cuento *El mar del tiempo perdido* (Moreno Blanco, 2002:86).

En lo que concierne a la aparición de los espectros de los muertos es de destacar que:

> Estos relatos tienen en común la irrupción en lo natural del espectro de un muerto que rompe una normalidad e introduce al lado de los seres humanos la presencia de lo sobrenatural (Moreno Blanco, 2002:104)

Otros datos sobre ese particular universo mítico nos los proporciona la cantidad de ocasiones en que aparecen mensajes del más allá en sueños. Los sueños admonitorios y su interpretación, incluso la capacidad de interpretación del futuro a partir de los sueños. En definitiva, una lectura de la poética del imaginario aplicada a las concepciones del universo mágico de García Márquez lleva al crítico a considerar cómo funcionan los esquemas arquetipales del autor en la oposición del sueño a la vigilia, del presente al futuro y de la muerte a la no muerte (Moreno, 2002:130). En cierto sentido nos encontramos con una voluntad de subversión de la realidad, con la capacidad que la comunidad concede al chamán (al contador de la historia inventada en este caso) para subvertir la realidad que rodea a esa misma comunidad:

> En muchas de las obras de García Márquez se da la renovación de la tensión que captura a los personajes entre la obligatoriedad de la historia y el recurso sobrenatural que aspira a subvertirla; cada vez sus ficciones nos renuevan las obsesiones que no se doblegan ante el mundo como él es sino que aspiran a un mundo ideado a la medida del ser humano (Moreno Blanco, 2002: 241)

Eso, el espíritu de subversión frente a la realidad conocida, es un acicate que estimula la creatividad del escritor. Lo acerca a la práctica ideológica de la escritura como una forma de romper moldes, de romper con el imperativo establecido de la verosimilitud y del realismo. Con ello no queremos decir que quebrante los principios realistas, sino que da cabida a otras formas de escritura basadas en la capacidad imaginativa, casi a modo de complemento o de transformación del mundo real efectivo

> ...su coherencia textual es tal, que, además de ejemplificar la poética a que nos venimos refiriendo, sintetiza también sus contrarias, dando cabida por igual a la herencia realista del ámbito que les es propio, como el tan mentado "regionalismo" de la "novela de la tierra", a tendencias de hondo arraigo en nuestra común literatura, como la "novela de dictadores", junto con la brillantez argumental y estructural que ha hecho acreedor a García Márquez del título de fundador de la "nueva novela", "el realismo mágico" o como más o menos desafortunadamente acertemos a denominar un concepto que, en esencia, percibimos claramente, sin que queramos por ellos significar que olvidemos a los que le precedieron ni a los que le acompañan en este viaje. (Gil González, 1992: 537)

Con eso nos vemos trasladados a un universo mítico que está compuesto por la formación cultural de Gabriel García. Por un lado existe la infancia y las historias que formaron parte del imaginario colectivo de la sociedad en la que se crió. Allí precisamente la mitología wayúu tuvo algo que ver en la composición de futuras historias. Atendemos, pues, a dos razones básicas que buscan complementarse a la hora de construir la ficción: la mitología aprendida por el escritor (wayúu, juedo-cristiana, oriental) que se une a la historia oral a la que anteriormente hemos hecho referencia. Hasta cierto punto hay un alto grado de formación oral en la vida del escritor, en la cultura que le aupa hacia la escritura.

De igual modo tenemos que romper una lanza a favor de un tópico literario que parece quedar en segundo orden pero que se nos desvela capital a estas alturas. La recuperación de la infancia como tiempo idílico, como punto de partida de buena parte de las historias contadas, nos lleva a relacionar ese mundo mítico referido con la historia oral y las vivencias que se nos han ido apuntando.

Acercándonos más al terreno ideológico, en tanto que la infancia es un territorio ideal, una especie de referente utópico a recuperar, también podemos entender que los sueños o ideales del escritor se trasladen hacia lo utópico y que eso contraste con la realidad. Nos sumamos a la opinión de Juan Moreno cuando dice que:

Gran parte de la obra garcíamarquiana tiene como soporte un estilo que pone en contrapunteo o en tensión antagónico lo que el hombre quiere ser y lo que la historia y la naturaleza lo obligan a ser. (Pág.141)

Es decir, la ideología estética de nuestro autor nos lleva a un contraste entre el deseo y la realidad, entre el sueño y la realidad, entre la historia y las utopías que lucharon por invertir el curso de la historia.

Hasta aquí llega la argumentación sobre la razón de ser de lo maravilloso en los relatos de García Márquez. Hemos apuntado el papel de contraste que juega esto frente a lo real y lo histórico, también hemos dado muestras de lo histórico como base de un análisis ideologizado en la obra de nuestro autor. La imaginación es concebida como un arma de libre albedrío para vencer al destino. Y ese sentido de lo mágico sí tiene cosas aprovechables desde un punto de vista estético-marxista: la subversión, el uso de la literatura en la sociedad encorsetada en parámetros estéticos convencionales e históricamente marcados, es una forma de coexistir con el futuro y hacer frente a un presente y pasado no deseados.

En cierta medida la imaginación es tan revolucionaria como lo marcaría el Mayo francés. Por el contrario la realidad se convierte en el objeto de análisis y de crítica. A propósito del mundo conocido, hemos indicado en qué puntos encontrábamos un anclaje entre el mundo real efectivo y el mundo posible de las novelas estudiadas.A menudo hemos referido una serie de datos de tipo histórico y social que nos llevaban a concluir la particular visión del autor sobre el mundo que lo rodea, no únicamente en el caso periodístico, más lógico, sino en otros territorios en los que se puede considerar que arriesgamos más a la hora de interpretar. Curiosamente la recepción crítica de García Márquez coincide en tildar de realista buena parte de su producción en el sentido que le estamos otorgando. Es decir, el mundo de referencia que aparece en sus novelas es un mundo efectivo, efectivamente conocido por buena parte de sus lectores.

De ahí que pretendamos destacar los componentes realistas que, en el plano de las conclusiones que estamos elaborando ahora, nos lleve a presentar la otra cara del autor, aquella en que el cronista crítico de la realidad nos sirve un modelo literario en el que encontramos al observador, al historiador, al documentalista, al cronista y la voz que pone la palabra de otras voces.

EL REALISMO EN LA OBRA LITERARIA DE GARCÍA MÁRQUEZ.

Independientemente del significado connotativo en la obra, el autor busca narrar lo que existe en la realidad social de Macondo. Crea un mito encuadernado en el drama dentro de otro drama del pensamiento y el sentimiento de la realidad mítica pero humana de su gente; García Márquez denota la realidad que algunos denominan mágica de lo que la experiencia humana no siempre cuenta, y es así como el autor revela lo que hay debajo de esa fachada.

Su vertiente realista, nos lleva directamente a una estructura bastante estudiada hacia una expresión literaria diferente, sin perder el punto de vista ideológico e histórico, que el autor directa y concretamente nos trasmite. Estéticamente, el arte como forma expresiva, es la significación de llevar a los lectores a sentir lo que el autor quiere descifrar:

> Los liberales estaban decididos a lanzarse a la guerra. Como Aureliano tenia en esa época nociones muy confusas sobre la diferencia entre conservadores y liberales, su suegro le daba lecciones esquemáticas. Los liberales, le decía, eran masones; gente de mala índole, partidaria de ahorcar a los curas, de implantar el matrimonio civil y el divorcio, de reconocer iguales derechos a los hijos naturales que a los legítimos, y de despedazar al país en un sistema federal que despojara de poderes a la autoridad suprema. Los conservadores, en cambio, que habían recibido el poder directamente de Dios, propugnaban por la estabilidad del orden público y la moral familiar; eran los defensores de la fe de Cristo, del principio de autoridad, y no estaban dispuestos a permitir que el país fuera descuartizado en entidades autónomas. (García Márquez, Gabriel, 1970:86)

El discurso del suegro llega a representar el discurso conservador y pro-católico de una clase social colombiana muy determinada. Los tópicos que se vierten sobre los liberales ayudan a que el lector se forme una idea de qué componentes ideológicos hay detrás de las palabras de este personaje. Con ello se consigue una reproducción parcial, pero representativa, de las formas de determinado tipo de discurso hegemónico en la Colombia del siglo XIX. El discurso citado enumera una serie de valores ligados a los principios incuestionables de esta clase social colombiana. Se trata, pues, de un grupo hegemónico retratado según su expresión.

En ello consiste buena parte de la capacidad irónica de nuestro autor, porque usa las palabras ajenas—de un personaje con rasgos sociales y políticos determinados, en este caso—para ponerlas ante el lector.

Este juego de distanciamiento, ejercido tanto a través del modo de citar (indirectamente) como por las afirmaciones absolutas (conservadores ligados a una recepción directa del poder por parte de Dios), hace que, como anacronía, la discordancia de este tipo de afirmaciones con la situación contemporánea sea grotesca. Por lo tanto, expone a los ojos del lector, con una voluntad de dejarlas en evidencia, las formas discursivas de los conservadores decimonónicos. Lo importante es que el autor en esta progresión analítica indica el pensamiento ideológico social y la diferencia entre los dos bandos políticos de Colombia, a través de metáforas de la guerra:

> Por sentimientos humanitarios, Aureliano simpatizaba con la actitud liberal respecto a los derechos de los hijos naturales, pero de todos modos no entendía cómo se llegaba al extremo de hacer una guerra por cosas que no podían tocarse con las manos. (García Márquez, 1970:86)

Se trata, evidentemente, de poner en evidencia la confrontación por ideas de los dos bandos. La inmaterialidad de los valores que defienden uno y otro implica el desconcierto de esta persona que, inocente ante la dualidad de posiciones, intenta analizar las causas objetivas de la guerra y no las encuentra.

Nuevamente es también la metáfora de la humanización de este Aureliano (a quien su suegro llama Aurelito), ligado al tono de humor e ironía: "Le pareció una exageración que su suegro se hiciera enviar para las elecciones seis soldados armados con fusiles, al mando de un sargento, en un pueblo sin pasiones políticas." (García Márquez, 1970:86)

En *Cien años de soledad,* y en toda su obra, García Márquez dedica su completa atención a un léxico matizado de símbolos de violencia, hipérboles, metáforas de vida y muerte, fraude y propugna la intensidad expresiva sincera y algunas veces a costa del equilibrio lingüístico formal. Es el realismo y manierismo garciamarquiano, directo a lo colombiano, que como se menciona anteriormente denota lo que antes no habíamos leído abiertamente, el fraude político:

Esa noche, mientras jugaba dominó con Aureliano, le ordenó al sargento romper la etiqueta para contar los votos. Había casi tantas papeletas rojas como azules, pero el sargento sólo dejó diez rojas y completó la diferencia con las azules. Luego volvieron a sellar la urna con una etiqueta nueva y al día siguiente a primera hora se la llevaron para la capital de la provincia. «Los liberales irán a la guerra», dijo Aureliano. (García Márquez, 1970:87)

Ahora, sin embargo, observa un hecho objetivo que puede causar la confrontación. Se trata del fraude electoral que hace que la igualdad en la voluntad popular se vea alterada por el ejercicio de la manipulación de resultados. En ese punto es donde Aureliano entiende alguno de los motivos para revelarse contra una situación. Se trata, obviamente, de una muestra de una práctica histórica/política frecuente en el mundo hispano—muy poco dado a las democracias—que en los siglos pasados ha ocasionado más de un conflicto civil.

La afirmación que cierra el párrafo es, al tiempo, el anuncio por metonimia de la muerte. La muerte forma parte de la guerra, luego estas palabras convidan al lector a inferir el desarrollo de las páginas siguientes.

La valoración semántica que le damos a algunas expresiones como la anterior nos adentra en un campo léxico explorado y explotado con habilidad por el autor. El mundo de la muerte y de los muertos comporta un uso particular de determinados vocablos. Así, el valor metafórico que podrían tener las palabras siguientes nos dan que pensar en tanto que hay implícito un juego de equivalencias de las que el narrador nos hace partícipes. Se trata de la visita del fantasma de Prudencio Aguilar: "Ya casi pulverizado por la profunda decrepitud de la muerte, Prudencio Aguilar iba dos veces al día a conversar con él." (García Márquez, 1970:122).

Es decir, la decrepitud, aplicable a la vida, se proyecta más allá del mundo de los vivos para buscar un paralelismo en el mundo de los muertos. Se trata, según entendemos, de un muerto viejo. No es, como podríamos pensar, la visita del muerto lo que se intenta matizar con las palabras del narrador, puesto que a eso ya nos había acostumbrado en las páginas anteriores, sino la visita de alguien que se comporta como un viejo. Es un muerto antiguo que actúa siguiendo el comportamiento de un viejo amigo que rinde visita un par de veces al día.

Aquí, el autor manipula lo real, la muerte de Pudencio Aguilar, con la elipse vida/muerte, resulta la escena seria/cómica, pues nos damos cuenta: "Pero en realidad, la única persona con quien él podía tener contacto desde hacia mucho tiempo era Prudencio Aguilar" (García Márquez, 1970:122) Evidentemente, Prudencio Aguilar no era persona, sino, admitido el carácter maravilloso de su entidad como fantasma y, por tanto, considerado como realidad en términos literarios, la atribución de carácter "persona" acerca más al protagonista hacia los términos de la muerte, porque es Prudencio quien se esconde en lo más antiguo y profundo de este mundo, el de los muertos. Además nos remite al pasado más lejano de la narración y a la causa de la fundación de Macondo.

Hemos elegido este pasaje para mostrar hasta qué punto lo inverosímil tiene anclajes en el mundo real de referencia, el común al lector y al autor. No se trata ya de sorprender al lector con la aparición de un muerto sino de darle rasgos humanos de viejo. El sentido que otorga García Márquez a esa "vejez" es la del cansancio, la del sosiego, la de la senectud meditada y tranquila de alguien por el que la experiencia ha discurrido durante muchos años. Es, en ese sentido, un personaje tan vivo como los otros si prescindimos de su atribución como "muerto". Es un compañero y confidente perfecto para Aureliano Buendía, que ve pasar el tiempo como el vivo que no es.

Con ello llegamos a una conclusión parcial; las coordenadas de un mundo de referencia siguen imperando en el proceso de escritura más allá del hecho imaginativo. Este mundo posible en el que los muertos superan la muerte física se ve matizado por la posibilidad—más allá de lo que nos marcaría la literatura maravillosa del Romanticismo—de envejecer de manera paralela a la de los vivos.

Es decir, lo fantasmagórico romántico se ve subvertido por un componente tomado del conocimiento del mundo real. El envejecimiento, valor realista o verosímil, se pone en contrapunto con el carácter fantasmal.

En buena medida ya hemos anunciado nuestra consideración de esta opción estética. Principalmente volvemos a destacar el valor de subversión de los modelos literarios decimonónicos: el realista/naturalista y el romántico. Ese eje del Realismo Mágico que hasta ahora no habíamos analizado con tanto detalle es el que nos lleva a la parte realista que queremos estudiar, a los elementos contextuales que son necesarios para construir el mundo imaginario de Gabriel García Márquez.

No tratamos únicamente de convencer a nuestros lectores y juzgadores de las posibilidades que tienen estas referencias a los componentes del mundo cotidiano sino que pretendemos ir indicando hasta qué punto lo maravilloso esconde transformaciones de determinados episodios o traslaciones en el proceso imaginario-creativo de la escritura.

La referencia a las diferencias históricas entre liberales y conservadores, a la Guerra de los Mil Días, a la matanza de las bananeras, por ejemplo, nos proporcionan datos históricos explícitos en los que el autor fundamenta buena parte del argumento de sus obras. Es decir, sobre estos extractos del mundo real efectivo va construyendo su mundo imagianario.

Pero de una manera coherente busca que sus personajes representen el papel que les corresponde en atención a su ubicación social. Las alusiones a Van Dijk en los prolegómenos de nuestro estudio van encontrando acomodo definitivo cuando vemos que hay una relación directa entre los anclajes sociales de determinado tipo de discursos y las expresiones usadas por esos personajes que están ligados a un grupo. Sin ir más lejos, podemos hacer un seguimiento del discurso religioso y marcar incluso una evolución diacrónica entre los modelos de discurso de los religiosos que aparecen en las novelas de autor colombiano.

Distinguimos entre la jerarquía eclesiástica y su discurso de poder en los siglos de la colonia, sobre todo aquel tipo de argumentaciones vinculadas al Santo Oficio, y un tipo discursivo en que, a pesar de su hegemonía en el poder social, la iglesia entra en la pugna argumentativa con otros grupos sociales. El primero sería el caso de *Del amor y otros demonios*, el segundo *Cien años de soledad*. En las dos novelas los personajes religiosos usan, como decimos, un discurso similar; sin embargo hay notables diferencias en el posicionamiento de unos y otros frente al resto de la sociedad.

Otro de los aspectos chocantes en el estudio de los anclajes sociales del discurso de los personajes que hemos estudiado es el lenguaje y la actitud castrense. No se trata únicamente de la actitud de los militares profesionales—caso del dictador o de los militares chilenos—sino también de la actitud de personajes como el Coronel Buendía mientras ejerce el poder en Macondo. Más allá de su discurso taxativo, falto de racionalismo y razonamiento, el militar habla dando órdenes y en caso de contradicción reacciona con otra orden, llegando al extremo del fusilamiento.

En otros casos es el militar derrotado el que, sin llegar a implorar, nos da un tipo de discurso más sumiso. Cuando en *El coronel no tiene quien le escriba* se nos presenta a un hombre resignado a aquello que le dice el cacique comerciante del pueblo, que no protesta ante unas condiciones impuestas sobre la compra del gallo, nos planteamos las condiciones sociales del derrotado, del apartado por sus ideas políticas al que únicamente queda la honra militar y el respeto hacia quien tuvo un hijo sacrificado por la causa.

Otro de los personajes habituales en las novelas examinadas es el médico. Tanto en *La hojarasca*, como en *El coronel no tienen quien le escriba*, como en *El amor en los tiempos del cólera* nos encontramos con alguien que desempeña esta profesión.

En nuestras apreciaciones sobre estas novelas hemos venido apuntando qué tipo de discurso destilaban. Se trata, por su oficio, de unos hombres dados a la ciencia y al servicio del ser humano. Es decir, lo que se espera de ellos es cierto grado de sabiduría puesta a disposición del pueblo. Ello se cumple en *El coronel*, incluso en *El amor en los tiempos del cólera*. En el caso en el que genera conflicto social su comportamiento, precisamente, es en *La hojarasca*. El racionalismo que se puede atribuir al discurso de los médicos está muy ligado a la idea del personaje próximo al liberalismo político. Ello lleva al contraste con otro tipo político como puedan ser los alcaldes de la población, incluso los curas.

Otra de las divisiones sociales que se reflejan claramente a lo largo de la obra del escritor de Aracataca es la de los grupos étnicos. Especialmente clara se nos ofrece en *El amor en los tiempos del cólera* y *Del amor y otros demonios*. En la primera el narrador nos ofrece la descripción de una sociedad del XIX todavía dividida en dos grupos étnicos bien diferenciados: los negros que viven al otro lado de la bahía, a los que se atribuyen una serie de costumbres más lejanas de las maneras europeas de entender la vida y las relaciones sexuales. En la segunda, siguiendo el mismo tipo de división, nos encontramos con el mundo de los esclavos, sus creencias, sus lenguas, sus costumbres diferentes de las impuestas por la colonización que son, en buena medida, las causantes de la falta de sumisión de Sierva María a los usos y costumbres de procedencia española.

En otra parte podemos situar la presencia de personajes femeninos de índole diversa. Comencemos por el personaje que representa lo maternal; tanto Úrsula Iguarán como la madre de *La hojarasca*, como la madre de Santiago Nasar de *Crónica de una muerte anunciada*, responden a un tipo marcado por determinados parámetros comportamentales y una atribución discursiva similar. La figura matriarcal toma una medida paródica, sin embargo, en *Los funerales de Mamá Grande*, en los que encontramos reminiscencias de tipo bíblico y un discurso que gira en torno a esta mujer.

En otro punto colocaríamos el papel de la mujer abnegada, que asume su situación sumisa al hombre. Desde Fermina Daza, pasando por la imagen de algunas esclavas, hasta la misma Cándida Eréndida que aguanta las embestidas sexuales del hombre, encontramos una gradación en este tipo de personaje.

En lo que atañe a la mujer que representa la realización de los instintos primarios masculinos nos encontramos con un arquetipo de la literatura garciamarquiana en la figura de Pilar Ternera. Desde ella hasta la alcahueta de *Memoria de mis putas tristes* tenemos un bagaje de mujeres en las que predomina su caracterización como personajes a partir de lo sexual.

Uno de los ejemplos nos los proporciona la relación estrecha que se establece entre lo animal y lo sexual. Como ha indicado Yolanda González (1992: 547) "los diferentes actos sexuales, que no amorosos, responden como ya hemos mencionado, a una conducta humana primitiva, de manifiesto derroche instintivo, incluso animal."

En el caso de Pilar Ternera observamos una evolución de la joven apasionada y obsesionada con el miembro de uno de los Buendía, hacia el terreno de la confidencia necesaria a la prostituta. Ese sentido de la intimidad fuera del ámbito familar llega a establecer una relación que va más allá del mero desahogo sexual masculino.

Para el viejo escritor de *Memoria de mis putas tristes* la vieja madame es el personaje que conoce sus carencias afectivas y, en ese sentido, una confidente más. Es decir, encontramos una traslación de valores en los que la prostituta suele pasar más allá del mero plano de receptora del sexo masculino. En definitiva, además del componente sexual que parecería destacarse en el plano de la historia hay que asumir el papel de receptora, que escucha, de confidente y consejera que va adoptando el discurso de la mujer-sexo garcíamarquiana.

Otro de los temas que nos acercan a una visión realista del mundo a través de las novelas de nuestro escritor es el cúmulo de guerras sin sentido; masacres y revueltas narradas por nuestro autor, que amplían bajo otra forma, que transforman racionalmente las muchas cosas desagradables que suceden a diario en la república de Colombia. Es la forma testimonial, es el expresionismo propio del autor, o la violencia narrativa, objetiva por la determinación sangrienta que detecta la historia viva de Macondo y el mundo Iberoamericano, y que vislumbra un hecho histórico innegable, ya analizado ampliamente en el preámbulo histórico colombiano y en *Vivir para contarla* (2002), es así, también como el autor lo recuerda:

> Era otra vez la realidad histórica del siglo XIX en el que no tuvimos paz sino treguas efímeras entre ocho guerras civiles generales y catorce locales, tres golpes de cartel y por ultimo la guerra de los Mil Días, que dejó unos ochenta mil muertos de ambos bandos en una población de cuatro millones escasos. Así de simple: era todo un programa común para retroceder cien años. (García Márquez, 2002:291)

En *Cien años de soledad,* el coronel Aureliano Buendía recuerda:

> Durante muchas horas, al margen de los sobresaltos de una guerra sin futuro, resolvió en versos rimados sus experiencias a la orilla de la muerte. Entonces sus pensamientos se hicieron tan claros, que pudo examinarlos al derecho y al revés. Una noche le pregunto al coronel Gerineldo Márquez:
>
> —Dime una cosa, compadre.
> ¿Por qué estás peleando?
> —Por qué ha de ser, compadre—
> contestó el coronel Gerineldo Márquez—:
> por el gran partido liberal.
> —Dichoso tú que lo sabes—contestó él—.
> Yo por mi parte, apenas ahora me doy cuenta
> que estoy peleando por orgullo.
> —Eso es malo—dijo el coronel Gerineldo Márquez.
> Al coronel Aureliano Buendía le divirtió su alarma. «Naturalmente», dijo. «Pero en todo caso, es mejor eso, que no saber por qué se pelea.» Lo miró a los ojos, y agregó sonriendo:
> —O que pelear como tú por algo que no significa nada para nadie. (García Márquez, 1970:119).

EL ESTILO COMO FILTRO IDEOLÓGICO DE LO REAL.

En otro orden de cosas, hemos de hacer una mención explícita a las utilizaciones metafóricas o hiperbólicas que el autor hace de lo real. Son, en definitiva, maneras de transmitir la percepción de la realidad a través de la caracterización estilística y, por consiguiente, se convierten en variantes de estilo con una función pragmática: hacer más efectivo el efecto de lo real sobre el lector. La metáfora en la obra literaria de García Márquez es un elemento que puede ser el encuentro de dos facultades incompatibles en la lengua estándar.

Algunas veces es un fragmento descriptivo, así la metáfora existe en una forma contextual que lo permite y cuando es posible; pero, también es cierto que, si no existe el contexto no se puede descubrir la metáfora.

García Márquez modela la metáfora a su propio estilo, la metáfora evoluciona, le da un significado y obviamente añade humor y belleza a la idea. El autor la utiliza como substitución, como comparación o como elemento de interacción. De todas formas, la metáfora está presente en toda la obra periodística/literaria de García Márquez, que conscientemente y bien estructurada le da gran fuerza léxico/lingüística.

(Hans Blumenberg, 2001:39) escribe: "Los filósofos tienen lectores y oyentes. Sus lectores no les ven nunca. Por otra parte, se enfrentan a productos acabados, de los que se ha expurgado todo lo que podría interpretarse como una huella involuntaria de subjetividad."

La Yuxtaposición es evidente: la objetividad del cadáver unida a la subjetividad, matizada también de un humor raro y retorcido:

> No encontraron ninguna herida en su cuerpo ni pudieron localizar el arma. Tampoco fue posible quitar el penetrante olor a pólvora de cadáver. Primero lo lavaron tres veces con jabón y estropajo, después lo frotaron con sal y vinagre, luego con ceniza y limón, y por último lo metieron en un tonel de lejía y los dejaron reposar seis horas. (García Márquez, 1970:116)

También es la ironía inflamada de hipérboles poderosas:

> Cuando concibieron el recurso desesperado de sazonarlo con pimienta y comino y hojas de laurel y hervirlo un día entero a fuego lento, ya había empezado a descomponerse y tuvieron que enterrarlo a las volandas. (García Márquez, 1970:116)

El lector visualiza a través de poderosas imágenes, y solamente con la narración de dos páginas; la viuda del muerto:

> Tan pronto como sacaron el cadáver. Rebeca cerró las puertas de su casa y se enterró en vida, cubierta con una gruesa costra de desdén que ninguna tentación terrenal consiguió romper. (García Márquez, 1967: 117)

La metáfora de la "costra de desdén" sirve para manifestar el sentimiento de Rebeca hacia todo aquello que la rodeaba, un sentimiento que se aisla del contacto con los demás precisamente porque la "recubre" y es "irrompible". La imagen de un caparazón de aislamiento en el que se esconde el desprecio a todo lo que la rodea se sintetiza, precisamente, a través de la metáfora que hemos visto.

Nuevamente la historia analizada anteriormente, vuelve a recordarnos los hechos:

> Salió a la calle en una ocasión, ya muy vieja, con unos zapatos color de plata antigua y un sombrero de flores minúsculas por la época en que pasó por el pueblo el Judío Errante y provocó un calor tan intenso que los pájaros rompían las alambreras de las ventanas para morir en los dormitorios. (García Márquez, 1970:117)

La relación de los hechos, sin embargo, nos aboca a la aparición de comportamientos de tipo hiperbólico que rompen con las bases de la verosimilitud. En ocasiones tendemos a pensar que las construcciones poéticas (el calor que desprende el personaje) se asumen literalmente y se proyectan en la realidad del universo literario. Ello quiere decir que la construcción misma de la hipérbole se fundamenta en la literariedad del lenguaje y, por lo tanto, asume la ruptura de las fronteras de la verosimilitud en relación con el mundo real efectivo. Un comportamiento, unos hechos exagerados, sin embargo, se dan como buenos dentro de los valores de verdad de la narración. En ese sentido se establece una simbiosis entre la expresión literaria y el valor de verdad atribuible a aquello narrado. Con la expresión de estos significados hiperbolizados nos lleva a descripciones propias del realismo mágico. Sin embargo, cuando analizamos escritos como *Relato de un náufrago* nos damos cuenta de que aparecen este tipo de hipérboles y de metáforas. El sentimiento del náufrago cuando observa el reloj en la primera noche nos muestra un lenguaje hiperbolizado a través de la reiteración de expresiones como "miré el reloj cada minuto" o "había pasado toda la noche mirando el reloj". Es decir, a pesar de lo coloquial de estas expresiones que se sitúan en la frontera de lo hiperbólico y de lo real—en cierto grado asumen un carácter fraseológico ligado a la obsesión por el tiempo—entendemos que el efecto buscado por el autor es transmitir la sensación de angustia/soledad "permanente" que viene sellada por la imagen del símbolo del tiempo por excelencia.

Poderosas metáforas que denotan y llevan al lector a la interpretación de la locura de José Arcadio, y a través de su locura e imaginación nos presenta al muerto, Prudencio Aguilar, envejecido por el tiempo e imaginación del vivo, acompañando a José Arcadio en su terrible soledad.

El muerto también se "humaniza", paralelamente acompañando al único culpable de su muerte. Es el protagonista dentro del protagonista muerto, que evoluciona: envejece, se humaniza, acompaña a José Arcadio en su "locura"; es así como el autor crea su ficción de irrealidad y realismo paralelo entre la vida y muerte. Es el triangulo: la irrealidad/realidad, la soledad/locura y la muerte/vida. Y es así que vamos (los lectores) aprendiendo cómo el autor construye la estructura literaria. *El Centro Virtual Cervantes,* especifica:

> García Márquez llega a ser coetáneo de la eternidad al adueñarse del tiempo, una de sus obsesiones, como el amor y la muerte, o el honor y la venganza, elementos con los que arma una particular mitología. (Instituto Cervantes (España, 2002-2004). http://cvc.cervantes.es/actcult/garcia_marquez/obsesiones/

El tiempo, nostalgia, añoranza, soledad, muerte y vida son nociones que anuncian el particular significado que el autor crea:

> Cuando por fin lo identificó, asombrado que también envejecieran los muertos, José Arcadio Buendía se sintió sacudido por la nostalgia. «Prudencio—exclamó—, ¡cómo has venido a parar tan lejos! » Después de muchos años de muerte, era tan intensa la añoranza de los vivos, tan apremiante la necesidad de compañía, tan aterradora la proximidad de la otra muerte que existía, dentro de la muerte, que Prudencio Aguilar había terminado por querer al peor de sus enemigos. Tenia mucho tiempo de estar buscándolo. (García Márquez, 1970:71)

Es la muerte dentro de la otra aterradora muerte, es el tiempo estancado dentro del otro tiempo pasado, es la tragedia humana dentro de la otra tragicomedia, es la vida dentro de la otra vida y muerte y esencialmente es la espantosa soledad de vida y muerte:

> José Arcadio Buendía conversó con Prudencio Aguilar hasta el amanecer. Pocas horas después, estragado por la vigilia, entró al taller de Aureliano y le preguntó: « ¿Qué día es hoy? » Aureliano le contestó que era martes. «Eso mismo pensaba yo», dijo José Arcadio Buendía. «Pero de pronto me he dado cuenta de que sigue siendo lunes, como ayer. Mira el cielo, mira las paredes, mira las begonias. También hoy es lunes. » (García Márquez, 1970:71)

La metáfora del día que no pasa nos lleva al concepto de eternidad, del tiempo perenne en que nada cambia. Por lo tanto, la visión de lo anodino/trivial, del día a día en que nada variaban las cosas, marca la sensación de hastío de José Arcadio Buendía, más cercano a Prudencio Aguilar en su amistad con el muerto que a lo que le rodea: el tiempo que pasa. Este indicio del cansancio de la vejez nos lleva a la consideración de la imagen de José Arcadio como el primero de la saga que se eterniza en la narración, atado al árbol, viendo como pasa una generación y otra sin que, en apariencia, cambie nada. También el autor profundiza la metáfora secular/evangelizante:

> Le comentaban que durante muchos años habían estado sin cura, arreglando los negocios del alma directamente con Dios, y habían perdido la malicia del pecado mortal. (García Márquez, 1970:75)

A través de la cosificación de la idea de la iglesia en el padre Nicanor, nos encontramos con todo un ejemplo de las relaciones que se establecen entre clero y feligresía. La presencia de un hecho paranormal—sobrenatural en terminología del creyente—está condicionada por la ingestión de chocolate. Es decir, un hecho tan extraordinario se explica a partir de otro tan banal y cotidiano como la comida de este alimento que, si nos acercamos a la tradición precolombina, tenía determinadas propiedades.

> Entonces el padre Nicanor se elevó doce centímetros sobre el nivel del suelo. Fue un recurso convincente. Anduvo

varios días por entre las casas, repitiendo la prueba de levitación mediante el estimulo del chocolate, mientras el monaguillo recogía tanto dinero en un talego, que en menos de un mes emprendió la construcción del templo. (García Márquez, 1970:75)

El padre Nicanor sabía muy bien el juego del negocio de la levitación, el cual dejaba buenas ganancias para la obra de Dios. Además se daba cuenta de la lucidez de José Arcadio Buendía, "le preguntó cómo era posible que lo tuvieran amarrado a un árbol.

—Hoc est simplicisimum—contestó él—: porque estoy loco. (García Márquez, 1970:76)

Contrastan, por lo tanto, el conocimiento libresco y la razón aprendida de José Arcadio, con las creencias de tipos sobrenaturales e ilógicas que representa el padre Nicanor. Este juego de contrastes nos sirve también para apuntar hasta qué punto García Márquez se sirve de un personaje con capacidades sobrehumanas (José Arcadio puede hablar con Prudencio y, en ese sentido, supera la frontera física de la muerte) con otro que, en un sentido parecido, obra un prodigio con la voluntad de someter a todo el pueblo y sacar una suma lo suficientemente cuantiosa para la construcción de la iglesia.

Es decir, la aparente milagrería del sacerdote se queda, analizado fríamente, en una anécdota al lado de las capacidades científicas y pseudocientíficas del protagonista y, más aún, de la clarividencia del presunto "loco" amarrado al árbol.

El sesgo ideológico, por lo tanto, nos lleva a ver con cierto grado de ironía la imagen del cura. Sin presentarlo como alguien que labora únicamente por su propio interés, nos deja entrever que pone al servicio de los de la iglesia toda una serie de recursos de los que, por otra parte, la iglesia parece haberse servido durante siglos.

En este sentido podemos introducir como conclusión que el estilo es una forma de filtrar la realidad. La utilización de metáforas y de hipérboles tan a menudo favorece que el escritor transmita una percepción de la realidad—de aquellos detalles de la realidad que quiere destacar—desde una opción estilística concreta. Queremos decir que la opción por la metáfora y por la exageración tienen una función en la transformación de la realidad en literatura, sobre todo si vemos en qué aspectos van unidas estas figuras a lo referido. Vemos, por ejemplo, su aparición abundante en aquellos aspectos que van referidos a la violencia, al sexo y la división racial de la sociedad. Una especial incidencia de lo metafórico y de lo hiperbólico se encuentra en las referencias a la muerte, como hemos visto durante este trabajo. Como decimos, en aquellos aspectos en los que interesa más impactar al lector nos encontramos con un recurso de transformación. De hecho, el cambio cuantitativo de los muertos en las bananeras es todo un ejemplo de cómo el autor usó de la exageración para, a través de un tren lleno de cadáveres, dar una imagen más impactante en lo literario, aunque distorsionada en lo real.

Esto no quiere decir que el escritor, en ocasiones, prescinda de una línea más pragmáticamente realista y se reserve, también como recurso estilístico, la opción de transmitir las cosas tal cual las observa. En sus viajes hemos encontrado algunas expresiones que, por realistas, tienen más fortuna. Nos referimos, por ejemplo, a la visión de la "cortina de hierro" que en realidad es un "palo pintado de rayas". En otro punto la transcripción de una autopsia, con su lenguaje aséptico, nos deja ante la realidad en su forma más descarnada. Lo mismo ocurre cuando habla de los souvenirs del campo de concentración nazi. No necesita nada más que expresar cómo encontró a un judío que conservaba a su abuelo en forma de pastilla de jabón o como otros se habían convertido en objetos de piel curtida.

Es decir, la fabricación de la realidad literaria en García Márquez obedece a cuestiones ideológicas y, para ello, usa del estilo como vía para causar un impacto concreto en sus lectores, sorprender sus expectativas de alguna manera que les transmita lo más patético de determinadas situaciones, lo más instintivo en el sexo (referencias al falo como animal, por ejemplo), lo más lúgubre sobre la muerte (la imagen cansada y antigua, polvorienta, de Prudencio Aguilar) y al tiempo lo más real y evidente (transcripción de una autopsia o relación de objetos que perviven del genocidio provocado por los nazis).

A todo ello cabe sumar una tendencia constante a la ironía, revisada a lo largo de muchas páginas y destacada casi en la totalidad de las obras estudiadas que buscan, en lo ideológico, despertar la complicidad del lector. Es decir, el lector es el encargado de realizar una serie de inferencias que, conociendo las posturas de García Márquez, puede llegar a descubrir aquellos mensajes implícitos—llamémosle implicaciones ideológicas—que se esconden detrás de un sinfín de expresiones. Por ejemplo, las alusiones a Pinochet en el caso del trabajo sobre Miguel Littín son uno de estos casos. Otro puede ser la afinidad buscada entre Santiago

Nasar y Cristo cuando en los dos casos observamos a un personaje sacrificado con el consentimiento de una comunidad de creencias condicionadas, en el primer caso, por el catolicismo (equivalencia virginidad femenina, honor masculino). Justamente el origen árabe de Nasar da una paradoja aparente a la historia que se cuenta.

Ese sentido de la conciencia crítica que aflora a través de la ironía o de la parodia de los subgéneros narrativos, según la ve Isabel Rodríguez (1991), marca también la pauta ideológica de nuestro escritor, puesto que busca la complicidad de los lectores. Otra cosa es que la encuentre en su totalidad o no.

SUMARIO DE LO IDEOLÓGICO OBSERVABLE EN LA OBRA DE GARCÍA MÁRQUEZ.

A lo largo de las páginas anteriores hemos tenido la oportunidad de ir sintetizando las ideas que aparecen en la literatura de García Márquez desde un análisis literario. Esas ideas nos trasladan, evidentemente, al plano de la interpretación definitiva que hemos pretendido al plantear esta tesis doctoral.

Por ello nos decidimos, ahora, a resumir el apartado de las conclusiones en función de lo descrito en el apartado anterior.

Para empezar, tenemos bien presente una formación política que se despliega de manera paralela a la literaria. La influencia del episodio histórico conocido como

La Violencia es determinante para entender el posicionamiento de nuestro autor frente a los episodios que se desprenden del militarismo: dictaduras y guerras. En ello es un elemento decisivo y coadyuvante la asimilación de la historia oral a través de la figura del abuelo, el Coronel Márquez, que se convierte en correa de transmisión de los conocimientos que el escritor tiene de *La Guerra de los Mil Días.*

Este factor histórico no es el único que influye en nuestro escritor. Puesto a analizar la realidad colombiana, toma postura a partir del estudio de los elementos históricos que contribuyen a la configuración del mundo que lo rodea. Por eso no desestima un sistema de análisis histórico de tipo dialéctico en el que convoca una serie de voces representadas en su obra. La polifonía de las obras de García Márquez responde, a menudo, a un interés por reproducir los discursos tipo de los grupos sociales que han intervenido en la formación de Colombia y que han sido parte activa en los conflictos.

De ahí que los militares, los liberales, los conservadores, la iglesia, la aristocracia postcolonial, los esclavos, los indígenas, las prostitutas y los médicos sean personajes abundantes en sus novelas. A partir de ellos construye una serie de estereotipos que responden, además de a un determinado comportamiento, a un discurso que el autor perjeña atendiendo a aquellas ideas y expresiones que han aportado a lo largo de la historia.

En ese sentido hemos defendido la visión de un escritor realista, en tanto que conocedor del contexto y transmisor de aquello que le interesaba aprovechar para verlo reflejado en el plano de la ficción.

Ese plano de la ficción juega con la transformación de estilo y de contenidos de una manera diseñada. Es decir, recurre a la elaboración estilística con la intención de producir determinados efectos en el lector, como si quisiera poner de relieve algunos aspectos concretos de lo que nos narra. En ese sentido aprovecha episodios concretos ligados a la violencia, al sexo, a la soledad, a la muerte, para construir metáforas y lanzar su expresión literaria al plano hiperbólico. Ello, como hemos dicho, lleva aparejada la idea de exaltar esos pasajes para que el lector detenga su atención en ellos, como si de un anuncio publicitario dentro de otro nivel en el texto se tratara. Implica, claro está, que se decante por destacar los elementos temáticos que más le interesan, y estos ligados a una visión ideológica que, en múltiples ocasiones, se desvela a través de recursos como la ironía.

La complicidad buscada con el lector es muestra evidente del uso de la ironía para mostrar los implícitos de la lectura. En esos implícitos acostumbra a aparecer de nuevo el plano ideológico: ironías sobre la iglesia, sobre el catolicismo colombiano, sobre las costumbres, sobre las formas de gobierno, sobre la disciplina militar, sobre la virilidad y un sinfín de elementos más, nos permiten acercarnos de manera evidente al García Márquez que se oculta detrás del narrador.

Algunas de esas implicaturas son de tipo político, como hemos señalado también. Otras, sin serlo directamente, nos obligan a la reflexión de carácter histórico y social, con lo que nos acercan también a un análisis de factores que conforman la realidad colombiana.

De ello se desprende, en ocasiones, un sentido revolucionario en lo político y en lo estético que pasa por la revolución del Realismo Mágico y que se entiende como una vía de transformación de la realidad.

Lo maravilloso, ligado a una formación infantil y al conocimiento de un tipo de literatura que rompe los moldes decimonónicos, aparece como forma de separación de los criterios realistas-positivistas del XIX y con la otra tendencia a acatar todo lo fantasmgórico sobrenatural desde una perspectiva de temor religioso o moral. En este caso se rompe la línea moralista que había ofrecido la literatura romántica de autores como E.T.A. Hoffman o Stoker y se acerca más a una visión transgresora de los límites marcados entre una y otra opciones.

Ese sentido de lo revolucionario le lleva también a la actividad periodística y testimonial en la redacción de algunos reportajes novelados que ya hemos comentado. Paralelamente desarrolla su periodismo, en el que el nivel de ensayo manifiesta de manera más clara sus posturas sobre temas concretos. De ahí que deduzcamos aspectos menos relevantes en el plano literario como su amistad con Castro o González, pero al tiempo descubramos su evolución y sus inquietudes. De ello podemos marcar, por ejemplo, una serie de propuestas derivadas de lo leído como la idea de avance hacia el entendimiento y engrandecimiento económico, hacia un mejor poder adquisitivo individual: salarios óptimos para todo el núcleo social, para disfrutar con dignidad humana y que sea suficiente para pagar un techo donde vivir, comer y además un sobrante para el consumo individual, consumo o poder adquisitivo que, al mismo tiempo vitaliza y mueve la economía existente.

Cuando estos lastimados países del tercer mundo quieran y entiendan esta verdad económica (Non-zero sum), del mundo occidental, vendrá un mejor futuro para sus habitantes. Sin perder de vista, que para las súper-potencias económicas mundiales de hoy (poquísimas, no más de cinco), indudablemente viene a ser una gran ventaja económica para ellas, el vender armas a esos países de atrasada/pobre economía, para que continúen las guerras.

Lo elocuente de la monumental obra narrativa de García Márquez es la poderosa y profunda facultad que tienen las palabras del autor. Es un modo eficaz para deleitar, conmover, y especialmente para persuadir al lector. Es textualmente, como el autor lo manifiesta: "el poder de la palabra", éste gran lujo que, muy pocos autores logran conseguir.

Obviamente, García Márquez no es un escritor típico; tampoco sus novelas pueden considerase típicas; es el intenso trabajo intelectual, que se podría enunciar así: Gabriel García Márquez el hombre, ese "mismo yo" que viene a formar la parte biográfica, y dentro de esa importante parte, también existe la parte de ficción de ese mismo"yo".

Luego, viene la Voz Narrativa, que puede ser la voz femenina o masculina de sus muy complicados personajes, que son sacados a su vez, de esa prosa única de su cultura popular y que une al lector con su lengua castiza colombiana. Y desde luego la fuerza poética que rechaza los límites impuestos por unas u otras convenciones literarias, políticas, sociales, religiosas, y el sin fin de ataduras léxico-semánticas que a su modo, el autor domina plenamente.

Es la magia de la palabra y sus ilimitados significados conceptistas que nos deleitan y nos mantienen pendientes hacia el aviso de su próxima novela. Es la viveza creativa que fija su epicentro, bajo un expresionismo intenso, valiéndose la mayoría de las veces de protagonistas fracasados, luchando contra la miseria humana, que por circunstancias oscuras, pero reales, es además cierto que luchan diariamente para seguir adelante, para continuar su combate diario del hambre física y espiritual, y la soledad a que han sido condenados por los demonios del pasado y del presente.

Más que la pasión, es la obsesión, para crear racionalmente con cada palabra un universo sin límites, del mundo maravilloso real y sureal que existe dentro del pensamiento del autor, el cual nos revela muy poco o casi nada de su vida privada, manteniendo la distancia que le corresponde como el autor hispanoamericano más leído en la actualidad. Y al contrario de Kafka, no lo destruye, y logra un impecable estado ecuánime que disfruta en una larga vida, sosteniendo día a día el tremendo peso del mundo literario/intelectual que lo apasiona.

Gabriel García Márquez usa el *poder de la palabra*, y enfoca su misión bajo una estructura literaria, cuidadosamente estudiada para divertir y recrear; sin olvidar su razón esencial, con la cual sutilmente educa, informa y distrae al lector.

Por ello, se podría afirmar también, que reta las complejas perspectivas convencionales de su cultura y atrae a una dinámica y saludable discusión alrededor de la comunidad global. Sin olvidar, el diálogo permanente que alrededor de su obra periodística y literaria ha generado en los círculos intelectuales del mundo. Es el examen de temas universales que hoy en día están muy en boga, como por ejemplo los derechos humanos, la paz mundial, la religión, la política y la muy necesaria tolerancia entre las diferentes culturas del mundo, para llegar a un utópico entendimiento universal, con miras a la globalización económica-social de más equidad y racionalmente pro-humana.

En resumen, Gabriel García Márquez como creador de arte a través de su extensa obra periodística/literaria, busca por medio de sus propias convicciones sociales, políticas, religiosas un cambio para el mundo que lo rodea. Es la lucha y la tremenda responsabilidad consigo mismo, así el autor refina una lengua diferente, auténtica, que lo obsesiona, que intensamente expresa lo que él ve, oye y siente a su alrededor, enfocando la miseria humana. Valiéndose de su materia prima, en este caso el profundo poder imaginativo, trascrito en sus textos, poder que lo asegura y encuentra acogida mundial en sus lectores, quienes a su vez, creen en el mensaje que el autor quiere y desea difundir acerca de las lacras que afligen al mundo y consecuentemente al vulgo común. García Márquez como creador inconfundible, es quien ha logrado un lugar muy especial como genio literario.

Apéndice A

Obra Periodística 1
Textos costeños (1948-1952)
Cartagena, Barranquilla, Colombia

(*La tercera resignación*, por *Gabriel García Márquez, en El Espectador*, Bogotá, 13 de septiembre de 1947, Sección "Fin de semana", p.8).

(Eva esta dentro de su gato, por *Gabriel García Márquez*, en *El Espectador*, Bogotá, 25 de Octubre de 1947, Sección "Fin de semana", p.8).

(Tubal-Caín forja una estrella, por Gabriel García Márquez, en El Espectador, Bogotá, 17 de enero de 1948, Sección "Fin de semana", p.8).

El Universal, Cartagena [24]

Mayo de 1948
Páginas 4 y 7. *Punto y aparte, por Gabriel García Márquez* ("Los habitantes de la ciudad...").

Punto y aparte, por Gabriel García Márquez ("No sé qué tiene el acordeón...").

—— ("Mientras el consejo de seguridad discute...").

—— ("Yo podría decir...").

—— ("Crucificado en la mitad de la tarde...").

—— ("Un nuevo, inteligente y extraño personaje...").

—— ("Frances Drake es una respetable dama...").

---

[23] Esta cronología pretende ser exhaustiva y dar cuenta de todos los textos de García Márquez identificados con certidumbre entre septiembre de 1947 y diciembre de 1952. Como lo que principalmente se tiene en cuenta aquí es la producción de García Márquez en El Universal de Cartagena (1948-49) y Heraldo de Barranquilla (1950-52), trátese de escritos periodísticos o literarios, no se repetirá la procedencia de los textos aparecidos en los diarios citados. Se indicarán entre paréntesis los textos—ficción, critica, periodismo que aparecieron en otros órganos de prensa o, en un solo caso, en volumen. (Gilard: 1981:57).

[24] Salvo precisión suplementaria, todas las notas de García Márquez salieron en la p.4ª de *El Universal*. (Nota original de Gilard, 1981:57)

Junio de 1948
Punto y aparte, por Gabriel García Márquez ("El hecho de que en un museo...").
——— ("Anteayer puso Paris en vigencia")
——— ("vamos a pasear, amiga mía...").
——— ("No es cierto que usted frecuentemente...").
——— ("El de mayo fue un mes prospero...").
——— ("Nada hay mas difícil que la originalidad...").
——— ("A la sombra del parque esta el mono...").
——— ("En el lado opuesto al mío...").
——— ("En un puesto del bus...").
——— ("Bajo el cielo de la tarde...").
——— ("En este viaje he conocido..."). *Punto y aparte, por Gabriel García Márquez* ("Anteayer se cumplieron...").
——— ("Estamos de acuerdo amigo y compañero..."). *Punto y aparte, por Gabriel García Márquez* ("Recto empinado y magnifico...").
——— ("El jueves es un día híbrido...").
——— ("Joe Louis sigue...").
——— ("Jorge Bernard Shaw está cumpliendo...").
——— ("Alto, estilizado ylejano...").
——— ("Parece que la complicada novela...").

Julio de 1948
Punto y aparte, por Gabriel García Márquez ("Y pensar que todo eso...")
——— ("Cuando venga la primavera...").
——— ("El amor es una enfermedad").
(*La otra costilla de la muerte, por Gabriel García Márquez*, en *Magazín Dominical de El Espectador,* Bogotá, 25 de Julio de 1948, p.6 y 12).

Septiembre de 1948
Gabriel García Márquez, *Un Jorge Artel continental.*
Gabriel García Márquez, *El domador de la muerte.*
——— *Un triunfo de Ñito Ortega.*
——— *El cine norteamericano.*
——— *Optimismos de Aldous Huxley.*

Octubre de 1948
"Una Heroína de papel". *La Policarpa verdadera,* por Gabriel García Márquez.

Diciembre de 1948
Sección "Comentarios". *Un profundo Eduardo Carranza* (Fdo. G.G.M.).
(*Dialogo del espejo, por Gabriel García Márquez,* en *Magazín Dominical de El Espectador,* Bogotá, 23 de enero 1949, p.11).

Julio de 1949
El viaje de Ramiro de la Espriella, por Gabriel García Márquez

Octubre de 1949
Sección "Comentarios". *Vida y novela de Poe,* por Gabriel García Márquez. (*Amargura para tres sonámbulos,* por Gabriel García Márquez, en *Magazín Dominical* de *El Espectador,* Bogota 13 de noviembre de 1949, p.11).

1949 (sin fecha precisa)
(*Ceremonia inicial,* Fdo. Gabriel García Márquez, p.5-7 de: *George Lee Bisswell Cotes, Neblina azul,* Cartagena, Tipografía *Diario de la Costa,* 1949, 174 p.).

El Heraldo, Barranquilla
(nota: Salvo precisión suplementaria o indicación contraria, todos los textos de García Márquez salieron en la p. 3ª de *El Heraldo.* (Nota de Gilard, 1981:60)

Enero de 1950
"La jirafa, por Septimus". *El Santo del medio* siglo.
—— *"En busca del tiempo perdido".*
—— *Por tratarse de Hernando Tellez.*
—— *Una mujer con importancia.*
—— *Elegía por un bandolero.*
—— *La personalidad de "Avivato".*
—— *Aquí se iba a hablar de Ricaurte.*
—— *El inglés del cuento.*
—— *El derecho a volverse loco.*
—— *Doña Bárbara al volante.*
—— *Ciertas langostas.*
—— *Sólo para caballeros.*
—— *El hombrecito que vino ayer.*

Febrero de 1950
"La jirafa, por Septimus". *Amor: una afección hepática.*
—— *Mientras duerme Ingrid Berman.*
—— *Sobre el fin del mundo.*
—— *Fastidio del domingo.*
—— *Nuevo cuentos de loros.*
—— *Diatriba de la sobriedad.*
—— *Un sombrero para Eduardo.*
—— *Biografía de medio peso.*
—— *Oradores enjaulados.*
—— *Un Rafael Sabatini.*
—— *Para la muerte de Albania.*
—— *Música formulada.*
—— *Palabras a una reina.*
—— *En el velorio de Joselito.*

Marzo de 1950

"La jirafa, por Septimus". *Visita a Santa Marta.*

—— *Las estatuas de Santa Marta.*

—— *Metafísica de la cocina.*

—— *El libro de Castro Saavedra.*

—— *De la santa ignorancia deportiva.*

—— *Ricardo González Ripoll.*

—— *La conciencia de Pancho.*

—— *Defensa de los ataúdes.*

—— *La exposición de Neva Lallemand.*

—— *Surrealismo suicida.*

—— *Ciudades con barcos.*

"Hector Rojas Herazo", Fdo.: GGM

"La jirafa, por Seeptimus". *Abelito Villa, Escalona & Cía.*

—— *Fricciones a la bella durmiente.*

—— *El barbero presidencial.*

—— *Una botella de filosofía.*

—— *Glosa con estrambote.*

—— *Motivos para ser perro.*

—— *La orfandad de Tarzán.*

—— *Ciudadanos del otro mundo.*

—— *Rafael Escalona.*

—— *La hora de la verdad.*

—— *Los ayunos del padre Walterson.*

—— *Sobre Rimbaud y otros.*

—— *Los pobres platillos voladores.*

—— *En la edad de piedra.*

Abril de 1950

"La jirafa, por Septimus", *Abril de verdad.*

—— *Balance tardío.*

—— *La otra hija de Adán.*

——. *Un cuento de misterio.*

—— *Otra vez el Premio Nobel.*

—— *"Sangre Negra" en el cine.*

—— *Tema para un tema.*

—— *El elefante de la marquesa.*

—— *Mi tarjeta par don Ramón.*

—— *Estrictamente oriental.*

—— *El reverendo Henry Armstrong.*

—— *Acerca de cualquier cosa.*

—— *El doctor de Freitas.*

—— *La marquesa y la silla maravillosa.*

—— *Una equivocación explicable.*

—— *Conflictos sobre una mujer fea.*

"La jirafa, por Septimus". *El inconveniente de Mr. Kinkop.*
—— *Problemas de la novela.*
—— *Nudismo íntimo.*
—— *Las rectificaciones de la marquesa.*
—— *Otra vez Arturo Laguado.*
—— *Dialogo sobre jaulas.*
—— *El alcaraván en la jaula.*

Mayo de 1950
"La jirafa, por Septimus". *Llegaron las lluvias.*
—— *Carta abierta a la marquesa.*
—— *Un cuento de Truman Capote.*
—— *La importancia de la letra X.*
—— *El muro.* (*De cómo Natanael hace una visita*, "por Gabriel García
    Márquez", en *Crónica,* Barranquilla, nº. 2,6 de mayo de 1950, p. 5 y 12).
Mientras duermen los capitalistas, "por Septimus".
"La jirafa, por Septimus". *Día en blanco.*
—— *Primera respuesta de la marquesa.*
—— *¿Será de Boris realmente?*
—— *La droga de doble filo.*
—— *El hombre de la calle.*
(*El teatro de Arturo Laguado,* "por Gabriel García Márquez", en *Crónica,*
    Barranquilla, nº.3, 13 de mayo de 1950, p.8).
"La jirafa, por Septimus". *El hombre que no se ríe.*
—— *"Diez poetas de Atlántico".*
—— *Inexplicable ubicuidad de Boris.*
—— *Ensayo sobre el paraguas.*
——*El huésped.*
—— *El desconocido.*
—— *El congreso de los fantasmas. Drama en tres actos.*
"Páginas 3 y 7. La jirafa, por Septimus". *El congreso de los fantasmas.*
"Paginas 3 y 5. La jirafa, por Septimus". *El congreso de los fantasmas.*
"La jirafa, por Septimus". *"Sencillamente hipócrita".*
—— *¡Ja!*
——*José Félix Fuenmayor, cuentista.*
—— *La historia triste del trompetista.*
—— *. La peregrinación de la jirafa.*
—— *El hindú y el desconcierto de la marquesa.*

Junio de 1950
"La jirafa, por Septimus". *Un concurso de oratoria.*
—— *Una parrafada.*
(*La casa de los Buendía,* "apuntes para una novela, por Gabriel García Márquez",
    en *Crónica,* Barranquilla, nº 6, 3 de junio de 1950, p.8-9).
"La jirafa, por Septimus". *Romerías con divisas.*

"La jirafa, por Septimus". El juramento.
—— El final necesario.
—— El embajador sacolevado.
—— Elegía a Cleobulina Sarmiento.
—— Cuentecillo policiaco.
—— Fantasía de los osos rítmicos.
La hija del coronel, "por Gabriel García Márquez, apuntes para una novela".
—— Un profesional de horóscopo.
—— Tribunal a paso de conga.
—— La pesadilla.
(Ojos de perro azul, "por Gabriel García Márquez", en Magazín Dominical de El
   Espectador, Bogotá, 18 de junio de 1950, p. 16).
—— La opinión pública.
—— Álvaro Cepeda Samudio.
—— "Al otro lado del río y entre los árboles".
—— El génesis de las bicicletas.
El hijo del coronel, "por Gabriel García Márquez, apuntes para una novela".
"La jirafa, por Septimos". La mujer que llegaba a las seis, "por Gabriel García
   Márquez", en Crónica, Barranquilla, 1º. 9, 24 de junio de 1950).
—— El retrato de Jennie.
—— Ny.

Julio de 1950

"La jirafa, por Septimus". Fábula del gallo que ladró.
—— Epílogo para Guiliano.
—— Salvador Mesa Nicolls.
—— El maestro Faulkner en el cine.
—— Pesadillas.
—— De la ópera y otros menesteres.
—— Las dos sillas.
—— Usted...
—— Así empezaron las cosas.
—— Juanchito Fernández.
—— Como de costumbre.
—— Orquídeas para Chicago.
—— Nus el del escarbadientes.
—— Illya en Londres.
(La noche de los alcaravanes, "por Gabriel García Márquez", en Crónica,
   Barranquilla, nº. 14, 29 de julio de 1950).
"La jirafa, por Septimus". La moda en el parlamento.

Agosto de 1950
"La jirafa, por Septimus". El alemán del hacha.
—— Cualquier cosa.

—— Veinticuatro.

—— Chistecitos tontos.

—— Por si se casa Margarita.

—— Ritornelo.

—— Desvistiendo la retirada.

—— Muerte por humildad.

—— Caricatura de Kafka.

—— El hombrecito de la avena.

—— Margarita.

—— Tijeras providenciales.

Septiembre de 1950

"La jirafa, por Septimus". Defensa de la guaracha.

—— El romance de Creta.

(Dialogo del espejo, "por Gabriel García Márquez", en Crónica, Barranquilla, nº. 19, 2 de septiembre de 1950. "Este cuento ya había aparecido en El Espectador").

"La jirafa, por Septimus". El final de Tassuola.

—— Continúa la función.

—— La verdadera historia de Nus.

—— El infierno olfativo.

—— Disparatorio.

—— Las cosas de Cándido.

—— La primera caída de J.B.S.

—— *El club de la jirafa.*

—— *Contradicciones hindúes.*

—— *John el horrible.*

—— *La cena de los ilusionistas.*

—— *El gladiador y las jirafas.*

—— *Una familia ideal.*

—— *La verdadera historia de Mr. Harriman.*

—— *El asesino de los corazones solitarios.*

—— *La horma de sus zapatos.*

—— *Llevarás la marca.*

Octubre de 1950

"La jirafa, por Septimus". *El buen barbero de Lincoln.*

—— *Instante.*

"La jirafa, por Septimus". *El pesimista.*

—— *"El hombre en la torre de Eiffel".*

—— *Un profesional de la pesadilla.*

—— *Final de Natanael.*

—— *La boda inconclusa.*

—— *Ladrones de bicicletas.*

—— *Donde estan los borrachos.*

—— *Cosas de los vegetarianos.*
—— *El beso: una reacción química.*
—— *Fantasma diagnosticado.*
—— *La triste historia del dromedario.*
—— *Salvador, el místico.*
—— *Amor entre tortugas.*
—— *El chiste de la vaca.*
—— *La sirena escamada.*

Noviembre de 1950
"La jirafa, por Septimus". *A Luis Carlos López, con veinte años de muerte.*
—— *La manera de ser nudista.*
—— *La última anécdota de J.B.S.*
—— *El Tibet no existe.*
—— *Para un primer capítulo.*
—— *El gran viejo "Figura".*
—— *Ahora Bartola no está en su puesto.*
—— *Faulkner, Premio Nobel.*
—— *Un cuentecillo triste.*
—— *Un problema de aritmética.*
—— *Posibilidades de la antropofagia.*
—— *Ny (es la segunda jirafa con este título).*
—— *El falso soldado desconocido.*
—— *Si yo fuera usted.*
—— *Aspiraciones de la calvicie.*
"Apuntes de una novela", *El regreso de Meme*, "por Gabriel García Márquez".
"La jirafa, por Septimus". *"Diez pesos".*
—— *El piano de cola.*
—— *Gondoleros.*
—— *El chaleco de fantasía.*

Diciembre de 1950
"La jirafa, por Septimus". *Joe Louis.*
—— *Diciembre.*
(*Alguien desordena estas rosas,* "por Gabriel García Márquez", en *Crónica*,
    Barranquilla, nº. 32, 2 de diciembre de 1950).
"La jirafa, por Septimus". *Decadencia del diablo.*
—— *El niño de las serpientes.*
—— *El cuarto para meditar.*
—— *La reina en Cartago.*
—— *Vicentino Martínez.*
—— *"Sin embargo" para un viaje a la luna.*
—— *Un regalo para la esposa.*
—— *Fútbol de las grandes potencias.*
—— *El secreto.*

—— *El reportaje de Yolanda.*
—— *La amiga.*
—— *Temporada teatral.*
—— *Un anuncio en la puerta.*
—— *Carta con acompañamiento de violín.*
—— *La pobre Margaret Truman.*
——*Juguetes para adultos.*
—— *Pascual.*
—— *El oso.*
—— *Todos los que están.*
—— *El discurso del pavo.*

Enero de 1951
"La jirafa, por Septimus". *Un cadáver en el ropero.*
—— *Naturalezas muertas.*
—— *Ajedrez a pistola mordida.*
—— *El hombre peor vestido del mundo.*
—— *Apuntes.*
—— *Otros apuntes.*
—— *Mis intereses creados.*
—— *El mambo.*
—— *Un buen día para retratarse.*
—— *El reportaje de Faulkner.*
—— *Novias en traje de calle.*
—— *Un viaje frustrado.*
—— *Apuntes (es la segunda "jirafa" con este título).*
—— *Jorge Álvaro.*
—— *El circo más pequeño del mundo.*

Febrero de 1951
"La jirafa, por Septimus". *Un febrero indigesto.*
—— *Caníbales y antropófagos.*
—— *Historia de los novios tontos que leyeron versos de Bernárdez.*
—— *El hombre que cantó en el baño.*
—— *La cena del disparate.*
—— *Memorias de un aprendiz de antropólogo.*
—— *El hombrecito del paraguas.*
—— *Primer relato del viajero imaginario.*
—— *Segundo relato del viajero imaginario.*
—— *Tercer relato del viajero imaginario.*
—— *Cuarto relato del viajero imaginario.*
—— *Quinto relato del viajero imaginario.*
—— *Sexto relato del viajero imaginario.*
—— *Séptimo relato del viajero imaginario.*
—— *Octavo relato del viajero imaginario.*

—— *Noveno relato del viajero imginario.*

Marzo de 1951
"La jirafa, por Septimus". *Decimo relato: teatro parroquial.*
—— *El que atiende a su tienda.*
—— *Relato del viajero imaginario.*
—— *Los aviones salen al alba.*
—— *El cuento más corto del mundo.*
—— *Los lagartos del amor.*
—— *Ladrones de mecanografía.*
—— *Vamos a ver el eclipse.*
—— *Los fantasmas andan en bicicleta.*
(*Nabo. El negro que hizo esperar a los ángeles*, "por Gabriel García Márquez", en
     Magazín Dominical de El Espectador, Bogota, 18 de marzo de 1951, p.17).
"La jirafa, por Septimus". *Un plagio a Escalona.*
—— *Un secreto de la frivolidad.*

Abril de 1951
"La jirafa, por Septimus". *El complejo de los zapatos crujientes.*
—— *Indiscreciones de modistería.*
—— *Reflexiones sobre la luna de miel.*
—— *El complejo de los zapatos crujientes.*
—— *El tedio de las pantuflas.*
—— *Tony el amigo de las golondrinas.*
—— *Cantos viejos de Escalona.*
—— *Mambo en Nueva York.*
—— *El derecho de cometer.*
—— *El misterio de la pianola.*
—— *Una manera de morir la víspera.*

Mayo de 1951
—— *El camino de la cocina.*
—— *La sirena de Nápoles.*
—— *Una pipa contra Truman.*
—— *Los muebles de la muerte.*
—— *Parlamentos de todo el mundo.*
—— *La nota anual.*
—— *El barbero de la historia.*
—— *Maridos a corto plazo.*
—— *Una oración para el sombrero de tartarita.*

Junio de 1951
"La jirafa, por Septimus". *El derecho de los demás.*
—— *La controversia de los pájaros.*
—— *De ayer a hoy.*

—— *La alcaldesa.*
—— *Un autor y un libro.*
—— *Los funerales de Jim Gersnhart.*
—— *La alta cosmografía.*
—— *H.F.A.*
—— *El diablo de Pérez Prado.*
—— *"Secreta isla".*
—— *Heleno por punta y punta.*
—— *Una audiencia con música.*
—— *Otorrinolaringología.*
—— *Negro.*
—— *Kaiser.*
—— *La verdad del cuento.*
—— *Pérdidas y ganancias.*

Julio de 1951
"La jirafa, por Septimus". *Breve disparatorio.*

Febrero de 1952
"La jirafa, por Septimus". *Una aclaración de doble filo.*
—— *Como si tuviera once varas.*
—— *A propósito de los coleccionistas.*
—— *El pobre Trucutú.*
—— *Alfonso Carbonell.*
—— *El amor por teléfono.*
—— *Nostalgia de la cola.*
—— *El festival de la fealdad.*

Marzo de 1952
"La jirafa, por Septimus". *Una pequeña historia rural.*
—— *Otra vez "Figuritas".*
—— *Algo que se parece a un milagro.*
—— *El buen Willie.*
—— *Hay que parecerse al nombre.*
—— *El hombre que será gorila.*
—— *Una tragedia antigua.*
—— *Rita se dispone a envejecer.*
—— *Si ella fuera Leopoldo.*
(*La mujer que llegaba a las seis*, "por Gabriel García Márquez", y *Autocrítica*, en
    Magazín Dominical de *El Espectador*, Bogotá, 30 de marzo de 1952, p. 15.
    El cuento ya había aparecido en *Crónica*).

Abril de 1952
"La jirafa, por Septimus". *Un señor que se muda de casa.*
—— *Más nos valiera estar muertos.*

—— *Entonces vinieron los payasos.*
—— *Nuestro futuro fantasma.*
—— *Hasta la naturaleza los comete.*
—— *La casa de al lado.*
—— *"De ratones y de hombres".*

Mayo de 1952
"La jirafa, por Septimus". *Un día de éstos.*
—— *Extraña competencia.*
—— *Viajando de incógnito.*
—— *El arte del desayuno.*
—— *Nuestra música en Bogotá.*
—— *Muérase como usted quiera.*
—— *Aquellos animalitos de caramelo.*
—— *Su elefante de cabecera.*
—— *Los primeros serán los últimos.*
P. 11. *El bebedor de Coca-Cola,* "por Gabriel García Márquez".
"La jirafa, por Septimus". *Agua y nada más.*
—— *La fábula que se volvió verdad.*

Junio de 1952
(Alguien desordena estas rosas, "por Gabriel García Márquez", en *Magazín Dominical* de *El Espectador,* Bogotá, 1º de junio de 1952, p. 16. El cuento ya había salido en *Crónica.)*
"La jirafa, por Septimus". *"Rostro en la soledad".*
—— *Enigma para después del desayuno.*
—— *Primera solución del enigma.*
—— *Dos soluciones más.*
—— *La casaca negra.*
—— *Pastor.*
—— *Una ciudad reclama su bobo.*
—— *Solución final del enigma.*
—— *La embajada folklórica.*
—— *La mujer que se parece a la ciudad.*
—— *Un cuadro para el hombre feliz.*
—— *Un poeta en la ciudad.*

Julio de 1952
"La jirafa, por Septimus". *La muerte es una dama impuntual.*
—— *Negocios entre excéntricos.*
—— *Como quien va a una fiesta.*
—— *31 japoneses y una japonesa.*
—— *Prestidigitador.*
—— *Ejercicios de lenguaje.*
—— *Definición de la vida.*

—— *Sastre muda de huerto.*
—— *Moraleja sin fábula.*
—— *El placer de ser analfabetos.*
—— *El viudo.*
—— *Las acacias mueren de pie.*

Agosto de 1952
"La jirafa, por Septimus". *Junior se va a casar.*
—— *Los ángeles custodios de Margaret.*
—— *Bremen necesita un cañón.*
—— *82 años en paracaídas.*
—— *No ha muerto Greta Garbo.*
—— *Miércoles.*
—— *La paz gramatical.*
—— *Lugares comunes.*

Septiembre de 1952
"La jirafa, por Septimus". *Elegía.*
—— *Hablando de circos.*
—— *Hay que tener mala ortografía.*
—— *Un buen libro por tres razones.*
—— *Discurso de los Ahorcados.*
—— *Ignorancia contabilizada.*
—— *Y ahora "El cafetal".*
—— *El bus de la nueve.*

Octubre de 1952
"La jirafa, por Septimus". *Octavio.*
—— *El final de la historia.*
—— *Cosas de la pequeña diferencia.*
—— *El jugador y la holgazana.*
—— *Los trenes se volvieron ciudades.*
—— *Misterios de la novela policíaca.*
—— *El de las calabazas.*
—— *Lógica femenina.*
—— *La generación del 52.*
—— *Huracanes civilizados.*
—— *Política sin emociones.*

Noviembre de 1952
"La jirafa, por Septimus". *Se ha perdido el diablo.*
—— *Un príncipe con anteojos.*
—— *Einstein dijo que no.*
—— *Los piratas se volvieron locos.*
—— *El capitán.*

Diciembre de 1952
"La jirafa, por Septimus". *El suicidio de Papá Noel.*
—— *Recado a los ladrones.*
24. P.20. *El invierno,* "por Gabriel García Márquez".
(*Un país en la Costa Atlántica I. La Sierpe,* "por Gabriel García Márquez", en
  Lámpara, Bogotá, Vol.I, n°. 5, sin fecha—en realidad: de septiembre a
  diciembre de 1952–, páginas 15-18).
Fecha hipotética (1950 o 1952)
"La jirafa, por Septimus". *Se acabaron los barberos* (reeditado en *El Heraldo,* 17
  de octubre de 1967, p. 7).

Las notas de aclaración de fechas, u otro dato concerniente al
periodismo de García Márquez, pertenecen todas a Jacques Gilard, Obra
Periodistica Vol. 1 Textos Costeños, 1981.

COLECCIÓN INICIAL DE TEXTOS EN *LA JIRAFA* (CARTAGENA)

Esta importantísima inicial colección de textos de *La Jirafa* en *El
Universal* de Cartagena nos muestra claramente un estilo, particularmente
de la costa atlántica colombiana. Es evidente que García Márquez sostiene
su tendencia cultural orientada a divulgar lo que ocurre en Barranquilla,
Cartagena y la zona del Caribe. Necesitaríamos admitir que el joven
escritor ya nos da pistas también de un proceso literario para llegar a sus
obras magnas: *Cien años de soledad* y *El Otoño del patriarca.* Así lo
escribe el prólogo de Gilard: (García Márquez: 1981:48)

> Hay en los primeros cuentos, así como en varias notas
> periodísticas de las semanas iniciales de Cartagena, un motivo
> que se repite con alguna insistencia; es el del muerto sobre el
> que crece un árbol cuya savia, sacada del cadáver, sube hasta las
> frutas que servirán de alimento a los vivos. Es, junto al horror de
> la muerte, la comprobación de todo lo que sigue en un gran
> ciclo que abarca todas las formas de su vida.

Es así, como lo hemos referido anteriormente, la idea de melancolía,
el ciclo de la vida y muerte, la historia social del Macondo colombiano, las
innumerables guerras, el argumento necesario y auténtico para el marco
que ya está evolucionando y que desarrollaría en sus obras posteriores. Y
su política liberal que no pasa inadvertido el periodismo conservador
capitalino. Podríamos argumentar que sin duda García Márquez, escribe

en Cartagena como periodista y abiertamente critica la intelectualidad bogotana, en *La Jirafa, ¡Ciertas Langostas!,* del libro del norteamericano Christopher Isherwood, *El Cóndor y las Vacas,* García Márquez escribe sobre el libro del norteamericano:

> Dice el aparte del inteligente viajero, entre otras cosas, que el labriego colombiano se alimenta casi exclusivamente de almidones; que si tiene leche no se la da a los niños sino a los mercados; que cuando está enfermo no visita al médico sino al tegua, que recurre al ejercicio ilegal de la profesión a procedimientos primarios, con un criterio totalmente supersticioso y absolutamente nada científico. (García Márquez, 1981:161)

García Márquez no desaprovecha la oportunidad de hacer clara la realidad social colombiana que el autor norteamericano captó durante su viaje a Colombia de quince días, sino también critica la inteligencia solapada capitalina «—que para colmo de absurdos pertenece a la oposición, bajo un régimen conservador— considera que el agudo viajero está levantando falsos testimonios a nuestros campesinos y avergonzándonos ante la opinión internacional». (García Márquez: 1981:161). Denota, ya por ese entonces (enero de 1950), cierta competencia intelectual con los cachacos capitalinos del periódico *El Tiempo* de Bogotá, descargando de paso su crítica política al conservador partido del régimen impuesto.

2.2.1 Obra Periodística 2
Entre cachacos 1-2 (1954-1955)
Periódico *El Espectador* Bogotá, Colombia
CRONOLOGIA[25]

Gabriel García Márquez hace su ingreso a *El Espectador,* periódico de Bogotá, como redactor de planta, esto ocurre en enero de 1954. En el prólogo de *Entre cachacos1* (1982), Jacques Gilard, escribe:

---

[25] Como todos los textos de este período aparecieron en *El Espectador* de Bogotá, es prescindible la indicación de su procedencia en esta cronología; solamente se precisa si salieron en el *Magazín Dominical.* (Gilard, 1982:89).

En 1955, su prestigio debía muy poco a la literatura y casi todo al periodismo. Lo demuestra un comentario, citado sin indicación de fuentes (probablemente *El Tiempo*) en la nota con que *El Espectador* anunció la salida de su libro. Ese comentario decía que si la novela de García Márquez es como sus reportajes, pues se puso las botas. (García Márquez: 1982:83).

LA COLUMNA "DÍA A DÍA", *EL ESPECTADOR* EN BOGOTÁ

A comienzos del año 1954, García Márquez hace su entrada al periódico *El Espectador* de Bogotá, es importante aludir que en la columna "Día a día" , el joven escritor participaba en su labor como periodista con Guillermo Cano, Gonzalo Gonzáles ("GOG") y Eduardo Zalamea ("Ulises"). Gilard, escribe sobre ello:

> Al iniciar su colaboración en *El Espectador,* y muy probablemente con notas escritas para "Día a día", García Márquez tuvo que hacer lo posible por acudir al tono promedio de la columna y despersonalizar su estilo, Así se dificulta la identificación de lo que escribió y se reduce la cantidad de textos atribuibles. (García Márquez: 1981:9-10) Gilard continúa: Por otra parte no se le debe atribuir a García Márquez todo lo que es bueno en "Día a día" a lo largo de los diecisiete meses en que fue uno de los cuatro redactores de la columna. Hay muchas notas, literariamente excelentes, que nada tienen que ver con él, aunque por esa calidad del estilo el recopilador sienta la tentación de atribuirlas a García Márquez. (Nota de Gilard, J.1981:11).

Por otro lado, lo que sí era nuevo en Bogotá, y concretamente en *El Espectador,* "la critica del cine". Al cabo de varios meses se abrió otra, más nueva aún, fundamental en la trayectoria periodística y en la literaria, que fue la del reportaje [...] o cuando lo absorbe por completo el reportaje al marinero Velasco" (García Márquez: 1981, 14), llegando posteriormente a la publicación de *Relato de un náufrago* (1979).

Febrero de 1954
P. 15. El cine en Bogotá. Estrenos de la semana. Por GGM, ("El fruto verde", "El rata", "Dos films policiales", "La muralla de cristal)".

Dominical. P.13, "El Torito", danza madre del carnaval.) "Por Gabriel García Márquez)".

GARCÍA MÁRQUEZ ESCRIBE SOBRE EL CARNAVAL DE BARRANQUILLA

García Márquez escribe sobre el apoteósico carnaval de Barranquilla, con los elementos indispensables para sintetizar la cultura costeña barranquillera:

Barranquilla festeja intensamente cinco días de Carnaval. Los otros trescientos sesenta son de trabajo intenso, que en el caso de la capital del Atlántico no son sino una manera de esperar el carnaval. [...] es una pasión que nació con la ciudad. Si hemos de aceptar que cada pueblo tiene la historia que merece, debemos convenir en que los pastores anónimos que encontraron en las Barrancas de San Nicolás un lugar propicio para sus reses y fundaron una ciudad sin proponérselo [...] Seguramente es más que una casualidad el hecho de que en una ciudad fundada por ganaderos la más antigua danza del carnaval sea la de "El Torito". Y como siempre la historia se hace presente: En 1883, mientras el resto del país salía de una guerra civil para meterse en otra, un grupo de alegres barranquilleros que como los de ahora y los de siempre no tenían mucho que ver con la política, organizó la danza de "El Torito" con la misma seriedad y el mismo sentido institucional con que en cualquier otra parte se hubiera organizado un nuevo partido político. (García Márquez: 1982:108-109).

Marzo de 1954
P. 13. *El cine en Bogotá. Estrenos de la semana. Por GGM.* ("Dos películas musicales, El santo de Enriqueta. Cine nacional)".
Dominical. P. 11 La marquesita de la Sierpe. ("Por Gabriel García Márquez)".

Dejando aparte la generosa y gratificante exposición de la región costeña colombiana, García Márquez, como periodista en Bogotá, relata también la humanización y animación características barranquilleras, famosas durante el carnaval. Pero ante todo, este engrandecimiento no es nuevo en su expresionismo a medida que avanza en sus reportajes. En *La marquesita de la Sierpe,* lo novedoso es el rasgo temático y tono que nos inicia en la hechicería y supersticiones carnavalescas de la región. Adivinamos que ya se aproximaba la leyenda alrededor de la desconocida zona del sureste del departamento de Bolívar, que bien podría ser una leyenda, con específica posición geográfica. Es el sueño de la realidad, que sorprendente dentro de lo mágico/ novelesco propios del autor en obras subsiguientes:

> Hace algunos años vino al consultorio de un médico de la ciudad un hombre espectral, vidrioso, con el vientre abultado y tenso como un tambor. Dijo: Doctor, vengo para que me saque un mico que me metieron en la barriga.

> Y explicó que venia del sureste del departamento de Bolívar, de un cenagal situado entre el San Jorge y el Cauca, más allá de los cañadulzales de los bajos de La pureza, de los breñales de La Ventura y de los pantanos de La Guarida. Venia de la Sierpe, un país de leyenda dentro de la costa atlántica de Colombia, donde uno de los episodios más corrientes de la vida diaria es vengar una ofensa con el maleficio como ese de hacer que el ofensor le nazca, le crezca y se le reproduzca un mico dentro del vientre. (Garcia Marquez: 1982:117).

P.13. *El cine en Bogotá. Estrenos de la semana. Por GGM.* ("Infierno en la tierra, Bienvenido, Mr. Marshall, El niño y la niebla)".
P.13. *El cine en Bogotá. Estrenos de la semana. Por GGM.* ("El momento de la sinceridad, Cómo pescar un millonario, Asesinato a la orden, Grandeza humana. La señorita Julia)".
Dominical. P.8. *Los elementos del desastre, "por Septimus".*
Dominical. P.17 y 27. *La herencia sobrenatural de la marquesita.* ("Por Gabriel García Márquez)".

¿QUIÉN ES LA MARQUESITA?

Los más viejos habitantes de La Sierpe oyeron decir a sus abuelos que hace muchos años vivió en la región una española bondadosa y menuda, dueña de una fabulosa riqueza representada en animales, objetos de oro y piedras preciosas, a quien se le conoció con el nombre de La Marquesita. Según la descripción tradicional, la española era blanca y rubia, y no conoció marido en su vida. La Marquesita era admirada, respetada y servida porque conocía todas las oraciones secretas para hacer el bien y el mal; [...] Es un preámbulo/aviso de *Los Funerales de la Mamá*

Grande: La Marquesita era una especie de gran mamá de quienes le servían en la Sierpe. Como el autor escribe: es *El viaje de las maravillas*: La descripción que hace el hombre de su aventura es tan fantástica como la leyenda de La Marquesita. (García Márquez: 1982:119)

P. 15. *El cine en Bogotá, Estrenos de la semana. Por GGM.* ("Amor a medianoche, Lágrimas robadas, Resplandece el sol)".

Dominical. P. 17 y 30. *La extraña idolatría de la Sierpe.* ("Por Gabriel García Márquez)".

Abril de 1954
P. 13. *El cine en Bogotá, Estrenos de la semana. Por GGM.* ("Roman Hollyday, Reportaje)".

Dominical. P. 10. *El muerto alegre.* ("Por Gabriel García Márquez)".

P. 13. *El cine en Bogotá, Estrenos de la semana. Por GGM.* ("Mogambo, Dos films literarios, Volcán, Dos películas policíacas)".

P. 14. El cine en Bogotá, Estrenos de la semana. Por GGM. ("Los siete de la Osa Mayor, Las noches del Decamerón)".

P. 13. *El cine en Bogotá, Estrenos de la semana.* "Por GGM. (Milagro en Milán)".

P.4. *El cine en Bogotá, Estrenos de la semana.* "Por GGM. (El premio a la virtud, Dos películas alemanas, Trata de blancas)".

Mayo de 1954
P. 5. *El cine en Bogotá, Estrenos de la semana.* "Por GGM. (Las dos verdades, El malabarista, Los sobornados, Costa Brava)".

Dominical. P. 16 y 31. Un hombre viene bajo la lluvia. "Por Gabriel García Márquez. (Cuento)".

P. 5. *El cine en Bogotá, Estrenos de la semana.* "Por GGM. (Tres historias prohibidas, La loba)".

P. 5. *El cine en Bogotá, Estrenos de la semana.* "Por GGM. (Dónde está mi hijo, El mar que nos rodea, Traidora y mortal, Julio César)".

P. 5. *El cine en Bogotá, Estrenos de la semana.* "Por GGM. (Mentira, Hondo)".

Junio de 1954
P. 5. *El cine en Bogotá, Estrenos de la semana.* "Por GGM. (Dos mujeres, El príncipe valiente, Un alma envenenada, El señor fotógrafo)".

P. 13. *El cine en Bogotá, Estrenos de la semana.* "Por GGM. (El salario del miedo, Los pecadores de la isla de Sein)".

El cine en Bogotá, Estrenos de la semana. "Por GGM. (Nosotras las mujeres El salvaje, Canje en la noche)".

P. 5. *El cine en Bogotá, Estrenos de la semana.* "Por GGM. (La esposa de turno, Marabunta, El salario de miedo)".

Julio de 1954

P. 5. *El cine en Bogotá, Estrenos de la semana.* "Por GGM. (O'Cangaceiro. La amante caprichosa, Resplandece el sol, El hijo del jeque)".

P. 5. *El cine en Bogotá, Estrenos de la semana.* "Por GGM. (Acto de amor, Ligas de oro, Proa al infierno, Vuelo a Tánger)".

P. 5. *El cine en Bogotá, Estrenos de la semana.* "Por GGM. (La burla del diablo, Máscaras, Tentación, Noticieros franceses)".

P. 5 *El cine en Bogotá. Estrenos de la semana.* "Por GGM (Un divorcio, Música y lágrimas, Todos los caminos conducen a Roma, Cine-Variedades)".

Agosto de 1954

P. 1 y 19. *Balance y reconstrucción de la catástrofe de Antioquia, Hace sesenta años comenzó la tragedia,* "Por Gabriel García Márquez de la redacción de El Espectador".

P. 1 y 5. *Balance y reconstrucción de la catástrofe de Antioquia (II) Medellín víctima de su propia solidaridad.* "Por Gabriel García Márquez de la redacción de El Espectador".

P. 1 y 11. . *Balance y reconstrucción de la catástrofe de Antioquia (III) ¿Antigua mina de oro precipitó la tragedia?* "Por Gabriel García Márquez de la redacción de El Espectador".

P. 5. *El cine en Bogotá, Estrenos de la semana.* "Por GGM. (Jeromín, Una isla en el cielo, Un tiburón en la calle)".

Dominical. P. 6,7 y 8. Un día después del sábado. "Por Gabriel García Márquez.

P. 5. *El cine en Bogotá, Estrenos de la semana.* "Por GGM. (La ronda del sospechoso, Asesinato en el muelle)".

Dominical. P. 17. Alvaro Cepeda Samudio. "Fdo: Gabriel García Márquez".

P. 5. *El cine en Bogotá, Estrenos de la semana.* "Por GGM. (Nerón y Mesalina, El valor de vivir, El viaje de la reina Isabel II de Inglaterra)".

P. 5. *El cine en Bogotá, Estrenos de la semana.* "Por GGM. (El rapto, Gigolo y Gigolette, La manzana de la discordia)".

Septiembre de 1954

P. 5. *El cine en Bogotá, Estrenos de la semana.* "Por GGM. (Si me contaran Versalles, Todos los hermanos eran valientes, Otros tiempos)".

P. 5. *El cine en Bogotá, Estrenos de la semana.* "Por GGM. (La fuente del deseo, Heidi, Llévame en tus brazos, La aventura comienza mañana, Dormitorio para mayores)".

P. 5. *El cine en Bogotá, Estrenos de la semana.* "Por GGM. (Lucrecia Borja, Pueblo de promisión, Upa)".

P. 1. *Quibdó totalmente paralizada, Cierran almacenes, colegios y oficinas.* ("Por Gabriel García Márquez, enviado especial de *El Espectador*".

P. 1 y 5. *El Chocó que Colombia desconoce, Historia íntima de una manifestación de 400 horas.* "Por Gabriel García Márquez, enviado especial de *El Espectador*".

P. 1 y 9. *El Chocó que Colombia desconoce (II) Una familia unida, sin vías de comunicación.* "Por Gabriel García Márquez, enviado especial de *El Espectador*".

Octubre de 1954
P. 1 y 5. *El Chocó que Colombia desconoce (III), Aquí se aprende a leer en el código civil.* "Por Gabriel García Márquez, enviado especial de *El Espectador*".
P. 1 y 18. *El Chocó que Colombia desconoce (IV), La riqueza inútil del platino colombiano.* "Por Gabriel García Márquez, enviado especial de *El Espectador*".
P. 1 y 12. *"El Espectador" visita a Paz del Río, Belencito, una ciudad a marchas forzadas.* ("Texto de Gabriel García Márquez").
P. 5. *El cine en Bogotá, Estrenos de la semana.* "Por GGM. (La vuelta de don Camilo, Agárrame si puedes, El acorazado Sebastopol)".
El cine en Bogotá, Estrenos de la semana. "Por GGM. (Perdóname, El gran concierto)".
P. 5. *El cine en Bogotá, Estrenos de la semana.* "Por GGM. (Los hijos del amor, Indiscreción de una esposa, El enemigo público número uno)".
P. 17. *¿Por qué va usted a matinée? Las tres de la tarde, hora ideal para ver cine.* "Por Gabriel García Márquez, enviado especial de El Espectador".
P. 1. *La preparación de la Feria Internacional, En tres horas se hizo el trabajo de quince días.* "Por Gabriel García Márquez, enviado especial de *El Espectador*".
P. 13. *El cine en Bogotá, Estrenos de la semana.* "Por GGM. (El hombre del millón, El fantasma del castillo, Rapsodia, Amor en las sombras, Luis Buñuel)".

Noviembre de 1954
P. 15 y 16. *El cartero llama mil veces, Una visita al cementerio de las cartas perdidas.* "Por Gabriel García Márquez, enviado especial de *El Espectador*".
P. 5. *El cine en Bogotá, Estrenos de la semana.* "Por GGM. (La pecadora de la isla, Tres viejas películas, Información y propaganda)".
13. 5. *El cine en Bogotá, Estrenos de la semana.* "Por GGM. (Los orgullosos, Entre paréntesis, La importancia de llamarse Ernesto, El panadero, El asesinato de la calle Morgue, Más cine italiano)".
P. 1. y 8. *La ciudad quedó paralizada.* "Por Gabriel García Márquez, enviado especial de *El Espectador*".
P. 1 y 11. *Cómo nació y cómo funciona la nueva universidad, Por qué aceptó Lleras la rectoría de "Los Andes".* "Por Gabriel García Márquez, enviado especial de *El Espectador*".
P. 4. *El cine en Bogotá, Estrenos de la semana.* "Por GGM. (El abrigo, La mujer de Satanás, El trigo joven)".
P. 21. *Dramas reales en el cine mexicano. Un director de películas en huelga de hambre.* "Por GGM, redactor de cine de *El Espectador*".

P. 4. *El cine en Bogotá, Estrenos de la semana.* "Por GGM. (Alemania, año cero, Cine argentino, Cuando una mujer se empeña, Cristina)".

Diciembre de 1954

P. 1 y 14. *Un personaje singular en Bogotá, El gaitero que desfiló ayer ignoraba hace 8 días dónde quedaba Colombia.* "Por Gabriel García Márquez, de la redacción de *El Espectador*".

P. 4. *El cine en Bogotá, Estrenos de la semana.* "Por GGM. (La llamada fatal, La guerra de Dios, El mundo las condena, Quo vadis?)".

P.1 y 14. *De Corea a la realidad. Veteranos de guerra víctimas de la paz.* "Por Gabriel García Márquez, de la redacción de *El Espectador*".

P. 1 y 11. *De Corea a la realidad (II). El héroe que empeñó sus condecoraciones.* "Por Gabriel García Márquez, de la redacción de *El Espectador*".

P. 1 y 18. *De Corea a la realidad (III). Cada veterano, un problema solitario.* "Por Gabriel García Márquez, de la redacción de *El Espectador*".

P. 4 *El cine en Bogotá, Estrenos de la semana.* "Por GGM. (El infierno blanco de Piz Palu, Los hijos de nadie, El y ella)".

P. 4 *El cine en Bogotá, Estrenos de la semana.* "Por GGM. (La bestia debe morir, Festival UPA, El seductor)".

2ª. Sección, p. 1. *Un Papá Noel de verdad alegra esta Nochebuena a Bogotá.* "Por Gabriel García Márquez".

P. 4. *El cine en Bogotá, Estrenos de la semana.* "Por GGM. (La pastora y el deshollinador, El espectáculo más grande del siglo, Espadas cruzadas, La bestia humana)".

P. 5. *Resumen crítico del año cinematográfico en Bogotá. Las mejores películas fueron un fracaso comercial.* "Por GGM, redactor de cine de *El Espectador*".

Enero 1955

P. 5. *El cine en Bogotá, Estrenos de la semana.* "Por GGM. (Daniel Gélin y Burt Lancaster, El otro hombre, Los niños nos miran)".

P. 4. *El cine en Bogotá, Estrenos de la semana.* "Por GGM. (Matarazzo y Bonnard, Después de la boda)".

P. 5. *El cine en Bogotá, Estrenos de la semana.* "Por GGM. (Cuando llama el deseo, Julieta, Dos reposiciones, Entre paréntesis)".

P. 1 y 10. *El escándalo artístico en Barranquilla. Se prepara demanda del fallo.* "Por Gabriel García Márquez, de la redacción de *El Espectador*".

P. 5. *El cine en Bogotá, Estrenos de la semana.* "Por GGM. (Débiles y poderosos, El desierto viviente, Fanfan la Tulipe)".

P. 1 y 12. *Los cartageneros ganan otra batalla, Pasaje a $0,10 en Cartagena si se suprime el impuesto municipal.* "Por Gabriel García Márquez, de la redacción de *El Espectador*".

2ª. Sección, p. 2. *La historia se escribe con sombrero.* "Por Gabriel García Márquez, de la redacción de *El Espectador*".

Febrero de 1955

P. 5. *Un gran escultor colombiano "adoptado" por México. De Fredonia a México, pasando por todo.* "Por Gabriel García Márquez, de la redacción de *El Espectador*".

P. 5. *El cine en Bogotá, Estrenos de la semana.* "Por GGM. (Umberto D.,Antes del diluvio)".

P. 12. *Las intimidades de un célebre torero colombiano. Joselillo revela los secretos de su triunfo.* "Por Gabriel García Márquez, de la redacción de *El Espectador*".

P. 5. *El cine en Bogotá, Estrenos de la semana.* "Por GGM. (El carnero de cinco patas, Luego de la juventud, Noticieros franceses)".

P. 1 y 19. *Cómo ve José Dolores el problema cafetero.* "Por Gabriel García Márquez, de la redacción de *El Espectador*".

2ª. Sección, p. 7. *El cine en Bogotá, Estrenos de la semana.* "Por GGM. (La extraña señora X, Entre paréntesis, Sí, sí, es él, el príncipe estudiante)".

P. 12. *Inaugurada anoche exposición no-impresionista.* "(Es nota anónima que, tras breve introducción, reproduce el texto redactado y leído por GGM en la inauguración de una exposición del pintor peruano Armando Villegas)".

2ª. Sección, p. 10. *El cine en Bogotá, Estrenos de la semana.* "Por GGM. (La amante de Napoleón Conciencias negras, Amarte es mi pecado)".

Marzo de 1955

2ª. Sección, p. 10. *El cine en Bogotá, Estrenos de la semana.* "Por GGM. (El motín del Caine, A la hora señalada)".

P. 1 y 7. *La naturaleza decide el viejo pleito entre Puerto Colombia y Bocas de Ceniza.* "Por Gabriel García Márquez, de la redacción de *El Espectador*".

P. 1 y 17. *Vía crucis de Bocas de Ceniza (II). En 30 años de lucha se acumularon 1.000 toneladas de hierro viejo.* "Por Gabriel García Márquez, de la redacción de *El Espectador*".

P. 1 y 18. *Vía crucis de Bocas de Ceniza (conclusión). Un negocio que produce problemas para Barranquilla y dinero para la nación.* "Por Gabriel García Márquez, de la redacción de *El Espectador*".

P. 1 y 9. *El náufrago sobreviviente pasó los once días en una frágil balsa, Cómo recibieron la noticia la novia y los parientes del marino Velasco.* "Por Gabriel García Márquez, de la redacción de El Espectador". "La primera frase del títulovale tanto para la nota de GGM como para la de Germán Vargas, enviado especial de El Espectador a Cartagena)". (Garcia Marquez: 1982:sin número de página)

2ª. Sección, p. 10. *El cine en Bogotá, Estrenos de la semana.* "Por GGM. (La condesa descalza, El trigo joven, magia verde)".

2ª. Sección, p.9 *El cine en Bogotá. Estrenos de la semana.* "(La adúltera, Películas de arte, El mundo de la mujer)".

2ª. Sección, p. 9. *Un director italiano en Bogotá. "El cine colombiano conquistaría los mercados de otras naciones del mundo".* "(Fdo. GGM)".

P. 1 y 17. *El Chocó irredento. Ninguna de las obras prometidas en Septiembre ha sido realizada. .* "Por Gabriel García Márquez, de la redacción de *El Espectador*".

P. 1 y 9. *Oficina de información exclusiva para el náufrago crea la marina.* "Por Gabriel García Márquez, de la redacción de El Espectador".

2ª. Sección, p.7. *El cine en Bogotá, Estrenos de la semana.* Hiroshima, la cinta más parecida al infierno. "(Hiroshima, Dice "The New York Times", La mujer pasional) (Fdo. GGM)".

P. 1 y 8. *La explicación de una odisea ene el mar. Cómo y por qué se salvó el marino.* "Por Gabriel García Márquez, de la redacción de *El Espectador*".

Abril de 1955

2ª. Sección, p. 9. *El cine en Bogotá, Estrenos de la semana.* "Por GGM. (La viuda negra, Las tres noches de Susana, El caballero de Maison Rouge)".

P. 1 y 3. *La verdad sobre mi aventura (I), cómo eran mis compañeros muertos en el mar.* "Por el marinero Luis Alejandro Velasco, exclusivo para *El Espectador*".

P. 1 16. *La verdad sobre mi aventura (II), Mis últimos minutos a bordo del barco lobo.* "Por el marinero Luis Alejandro Velasco, exclusivo para *El Espectador*".

La verdad sobre mi aventura (III). Viendo ahogarse a cuatro de mis compañeros. "Por el marinero Luis Alejandro Velasco, exclusivo para *El Espectador*".

2ª. Sección, p. 9. *El cine en Bogotá, Estrenos de la semana.* "Por GGM. (Sabrina)".

P. 1 y 15. *La verdad sobre mi aventura (IV), Mi primera noche solo en el Caribe.* "Por el marinero Luis Alejandro Velasco, exclusivo para *El Espectador*".

P y 13. *La verdad sobre mi aventura (V), Yo tuve un compañero a bordo de la balsa.* "Por el marinero Luis Alejandro Velasco, exclusivo para *El Espectador*".

P. 1 y 17. *La verdad sobre mi aventura (VI), Un barco de rescate y una isla de caníbales.* Por el marinero Luis Alejandro Velasco, exclusivo para *El Espectador.*

P. 1 y 9. *La verdad sobre mi aventura (VII), Los desesperados recursos de un hambriento.* "Por el marinero Luis Alejandro Velasco, exclusivo para *El Espectador*".

P. 1 y 16. *La verdad sobre mi aventura (VIII), Mi lucha con los tiburones por un pescado.* "Por el marinero Luis Alejandro Velasco, exclusivo para *El Espectador*".

P. 1 y 14. *La verdad sobre mi aventura (IX), Comienza a cambiar el color del agua.* "Por el marinero Luis Alejandro Velasco, exclusivo para *El Espectador*".

2ª. Sección, p. 14. *El cine en Bogotá, Estrenos de la semana.* "Por GGM. (Nido de ratas, La huella conduce a Berlín)".

P. 1 y 17. *La verdad sobre mi aventura (X). Perdidas las esperanzas...hasta la muerte.* "Por el marinero Luis Alejandro Velasco, exclusivo para *El Espectador*".

P. 1 y 11. *La verdad sobre mi aventura (XI).Al décimo día, otra alucinación: la tierra.* "Por el marinero Luis Alejandro Velasco, exclusivo para *El Espectador*".

P. 1 y 15. *La verdad sobre mi aventura (XII), Una resurrección en tierra extraña.* "Por el marinero Luis Alejandro Velasco, exclusivo para *El Espectador*".

P. 1 y 17. *La verdad sobre mi aventura (XIII), Seiscientos hombres me conducen a San Juan.* "Por el marinero Luis Alejandro Velasco, exclusivo para *El Espectador*".

P. 1 y 10. *La verdad sobre mi aventura (XIV), Mi heroísmo consistió en no dejarme morir.* "Por el marinero Luis Alejandro Velasco, exclusivo para *El Espectador*".

2ª. Sección, p. 9. *El cine en Bogotá, Estrenos de la semana.* "Por GGM. (Traición, La leyenda del inca)".

2ª. Sección, p.1 a 11. Suplemento especial de *El Espectador. La odisea del náufrago sobreviviente del ARC Caldas. La verdad sobre mi aventura.* "(En la breve presentación de conjunto de los 14 artículos, se estipula que fue GGM quien redactó el texto completo; en este suplemento especial se incluyen varias fotografías, en particular las que establecen sin lugar a dudas que el barco venía cargado de mercancía de contrabando)". (García Márquez: 1982: Página sin numeración).

LA VERDAD SOBRE MI AVENTURA

La evolución de su novela *Relato de un náufrago*, (cuya primera edición colombiana, fue publicada en 1979) nace de estos quince artículos publicados en *El Espectador* de Bogotá, se nota la escala e importancia, discutida anteriormente de la comunicación oral oída por el reportero/escritor. También hay que admitir que el cambio en el periodismo del mundo norteamericano de aquel entonces influyó en el pensamiento imaginativo de García Márquez: (Begoña Díez Huélamo, 1986:11) escribe sobre *La nueva narrativa hispanoamericana*:

Dentro de la obra de García Márquez los textos de raíz periodística, como el Relato de un náufrago, se inscriben en dos de las grandes corrientes de la escritura americana del siglo XX: (a) la renovada narrativa hispanoamericana de mediados de la centuria; y (b) el nuevo periodismo norteamericano de los años sesenta. Ambas tendencias remiten en buena medida a la novela realista estadounidense de los años treinta: la novela de la denominada lost generation (generación perdida) de Hemingway, Faulkner, Steinbeck, Dos Passos, Thomas Wolfe.

Se ajusta la nueva novela, después de casi medio siglo de agotamiento narrativo de la llamada:

a) novela realista (hasta 1945).

b) etapa inicial de la renovación (1945-60), y

c) etapa de la nueva narrativa o del realismo mágico (desde 1960). (Pág. 11).

Begoña Díez H. explica claramente cuales son los perímetros de aquella realidad que se denominará "realismo mágico":

1. La presencia de la tradición mítica, fabulosa y legendaria de los países hispanoamericanos;

2. el tratamiento poético y alegórico de la materia novelística;

3. la asimilación de determinadas innovaciones formales aportadas por los novelistas europeos (Kafka, Joyce) y norteamericanos (Faulkner); y

4. la asimilación de los componentes irracionales y oníricos del surrealismo. (Díez H., 1986:12).

Se resume que, la narrativa hispanoamericana acogió la nueva novela, abrazando "el realismo puro" y se puso en primer plano en la vanguardia de la narrativa mundial. Los pioneros de aquella "generación" si es que se puede llamar asi, son:

El guatemalteco Miguel Ángel Asturias (1899-1974). El cubano Alejo Carpentier (1904-80). El mexicano Juan Rulfo (1918-85). El argentino Jorge Luis Borges (1899-1986). Begoña Díez H., contiúa:

—Los novelistas del nuevo arte—La influencia de aquella generación sería determinante en la obra de los novelistas de los años sesenta, y así, autores como Ernesto Sábato (*Sobre héroes y tumbas,* 1961), Julio Cortázar (*Rayuela,* 1963), Carlos Fuentes (*La muerte de Artemio Cruz,* 1962), Mario Vargas Llosa (*La ciudad y los perros,* 1962) y el propio García Márquez (*Cien años de soledad,* 1967) llegarían a consolidar los rasgos de una nueva narrativa hispanoamericana. (Díez H. Begoña, 1986:12-13).

Mayo de 1955

P. 1 y 3. *El drama de 3.0000 niños colombianos desplazados.* "Por Gabriel García Márquez, de la redacción de *El Espectador*".

P. 5. *El cine en Bogotá, Estrenos de la semana.* "Por GGM. (Carmen de fuego, Entre parétesis)".

P. 1 y 12. *Habla un testigo de la primera explosión atómica. En Hiroshima, a un millón de grados centígrados.* "Por Gabriel García Márquez, de la redacción de *El Espectador*".

2ª. Sección, p. 7. *El cine en Bogotá, Estrenos de la semana.* "Por GGM. (Pasión prohibida, El gran juego, Buzón)".

2ª. Sección, p. 7. *El cine en Bogotá, Estrenos de la semana.* "Por GGM. (El circuito infernal, La que volvió por su amor)".

2ª. Sección, p. 2. *El cine en Bogotá, Estrenos de la semana.* "Por GGM. (Secretos de mujeres, Lousiana Story)".

P. 1 y 11. *Gran batida para controlar la fiebre del "ciclismo" en Bogotá.* Por Gabriel García Márquez, de la redacción de *El Espectador*".
(El 31 de mayo de 1955 empieza a circular *La hojarasca).*

Junio de 1955

2ª. Sección, p. 10. *El cine en Bogotá, Estrenos de la semana."* Por GGM. (*El* precio de una aventura)".

P. 1 y 16. *Una víctima relata el accidente aéreo del Chocó. Tres días perdidos en la selva.* "Por Gabriel García Márquez, de la redacción de *El Espectador*".

2ª. Sección, p.11. *El cine en Bogotá, Estrenos de la semana.* "Por GGM. (Nace una estrella, Más allá de las rejas, Cine nacional)".

P. 1 y 21. *El triple campeón revela sus secretos. Capítulo 1. Mi primera rueda.* "Por Ramón Hoyos, relatado a Gabriel García Márquez".

P. 21. *Nota del redactor, Cinco días de reportaje continúo.* "Por Gabriel García Márquez".

P. 15. *El triple campeón revela sus secretos. Capítulo II. Todo por veinte centavos.* "Por Ramón Hoyos, relatado a Gabriel García Márquez".

P. 15. *Nota del redactor. Perfume para limpiar trofeos.* "Por Gabriel García Márquez".

P. 16. *El triple campeón revela sus secretos. Capítulo III. "¡Han matado a Ramón Hoyos!".* "Por Ramón Hoyos, relatado a Gabriel García Márquez".

P. 16. *Nota del redactor. A que te cojo, Ramón.* "Por Gabriel García Márquez".

P. 11 *El triple campeón revela sus secretos. Capítulo IV. Triunfo por falta de frenos.* "Por Ramón Hoyos, relatado a Gabriel García Márquez".

P. 11 *Nota del redactor. El milagro está en el tórax.* "Por Gabriel García Márquez".

Julio de 1955

P. 13. *El triple campeón revela sus secretos. Capítulo V. "La mayor tontería de mi vida".* "Por Ramón Hoyos, relatado a Gabriel García Márquez".

P. 13. *Nota del redactor. "El intelectual del ciclismo"*. "Por Gabriel García Márquez".

2ª. Sección, p. 10. *El triple campeón revela sus secretos, Capítulo VI. La Catástrofe de la Pintada.* "Por Ramón Hoyos, relatado a Gabriel García Márquez".

2ª. Sección, p. 10. *Nota del redactor. El campeón no quiere casarse.* "Por Gabriel García Márquez".

P. 7. *El triple campeón revela sus secretos, Capítulo VII. ...¡A la vuelta de Colombia! ".* "Por Ramón Hoyos, relatado a Gabriel García Márquez".

P. 7. *Nota del redactor. Cien cartas diarias para escoger.* "Por Gabriel García Márquez".

Pa. 13 y 16. . *El triple campeón revela sus secretos. Capítulo VIII. Un cabo decidió mi carrera.* "Por Ramón Hoyos, relatado a Gabriel García Márquez".

Nota del redactor. "El escarabajo", nombre equivocado. "Por Gabriel García Márquez".

P. 7. *El triple campeón revela sus secretos, Capítulo IX. La primera etapa ganada.* "Por Ramón Hoyos, relatado a Gabriel García Márquez".

Nota del redactor. El Zipa no está quemado. "Por Gabriel García Márquez".

P. 9. *El triple campeón revela sus secretos, Capítulo X. Consejo a un joven ciclista.* "Por Ramón Hoyos, relatado a Gabriel García Márquez".

P. 9. *El triple campeón revela sus secretos, Capítulo XI. La ovación en Antioquia.* "Por Ramón Hoyos, relatado a Gabriel García Márquez".

2ª. Sección, p. 5. *El triple campeón revela sus secretos, Capítulo XII.* "Empieza el duelo con Forero. Por Ramón Hoyos, relatado a Gabriel García Márquez".

2ª. Sección, p.10. *El cine en Bogotá, Estrenos de la semana.* "Por GGM. (Ultima clase, Robinson Crusoe)".

P. 7. *El triple campeón revela sus secretos, Capítulo XIII. Secretos de la IV vuelta.* "Por Ramón Hoyos, relatado a Gabriel García Márquez".

P. 17. *El triple campeón revela sus secretos, Capítulo XIV. Al conocer la tragedia.* "Por Ramón Hoyos, relatado a Gabriel García Márquez".

TEMAS NACIONALES.

Por otro lado, García Márquez se especializa en temas nacionales, de lo que ocurre en el abandonado departamento del Chocó, (Septiembre de 1955) al que le dedica varias notas, y otros comentarios que también incluyó sobre Medellín (en ese mismo año1955). Con ello, el autor reflexiona sobre el interés que tuvo sobre el género del comentario, valiosa acumulación de información que se manifiesta por lo regional.

Según Gilard afirma la escuela que recibió de la profesión de reportero y cronista:

Siendo también cronista de cine y reportero, siempre acudió al género de sus primeros años de periodismo, como un medio de darle salida a sus emociones, inquietudes u opiniones, como un simple desahogo a veces, y siempre como un ejercicio. El comentario fue una verdadera escuela, y lo siguió practicando con fidelidad, casi con terquedad, cuando ya había alcanzado otros niveles de su actividad profesional. [...] En esas notas anónimas, García Márquez es más estilista que nunca. (Prólogo, Gilard: 1982, 14)

Este segundo volumen de la *Obra Periodística II, Entre Cachacos* bogotanos, el autor se centra especialmente en las columnas diarias de crítica del cine. Como también, durante este corto periodo, el autor nos comunica su pasión por lo que sucede en Colombia, comentario ejemplo de nuestras lacras, que queremos ocultar: *Chambacú será humanizado.* (García Márquez: 1982:986).

Como todo el mundo no lo sabe, Chambacú es la zona negra de Cartagena, moridero de 8.697 de personas que se han ido a vivir en una isla hecha de basura y cáscaras de arroz, a pocos metros del centro urbano.

Durante este régimen conservador de transición política, período de censura e inestabilidad, llegando al cierre de *El Espectador,* periodo de supervivencia intelectual para el joven escritor, quien contaba por ese entonces con veintiséis años; lo que también es nuevo, son sus comentarios relativos a los problemas nacionales, que reflejan ya un comienzo para las obras futuras de su visión de magia y realidad, que forman la base realista de comentarios sociales, políticos, de temas culturales y contenido sociológico de un periodismo que comienza a revelar una literatura militante, denunciando los vicios y lacras del país que lo vio nacer; pero que forma un intrincado conjunto de experiencias de la vida humana, con rasgos paradójicos y reflexiones con gran sentido del humor que informan y analizan qué es lo real y qué sucede en Colombia. Considero que es un período difícil para el intelectual costeño por la carga y responsabilidad que conlleva su posición periodística y literaria de aquella época. Mostrándonos la cara del pueblo en "El drama de 3.000 niños desplazados", drama de la niñez colombiana que se sigue presentandose hasta el día de hoy, el joven escritor colombiano sale para Europa.

OBRA PERIODÍSTICA 3

DE EUROPA Y AMÉRICA (1955-1960)

Julio, 1955
Crónicas exclusivas desde Ginebra
Los cuatro alegres compadres (I)
El susto de "las cuatro grandes" (II)
La auténtica torre de Babel (III)

Agosto, 1955
Crónicas exclusivas desde Roma
Preparándose para el fin del mundo.

Septiembre, 1955
Un tremendo drama de ricos y pobres.
El escándalo del Siglo
Muerta, Wilma Montesi pasea por el mundo (I)
La prensa da la señal de alarma. (II)
Entra a actuar la opinión pública. (III)
Cita secreta en el ministerio de gobierno (IV)
Los atronadores festivales con Alida Valli (V)
Las historias negras de los testigos (VI)
Horas perdidas en la historia de Wilma (VII)
24 horas perdidas en la vida de Wilma (VIII)
Inconsciente, la arrojaron al mar (IX)
Se desploma el mito de la niña ingenua (X)
Revelaciones sobre Piccioni y Montagna (XI)
La policía destruyó las ropas de Wilma (XII)
¡32 llamados a juicio! (XIII)

Diciembre, 1955
Porque no había plata, De Sica se dedicó a describir actoresLa batalla de las
    medidas
Sin disparar un tiro, Gina gana a Soifía Loren su primera batalla (I).
Gina, un símbolo nacional (II)
La batalla la decirá el publico (III)

Crónicas exclusivas desde Roma
Su Santidad va de vacaciones.
El Sumo Pontífice visto de cerca.
Comienza a recogerse pruebas para beatificar a Pío XII (I)
 El Papa dio audiencia a Sofía Loren. Se prohibieron las fotos (II)

Terremoto periodístico por la aparición de Cristo.
Cómo surgió la noticia de la Visión (III)
Sor Pascualina reveló secreto de la visión (III)

BIBLIOGRAFÍA

Bibliografía detallada dentro de la obra
PERIODISTICA/LITERARIA DE:

GARCÍA MÁRQUEZ, GABRIEL:

1947-1967

Cronología:

Víctor García de la Concha, *En busca de la verdad poética:* (2007: LXI), comenta: "resulta prácticamente imposible fijar una cronología detallada completa".

—— *Obra Periodística Vol. 1:* Barcelona, España, 1ª. Edición: Febrero, 1981. Editorial Bruguera, S.A., 1981
Textos costeños (1948-1952) Cartagena, Barranquilla, Colombia
Recopilación y Prólogo: Jacques Gilard. (Pág. 7-72).
—— *Obra periodística I Vol.2, 3*
Entre cachacos I: (1954-1955) "Periódico *El Espectador.* Bogotá, Colombia". 2ª. Edición: Noviembre, 1982. Editorial Bruguera. S.A. Barcelona, España, 1982. Prólogo: Jacques Gilard. (Pág. 9-87)
Entre cachacos II, (1954-1955) "Periódico *El Espectador* Bogotá, Colombia".1ª. Edición: Abril, 1982. Editorial Bruguera, S.A. Barcelona, España, 1982.
—— *Obra periodística 3*
De Europa y América (1955-1960). Editorial Mondadori, Madrid, España, 1992.
—— Cuentos (1947-1992).
Este libro incluye los cuentos publicados por el autor entre 1947 y 1992. Grupo Editorial Norma S.A., 1996. Santafé de Bogotá, Colombia, 1996

Cuentos recopilados bajo los siguientes títulos:

GARCÍA MÁRQUEZ, GABRIEL:

Ojos de perro azul:
——*La Tercera resignación (1947).*
——*La otra costilla de la muerte (1948)*
——*Eva está dentro de su gato (1948)*
——*Amargura para tres sonámbulos (1949)*
——*Dialogo del espejo (1949)*
——*Ojos de perro azul (1950)*
——*La mujer que llegaba a las seis (1950)*
——*Nabo, el negro que hizo esperar a los ángeles (1951)*

——*Alguien desordena estas rosas (1952)*
——*La noche de los alcaravanes (1953)*
——*Monólogo de Isabel viendo llover en Macondo (1955)*
——*Los funerales de la mamá grande:*
——*La siesta del martes (1962)*
——*Un día de estos (1962)*
——*En este pueblo no hay ladrones (1962)*
——*La prodigiosa tarde de Baltasar (1962)*
——*La viuda de Montiel (1962)*
——*Un día después del sábado (1962)*
——*Rosas artificiales (1962)*
——*Los funerales de la Mamá Grande (1962)*
——*La increíble y triste historia de la cándida eréndira y de su abuela desalmada:*
——*Un señor muy viejo con unas alas enormes (1968)*
——*El mar del tiempo perdido (1961)*
——*El ahogado más hermoso del mundo (1968)*
——*Muerte constante más allá del amor (1970)*
——*El último viaje del buque fantasma (1968)*
——*Blacamán el bueno, vendedor de milagros (1968)*
——*La increíble y triste historia de la cádida Eréndira y de su abuela desalmada (1972)*
Doce cuentos peregrinos:
——*Por qué doce, por qué cuentos y por qué peregrinos*, publicada en (1992)
——*Buen viaje señor presidente (1979)*
——*La santa (1981)*
——*El avión de la bella durmiente (1982)*
——*Me alquilo para soñar (1980)*
——*«Sólo vine a hablar por teléfono» (1978)*
——*Espantos de agosto (1980)*
——*María dos Prazeres (1979)*
——*Diecisiete ingleses envenenados (1980)*
——*Tramontana (1982)*
——*El verano feliz de la señora Forbes (1976)*
——*La luz es como el agua (1978)*
——*El rastro de tu sangre en la nieve (1976)*

NOTAS DE PRENSA (1974-1995):

——*Por la libre. Obra periodística 4 (1974-1995)*. Grupo Editorial Norma, Septiembre, 1999, Santafé de Bogotá, Colombia, 1999.
——*Notas de Prensa 4 (1961-1984)*. Madrid: Mondadori, [1990,1991].
——*Obra Periodística 5 (1980-184)*. Grupo Editorial Norma, Santafé de Bogotá, Colombia, 1996.
——*La Hojarasca (1955)*. Editorial La Oveja Negra, Ltda. Bogotá, Colombia, 1955.

—— *El coronel no tiene quien le escriba.* (1961). Edición Espasa Calpe, S.A., Madrid, 1996. Introducción de Joaquín Marco: Pág. 9-45.
—— *Los funerales de la mama grande* (1962). Grupo Editorial Norma, S.A. Santafé de Bogotá, 1996
—— *La mala hora* (1962) 1ª. Edición, 1966. © Ediciones Era, S.A., México 12. D.F., 1966
—— *Cien años de soledad* (1967). Círculo de Lectores, S.A. Valencia, 344 Barcelona, España, 1970. Notas de Carlos Ayala Glez-Nieto (s.n.) al final.

(1968-1982)

—— *La novela en América Latina: Dialogo, Mario Vargas Llosa* (1968), [Lima] C. Milla Batres/Universidad Nacional de Ingeniería, [1968]
—— *Relato de un naufrago* (1970). Editorial la Oveja Negra, Bogotá Colombia, 1982
—— *Cuando era feliz e indocumentado* (1973). Editorial La Oveja Negra, Bogotá, Colombia, 1982.
—— *El otoño del patriarca* (1975). Editorial La Oveja Negra, Bogotá, Colombia, 1982.
—— *Crónicas y Reportajes* (1976). Editorial La Oveja Negra, Bogotá, Colombia 1982.
—— *Operación Carlota*/García Márquez (1977). Editorial La Oveja Negra, Bogotá, Colombia, 1982.
—— *De viaje por los países socialistas: 90 días en la cortina de hierro* (1978). Editorial La Oveja Negra, Bogotá, Colombia, 1982
—— *La tigra* (1978). Barcelona: Agencia Literaria Carmen Balcells, 1982
—— *Crónica de una muerte anunciada* (1981). Editorial Bruguera, S.A. Barcelona, España: 1982.
—— *Viva Sandino,* Editorial La Oveja Negra, Bogotá, Colombia, 1982
—— *Gabriel García Márquez. Conversaciones con Plinio Apuleyo Mendoza. El olor de la guayaba* (1982). Editorial Bruguera. Barcelona, España, 1983.
—— *El secuestro,* Relato cinematográfico. Editorial La Oveja Negra, Bogotá Colombia, 1982.
—— *Brindis por la poesía* (1982): Cali Colombia: 1ª. Edición colombiana Corporación editorial universitaria de Colombia, 1.982.
—— *La Soledad de América Latina.* Cali: Corporación Editorial Universitaria de Colombia, 1983.
—— *Cuando era feliz e indocumentado* (1973). Editorial La Oveja Negra, Bogotá, Colombia, 1982. El libro incluye los siguientes cuentos:
—— *El año más famoso del mundo*
—— *Nelly sale de la penumbra*
—— *El clero en la lucha*
—— *La generación de los perseguidos*
—— *Adiós Venezuela*
—— *Sólo 12 horas para salvarlo*
—— *Colombia: Al fin hablan los votos*

385

—— *Caracas sin agua*
—— *Mi hermano Fidel*
—— *Condenados a 20 años, pero son inocentes*
—— *Senegal cambia de dueño*
—— *Estos ojos vieron 7 sicilianos muertos*
—— *Botella al mar para el dios de las palabras*

(1983 - 2008) Obras publicadas después del premio Nobel:

GARCÍA MÁRQUEZ, GABRIEL:

—— *Narrativa completa* (1985). Barcelona: Seix Barral, 2 Vol., 1985
—— *El amor en los tiempos de cólera* (1985). Editorial Mondadori, S.A., Barcelona, España, 2006.
—— *La aventura de Miguel Littín, clandestino en Chile* (1986). Editorial Mondadori, S.A., Barcelona, España, 2005.
—— *El rastro de tu sangre en la nieve* (1986). Incluído anteriormente: en Doce cuentos peregrinos
—— *El cataclismo de Damocles (1986):* Bogotá, La Oveja Negra, 1986.
—— *Diatriba de amor contra un hombre sentado (1987),* Barcelona: Ediciones Originales, 1988.
—— *Los cuentos de mi abuelo el coronel,* (1988). Cali, Colombia: Editorial Carvajal, 1988.
—— *El general en su laberinto* (1989). Editorial La Oveja Negra, 1ª. Edición, Bogotá, Colombia, 1989
—— *La soledad de América Latina: escritos sobre arte y literatura 1948-1984.* Sociedad de América Latina. Selections 1986. [S.I.: s.n.; 1986] Loja, Ecuador, Casa de la Cultura, 1986.
—— *La penitencia del poder* (1993): Bogotá: El Navegante Ediciones/Tercer Mundo Editores, 1993.
—— *Del amor y otros demonios* (1994). Editorial Pinguin Books, en Estados Unidos, 1994
—— *Taller de guión de Gabriel García Márquez «Me alquilo para soñar»* (1995), Bogotá: Editorial Voluntad, 1995.
—— *Cómo se cuenta un cuento (*1995), Bogotá:Editorial Voluntad, 1995.
—— *Noticia de un secuestro* (1996). Editorial Mondadori, S.A. Barcelona, España, 1999
—— *La bendita manía de cantar:* San Antonio de los Baños (Cuba), Escuela Internacional de Cine y Televisión (1998). Madrid: Ollero y Ramos Editores, 1998.
—— *Vivir para contarla* (2002). Editorial Mondadori, S.A. 1ª. Edición: Barcelona, España, 2002
—— *Memoria de mis putas tristes* (2004). Editorial Mondadori, S.A. Barcelona, España, 2004.

Bibliografía conexa al periodismo y a su obra literaria:

GARCÍA MÁRQUEZ, GABRIEL:

—— *Chile, el golpe y los gringos,* Editorial Latina, Bogotá, 1974.
—— *Notas de Prensa (1980-1984),* Mondadori, Madrid, 1991.
—— Notas de Prensa (1980-1984), Editorial Norma S.A., Santafé deBogotá. (1995)
Obras Periodísticas:
—— *Obra Periodística 1: Textos Costeños (1948-1952),* Mondadori, Madrid, 1991.
—— *Obra Periodística 2: Entre Cachacos (1954-1955),* Mondadori, Madrid, 1992.
—— *Obra Periodística 3: De Europa ay América (1955-1960),* Mondadori, Madrid, 1992.
—— *Obra Periodística 4: Por la libre (1974-1995),* Mondadori, Madrid, 1999.
—— *Obra Perioidística 5: Notas de Prensa (1961-1984),* Mondadori, Madrid, 1999.
—— «Náufrago en tierra firme», *El País,* 19-III-2000, en <http://www.64.21.33.164/CNews/y00/mar00/2002/htm>.
—— « ¿Qué ha significado para ti la Revolución Cubana?», Casa de las Américas 112:28 (1979).
—— «García Márquez: La soledad de la fama», El Tiempo.com, 18-XII-2002.
García Márquez, Gabriel y Vargas Llosa, Mario, *Diálogo sobre la novela latinoamericana,* Perú Andino, Lima, 1988.

Otros Textos del autor:

GARCÍA MÁRQUEZ, GABRIEL:

—— «El amante inconcluso, 1999», en la revista *Cambio.* Referido a Bill Clinton. www.cambio.com 23 de marzo, 2007
—— «Homenaje al amigo», En *El País,* Madrid, 16 de diciembre de 2001.
—— «Shakira», en la revista *Cambio.* www.cambio.com. El 26 de febrero, 2007.
—— «García Márquez, mi heroe literario», en la revista *Cambio.* Entrevista con Bill Clinton. *www.cambio.com,* 23 de marzo, 2007.
Cómo se cuenta un cuento, (Taller de Guión), Madrid, Escuela Internacional de Cine y Televisión/Ollero & Ramos, 1996.
—— *La bendita manía de contar,* (Taller de Guión de) Madrid, Escuela Internacional de Cine y Televisión/Ollero & Ramos, 1998.
—— *Me alquilo para soñar,* (Taller de Guión), Madrid, Escuela Internacional de Cine y Televisión/Ollero & Ramos, 1997.
«El mismo cuento distinto», en George Simenon, *El hombre en la calle,* Prólogo, Barcelona, Tusquets, 1994.
«Un manuel para ser niño», tomo 2 de la colección Documentos de la Misión Ciencia, Educación y Desarrollo, *Educación para el Desarrollo,* Santafé de

Bogotá, D.C., Presidencia de la República, Consejería para el Desarrollo Institucional, Conciencias, 1995.

«*No acabamos de ser quiénes somos*», "Discurso pronunciado en la ceremonia de entrega del Informe de la Misión de Ciencia, Educación y Desarrollo, al presidente de la República César Gaviria Trujillo", en julio de 1994.

Pablo Querido, Introducción al disco, sello Polydor, México, Universal Music, 2001.

—— *Botella al mar para el dios de las palabras.* Discurso leído en Zacatecas (Méjico) el martes 8 de abril de 1997: www.unex.es (10/24/2004)

—— *El vanguardismo no arraigó* – "a diferencia de otros países latinoamericanos – en la literatura colombiana del presente siglo, pero en cambio, fue esta literatura la que alumbró en 1924 la gran novela de la selva latinoamericana: La Vorágine". www.mundolatino.org/cultura/garciamarquez/ (10/26/2006)

BIBLIOGRAFÍA RELACIONADA A: ESTUDIOS CRÍTICOS, (2007).

AA. VV. En Gabriel García Márquez, *Cien años de soledad.* Edición conmemorativa: Real Academia Española. Asociación de Academias de la lengua española. (Es el orden que aparecen los autores de esta edición conmemorativa), 2007:

—— MUTIS, ÁLVARO: "Lo que sé de Gabriel"*:* "Real Academia Española, Asociación de Academias de la Lengua Española". Impreso en los talleres gráficos de Printer Industria Gráfica, España, Pág. XIII-XIV, 2007.

—— FUENTES, CARLOS: "Para darle nombre a América"*:* "Real Academia Española, Asociación de Academias de la Lengua Española". Impreso en los talleres gráficos de Printer Industria Gráfica, España. Pág. XV-XXIII, 2007.

—— VARGAS LLOSA, MARIO: "Cien años de soledad. Realidad total. Novela total"*:* "Real Academia Española, Asociación de Academias de la Lengua Española". Impreso en los talleres gráficos de Printer Industria Gráfica, España. Pág. XXV-LVIII, 2007.

—— GARCÍA DE LA CONCHA, VICTOR: "Gabriel García Márquez, En busca de la verdad poética": "Real Academia Española, Asociación de Academias de la Lengua Española". Impreso en los talleres gráficos de Printer Industria Gráfica, España, Pág. LIX-XCV, 2007.

—— GUILLÉN, CLAUDO: "Algunas literariedades de Cien años de soledad": "Real Academia Española, Asociación de Academias de la Lengua Española". Impreso en los talleres gráficos de Printer Industria Gráfica, España. Pág. XCVII-CXXVI, 2007.

Notas al Texto:

BARCIA, PEDRO LUIS, COBO BORDA, JUAN GUSTAVO, VELORIO, GONZALO y RAMÍREZ SERGIO: García Márquez y Cien años de Soledad en la novela Hispanoamericana: "Real Academia Española, Asociación de Academias de la Lengua Española". Impreso en los talleres gráficos de Printer Industria Grafica, España. (Pág. 477-546), 2007.

Glosario. (Pág. 547-606).

BIBLIOGRAFIA:

Una selección de estudios, interpretaciones y crítica sobre la obra
literaria de Gabriel García Márquez:

ABATE, SANDRO: *El modernismo, Rubén Darío y su influencia en el realismo mágico.* Bahía Blanca: Departamento de Humanidades, Universidad Nacional del Sur, 1998.

ACOSTA TORRES, CRISTÓBAL: *Macondo al desnudo: Intimidades reaales y ficticias en Cien años de soledad.* Bucaramanga, Colombia: Sic Editorial, 2005.

ADAMES, JOSÉ: *Los funerales de García Márquez y otros cuentos (o unos cuentos ahí).* Caracas: Fondo Editorial de la Universidad Pedagógica Experimental Libertador, 2003.

ALEMANY, CARMEN: En "Doce cuentos peregrinos, búsqueda fragmentaria". Túa Blesa ed. Quinientos años de soledad. Zaragoza, Universidad de Zaragoza, 1992, ps. 347-351.

ALONSO GIRGADO, LUIS: *Crónica de una muerte anunciada: guía de lectura.* A Coruña: Tambre, 1993.

ANADÓN, JOSÉ: *Power in literatura and society: the "double" in Gabriel García Márquez's the autumn of the patriarch.* Notre Dame, IN, USA: Helen Kellogg Institute for International Studies, University of Notre Dame, 1989.

ARANGO l., MANUEL ANTONIO: *Gabriel García Márquez y la novela de la violencia en Colombia.* Mexico, Fondo de Cultura Económica, 1985.

—— *Literatura y conciencia social en nueve escritores representativos de Hispanoamerica.* Madrid: Editorial Pliegos, 2003.

ARBELECHE, JORGE: *Una lectura de Cien años de soledad.* Montevideo, Uruguay: DestaBanda, 1988.

ARÉVALO, GUILLERMO ALBERTO: *Cien años de soledad: novela de la palabra.* Bogotá, Colombia: Colcultura: Biblioteca Nacional de Colombia, 1993

ÁVILA RODRÍGUEZ, BENIGNO: *El ahogado más hermoso del mundo: análisis mítico- semiótico.* Tunja, Colombia: Universidad Pedagógica y Tecnológica de Colombia, Facultad de Ciencias de la Educación, 1999.

AYALA, GLEZ-NIETO, CARLOS: en *Cien años de soledad,* Barcelona, Editorial Círculo de Lectores, 1970. (Escribe sobre el autor, al final del texto, sin numeración).

BAMARD, MARY ELIZABETH: "Nietzsche y el cine latinoamericano: Un estudio de tres obras": *Revista de Estudios Literarios. Espéculo* 2006 Mar-June; 32 (no pagination).

BARSY, KALMAN: *La estructura dialéctica de El otoño del patriarca.* Rio Piedras, Puerto Rico: Editorial de la Universidad de Puerto Rico, 1989.

BAUTISTA GUTIERREZ, GLORIA: *Voces feneninas de hispanoamerica.* Antología. *El arquetipo femenino en Cien años de soledad.* Pittsburgh, University of Pittsburgh 1995. (Pss.97-103).

BEDOYAM., LUIS IVÁN: *Elementos para una lectura de "El otoño del patriarca"*. Medellín: Ediciones Pepe, 1979.

BENSON, JOHN: *"El tema de la violencia en el periodismo de García Márquez: Epocas y enfoques diferentes"*, en Tittler, Johnattan (ed.) *Violencia y Literatura en Colombia*, Madrid, Orígenes, 1989.

BLUM-KULKA, SHOSHANA: *"Pragmática del discurso"* (Compiladora, pps. 67-99), en van Dick, Teum A., *El discurso como interacción social*. 2000.

BOLAÑOS, SERGIO: *"Crítica de la traducción al alemán de El coronel no tiene quien le escriba"*. "XX Congreso Nacional de Literatura y Semiótica: "Cien años de soledad" treinta años después". Universidad Nacional de Colombia, Instituto Caro y Cuervo, Santafé de Bogotá. 1998.

BOLLETINO, VICENZO ZIN: *De La hojarasca a Cien años de soledad*. [The University of Texas. Microform, Film 6431], 1972.

BOTERO, JUAN CARLOS: *El idioma de las nubes: ocho textos de arte y literatura*.Bogotá, Grupo Editorial Norma, 2007.

BRAVO, JOSÉ ANTONIO: *Lo real maravilloso en la narrativa latinoamericana actual*. Lima, Ediciones Unidas, 1978.

BUXÓ, JOSÉ PASCUAL: *"Las fatalidades de la memoria: Crónica de una muerte anunciada"*. "XX Congreso Nacional de Literatura y Semiótica: "Cien años de soledad" treinta años después". Universidad Nacional de Colombia, Instituto Caro y Cuervo, Santafé de Bogotá. 1998.

CALCAGNO, ALFREDO ERIC: *La perversa deuda argentina: radiografía de dos deudas perversas con víctimas muy diferentes: la de Eréndira con su abuela desalmada y la de Argentina con la Banca Internacional*. Buenos Aires: Editorial Legasa, 1985.

CAMACHO DELGADO, JOSÉ MANUEL: *Césares, tiranos y santos en El otoño del patriarca. La falsa biografía del guerrero. Sevilla,* Diputación de Sevilla, 1997.

CAMACHO DELGADO, JOSÉ MANUEL y BARRERA, TRINIDAD: *Magia y desencanto en la narrativa colombiana:* (prologue) Alicante, Spain: Universidad de Alicante; 2006. (287pp.)

CAMACHO, MANUEL: *El futuro inmediato*. México. Siglo veintiuno. Instituto de Investigaciones sociales de la UNAM, 1984.

CÁRDENAS PÁEZ, ALFONSO: *La escritura oculta en Cien años de soledad*. "XX Congreso Nacional de Literatura y Semiótica: "Cien años de soledad" treinta años después". Universidad Nacional de Colombia, Instituto Caro y Cuervo, Santafé de Bogotá. 1998.

CARTÍN de GUIER, ESTRELLA: *Una interpretación de Cien años de soledad*. San José: Editorial Costa Rica, 1981.

COBO BORDA, JUAN GUSTAVO: *Lecturas convergentes*. Bogotá, Colombia. Editora Aguilar, Altea, Taurus, Alfaguara. S.A., 2006.

COCA, CÉSAR: García *Márquez canta un bolero. Una relectura en clave musical de la obra del Nobel colombiano*. Madrid, Editorial Biblioteca Nueva, S. L., 2006.

COLLAZOS, OSCAR: *La soledad y la gloria*. "Los funerales de la mamá grande". Santafé de Bogotá, Colombia, Editorial Norma, 1996.

CARTÍN de GUIER, ESTRELLA: *Una interpretación de Cien años de soledad*. San José: Editorial Costa Rica, 1981.

CASTILLO, CAROLINA: *"Colombia: violencia y narración"*. Revista de Estudios Literarios (Espéculo) Universidad Complutense de Madrid 2004- No. 27.

CASTRO-KLARÉN, SARA: *The space of solitude in Cien años de soledad*. Washington D.C.: Wilson Center, 1978.

CELEITA REYES, LOLA: *Un modelo lingüístico para el análisis integral de discursos: propuesta metodológica a "El otoño del patriarca"*. Bogotá: Instituto Caro y Cuervo, 1991.

CIRIACO, VALENTÍN: *La multiplicidad de sentidos en Crónica de una muerte anunciada*. Santo Domingo, República Dominicana: Editorial Universitaria, 1985.

CRUZ, JUAN: *"En silencio con Gabo"*: Cuadernos Hispanoamericanos (CHA) Mar; 681:77-79, 2007.

DAVIS, ROBERT H. *One hundred years of solitude: the novel as introduction to Colombian/Latin American social history*. Milwaukee, Wis.: University of Wisconsin—Milwaukee, Center for Latin America, 1988.

DELLINGER, BRETT: *Views of CNN televisión news: A Critical Cross-Cultural Análisis of the American Discourse Style*. Universitas Wasaensis 1995.

DOYLE SHEIDLER, LINDA: *A study of time in three novels, under the volcano, One hundred years of solitude, and Gravity's rainbow*. [Film] The University of Texas. Collection microform, 1978.

ELES, GISELA: *Gabriel Garcia Marquez y la critica o la construccion de un clasico*. Yale University. www.lehman.cuny.edu/ciberletras, (No existe fecha).

ESCOBAR M. AUGUSTO: *Imaginación y realidad en Cien años de soledad: estudio fenomenológico del espacio, el tiempo y el mito*. Medellín: PEPE, 1981.

ESTEBAN, ÁNGEL/ PANICHELLI STEPHANIE: *Gabo y Fidel: el paisaje de una amistad, Colombia,* Espasa, Editorial Planeta Colombiana, S.A. 2004.

FAJARDO, DIÓGENES: *El mundo africano en Del amor y otros demonios*. "XX Congreso Nacional de Literatura y Semiótica: "Cien años de soledad" treinta años después". Universidad Nacional de Colombia, Instituto Caro y Cuervo, Santafé de Bogotá. 1998.

FARÍAS, VÍCTOR: *Los manuscritos de Melquíades: Cien años de soledad, burguesía latinoamericana y dialéctica de la reproducción ampliada de negación*. Frankfurt/M.: Vervuert, c1981.

FERNÁNDEZ, TEODOSIO: *«Entre el mito y la historia» en Quinientos años de soledad,* Revista Tropelías, Zaragoza: Universidad de Zaragoza, 1992, p.47.

FESTIVAL INTERNACIONAL DE POESÍA DE MEDELLÍN-(XVII): *Comprometido con la paz de Colombia*. www.festivaldepoesiademedellin.org 2006.

FIGUEROA, CRISTO: *Cien años de soledad: reescritura bíblica y posibilidades del texto sagrado*. "*XX* Congreso Nacional de Literatura y Semiótica: "Cien años de soledad" treinta años después ". Universidad Nacional de Colombia, Instituto Caro y Cuervo, Santafé de Bogotá. 1998.

FRANCO, FABIOLA: "*La parodia en El amor en los tiempos de cólera*": pp.37-48 IN: Fuente Ballesteros, R. de la (ed. And prologue); Pérez Medallón, J (ed); Oriente y occidente en la cultura hispánica. Valladolid, Spain: Universitas Castellae; 2005 (230pp.)

GÁNDARA, CARMEN: Introducción de Blumfeld, Un solterón 1915.

GANTT, BARBARA: *The women of Macondo: femeninee archetypes in García Márquez' Cien años de soledad*. (Film, The University of Texas: 14,796), 1977

GARCÍA DIEGO, PAZ ALICIA: *El coronel no tiene quien le escriba*. [México]: Universidad Veracruzana, c1999.

GARCÍA, ELIGIO: *Son así: reportaje a nueve escritores latinoamericanos*. Bogotá, Colombia: Editorial La Oveja Negra, 1982.

—— *La terdera muerte de Santiago Nasar,* Bogotá, La oveja negra, 1986.

GLEAVES, ROBERT MINOR: *Hispanoamérica mágica y misteriosa; once relatos*. New Cork, Holt, Rinehart and Wilson, 1973.

GÓMEZ BUENDÍA, BLANCA: *La intertextualidad en Del amor y otros demonios*. Santa Fe de Bogotá: Universidad Pedagógica Nacional, Facultad de Humanidades, 1999.

GONZÁLEZ ANÍBAL: "Viaje a la semilla del amor: Del amor y otros demonios y la nueva narrativa sentimenta "*l. Hispanic Review (HR)* 2005 Autumn; 73 (4) 389-408.

GONZÁLEZ ORTEGA, NELSON: *Relatos mágicos en cuestión: La cuestión de la palabra indígena, la escritura imperial y las narrativas totalizadoras y disidentes de Hispanoamérica:* Madrid, Spain; Frankfurt, Germany: Iberoamericana; Vervuert; 2006. (276 pp.)

GONZÁLEZ RODAS, PABLO: *Colombia: novela y violencia*. Manizales, Colombia: Secretaría de Cultura de Caldas, 2003.

GONZÁLEZ BERMEJO, ERNESTO: *Cosas de escritores: Gabriel García Márquez, Mario Vargas Llosa, Julio Cortázar*. Montevideo, Biblioteca de Marcha 1971.

GONZÁLEZ, YOLANDA: *Amor y sexualidad en el universo mítico de Cien años de soledad,* En Túa Blesa (Ed.) (Pss. 543-552) 1992.

GORREADA, FRANCIA ELENA: *Gabo: ritmo, percusión y voces. Bogotá, Ministerio de Cultura,* 2001.

GUTIERREZ NÁJERA, MANUEL: (1a, página, en *Maria)*: Jorge Isaacs, 1966.

HALL, EDWARD T.: "*The Silent Language*". New York: Doubleday: 1959.

HENRÍQUEZ TORRES, GUILLERMO: *El misterio de los Buendia. "*Volumen 1". Barranquilla, Colombia: Editorial Antillas, 1996.

HERNÁDEZ GONZÁLEZ, ERASMO: "El cuento colombiano reciente: Gustavo Arango ". *Revista de Estudios Literarios (Espéculo)* Aula-Biblioteca

Mira de Amescua. Universidad de Granada. Universidad Complutense de Madrid.2004

HOLT, CANDACE KAY: *Rayuela, El obseno pájaro y El otoño del patriarca* [microform, The University of Texas]: "nuevas formas de estructura narrativa" 1980.

JANES, REGINA: *One hundred years of solitude: modes of reading.* Boston, Mass.: Twayne Piblishers, 1991.

KILMER-TCHALEKIAN, MARY ALICE: *Síntesis as process and vision in El siglo de las luces and Cien años de soledad.* [The University of Texas, Austin, Texas], (PCL Stacks, K558) 1974.

KLINE, CARMENZA: *Violencia en Macondo: tema recurrente en la obra de García Márquez.* Bogotá, fundación General de la Universidad de Salamanca, 2002.

—— *Los orígenes del relato: los lazos entre ficción y realidad en la obra de García Márquez.* Salamanca, Universidad de Salamanca, 2003.

KRISTIVA, JULIA: *Intimate revolt: Révolte intime.* New York: Columbia University Press. 2002.

—— *Crisis of the European subject.* New York: Other Press, C 2000.

——*Revolt, she said: Contre la depression.* Los Angeles, Ca.: Semiotex (ed.), C 2002.

LAIGNELET ROJAS, VÍCTOR: *Lo bueno y lo malo de "El amor en los tiempos del cólera":* y el epílogo adicional con acotación sobre "El general en su laberinto". Colombia: Ensayo, s.n., 1990.

LEAL, LUIS: *Cuentistas hispanoamericanos del siglo veinte.* New Cork, Random House, 1972.

LEVINE HILL, SUSANE: *El espejo hablando: un estudio de "Cien años de soledad".* Caracas: Monte Avila Editores, 1975.

LITTLE, ROCH: *El general en su laberinto. Una lectura histórica.* "XX Congreso Nacional Literatura y Semiótica: "Cien años de soledad" treinta años después". Universidad Nacional de Colombia, Instituto Caro y Cuervo, Santafé de Bogotá. 1998.

LOBO IGLESIAS LUCÍA: *Estudio computacional del verbo en Crónica de una muerte anunciada y cinco horas con Mario.* Madrid: Editorial Pliegos, 1992.

LÓPEZ DÍAZ, RODOLFO ALBERTO: *El amor en los tiempos de cólera o la instauración como sentido.* "XX Congreso Nacional de Literatura y Semiótica: "Cien años de soledad" treinta años después". Universidad Nacional de Colombia, Instituto Caro y Cuervo, Santafé de Bogotá. 1998.

LÓPEZ LEMUS, VIRGILIO: *García Márquez: una vocación incontenible,* La Habana, Letras Cubanas, 1982.

LUDMER, JOSEFINA: *Cien años de soledad: una interpretación.* Buenos Aires: Bibliotecas Universitarias, Centro Editor de America Latina. 1985.

LUISELLI, ALEXANDRA: *Los demonios en torno a la cama del rey: Pederastia e incesto en Memorias* "[Memoria] de mis putas tristes de Gabriel García Márquez": *Revista de Estudios Literarios (Espéculo),* 2006 Mar-June; 32 (no pagination)

LUNA-ESCUDERO-ALIE, MARÍA ELVIRA: *La soledad del lumpen proletariado en Maria dos Prazeres de Gabriel García Márquez:* "Revista de Estudios Literarios (Espéculo)", 2006 July-Oct.; 33 (no pagination).

LLARENA ROSALES, ALICIA: *Realismo mágico y lo real maravilloso: una cuestión de verosimilitud: espacio y actitud en cuatro novelas latinoamericanas.* Gaithersburg, MD: Hispanoamérica; [Las Palmas, Islas Canarias]: Universidad de Las Palmas de Gran Canaria, c1997.

MALDONADO-DENIS, MANUEL: *La violencia en la obra de García Márquez.* Bogotá, Colombia, 1ª. Edición, Colección "Armadillo popular". Ediciones Suramericana, 1977.

MAÑÚ IRAGUÍ, JESÚS: *Estructuralismo en cuatro tiempos: ensayos críticos sobre Darío, Cortázar, Fuentes y García Márquez.* Caracas: Equinoccio, Ediciones de la Universidad Simón Bolívar, 1974.

MARCOS, JUAN MANUEL: *Mujer y violencia social en Cien años de soledad,* en Tittlered, ed. 1989. (Pgs. 91-95).

MARINIS, HUGO de: *Maravillas, portentos y magia en Cien años de Soledad,* pp.23-33 IN: Defiant Deviance: "The Irreality of Reality in the Cultural Imaginary". New York, NY: Meter Lang; 2006 (viii, 151 pp.)

MARQUÉZ, BERNARDO: «García Márquez: Pasado y Presente de una obra», *Alternativa,* Bogotá, *93*: 6-7, (9/16-VIII-1976).

MARQUÍNEZ ARGOTE, GERMÁN: *Macondo somos todos: una lectura de Cien años de soledad desde la Biblia.* Bogotá, D.E.: Editorial El Huho, 1984.

——*El Bolívar de Gabo.* Bogotá: Editorial El Buho, 1990.

MARQUÍNEZ CASAS, ANDRÉS: *Un tarot para Macondo.* "XX Congreso Nacional de Literatura y Semiótica: "Cien años de soledad" treinta años después". Universidad Nacional de Colombia, Instituto Caro y Cuervo, Santafé de Bogotá. 1998.

MARRIAGA, RAFAEL: 10 poetas del Atlántico, Barranquilla, Colombia. Ediciones Arte 1950.

MARTÍN ROJO, JULIA/R.: *Poder decir o el poder de las palabras.* Madrid, Arrecife. 1998.

MAYA, RAFAEL: *Estampas de ayer y retratos de hoy,* Biblioteca de autores colombianos, Ministerio de Educación Nacional, Bogotá, 1958.

MAYORGA, CAROLINA: *Gabriel García Márquez y la enseñanza de la literatura a niños y jóvenes.* "XX Congreso Nacional de Literatura y Semiótica: "Cien años de soledad" treinta años después". Universidad Nacional de Colombia, Instituto Caro y Cuervo, Santafé de Bogotá, 1998.

MÉNDEZ, JOSÉ LUIS: *Cómo leer a García Márquez: una interpretación sociológica.* Universidad de Puerto Rico, 1992.

MENDOZA APULEYO, PLINIO: *El caso perdido. La llama y el hielo,* Planeta/Seix Barral, Bogotá, 1984.

El olor de la guayaba, Mondadori, Barcelona, 1994.

Aquellos tiempos con Gabo. [Barcelona]: Plaza &Janés Editores, 2000.

MEJÍA DUQUE, JAIME: *"El otoño del patriarca"; o, la crisis de la desmesura.* Medellín: Editorial La Ovela negra, 1975.

MENA, LUCILA INÉS: *Historia, fantasia, y mito en Cien años de soledad.* [Microform, The University of Texas: Film 6253], 1971.

MOLINA, GERARDO: *«Con Gabriel García Márquez en Cuba», El Espectador,* 13-II-1980.

MONTANER, Ma. EULALIA: *Guia para la lectura de "Cien años de soledad".* Madrid: Editorial Castalia, c1987.

MONTERO JAWORSKI, JANINA: *La perspectiva histórica en Augusto Roa Bastos, Alejo Carpentier and Gabriel García Márquez* [microform, The University of Texas]: Film 12,940. c1974.

MORÁN GARAY, DIANA: *Cien años de soledad: novela de la desmitificación.* México, D.F.: Universidad Autónoma Metropolitana, Unidad Iztapalapa. 1988.

MORENO BLANCO, JUAN: *La cepa de las palabras.* "Ensayo sobre la relación del universo Wayúu y la obra de Gabriel García Márquez". Kassel, R. Eichemberger (ed.) 2002.

MORRIS, CHARLES: *¿Frustrados o libres?* Washington, D.C., Oficina de cooperación intelectual unión panamericana 1944.

MOSERT DE FLORES, BEATRIZ: *Proyecciones de la crónica en la narrativa iberoamericana.* San Juan, República Argentina: Universidad Nacional de San Juan, Facultad de Filosofia, Humanidades y Artes, 1988.

MUDROVCIC, MARÍA EUGENIA: *Nombre en litigio: Velasco vs. García Márquez.* Arizona Journal of Hispanic Cultural Studies (AJHCS) 2005

MULDER, GIJS. *Fuente Ovejuna y la teoría de la cortesía. (Pág. 99-105)* En *Foro Hispánico 8. Lingüística y Estilistica de Textos.* © Editions Rodopi B.V., Ámsterdam – Atlanta, GA 1994. Universidad de Ámsterdam.

MÜLLER, LEOPOLDO: *Psicoanálisis y literatura en "Cien años de soledad".* Montevideo, Fundación de la cultura universitaria, 1969.

MUÑIZ, ENRIQUETA: *García Márquez El escritor en su laberinto.* "XX Congreso Nacional de Literatura y Semiótica: "Cien años de soledad" treinta años después". Universidad Nacional de Colombia, Instituto Caro y Cuervo, Santafé de Bogotá. 1998.

ONSTINE, ROBERTO: *La obra de Juan Carlos Onetti, Juan Rulfo y Gabriel García Márquez* [microform, The University of Texas. Film 12,913] 1976.

ORTEGA GONZÁLEZ-RUBIO, MAR ESTELA *El grupo 'Mito' y las Vanguardias en Colombia.* "Revista de Estudios Literarios *(Espéculo)".* Universidad Pedagocia Nacional, Bogotá- ColombiaUniversidad Complutense, 2005No. 28

ORTEGA, MANUEL GUILLERMO: (Guillermo Tedio). *José Asunción Silva, a 140 años de su nacimiento "Mientras otros percibían el mundo, Silva se percibía a si mismo":* Universidad del Atlántico, Facultad de Ciencias Humanas (Barranquilla, Colombia) 2005. *Espéculo* No. 31

ORTIZ C., CARLOS DANIEL: *La idealización del amor y la mujer en la Vorágine*. "Revista de estudios literarios (*Espéculo*)", Universidad Complutense de Madrid No. 36 (2007).

PARDO ABRIL, NEYLA GRACIELA: Departamento de Lingüística. Universidad Nacional de Colombia. "XX Congreso Nacional de Literatura y Semiótica: "Cien años de soledad" treinta años después". Santafé de Bogotá, 1998.

PIRANDERO, LUIGI: *La señora Morli*, "Tres actos, versión castellana de Edmundo Guibourg". Buenos Aires, Editorial Argentores, 1935.

PULIDO HERRÁEZ, MARÍA BEGOÑA: *El general en su laberinto y la crisis de la historia narrativa*. "Revista Iberoamericana" (RI) 2006 Apr.-Sept; 72 (215-216): 559-74.

RABELL, CARMEN: *Periodismo y ficción en Crónica de una muerte anunciada*. [Santiago]: Instituto Profesional del Pacífico, 1985.

RAMOS JUAN ANTONIO: *Hacia El otoño del patriarca: La novela del dictador en Hispanoamérica,* San Juan, Puerto Rico: Instituto de la Cultura Puertorriqueña, 1983.

RIOS, ALEJANDRO y MARTÍNEZ RAÚL V. «*Conversando con el hombre de Macondo*», *Lea* 1:2-8 1980.

RODERO, JESÚS: *La edad de la incertidumbre: Un estudio del cuento fantástico del siglo XX en Latinoamérica.* "Currents in Comparative Romance Languages and Literaturas" (CCRLL): 152. New York, NY: Meter Lang; 2006. (176pp.)

RODRÍGUEZ, F.: (coord.) *El lenguaje de los jóvenes*. Barcelona, Ariel 2002.

RODRÍGUEZ MANCILLA, FERNANDO: *Sobre la escritura en 'Cronica de una muerte anunciada',* de García Márquez: "Revista de Filologia Hispanica" (*RILCE*) 2006; 22(2) 299-306.

ROJAS, JORGE: *Conclusiones.* "XX Congreso Nacional de Literatura y Semiótica: "Cien años de soledad" treinta años después". Universidad Nacional de Colombia, Instituto Caro y Cuervo, Santafé de Bogotá. 1998.

ROZO ACUÑA, EDUARDO: *Análisis socio-político del Otoño del patriarca.* Bogotá: Editorial de la Universidad Externado de Colombia 1976.

RUFFINELLI, JORGE: *La viudad de Montiel.* Xalapa: México, "Centro de Investigaciones Lingüístico-Literarias", Unidad Interdisciplinaria de Investigaciones Estéticas y Creación Artística, Universidad Veracruzaana, 1979.

SALDIVAR, DASSO DE: *Viaje a la semilla,* "Biografia sobre García Márquez", Alfaguara, Madrid, 1997.

SALVADOR, GREGORIO: *Comentarios estructurales a Cien años de soledad;* "lección inagural del curso 1969-1970." La Laguna, Tenerife, Universidad, 1970.

SANTOS, EMIRO: *Rostro en la soledad: el esplendor de la reveldia* "(Aproximación a un poemario germinal de Hector Rojas Herazo)" Universidad de Cartagena. Universidad Complutense, Madrid. Revista de estudios literarios: 2006, No. 33.

SAMPER, MARÍA EMILIA: Entrevista, Revista *Semana,* mayo de 1985, n°. 157. Bogotá, Colombia.

SAMPERIO, GUILLERMO: *Muerte y alquimia en Cien años de soledad.* "XX Congreso Nacional de Literatura y Semiótica: "Cien años de soledad" treinta años después". Universidad Nacional de Colombia, Instituto Caro y Cuervo, Santafé de Bogotá. 1998.

SANTOS CALDERÓN, ENRIQUE: «Las duras y las maduras de una larga amistad Revista *Cambio*.com, 12-X-2002, en http://www.cambio.com.co/calle22/portada.

SAYER, MARGARET: *The destruction of myth in Cien años de soledad,* [microform, The University of Texas: film 6061] (S.I.:s.n.) 1971, c1972.

SEGUÍ, AGUSTÍN FRANCÍSCO: *La verdadera historia de Macondo.*Frankfurt am Main: Vervuert, 1994.

SERRANO, EDUARDO: *La manipulación enunciativa del saber en Crónica de una muerte anunciada.* "Tesis de Maestría", Paris, École d'Hautes Études, 1991.

SERRANO, SAMUEL: *Las crónicas de Indias, precursoras del realismo mágico:* "Cuadernos Hispanoamericanos" (*CHA*) 2006 June; 672: 7-15.

SIEMENS, WILLIAM L.: *Los pergaminos de Melquíades en el texto de Cien años de soledad.* En Tittler ed. (Pss. 105-111), 1989.

SILVA, ARMANDO: *Encuadre y Punto de vista: Saber y goce en Crónica de una muerte anunciada.* Universidad Nacional de Colombia. Ponencia presentada en el "XX Congreso Nacional de Literatura y Semiótica: "Cien años de soledad" treinta años después". Santafé de Bogotá, (Pss. 19-30) 1998.

SILVA, MARÍA APARECIDA da: *Sobre realidades y realismos en Gabriel García Márquez (contrapuntos disonantes):* "Revista de Estudios Literarios (*Espéculo*)" 2005 Nov-2006 Feb; 31 (no pagination).

SORELLA, PEDRO: *El otro García Márquez, Los años difíciles*, Oveja Negra, Bogotá, 1988.

STONE, BARBARA, ASZMAN ANNE: *A comparison and contrast of Cien años de Soledad and Absalom, Absalom!* Thesis. ST71 c. 2 (Stacks 3J-3K, The University of Texas), 1978.

SWANSON, PHILIP: ¿*Cómo leer a Gabriel García Márquez?*, Júcar, Madrid, 1991.

TEDIO, GUILLERMO: *Del amor y otros demonios o las erosiones del discurso inquisitorial.* "Revista de Estudios Literarios (*Espéculo*)", 2005 Mar-June; 29 (no pagination).

TORRES CABALLERO, BENJAMÍN: *Eros recuperado* [microform, The University of Texas: Film 19,385], 1985.

TORRES, DANIEL: *Los versos inéditos del coronel Buendía rescatados del discurso narrativo en Cien años de soledad.* [Santiago]: Instituto Profesional del Pacífico, 1985.

TORRIJOS OMAR: *Nuestro pueblo ha aprendido a escribir el abecedario de la libertad no con tinta, sino con sangre.* [Panamá]: República de Panamá, Ministerio de Educación, 1975.

TRIGO, PEDRO: *Narrativa de un continente en transformación.* Caracas: Direccion de cultura, Universidad de Venezuela, 1976, c1975.

VALENZUELA, LÍDICE: *Realidad y nostalgia de García Márquez,* Colección Pablo, La Habana, 1989.

VARGAS LLOSA, MARIO: *García Márquez: Historia de un deicidio,* Monte Ávila, Barcelona, 1971.

VILLANUEVA, DARIO, VILLA LISTE, JOSÉ M. *Trayectoria de la novela hispanoamericana actual: del "Realismo Mágivo" a los ochenta.* Madrid, Espasa Calpe 1991.

VERANINI, FRANCESCO: *Viaje literario por América,* Barcelona: El Acantilado, 2000.

VERGÉS, SALVADOR: *El problema de Dios en Cien años de soledad.* Bogotá: Ediciones Paulinas, c1973.

BIBLIOGRAFÍA CONEXA A:

Lingüística teórica y teoria de la literatura:

ALTHUSSER, L.: "Essays on Ideology". Londres: Methuen, 1970

AMADO, ALONSO: *Poesía y Estilo de Pablo Neruda:* Argentina, Editorial Suramericana S.A. Buenos Aires: 1975.

AUSTIN, L.: *How to do things with words,* Oxford University Press, Oxford, 1962.

BAEZ RAMOS, JOSEFA: *La obra literaria de Jesús Izcaray.* "Centro de Estudios Salmantinos, Confederación Española de Centros de Estudios Locales. Consejo Superior de Investigaciones Científicas". Salamanca, 1994.

—— En: Grandes, Almudena.*Castillos de cartón.* University of Washington, *Hispania* 88 December, 2005: (Pág.786) Barcelona: Tusquest Editores, 2004.Pp.199.ISBN 84-8310-259-5.

BAJTÍN, M.: *Teoría y Estética de la novela.* Madrid, Taurus, 1989.

La poétique de Dostoïevski, Paris, Éd. Du Seuil (traducción de una obra aparecidad en 1929 y modificada en 1963). (M. Bajtín, Problemas de la poética de Dostoievski, México, Fondo de Cultura Economica, 1988.

BARTHES, ROLAND: (1966), *Crítica y verdad,* México, Siglo XXI, 1981.

—— *Introducción al análisis estructural de los relatos.* "En Análisis estructural del relato": Argentina, Editorial Tiempo Contemporáneo, 1974.

BELTRÁN, ROSA: *"Licencias y reticencias de un estilo"* (*Sobre Noticia de un secuestro*) "XX Congreso Nacional de Literatura y Semiótica: "Cien años de soledad" treinta años después". Santafé de Bogotá, 1998.

BLUMENBERG, HANS: *La inquietud que atraviesa el río,* Edición en español: Barcelona, Ediciones Península S.A., VIGIL, JORGE: Traducción en: *La inquietud que atraviesa el río. Ensayo sobre la metáfora.* Hans Blumenberg 2001.

BRAVO, JOSÉ ANTONIO: *Lo real maravilloso en la narrativa latinoamericana actual.* Lima, Ediciones Unidas, 1978.

BREMONNT, CLAUDE: *La lógica de los posibles narrativos,* en "Análisis estructural del relato", (Pp: 87-110). Argentina, Editorial Tiempo Contemporáneo, 3a. Edición, 1974.

CHARAUDEAU, PATRIC y MAINGUENEAU DOMINIQUE: *Diccionario del análisi del discurso,* Buenos Aires, Argentina, ©Editions du Seuil, 2002. (Traducción, Irene Agoff. Supervisión, Elvira Arnoux.)

CHARAUDEAU, P.: Langage et Discours, Paris, Hachette, 1983.

DÍEZ HUÉLAMO, BEGOÑA: *Claves para la lectura de Relato de un náufrago.* Ediciones Daimon de México 5, D.F., S.A. y por Manuel Tamayo, Barcelona, España 1986.

DEHENNIN, ELSA y HAVERKATE HENK: *Narratologia y Estilística,* en "Foro Hispánico 8. Lingüística y Estilistica de Textos": *(Pp: 75-87)* Atlanta, Georgia, © Editions Rodopi B.V., Ámsterdam – Atlanta, GA. Universidad de Bruselas. 1994.

DELLINGER, BRETT: *Views of CNN televisión news: A Critical Cross-Cultural Análisis of the American Discourse Style.* Universitas Wasaensis 1995.

DOMINICY, MARC: *La intención Poética Teoría de un género discursivo.* En: 'Foro Hispánico 8. Lingüística y Estilistica de Textos". (Pág. 89-97). Atlanta, Georgia. © Editions Rodopi B.V., Ámsterdam – GA 1994.

ECKERT, PENÉLOPE and RICKFORD, JOHN R.: *Style and Sociolinguistic Variation,* Cambridge University Press, 2001.

ECO, U., *Lector in Fabula.* Barcelona, Lumen, 1981.

—— *Seis paseos por los bosques narrativos,* Barcelona, Lumen, 1996.

ERDAL JORDAN, MERY: *La narrativa fantástica: evolución del género y su relación con las concepciones del lenguaje;* Madrid: Iberoamerican, 1998.

ESCANDELL VIDAL, M. VICTORIA: *La noción de estilo en la teoría de la relevancia.* (Pág. 55-64). En "Foro Hispánico 8. Lingüística y Estilistica de Textos". © Editions Rodopi B.V., Ámsterdam – Atlanta, GA 1994. UNED.

—— *Introducción a la Pragmática.Barcelona/Madrid: Anthropos/*UNED. 1993.

FAIRCLOUGH, NORMAN/ WODAK RUTH: *Critical Discourse Análisis* in T.A van Dijk (ed.), *Discourse as Structure and Process.* London, SAGE (1997). (Pp. 258-284).

FAIRCLOUGH, NORMAN: *Analysing discourse: Textual análisis for social research.* Routledge, London and New York 2003.

—— *Critical Discours, Análisis: The critical study of language.* England, Pearson Education Limited, 1997.

—— *Discourse and Social change.* Cambridge, Polito Press, 1998.

Análisis crítico del discurso. Norman Fairclough y Ruth Wodak. *(Pgs.367-404) en El discurso como interacción social.* 1ª, Edición, Barcelona, España: 2000.

FOWLER, R.: *Critical Linguistics,* en K. Halmkjaer, (comp.), *The Linguistic Encyclopedia,* Londres, New York, Rputledge, (Pp: 89-93), 1991.

GARRIDO, JOAQUÍN: *Estilo y Gestión de información en la lengua.* (Pp: 11-30)

En *Foro Hispánico 8. Lingüística y Estilística de Textos.* Universidad Complutense de Madrid. © Editions Rodopi B.V., Ámsterdam - Atlanta, GA 1994.

GENETTE, GÉRARD: « *Fronteras del relato* ».En Análisis estructural del relato, Argentina, Editorial Tiempo Contemporáneo, 3a. Edición, 1974.

—— *Nuevo discurso del relato,* Madrid, 1998.

—— *Narrative discourse revisited. Nouveau discours du récit,* was Publisher in French, © Éditions du Seuil, November 1983. Translation : Cornell University, copyright © 1988.

—— *Paratexts Thresholds of interpretations.* Cambridge University Press 1997. English translation, © Cambridge University Press 1997.

GOLDMAN, A.I.: *A Theory of human action. Princeton,* NJ: Princeton University Press 1976.

GÓMEZ, BLANCA INÉS: *Intertextualidad y erotismo en Del amor y otros demonios.* "XX Congreso Nacional de Literatura y Semiótica: *Cien años de soledad* treinta años después". Universidad Nacional de Colombia, Instituto Caro y Cuervo, Santafé de Bogotá. 1998.

GONZÁLEZ, GIL: *Opciones Estéticas en relación con el realismo.* En Tua Blesa, (Pss. 537-542) 1992.

GREIMAS, A.J.: *Elementos para una teoría de la interpretación del relato mítico.* En "Análisis estructural del relato", (Pp: 45-86) Argentina, Editorial Tiempo Contemporáneo, 3a. Edición, 1974.

—— *La semiótica del texto: ejercicios prácticos,* Barcelona, Paidós, 1983.

GRITTI, JULES: *Un relato de prensa: los últimos días de un «gran hombre».* En "Análisis estructural del relato", (Pp: 111-120) Argentina, Editorial Tiempo Contemporáneo, 3a. Edición, 1974.

——*Morale, idéologies sur la place.* Publique Paris, Les Editions Ouvrières 1971.

GUMPERZ, JOHN: *Discouse Strategies.* Cambridge, New York: Cambridge University Press 1982.

HAVERKATE, HENK: *Forma y Estilo de la Interacción verbal en la Celestina: La retoricidad de la pregunta retórica. Los fundamentos de la pragmática.* En *Foro Hispánico 8. Lingüística y Estilística de Textos.* . (Pág. 31-39), © Editions Rodopi B.V., Ámsterdam - Atlanta, GA 1994. Universidad de Ámsterdam.

HENGEVELD, KEES: *El discurso reproducido: Análisis Lingüístico.* (Pág. 31-39). En *Foro Hispánico 8. Lingüística y Estilística de Textos.* © Editions Rodopi B.V., Ámsterdam - Atlanta, GA 1994. Universidad de Ámsterdam.

HICKEY, LEO: *Equilibrio Pramaestilístico en el texto literario.* (Pág. 65-74). En *Foro Hispánico 8. Lingüística y Estilística de Textos.* © Editions Rodopi B.V., Ámsterdam - Atlanta, GA 1994. Universidad de Salford.

HOLLAND ROGERS, BRUCE: *What is Magical Realism, really?* This article originally appeared in *Speculations.* Copyright © 2002. Bruce Holland Rogers, 2002.

JAMESON, FREDRIC: *Marxism and forms; Twentieth century dialectical theories of Literature.* Pinceton, N.J. Princeton University, Press. [1972, 1971]

—— *Documentos de la cultura, Documentos de la Barbarie.* Madrid, Visor 1989.

—— *Nationalism, colonialism and literatura.* Miniápolis: University of Minnesota Press. C 1990.

—— *The political unconscious: narrative as a socilly symbolic act.* Ithaca, N.Y. Cornell University Press. 1981.

KAPLAN, ROBERT: *Concluding Essay: On Applied Linguistics and Discourse Análisis,* Ed. Robert Kaplan, Anual Review of Applied Linguistics. Vol. II 1990.

KRESS, GUNTER: *Critical Discourse Análisis,* "Robert Kaplan, ed., Annual Review of Applied Linguistics, II". 1990.

LEMKE, J.L.: *Ideology, Intertextuality, and the notion of Register* in J.D. Benson, J.D. & W.S. Greaves (eds.) *Systemic Perspectivas on Discourse,* Ablex Publishing, NJ. 1985.

LÓPEZ MORALES, HUMBERTO: *Sociolingüística,* Segunda Edición Biblioteca Romántica Hispánica, 1993.

LUKACS, G.: *Theorie des Romans,* Luchterhand, Neuwied, 1962.

MAINGUENEAU DOMINIQUE: *Términos clave del análisis del discurso.* Ediciones Nueva Visión, Buenos Aires. 1ª. Ed. 2003. Traducción de Paula Mahier.

METZ, CHRISTIAN: *La gran sintagmática del film narrativo.* En "Análisis estructural del relato". (Pp: 147-150), Argentina, Editorial Tiempo Contemporáneo, 3a. Edición, 1974.

MOJICA, SARA de: *Cuerpos entre ruinas. Metáforas espaciales en El general en su laberinto y otras crónicas garciamarquianas.* "XX Congreso Nacional de Literatura y Semiótica: "Cien años de soledad" treinta años después". Universidad Nacional de Colombia, Instituto Caro y Cuervo, Santafé de Bogotá. 1998.

MOLINA FÉRNANDEZ, CAROLINA: *Gabriel García Márquez: crónica y novela.* Cáceres, Spain: Universidad de Extremadura, 2006.

MORENO BLANCO, JUAN: *Fuerza heurística de la atribución metafórica y plan sobrenatural en Cien años de soledad.* "XX Congreso Nacional de Literatura y Semiótica: "Cien años de soledad" treinta años después". Universidad Nacional de Colombia, Instituto Caro y Cuervo, Santafé de Bogotá. 1998.

MORIN, VIOLETTE: *El chiste.* En "Análisis estructural del relato", Argentina, EditorialTiempo Contemporáneo, 3a. Edición, 1974.

MUMBY, DENNOS K. and CLAIR ROBIN D.: *Organizacional discourse,* in T.A. van Dijk (ed.) *Discourse as social interaction: Discourse Studies,* Vol. 2-A Multidisciplinary Introduction. Newburry Park, CA: Sage, pp.263-329. 1997.

OBERHELMAN, HARLEY DEAN: *Gabriel García Márquez. A study of its short fiction,* Twayne Publishers, Boston, 1992.

García Márquez and Cuba: a study of its presence in his fiction, journalism and cinema, York Press, Fredericton (Canadá), 1995.

PRADO, J. del: *Análisis e interpretación de la novela,* Madrid, Síntesis, 1999.

PALENCIA ROTH, MICHAEL: *Gabriel García Márquez. La línea, el círculo y la metamorfosis del mito,* Gredos, Madrid, 1983.

—— *El círculo hermenéutico en El otoño del patriarca. La falsa biografía del guerrero,* Sevilla. Diputación de Sevilla 1997. Revista Iberoamericana, Pittsburg No. 137. (Pp: 999-1016).

PIQUER VIDAL, ADOLF y SALVADOR, VICENT: *Vint anys de novella catalana al país Valencia.* ©Eliseu Climent, editor. Valencia, España 1992.

PIQUER VIDAL, ADOLF: *Los marcadores discursivos como elementos de integración lineal en las secuencias narrativas,* en J. Fernádez González et al. (eds.): "Lingüística para el siglo XXI", Salamanca, Ediciones Universidad (pgs. 1289-1298), 1999.

«Una ambientació per a la novella valenciana dels setanta», Miscellània Joan Fuster III, PAM, (pp.365-379), 1991.

—— *La novellística valenciana de 1973-1983,* "tesi de llicenciatura, inèdita,Universitat de Valencia, 1987.

POMERATZ, ANITA y B.J.FEHR: *Análisis de la conversación: enfoque del estudio de la acción social como práticas de producción de sentido.* (Pgs. 101-140): En *El discurso como interacción social.* 1ª, Edición, Barcelona, España. (2000).

RAMA, ÁNGEL: *Crítica literaria y utopía en América Latina,* Medellín, Colombia. Editorial Universidad de Antioquia, 2006.

Edificación de un arte nacional y popular: La narrativa de Gabriel García Márquez, Bogotá, Colombia: 1ª. Ed. Colcultura, 1991.

García Márquez y la problemática de la novela; [polémica entre] Ángel Rama y Mario Vargas Llosa, Buenos Aires, Corregidor-Marcha, 1973.

REYES, GRACIELA: *Polifonía textual,* Madrid, Gredos, 19884.

RIVERA DE LA CRUZ, MARTA: *Intertexto, Autotexto: La importancia de la repetición en la obra de Gabriel García Márquez.* Universidad Complutence, www.ucm.es/info/especulo/numero6. 1997.

RODRÍGUEZ VERGARA, ISABEL: *El mundo satírico de Gabriel García Márquez.* Madrid, Pliegos Ed. (65-67), 1991.

ROMERA CASTILLO, J.: *«La literatura, signo autobiográfico: el escritor, signo referencial de su escritura»,* "La literatura como signo". Playor, Madrid, Romera Castillo, J. (ed.), (pgs. 13-56), 1981.

RUPERT DE VENTOS, XAVIER: «Gabriel García Márquez. Independencia nacional e integración», *Claves de Razón Práctica* (7:46-50), 1990.

SAN MARTÍN SÁENZ, J.: *Lenguaje y cultura marginal.* Anexo Nº. XXV de la *Revista Cuadernos de Filología,* Universitar de València, 1998.

SANTÍN, LETICIA: *Realismo político, La otra cara del realismo mágico. Dos caras de la novela de Gabriel García Márquez.* En Blesa, Túa (ed.). *Quinientos años de soledad.* Zaragoza, Tropelías. (ed.). (Pss. 305-309), 1992.

SEMPRUM, JESÚS: *Estudios Críticos*. Caracas: Fondo Editorial Orlando Araujo: Convenio A.E.V.: Ministerio de Educación, 1988.

SPANG, KURT: *Teoría de la literatura y literatura comparada. Géneros literarios*. Director: Miguel Ángel Garrido. ©Editorial Síntesis, S.A. Madrid, 2000.

TACCA, O.: *Las voces de la novela*, 2ª ed., Madrid, Gredos, 1978.

TODOROV, TZVETAN: *Las categorías del relato literario*. En "Análisis estructural del relato", Argentina, Tiempo Contemporáneo, 3a. Edición, 1974.

Van DIJK, TEUN A.: *El Discurso como estructura y proceso*, Editorial Gedisa, S.A., Barcelona, 2003.

—— compilador. *El discurso como interacción social*, Barcelona, Editorial Gedisa, S.A., Primera edición, marzo 2000.

—— *Métodos de Análisis crítico del discurso*, Barcelona, Editorial Gedisa, S.A., Primera edición, 2003.

Ideología y discurso, Editorial Ariel S.A., Barcelona, Primera edición, mayo 2003.

VILLANUEVA, D.: *El comentario de textos narrativos: La novela.*Gijón, Júcar, 1989.

WAUGH, P.: *Metafiction: The theory and practice of self-conscious Fiction*, London, Methuen, 1984.

WODAK, RUTH y MEYER, MICHAEL: *Método del análisis crítico del discurso*, (Compiladores), Barcelona, Gedisa editorial, 2003.

BIBLIOGRAFÍA SELECCIONADA PARA EL ANÁLISIS HISTÓRICO COLOMBIANO:

ARRIETA, C.: *Narcotráfico en Colombia* Tercer Mundo, Bogotá, 1991.

BEHAR, OLGA: *Las guerras de la paz*. Bogotá, Colombia: Planeta 1985.

Noches de humo: "Cómo se planeó y ejecutó la toma del palacio de justicia", Bogotá, Colombia: Planeta C1988.

Prenumbra en el capitolio, Bogotá, Colombia: Planeta, 1991.

BETANCOURT, D.: *Contrabandistas, marimberos y mafiosos*, TM Editores, Bogotá, 1992.

BÖLUN, GÜNTER: *Nuevos Antecedentes para una historia de los judíos en Chile Colonial*. Santiago: Editorial Universitaria S.A. Año de Mcmilxiii, mayo de 1963.

CASTRO CAICEDO, G.: *En Secreto,* Editorial Aldabón, Bogotá, 1995.

COLMENARES, GERMÁN: *Historia Economica y social de Colombia I. 1537-1719* Santafé de Bogotá, Edición Tercer Mundo S.A. Primera edición, 1997.

—— *Historia Economica y social de Colombia II.* Santafé de Bogotá, Edición Tercer Mundo S.A. Primera edición 1997,

DOMBOIS, R.: *Economia y política del narcotráfico*, CEREC, Bogotá, 1990.

FURTADO, CELSO: *Economic Development of Latin America: Historical background & contemporary problems.* Cambridge, "Latin American Studies", Editors Malcolm Deas Clifford T, Smith John Street. 1976.

GÓMEZ M. FRACÍSCO JOEL: *Poder Indefensión,* Salamanca, Servicio de Publicaciones Publixerox, Universidad de Salamanca, 2002.

GÓMEZ RESTREPO, ANTONIO: *Historia de la literatura colombiana.* Bogotá, Ediciones de la revista Bolívar. Editorial Cosmos, 1953.

GONZÁLEZ FERNANDO: *Una Tesis,* Medellín, Editorial UPB, 1995.

—— *Mi Simón Bolívar,* Medellín, Editorial UPB, 1995.

—— *Santander,* Medellín, Editorial UPB, 1995.

HAMILTON, EARTL J.: *El Florecimiento del capitalismo y otros ensayos de historia económica.* Madrid, 1948.

JARAMILLO ESTRADA, PABLO: *Tradición, Novedad y Trasgresión en la Cultura de Envigado,* Medellín, Colombia, Tesis Doctoral presentada a la Universidad de Salamanca, 2002

JARAMILLO URIBE, JAIME: *El pensamiento colombiano en el siglo XIX.* Bogotá, Segunda edición, Editorial TEMIS, 1974.

—— *La personalidad historica de Colombia y otros ensayos.* Bogotá, Colombia Impreso en Editorial Andes, 1977.

—— *De la sociología a la historia.* Santafé de Bogotá, Ediciones Uniandes, 1994

—— *Travesias por la Historia.* "Antología". Colombia, Editorial Presidencia de la Republica. Imprenta Nacional de Colombia, 1997.

LÓPEZ DE MESA: *Sobre la formación de la nación colombiana,* Medellín, Editorial de Bedout, 1979.

SAMPER, ENRIQUE: *Marihuana, legalización o represión,* Bogotá, Colombia. Anif, Bogotá 1979.

SARMIENTO, L.: *Cocaína & Co, un mercado ilegal por dentro,* Bogotá, Tercer Mundo Editores, 1989.

TOVAR PINZÓN, H.: *Capital, coca y cultura. Colombia: droga, economía, guerra y paz,* Santafé de Bogotá, Colección Grandes Temas, Planeta Colombiana Editorial S.A., 1990.

VERGARA, ISABEL: *Noticia de un secuestro: la historia como horror apocalíptico,* "XX Congreso Nacional de Literatura y Semiótica: "Cien años de soledad" treinta años después". Universidad Nacional de Colombia, Instituto Caro y Cuervo, Santafé de Bogotá. 1998.

WAHNÓN, SUSANA: *El judío errante.* "XX Congreso Nacional de Literatura y Semiótica: "Cien años de soledad" treinta años después". Universidad Nacional de Colombia, Instituto Caro y Cuervo, Santafé de Bogotá. 1998.

ZAPATA OLIVELLA, MANUEL: *La negredumbre en García Márquez. "XX* Congreso Nacional de Literatura y Semiótica: "Cien años de soledad" treinta años después". Universidad Nacional de Colombia, Instituto Caro y Cuervo, Santafé de Bogotá. 1998.

BIBLIOGRAFÍA COMPLEMENTARIA, OBRAS LITERARIAS.

ALLENDE ISABEL: *La casa de los Espíritus, Obra maestra del realismo mágico.* México, Editorial O.M.G.S.A., Edivisión, Compañía editorial S.A., 6ª. Impresión 1988.

ARGUEDAS, JOSÉ M.: *Yawar Fiesta.* Buenos Aires, Segunda Edición, Editorial Losada, S.A., 1974.

ASTURIAS, MIGUEL ÁNGEL: *El señor presidente.* Buenos Aires: Editorial Lozada, 1967. 6ª.E.

——Hombres de maíz: Madrid, Alianza Editorial, 1972.

AZUELA, MARIANO: *Los de abajo.* México 12, D.F., Colección Popular. Fondo de Cultura Económica, 1980.

BORGES, JORGE LUIS: *Obra Poética,* 2 (1960-1972), Madrid, Alianza Editorial, S.A., 1998,1999.

CABRERA INFANTE, GUILLERMO: *Así en la paz como en la guerra.* Montevideo: Editorial Alfa, 1979.

CARPENTIER, ALEJO: *El siglo de las luces.* Barcelona, Editorial Planeta-De Agostini, S.A.1985.

——*El reino de este mundo.* Buenos Aires: Librería del Colegio, 1975.

——*El acoso.* Barcelona, España: Editorial Bruguera, S.A. 1979.

CERVANTES, MIGUEL DE*: Obras Completas.* Madrid España, © Aguilar, S.A. de Ediciones, 1970.

——*Don Quijote de la Mancha,* "Volumen I". Barcelona, España, © Editorial Juventud, 1984.

——*Don Quijote de la Mancha,* "Volumen II". Barcelona, España, © Editorial Juventud, 1984.

COLLAZOS, OSCAR: *Gabriel García Márquez. La soledad y la gloria,* Barcelona, Plaza y Janés, 1983.

——*Cortázar Julio, y Vargas Llosa, Mario, Literatura en la revolución y revolución en la literatura,* México, ©Siglo XXI, 1977.

CORTAZAR, JULIO: *Rayuela,* Buenos Aires, Editorial Suramericana, 1977.

DARIO RUBÉN: *Prosas Profanas,* Mexico Colección Austral, Espasa-Calpe Mexicana, S.A., 1985.

DEL RIO, ÁNGEL, DE DEL RIO, AMELIA: *Antología general de la Literatura Española, U.S.A.* Holt, Rinehart and Winston, 1960.

DONOSO, JOSÉ: *Historia personal del boom,* Madrid, Alfaguara, 1999.

——*El obseno pájaro de la noche.* Barcelona: Argos Vergara, c1979.

FALKNER, WILLIAM: *The portable Faulkner.* New York, Revised and Expanded Edition. Edited by Malcoln Cowley, Viking Press 1968.

FUENTES, CARLOS: *La nueva novela hispanoamericana,* México: "cuadernos de Joaquin Mortiz", 1969.

Una familia lejana. México, Ediciones Era, S.A. 1980.

—— *La región más transparente.* México, Colección Popular, Fondo de Cultura Económica, 1958.

—— *Cambio de piel.* Madrid, (Alfaguara) Santillana, S.A. 1994.

—— *La muerte de Artemio Cruz.* México: Fondo de la Cultura Económica, 1976.

—— *Cantar de ciegos:* México. D.F., Editorial Joaquín Mortiz, S.A., 1983.

GARCÍA LORCA, FEDERICO: *Antología comentada* (I, Poesía) Madrid, Ediciones de la Torre, 1998.

—— *Antología comentada* (II, Teatro y Prosa) Madrid, Ediciones de la Torre, 1998.

GUILLÉN, NICOLÁS: *Sóngoro Cosongo,* Buenos Aires, Editorial Losada, S.A., 1984.

HERRERO SALGADO, FELIX: *Introducción, selección y notas. Narraciones de la España del Barroco.* : Madrid, 16, Edición: Editorial Magisterio Español, S.A., 1970.

ISAACS, JORGE: *María,* México, Editorial Porrua, S.A., 1980.

—— México, Primera edición en la colección "Sepan Cuantos...", 1966

KAFKA, FRANZ: *Obras Completas, Novelas - Cuentos - Relatos, Tomo I.* Barcelona, 23. Edición al cuidado del Dr. Alberto J.R. Laurent. Editorial Teorema S. A. 1983.

—— *Obras Completas, Novelas - Cuentos - Relatos, Tomo II.* Barcelona, 23.Edición al cuidado del Dr. Alberto J.R. Laurent. Editorial Teorema S. A. 1983.

—— *Obras Completas, Novelas - Cuentos - Relatos, Tomo III.* Barcelona, Edición al cuidado del Dr. Alberto J.R. Laurent. Editorial Teorema S. A. 1983.

—— *Obras Completas, Novelas - Cuentos - Relatos, Tomo IV.* Barcelona, Edición al cuidado del Dr. Alberto J.R. Laurent. Editorial Teorema S. A. 1983.

MENDOZA APULEYO, PLINIO: *Aquellos tiempos con Gabo,* Barcelona, Debolsillo, 2002.

NERUDA PABLO: *Canción de Gesta.* Barcelona, © Editorial Seix Barral, S.A. © 1977 y 1983.

—— *Plenos Poderes.* Barcelona, Editorial Seix Barral, S.A., © 1977 y 1983.

—— *Residencia en la Tierra.* Buenos Aires, Editorial: Talleres Gráficos Americalee, 1971.

—— *Antología Poética 1915-1956,* Madrid, Alianza Editorial S.A., 2000.

PAZ, OCTAVIO: *El Laberinto de la soledad y otras obras.* Barcelona, © Círculo de lectores, 1993.

—— *Libertad bajo palabra - Obra Poética (1935-1957)* México, Fondo de cultura económica, 1970.

PÉREZ GALDÓS, BENITO: *Misericordia.* Madrid, Ediciones Cátedra, S.A., 1982.

—— *El caballero encantado.* Madrid, Ediciones Cátedra, S.A., 1982.

—— *Nazarín.* Madrid, Librería y Casa Editorial Hernando S.A., 1980

—— *Tristona.* Madrid, El libro de Bolsillo, Alianza Editorial, 1984

PONIATOWSKA, ELENA: *Hasta no verte Jesús mío.* México, Ediciones Era, S.A., 1987.

—— *Querido Diego, te abraza Quiela.* México, D.F. Ediciones Era, S.A., 1978.

—— *Lilus Kikus.* México, D.F. Ediciones Era, S.A., 1985.

QUEVEDO, FRANCÍSCO de: *Los sueños.* . Zaragoza, Editorial Ebro, S.L., 1974.

—— *La vida del Buscón llamado Don Pablos.* Madrid, Edición de Domingo Ynduráin. Ediciones Cátedra, S.A., 1982.

—— *La hora de todos y la fortuna con seso.* Madrid, Edición de Luisa López-Grigera, Editorial Castalia, 1979.

RIVERA, JOSÉ EUSTASIO: *La Vorágine,* Mexico, Editorial Porrúa, S. A., 1980.

ROJAS, FERNANDO DE: *La Celestina.* Zaragoza, Editorial Ebro, S. L., 1978.

ROJAS JORGE: *Primer Simposio de Literatura Colombiana,* Bogotá, Colombia, Universidad Javeriana, 1984.

RULFO, JUAN: *Pedro Páramo y El llano en llamas.* Barcelon, España, Editorial Planeta, S.A., 1984.

SALDÍVAR, DASSO de: *García Márquez, el viaje a la semilla,* Madrid, Alfaguara, 1997.

UNAMUNO, MIGUEL de: *Paz en la guerra.* Madrid, Colección Austral, No. 179, 1980.

—— *La tia Tula.* Navarra, Biblioteca Básica Salvat, 1971.

—— *Tres novelas ejemplares y un prólogo,* Madrid, Octava edición: Espasa-Calpe, S.A. 1955

VALLE INCLÁN, RAMÓN del: *La lámpara maravillosa* ("Ejercicios espirituales") Madrid, Segunda edición. Colección Austral, Espasa. Calpe, S.A. 1960.

—— *Sonata de Primavera Sonata de Estío Sonata de Otoño Sonata de Invierno, Memorias del Marqués de Bradomín.* México, Editorial Porrúa, S.A., 1979.

VARGAS LLOSA, MARIO: *La ciudad y los perros.* Barcelona: Seix Barral, c1976.

VERGARA Y VERGARA, GROOT, JOSÉ M., MARROQUÍN, JOSÉ MANUEL, CARRASQUILLA, TOMÁS: *Cuadros de Costumbres.* Bogotá, Colombia, Ediciones Guadalupe. Editorial Minerva, 1967.

ZIMIC STANISLAV: *Las Eglogas de Gracilaso de la Vega.* Santander, España, Sociedad Menendez Pelayo, - 1988.

—— *El casamiento engañoso y Coloquio de los perros.* Santander, España "Boletín de la Biblioteca de Menendez Pelayo". - 1994.

—— *Verba Hispánica V.* Ljubljana, 1995.

—— *El Retablo de las Maravillas, Parábola de la mentira,* Madrid, 1982.

—— *Acta Neophilologica XXVI (1993), XXVIII (1995), XXXIX (1996),* Separat, Oddelek za germanske jezike in knjizevnosti, Filozofska fakulteta, Ljubljana.

ZUM FELDE, ALBERTO: *Índice critico de la literatura Hispanoamérica.* "2 tomos. (V. tomo II, La narrativa)".México, Editorial Guaranía. 1954.

ARTÍCULOS ADHERIDOS A LA OBRA DE GARCÍA MÁRQUEZ:

AMAYA EUGENIO: *El teatro fugaz de García Márquez.* www.unex.es/ubex/n16/pag8 (05/07/2005)

ARISTIZABAL, H. www.lablaa.org/blaavirtual/boleti5/bol32/resena15.htm

Editorial en El Tiempo de Bogotá: *Un país en conmoción.* www.eltiempo.com (Agosto 17, 2002).

BIBLIOTECA LUIS ÁNGEL ARANGO: Bogotá: *Biblioteca Virtual: Literatura: Literatura Colombiana: Novela:* García Márquez, Gabriel 1928. www.eltiempo.com (10/27/2004)

BIBLIOTECA LUIS ÁNGEL ARANGO www.bibliotecaluisanfelarango.com 10/30/2004 Gabriel García Márquez. La imagen de García Márquez. www.cvc.cervantes.es 10/24/2004.

CATÁN, DANIEL's *Florencia en el Amazonas,* Opera inspired by Gabriel García Márquez's *Love in the Time of Cholera* www.themodernword.com 1/11/2007.

CENTRO VIRTUAL CERVANTES: *Obsesiones del autor.* www.cvc.cervantes.es 10/24/2004. La editorial Alfaguara ha publicado una completa biografía de Gabriel García Márquez.

COBO BORDA, JUAN GUSTAVO: Noticias, El Tiempo de Bogotá: *Cortazar a la colombiana.* www.eltiempo.terra.com Febrero 12, 2004.

CORTÉS TABARES, AURORA: *De amor, ortografía y otras cóleras.* www.unex.es (10/24/2004).

EDITORIAAL DE EL TIEMPO DE BOGOTÁ: *Cortázar, Julio: Neruda entre nosotros.* www.eltiempo.terra.com.co/provectos 10/23/2005.

EDITORIAL DE *EL TIEMPO* DE BOGOTÁ: *Desafío terrorista en posesión de Álvaro Uribe Velez. www.eltiempo.com* Agosto 7, 2002.

EDITORIAL DE *EL TIEMPO* DE BOGOTÁ: *Un país en conmoción.* www.eltiempo.com (Agosto 17, 2002).

EDITORIAL DE *EL TIEMPO* DE BOGOTÁ: *Historia de la Conmoción Interior.* www.eltiempo.com (Agosto 11, 2002)

EDITORIAL DE *EL TIEMPO* DE BOGOTÁ: *Descubren fraude millonario en la Superintendencia de Notariado y Registro.* www.eltiempo.com (Agosto 11, 2002)

EDITORIAL DE *EL TIEMPO* DE BOGOTÁ: *Gobierno de Uribe asegura que habrá respeto por los derechos humanos y a la libertad de prensa.* www.eltiempo.com (Agosto 11, 2002).

EDITORIAL DE *EL TIEMPO* DE BOGOTA, «*Vargas Llosa critica a Gabo*», en El Tiempo.com, 2-V-2003.

EDITORIAL *El TIEMPO* DE BOGOTÁ: '*El avión de la bella durmiente*', "La columna de Gabo que sería el gérmen de su más reciente novela". www.eltiempo.terra.com (05/07/2005)

EDITORIAL DE *EL TIEMPO* DE BOGOTÁ: *La pu(n)tería de Gabo. Creatividad de imágenes, precisión en el estilo y belleza literaria: la fórmula feliz.* Columnas opinión: www.eltiempo.terra.com (05/07/2005)

EDITORIAL DE *EL TIEMPO* DE BOGOTÁ: *Sentido homenaje a Julio Cortazar por parte de 'Gabo'.* Noticias: www.eltiempo.terra.com 05/07/2005

ESTEFANÍA, JOAQUÍN: *Gabo aclara, antes de partir hacia La Habana, sus puntos de vista sobre el asunto con el director de la Escuela de Periodismo Universidad Autónoma de Madrid/* Entrevista concedida por García Márquez a Joaquin Estefanía: *EL PAÍS,* www.mundolatino.org. (05/07/2005).

GEORGE, CAMILO para El Tiempo de Bogotá: *Riñas, Historia detrás de las apuestas.* Casa Editorial El Tiempo. S.A. (2002) www.eltiempo.terra.com.co

GUARDIAN UNLIMITED BOOKS: *Gabriel García Márquez. "My most important problem was destroying the lines of demarcation that separets what seems real from what seems fantastic."* www.books.guardian.co.uk 1/11/2007.

LA REVISTA CAMBIO 16: Entrevista concedida por García Márquez con motivo de la publicación de su último libro, en la revista colombiana CAMBIO 16. www.mundolatino.org (10/25/2006)

LA REVISTA *EL MUNDO*: "70 años de García Márquez": *Antes de publicar su primer libro, García Márquez era un periodista conocido. Trabajó en "El Universal", "El Heraldo" y "El Espectador.* La Revista *El Mundo* http://www.el-mundo.es (05/07/2005)

LÓPEZ MARTÍNEZ, MARÍA ISABEL: La inmensa minoría de García Márquez. www.unex.es (10/24/05)

MUÑOZ SANZ, AGUSTÍN: Viva el cura que lo paró. www.unex.es 10/24/2004

MÚTIS ÁLVARO: *La Mansión de Araucaima y otros relatos.* Biblioteca Virtual, Biblioteca Luis Ángel Arango. www.b/obliotecaluisangelarango.com 10/30/2004.

RIVERA DE LA CRUZ, MARTA: *Noticia de un secuestro. El regreso anunciado del cronista,* Barcelona, Mondadori, 1996. 327 pp. www.ucm.es (10/24/2004

—— De Barranquilla a Zacatecas: El mismo cuento de Gabo. Universidad Complutense. www.ucm.es 10/24/2004

TIERNO VELASCO, REMEDIOS: *Pócimas y brevajes en "Cien Años de Soledad".* www.unex.es 05/07/2005.

TINOCO, ANTONIO: *García Márquez: un infinito.* www.unex.es 05,07, 2005

VÁZQUEZ Mą ÁNGELES Y ANABITARTE ANA: *Cronología,* en *Viaje a la semilla,* Saldívar, Dasso de . www.mundolatino.org 10/24/2004 www.cvc.cervantes.es (10/24/2004)

VAZQUEZ Mą ÁNGELES y MADRID, LUIS MIGUEL: *Introducción.* www.cvc.cervantes.es (10/24/2006)

VILA, JUSTO: *García Márquez o el compromiso social del escritor.* www.unex.es 05, 07,2005.

VILLAR BORDA, Carlos J.: *El golpe del 13 de junio de 1953*: "Corresponsal de la United Press en Bogotá, para *El TiempoLecturas Dominicales".* www.eltiempo.terra.com.co 6/8/03

www.kirjasto.sci.fi/marquez Gabriel García Márquez (1928*): Latin-American journalist, novelist and short stories writer, a central figure in the so-called Magic Realism movement* (10/21/2006)

www.themodernword.com/gabo/gabo/García Márquez – Magical Realism: *The way my grandmother used to tell stories.* 10/21/2006.

Made in the USA
Charleston, SC
01 June 2012